国家出版基金项目
NATIONAL PUBLICATION FOUNDATION

国家出版基金"回望建党百年"
专项资助项目

王炳林　等著

中国共产党
百年学习史

北京师范大学出版集团
BEIJING NORMAL UNIVERSITY PUBLISHING GROUP
北京师范大学出版社

目　录

导　论

学习是一种责任，传承文明，开拓创新，人类社会不断实现新跨越；

学习是一种能力，提高本领，学以致用，各项事业不断取得新胜利；

学习是一种境界，陶冶情操，提升素养，人生道路不断焕发新光彩；

学习是一种信仰，热爱知识，追求卓越，人的发展不断获得新自由。

学习，无论对于个体成长还是群体发展，无论对于一个民族强盛和一个国家繁荣，都是强大的驱动力和推动力。

中国共产党历来高度重视学习，并因此大受其益。党成长壮大的历史也是一部学习的历史。每当中国革命和建设的关键时期，每当遇到新的任务和新的挑战的时候，中国共产党更是特别强调学习，并组织了卓有成效的学习活动。

人类学习的内容是丰富多彩的。对于中国共产党来说，学习的内容主要包括：一是学习马克思主义理论。马克思主义是中国共产党的行动指南。在伟大的革命和建设实践中，中国共产党把马克思主义基本原理与中国实际相结合，创造性地发展了马克思主义，形成了马克思主义中国化的理论成果。坚持用马克思主义中国化的理论成果武装党员，是中国共产党永远的精神追求。二是学习历史。人类历史蕴藏着无尽的智慧宝藏，学史增智、学史明理，中国共产党历来重视学习历史，既强调对党的自身历史经验教训的总结，也注重学习中国历史和世界历史，在汲取历史智慧的基础上开拓前进。三是学习各方面知识，提高领导水平和执政本领。面对革命和建设事业的繁重任务，广大党员特别是党员领导干部必须要掌握相关工作的知识和技能，在战争中学习战争，在经济社会建设中学会领导经济社会建设。领导干部还要学会领导的科学与艺术，提高治国理政本领。

中国共产党学习的途径也是多种多样的，向书本学习、向群众学习、向实践学习。学习活动异彩纷呈，学以致用成效显著。党的十八大提出要建设学习型、服务型、创新型马克思主义执政党，使中国共产党走向了重视学习的新阶段、新境界。对中国共产党一百多年来学习活动进行系统的考察，梳理党关于学习的方法、内容，总结全党学习的基本经验，对增强马克思主义学习型政党建设的自觉性和坚定性，进一步提高全党思想政治水平具有重要的现实意义。编写一部集资料性、可读性、学术性于一体的专著，也是推进马克思主义中国化时代化大众化的有益尝试。

本书对中国共产党学习历程的考察，以日常性学习和全党性学习为主，重点考察全党的集中学习活动。为从总体上了解中国共产党学习的主要活动，这里首先对党的重大学习活动和基本经验作一概述。

一、党关于学习的思想与活动的历史考察

1. 中国共产党伴随着深入的学习而诞生

考察党的历史可以发现，中国共产党酝酿和创立的过程实际上就是一个深入学习的过程。中国共产党的产生是中国的先进分子学习、运用马克思列宁主义的过程。近代中国，由于帝国主义的侵略和封建主义的压迫，中国人民陷入苦难之中。为救亡图存，求进步的中国人纷纷向西方学习，但从法国、美国等国家学来的种种主义和方案没有能够改变中国的命运。

俄国十月革命的爆发，推动着中国的先进分子把学习的对象从西方转向东方，从资产阶级民主主义转向社会主义。十月革命把社会主义从书本上的学说变成活生生的现实，马克思列宁主义显示了巨大威力。于

是，学习十月革命的经验，进而学习马克思主义逐渐成为新思潮的主流。五四运动后，马克思主义在中国得到广泛传播。有着不同经历的先进知识分子，经过自己的认真学习和反复比较，成为马克思主义者。在十月革命的鼓舞下，李大钊如饥似渴地阅读、研究马克思的著作，发表了《我的马克思主义观》等几十篇宣传马克思主义的文章。他还在北京发起马克思学说研究会，把经过五四运动锻炼的优秀青年组织起来，进一步学习和研究马克思主义学说。陈独秀也在 1920 年 3 月至 9 月，发表了许多文章，对马克思主义原理作了系统的阐述，也站到了马克思主义的旗帜下。大批的青年知识分子在这些五四新文化运动的精神领袖的影响下，经过对各种学术思想和革命学说比较、鉴别之后选择了马克思主义。毛泽东在和斯诺的谈话中回忆道：1920 年在北京期间，他热心地搜寻那时能够找到的为数不多的中文本的共产主义书籍，"有三本书特别深地铭刻在我的心中，建立起我对马克思主义的信仰"。"这三本书是：《共产党宣言》，陈望道译，这是用中文出版的第一本马克思主义的书；《阶级斗争》，考茨基著；《社会主义史》，柯卡普著。"[①]五四时期，既有像毛泽东这样在国内受十月革命的鼓舞而深入学习、研究、宣传马克思主义的先进分子，也有一批青年知识分子赴国外勤工俭学期间接触到马克思主义，并进行深入的学习和研究。1919 年年初到 1920 年年底，全国各地赴法国勤工俭学的青年就有 1600 多人。蔡和森是其中的优秀代表，他在法国"猛看猛译"马克思主义书籍，成为留学生中的马克思主义者。这一时期，曾经信仰过三民主义的一些同盟会会员也在十月革命和五四运动的影响下，认真学习马克思主义，从而确立起对马克思主义的信念。董必武回忆道，我们过去和孙中山一起搞革命，"革命发展了，孙中山掌握不住，结果给别人搞去了。于是我们就研究俄国的方式"，开始读

---

① 转引自中共中央文献研究室编：《毛泽东年谱（1893—1949）》上卷，中央文献出版社 1993 年版，第 57 页。

"马克思主义"①。

接受了马克思主义的中国先进分子纷纷准备建立工人阶级的革命政党。各地共产主义小组成立后的一项重要工作仍然是继续学习马克思主义，并把马克思主义灌输到工人群众中，推动了工人运动的发展。马克思主义的进一步传播和中国工人运动的发展，奠定了建党的思想基础和阶级基础。中国共产党是马克思主义与中国工人运动相结合的产物，也是先进分子认真学习马克思主义的伟大成果。当然，由于马克思主义在中国传播的时间不长，而且党的创立者所学习的主要是马克思主义关于唯物史观、阶级斗争等内容，对马克思主义的立场观点方法的理解还比较肤浅，导致党的理论准备不足，加上封建主义和小资产阶级思想的影响，把马克思主义与中国实际结合的任务仍然十分艰巨，只能在实践中继续学习。

2. 延安时期努力把全党变成一个大学校

抗日战争爆发后，面对新的复杂的形势，党的理论素养、政策水平和知识能力急需提升，特别是党在经受了大革命时期以及土地革命战争时期的严峻考验、尝受了抗战初期的深重磨砺后，以毛泽东为代表的党的主要领导者痛切地感到，党的理论准备不足和教条主义的盛行是导致革命遭受严重挫伤的重要原因。为切实提高广大党员的能力和党的领导水平，党的扩大的六届六中全会提出要加强学习，毛泽东在会上指出："这次中央全会之后，来一个全党的学习竞赛，看谁真正地学到了一点东西，看谁学的更多一点，更好一点。在担负主要领导责任的观点上说，如果我们党有一百个至两百个系统地而不是零碎的、实际地而不是空洞地学会了马克思列宁主义的同志，就会大大地提高我们党的战斗力量。"②随后，中共中央决定开展一个学习运动，与解决物质匮乏而开展

① 转引自胡绳主编：《中国共产党的七十年》，中共党史出版社 1991 年版，第 18 页。

② 《毛泽东选集》第 2 卷，人民出版社 1991 年版，第 533 页。

的大生产运动一样，通过学习运动解决精神食粮问题。延安时期，党开展的学习活动与以往日常的学习相比，具有以下明显的特点。

一是对学习的重要性和紧迫性有着更深刻的认识。党在大革命时期和土地革命战争时期，也通过讲习所、夜校等方式进行学习培训，并注重在实践中学习，在战争中学习战争，但是由于战争环境的限制，特别是教条主义的影响，一些党员干部对于把马克思主义基本原理同中国实际相结合的基本原则没有深刻理解，对于学习的极端重要性认识不够深刻。进入抗日战争时期，为提高全党学习的自觉性，毛泽东对开展学习运动的原因进行了精辟阐述。他说，开展学习运动，既有一般规律上的普遍性和永久性，又有直接原因。直接原因有三条：首先是我们共产党要领导广大人民进行革命，"假使没有学问，是不成的，共产党人就应该懂得各种各样的事情。因此，要领导革命就须要学习"；"其次，是工作中的缺陷迫切需要克服"，"我们队伍里边有一种恐慌，不是经济恐慌，也不是政治恐慌，而是本领恐慌"。"无论党、政、军、民、学的干部，都要增加知识，才能把工作做得更好。"①再次是"我们要建设的一个大党，不是一个'乌合之众'的党，而是一个独立的、有战斗力的党，这样就要有大批的有学问的干部做骨干"②。"要把全党变成一个大学校。学校的领导者，就是中央。各地方党部，八路军、新四军、游击队，都是这个大学的分校。全党同志以及非党的战士们，都须进这个学校。"③

二是建立了必要的领导体制和学习制度。1939 年 2 月，中共中央专门成立了干部教育部统一领导学习运动，此后，中共中央陆续发布了《中央关于办理党校的指示》《中央关于干部学习的指示》和《关于在职干部教育的指示》等一系列指示，要求根据地所有各类干部都要进入各类学习之中。1941 年 9 月，中共中央又成立了中央学习研究组，毛泽东任组长，王稼祥任副组长，组织在延安的高级干部学习马克思列宁主义理论，总

---

① 《毛泽东文集》第 2 卷，人民出版社 1993 年版，第 178 页。

② 同上书，第 179 页。

③ 同上书，第 185 页。

结党的历史经验，同时决定成立各地高级学习组，颁发了高级学习组的组织条例。中共中央还专门作出规定，每年的 5 月 5 日，即马克思诞生日为干部学习节，以此为契机来推动全党范围学习活动的持续开展。1941 年 5 月 1 日，《陕甘宁边区施政纲领》规定：实施公务人员的两小时学习制。1942 年 5 月，中共中央政治局决定成立中央总学习委员会，毛泽东任主任。在总学委的领导下，各地各单位也成立了学习分委员会，组织干部参加整风学习。初步统计，仅 1939 年夏至 1942 年年初的三年时间，中共中央及中央各部门发出的关于学习和干部教育的指示和决定达 13 个，对各级各类学习提出了明确要求，形成了较为完整的学习制度。这一学习制度，为随后党的高级干部的整风学习和 1942 年 2 月正式开始的全党的整风学习奠定了重要的基础。延安整风运动首先是一场马克思主义的学习运动。在陕北，中国共产党还创办了抗日军政大学、陕北公学、鲁迅艺术学院、中国女子大学、延安大学等学校，成为全党进行系统学习的重要阵地。

三是学习的内容更全面更系统。根据形势发展和党员干部的需求，党中央安排的学习内容更为多样化。首先是继续学习马克思主义理论，特别强调马克思列宁主义理论和中国革命实际问题。中央要求党员加强对马克思列宁主义的思想方法论学习，中共中央书记处还专门编印了《马恩列斯思想方法论》等学习文献。其次是学习研究党的历史。1942 年 3 月，毛泽东在中央学习组作了《如何研究中共党史》的讲话，系统阐述了党史研究的意义、对象、任务、目的和方法，成为中共党史学的经典文献。中共中央书记处编印了《六大以来》和《六大以前》重要文献选编，供干部学习之用。毛泽东、周恩来、刘少奇、朱德、张闻天、任弼时等中央领导人带头研究党史，他们结合自己的亲身经历，总结了党的经验教训。这次集中学习研究党史的活动一直持续到中共七大，学习党史的突出成果是形成了《关于若干历史问题的决议》，促进了毛泽东思想在全党指导地位的确立。最后是学习党的有关政策和各项业务知识。1940 年 8 月，中共中央作出《关于加强干部策略教育的指示》，要求在全党的在职干部教育中，党校和党的培训中，及党的各种干部学校中，把党的策略教育列入正式计划之内，并作为成绩考核的重要标准。中央有关部门依据由浅入深、由中国到外国的原则，分为初级、中级、高级三类课程编写了课本，内容涉及政治、军事、经济、社会科学常识、自然科学知识以及文艺等多个方面。学习内容的系统性对于提高党员干部的知识水平和业务素质产生了深远影响。

四是学习的形式和方法灵活多样。各地党的领导机关根据工作需要和党员干部水平，举办各种层次的党校学习和专题训练班，采取教员指导和学生自学相结合的方法开展学习。各地党组织鼓励干部群众在不影响工作和战斗的前提下进行灵活多样的学习形式。针对学习运动中普遍存在的"没有功夫"和"看不懂"问题，中央强调用"挤"和"钻"的办法分别解决。在每天工作、吃饭、休息中间，挤出两小时来学习。毛泽东提出，看不懂也有一个办法，叫做"钻"，如木匠钻木头一样地"钻"进去。看不懂的东西我们不要怕，就用"钻"来对付。①

全党的学习活动，带动了整个根据地干部群众的学习热潮。延安时期，不仅全党而且整个根据地几乎变成了一所大学校。全党的学习大大地提高了党的战斗力量，促进了全党的团结，为夺取新民主主义革命的胜利夯实了基础。

3. 中华人民共和国成立前后虚心学习执政本领

随着新民主主义革命在全国的胜利，党的工作重心由乡村转向城市，中国共产党即将成为执掌全国政权的执政党。在这历史的转折关头，中国共产党又及时提出了学习的任务。1949 年 3 月，在党的七届二中全会上，毛泽东说出了一句名言："夺取全国胜利，这只是万里长征走完了第一步。"②革命以后的路程更长，工作更伟大、更艰巨。同年 6 月，毛泽东在《论人民民主专政》一文中，又向全党郑重地提出了学习的问题："严

---

① 《毛泽东文集》第 2 卷，人民出版社 1993 年版，第 181 页。
② 《毛泽东选集》第 4 卷，人民出版社 1991 年版，第 1438 页。

重的经济建设任务摆在我们面前。我们熟习的东西有些快要闲起来了，我们不熟习的东西正在强迫我们去做。这就是困难。""我们必须克服困难，我们必须学会自己不懂的东西。"①

中华人民共和国成立前后，党对学习的内容也提出了明确要求，必须用极大的努力去学会管理城市和建设城市，学会城市中的政治、经济、文化及外交的斗争。为尽快恢复和发展城市的生产事业，党中央要求广大党员干部特别是领导干部必须用极大的努力去学习生产的技术和管理生产的方法，必须去学习同生产有密切联系的商业工作、银行工作和其他工作。在向谁学习的问题上，党的领导人的胸怀是宽广的、大度的，态度是谦逊和诚恳的。"我们必须向一切内行的人们（不管什么人）学经济工作。拜他们做老师，恭恭敬敬地学，老老实实地学。不懂就是不懂，不要装懂。不要摆官僚架子。钻进去，几个月，一年两年，三年五年，总可以学会的。"②在学习的对象问题上，毛泽东明确提出："苏联共产党就是我们的最好的先生，我们必须向他们学习。"③可以说，全面学习苏联是中华人民共和国成立后学习活动最鲜明的特点。

20世纪50年代集中向苏联学习不是偶然的。当时国际形势和两极对立的世界格局，使中华人民共和国实际上失去了选择的余地。而且西方一些大国还对中华人民共和国实行"禁运"和"封锁"，也不可能向他们学习。苏联是社会主义国家，支持过中国革命，中国要走向社会主义，必然要以苏联为榜样。中华人民共和国面临经济、文化十分落后和医治战争创伤的繁重任务，需要资金和技术援助，苏联答应而且实际上也给予了多方面的援助，向苏联学习就是必然的。当时，学习苏联的途径是很多的，主要有以下几个方面：一是采取多种方式，广泛介绍和宣传苏联的政治、经济、文化、教育等各方面情况和社会主义建设的成就与经验，加深了人们对苏联的全面了解。据不完全统计，在20世纪50年代

---

① 《毛泽东选集》第4卷，人民出版社1991年版，第1480、1481页。
② 同上书，第1481页。
③ 同上书，第1481页。

的前几年里，中国翻译出版了数千种和数千万册苏联书籍。① 二是强调向苏联各方面的专家学习。大批来华直接帮助中国进行各项建设的苏联专家，成为苏联先进的科学技术与经验的传播者，中国人便有机会直接向他们学习。三是大量派遣各类人员直接到苏联去学习。各行各业、各界各部门以苏联为榜样，按苏联的模式、经验，或进行建设或予以改组。向苏联学习活动对中国的发展产生了深远影响。从积极方面说，通过学习，解决了中华人民共和国建设急需的人才等问题，尽快建立了社会管理机构和生产管理方式，对于迅速恢复国民经济和提升中华人民共和国的国际地位发挥了促进作用。当然，学习过程中也存在不少问题，主要是存在着盲目迷信苏联的现象，对苏联的经验未能从中国的实际出发，没有将苏联某些好的经验同中国的实际情况结合起来。对于存在的照抄照搬的问题，毛泽东在 1956 年《论十大关系》的报告中作了分析，要求在以后的实践中加以克服。

对于中华人民共和国成立前后的学习活动，邓小平曾给予积极评价："全国胜利前夕，毛泽东同志号召全党重新学习。那一次我们学得不坏，进城以后，很快恢复了经济，成功地完成了社会主义改造。"②

4. 改革开放起步阶段"全党必须再重新进行一次学习"

在探索社会主义建设道路的进程中，中国共产党也多次提出要加强学习，毛泽东也多次推荐书目，并带头读书，取得了一些成效，但总体来看，"应当承认学得不好。主要的精力放到政治运动上去了，建设的本领没有学好，建设没有上去，政治也发生了严重的曲折"③。特别是十年"文化大革命"的严重破坏，使中国与西方发达国家在经济发展和科学技术方面的差距进一步拉大。新时期，中国要奋起直追，建设社会主义现代化国家，面临的突出问题是人才匮乏，"懂得各行各业的专业的人太

---

① 参见孙其明：《评 50 年代全面学习苏联的运动》，《同济大学学报》(社会科学版)，1999 年第 1 期。

② 《邓小平文选》第 2 卷，人民出版社 1994 年版，第 153 页。

③ 同上书，第 153 页。

少"。如何解决这一难题？最好的办法就是学习。邓小平在多种场合反复呼吁要重视学习，要勤于学习，要善于学习。他说："实现四个现代化是一场深刻的伟大的革命。在这场伟大的革命中，我们是在不断地解决新的矛盾中前进的。因此，全党同志一定要善于学习，善于重新学习。"①他指出："在不断出现的新问题面前，我们党总是要学，我们共产党人总是要学，我们中国人民总是要学。谁也不能安于落后，落后就不能生存。"②他强调，领导干部要带头学习，要下苦功夫学习。"在哪一行的，不管年龄多大，必须力求使自己学会本行。学不会的或者不愿学的，只能调整，没有别的办法，你耽误事业嘛。"③

学习的内容主要分为传统的内容与新时代发展所需的知识。从传统的学习内容看，一是继续学习马列主义、毛泽东思想，努力把马克思主义的基本原理与中国社会主义现代化建设实际结合起来。关于真理标准问题的大讨论，既是一次伟大的思想解放运动，也是全党的一次重新学习马克思主义基本原理的活动，二是学习研究党的历史。在全党研究党的历史，特别是总结中华人民共和国成立以来党的历史经验教训的基础上，党的十一届六中全会通过了《关于建国以来党的若干历史问题的决议》，统一了全党的思想。在现代化建设所需的知识方面，当时强调了要学习三方面知识，即学经济学，学科学技术，学管理。

关于学习的途径，首先是从实践中学，要解放思想，大胆探索，在干中学，而不是坐而论道，通过创办经济特区和各项改革实验，学习专业知识，学会经营管理。其次是向书本学习，通过办学校、办培训班和自学，掌握基本业务知识。最后是向国外学习。面对开放的世界，必须有开放的头脑。中央和地方政府派出了众多考察团出国参观考察，学习世界的先进技术与管理经验。

全党的重新学习活动，提高了党员干部的思想素养和知识能力，对

---

① 《邓小平文选》第 2 卷，人民出版社 1994 年版，第 152—153 页。
② 同上书，第 270 页。
③ 同上书，第 263—264 页。

于恢复和贯彻党的解放思想、实事求是的思想路线奠定了基础，也为改革开放和现代化建设提供了人才保障。全党的重新学习活动也带动了全社会的学习，只有学好知识才能有所作为成为社会共识，尊重知识、尊重人才渐成社会风尚。

5. 社会主义市场经济条件下强调要学习、学习、再学习

1992 年召开的党的十四大确定，我国经济体制改革目标是建立社会主义市场经济体制。这是前无古人的，没有先例可循，只有靠我们自己不断地学习，在实践中探索和开拓。现代科学技术突飞猛进，我们不懂得、不熟悉的东西很多，即使过去懂得和熟悉的，也会随着时代的变化而不懂得、不熟悉。在世界多极化和经济全球化浪潮的冲击下，党员干部的政治素质和知识素养都会经受新的考验，只有学习才能提高境界，抵御腐朽思想的侵蚀。因此，边实践边学习，既是紧迫的要求，也是长期艰巨的重要任务。江泽民同志指出："在重大的历史转折关头，新矛盾、新问题、新情况、新知识、新经验层出不穷，我们更要注意学习。"[①]他强调："学习问题，关系到广大干部自身的进步，关系到国家、民族的兴衰和社会主义现代化事业的成败。我们全党全民族都必须有这个共识。"[②]为此，江泽民同志反复强调的一个口号就是：学习、学习、再学习，实践、实践、再实践。1995 年 11 月，江泽民同志在北京考察工作时提出了讲学习、讲政治、讲正气的要求。随后在全党范围开展的"三讲"教育活动，把讲学习作为首要的任务来抓，通过学习提高了各级领导干部的理论素养、知识水平、业务本领和领导能力。

江泽民同志在《论加强和改进学习》一文中，对党员干部学习的内容进行了系统概括和阐述。他指出："做一名合格的政治领导者，哲学、政治学、经济学、法学、历史学、文学和科学技术等方面的知识都要学，特别要注重学习反映当代世界政治、经济、文化新发展的各种新知识，

---

① 江泽民：《论党的建设》，中央文献出版社 2001 年版，第 144 页。
② 同上书，第 145 页。

努力使自己的思想水平和知识水平适应时代前进的需要。"①他特别强调了四方面的内容：第一，注重理论学习。思想理论素质是领导素质的灵魂。学习理论，关键是要学会运用马克思主义的立场、观点、方法来观察和解决问题，提高辩证思维的能力，防止形而上学和片面性。这就要求我们必须认真学习和掌握马克思主义哲学的基本原理。第二，学习现代经济知识。领导干部要学习掌握社会主义市场经济和现代金融、管理等方面的知识。通过学习现代经济知识，提高我们掌控经济发展和驾驭全局的能力。第三，学习科技知识。当今时代，科技进步对一个国家的经济社会发展越来越具有决定性作用。为此必须努力学习科学知识，树立科学精神，"要通过这种学习把握世界发展的大势，加强做好工作的紧迫感和责任感"。第四，学习历史知识。江泽民同志认为："一名领导干部不善于从历史中吸取营养，不可能成为高明的领导者。"②我们要通过学习历史，总结经验教训，认识把握社会发展的规律，继承发展优秀文明成果。外国的历史也要学习，使我们的世界眼光不仅具有现实的广度，还具有历史的深度。

这一时期，党中央特别强调学习应该养成习惯，形成制度，并努力构建自上而下的学习制度。第一，建立健全省部级在职领导干部学习制度。1989 年 12 月，中共中央下发了《关于建立健全省部级在职领导干部学习制度的通知》，为领导干部加强学习提供了制度保障。第二，举办高级领导干部理论研讨班。中共中央在 1993 年和 1994 年先后举办了四期省部级主要领导干部理论研讨班，全面系统地学习中国特色社会主义理论体系。第三，开创了中央领导集体学习的制度。早在 1986 年 7 月中央领导曾集体学习法制课，但后来由于种种原因没有继续下去。时隔 8 年，1994 年 12 月 9 日，中共中央政治局在中南海听取了法律知识讲座。从此，中央领导集体学习开始形成制度。从 1994 年到 2002 年，中央领导

---

① 《江泽民文选》第 2 卷，人民出版社 2006 年版，第 284—285 页。
② 同上书，第 301 页。

共组织了 12 次集体学习。这样的集体学习既能帮助领导科学决策，又为带动各级干部学习起到了表率作用。第四，加强党校轮训干部的力度。从中央到省市县各级党校的有计划培训进一步加强，各种层次的培训班为在职干部提供了宽广的学习平台，为提高党的执政水平和执政能力作出了重要贡献。

6. 新世纪努力建设马克思主义学习型政党

善于吸收借鉴国内外先进经验是学习的题中应有之义。进入 21 世纪，我国对于发源于西方的"学习型"这个词有了更深刻的理解。2002 年 11 月，党的十六大报告提出，要"形成全民学习、终身学习的学习型社会，促进人的全面发展"①。在党中央的号召下，创建学习型城市、学习型企业、学习型社区、学习型乡村的活动纷纷开展起来。党中央坚持把学习放在更加突出的位置，面对科学技术的迅猛发展，胡锦涛同志强调指出："面对这样的新形势新任务，如果我们的领导干部不抓紧学习、不抓好学习，不在学习和工作中不断提高自己，就难以完成肩负的历史责任，甚至难以在这个时代立足。"②从全党来说，当中国进入到发展黄金期与社会矛盾凸显期的叠加时，没有学习，不解决对党的先进性、党的执政地位、执政能力、执政方式的认识，就难以解决建设怎样的执政党、怎样建设执政党，怎样引领中国发展、实现中国怎样的发展的问题。中国共产党清醒地认识到，要带领人民群众创建学习型社会，就必须把自身建设成一个学习型政党。2004 年 9 月，党的十六届四中全会通过的《中共中央关于加强党的执政能力建设的决定》提出，要"重点抓好领导干部的理论和业务学习，带动全党的学习，努力建设学习型政党"③。党的十七届四中全会进一步提出了"建设马克思主义学习型政党，提高全党思想政治水平"的战略要求。建设马克思主义学习型政党，是对执政党建设规律深刻把握的结果，也是对学习型组织理论的借鉴和创新。

---

① 《十六大以来重要文献选编》上，中央文献出版社 2005 年版，第 15 页。
② 《十六大以来重要文献选编》下，中央文献出版社 2008 年版，第 872 页。
③ 《十六大以来重要文献选编》中，中央文献出版社 2006 年版，第 291 页。

新的形势下，建设马克思主义学习型政党，既要继承和弘扬优良的学习传统，进一步加强学习培训，更要注重持续不断地主动学习，使学习成为党组织的一种内在需求，在各级党组织中形成一种重视学习、善于学习的理念和体制，形成一系列符合时代要求的学习方法，能够主动地运用学习的理念去处理和解决工作中遇到的复杂问题，使各级党组织在思想、作风、队伍和活动机制建设等方面进入一种新境界、达到一个高水平。新时期，为推进学习型政党建设，各级党组织已逐步将学习从有组织的安排进一步向规范化、制度化发展，使学习与加强政党建设实现了有机结合。中共中央政治局的集体学习已经形成制度，为全党的学习作出了表率。党的十六届中央政治局在 5 年间共进行了 44 次集体学习，平均 40 天左右就集体学习一次，持之以恒，从不间断。党的十七大以来，中央政治局的集体学习共有 33 次，众多专家学者相继走进中南海，就经济、政治、法律、文化、科技、历史、国际问题、社会、军事、党建等方面的重大问题向中央领导进行专题讲解，中央领导在工作繁忙的情况下能坚持集体学习，表现出一种高度的学习自觉性，为广大党员干部特别是各级领导干部树立了榜样，也是建设学习型政党的一个生动示范。在全党开展的深入学习实践科学发展观活动，更是学习型政党建设的生动实践。广泛而持续地学习，保证了党在复杂的环境中能够正确把握前进的航向，不断提高应对困难和挑战的能力，不断提高执政能力和领导水平，领导中国特色社会主义建设事业不断取得新胜利。

2012 年 11 月，胡锦涛同志在党的十八大报告中提出了建设学习型、服务型、创新型的马克思主义执政党的战略任务，以全新的视野深化了对共产党执政规律的认识。加强学习是一切工作的基础。时代在变化，社会在进步，工作方法需要创新，服务人民的本领需要提升，最好的办法就是学习。学习作为基础工作，无论是对提高服务群众、做好群众工作的能力，还是增强改革创新的意识和水平，都具有普遍性和永久性的意义，在党的建设和国家发展中起着引领航向的作用。"三型"目标的提出，体现了党加强自身建设的高度自觉，对全面提高党的建设科学化水平具有十分重要的意义。

7. 依靠学习走向未来

党的十八大以来，以习近平同志为核心的党中央向全党再次发出"善于学习，善于重新学习"的号召。这既是对中国共产党重视学习这一优良传统的继承和发扬，又是新时代的战略安排。习近平总书记明确指出："中央政治局要先学一步，为全党作出示范。"

十八届中共中央政治局总共进行了 43 次集体学习。十九届中共中央政治局共进行了 41 次集体学习。中央政治局集体学习的内容非常丰富，以坚持和发展中国特色社会主义为主线，认真学习马克思主义基本原理和马克思主义中国化理论成果，围绕着"五位一体"总体布局组织谋划，"四个全面"战略布局融汇其中，紧跟时代发展前沿，注重对重大科技创新前沿问题的学习把握，善于学习历史，注重从历史经验教训中汲取智慧。中央政治局集体学习的形式更加多样化，既邀请专家进行专题讲解，也让有关部门负责人结合工作实际进行研讨。学习的"课堂"不只限于中南海，还设置在相关学习领域的最前沿，把调研、讲解、讨论相结合。例如，十八届中央政治局的第九次集体学习《实施创新驱动发展战略》，直接把"课堂"搬到了科技创新中心——中关村，大家参观了解科技企业、科研单位重要创新成果，随后进行集体学习讨论。中央领导以身作则，率先垂范，带头学习，为全党学习作出了表率。

通过党内集中教育推动学习的深化，是中国共产党的优良传统和鲜明特色。党的十八大以来，中国共产党开展了党的群众路线教育实践活动、"三严三实"专题教育、"两学一做"学习教育和"不忘初心、牢记使命"主题教育，广大党员干部在党内集中教育活动中加强学习，砥砺初心使命，增强理想信念。在庆祝中国共产党百年华诞之际，党中央决定在全党开展党史学习教育。2021 年 2 月 20 日，党史学习教育动员大会在北京召开，习近平总书记发表重要讲话强调："全党同志要做到学史明理、学史增信、学史崇德、学史力行，学党史、悟思想、办实事、开新局，以昂扬姿态奋力开启全面建设社会主义现代化国家新征程，以优异成绩迎接建党一百周年。"党中央要求在全社会广泛开展党史、新中国史、改革开放史、社会主义发展史宣传教育，普及党史知识，推动党史学习教育深入群众、深入基层、深入人心。在全党开展党史学习教育，对提高全党的历史思维能力产生了积极而深远的影响。党的二十大召开后，以县处级以上领导干部为重点，分两批开展了学习贯彻习近平新时代中国特色社会主义思想主题教育，取得明显成效。

党的集中教育推动着全党和全社会的日常学习不断走向深入。党的十八大以来，习近平总书记提出的中国梦，成为海内外热议的焦点。广大党员干部群众以多种形式学习中国近现代史、了解中国梦的历史渊源，参加专题培训、理论宣讲，学习中国梦的深刻内涵，激发了为实现中华民族伟大复兴的中国梦而奋斗的强大力量。党的十八大提出，倡导富强、民主、文明、和谐，倡导自由、平等、公正、法治，倡导爱国、敬业、诚信、友善，积极培育和践行社会主义核心价值观。社会主义核心价值观把涉及国家、社会、公民三个层面的价值要求融为一体，深入回答了我们要建设什么样的国家、建设什么样的社会、培育什么样的公民的重大问题。全党全社会持续开展培育和践行社会主义核心价值观活动，进一步巩固了坚持和发展中国特色社会主义的思想道德基础。

历史往往会在一些重要时间节点上唤起人们的回忆，促进人们的思考和学习。党的十八大以来，党和国家以重大事件、重要人物的纪念庆典活动为引领，带动全党全社会进行学习。隆重举行纪念中国人民抗日战争暨世界反法西斯战争胜利 70 周年、庆祝中国人民解放军建军 90 周年、庆祝改革开放 40 周年、纪念马克思诞辰 200 周年、纪念五四运动 100 周年、庆祝中华人民共和国成立 70 周年等一系列重要活动，在营造学习氛围、培养良好学习风气和促进学习深化等方面发挥了重要作用。

二、党开展学习活动的经验与启示

学习活动是中国共产党发展壮大与自我完善的动力和源泉。党在实践中学习，在学习中发展。卓有成效的学习促进了党的理论创新，使党能够保持与时俱进的精神风貌；持之以恒的学习提高了党的领导水平和执政能力，保证了革命和建设事业的成功；丰富多彩的学习提升了党员干部的道德水平和精神境界，是加强党的自身建设的重要方法。纵观党的学习史，有丰富的经验值得总结。

1. 理论武装始终摆在学习的首位

把思想建设放在党的建设的首位，是中国共产党加强自身建设的特点和优点。加强党的思想理论建设，首要任务是理论武装和理论创新。中国共产党从延安时期努力"把全党变成一个大学校"到当今努力建设马克思主义学习型政党，始终强调把理论学习放在首位，从指定阅读书目到专题研讨与培训，理论学习不断深化。可以说，高度重视理论学习，坚持用科学理论武装全党，不断提高全党的马克思主义水平，是中国共产党成长、壮大并不断领导革命和建设事业取得胜利的基本经验之一。

理论学习是理论创新的基础。在实践基础上的理论创新是一切工作的先导，并引领着各方面创新。创新的基础是学习和继承。党的历史上每一次大的学习活动，都对党的理论创新起了推动作用。延安时期全党的学习运动促进了毛泽东思想的形成，改革开放以来的学习活动则推动了中国特色社会主义理论体系的形成和发展。这些中国化的马克思主义一旦被全党和广大人民群众所掌握和接受，就转化为推动社会发展的伟大的物质力量。学习推动创新，创新呼吁学习，两者的良性互动是党的学习史上的宝贵经验。

学习理论要与理想信念的教育紧密结合。理想信念是行动的灵魂和精神支柱。共产党人坚定的理想信念来自于对马克思主义科学理论的认知。只有用汇集人类智慧精华的科学理论武装头脑，人们才能树立正确的理想信念。一些党员干部理想信念淡漠，精神境界不高，甚至"不信马列信鬼神"，其中一个重要原因是不重视学习科学理论，不注意提高思想理论素养。中国共产党对于共产主义的信仰和中国特色社会主义的信念，是建立在马克思主义的辩证唯物主义和历史唯物主义这一科学理论基础之上的，是对中国化马克思主义理解和运用的结果。党员干部只有坚信这样的科学理论，才能树立崇高的理想，才能牢固坚持马克思主义的指导地位。"我坚信，世界上赞成马克思主义的人会多起来的，因为马克思主义是科学。它运用历史唯物主义揭示了人类社会发展的规律。"所以，学习理论一定要紧密联系自身世界观和人生观的改造来进行，以提高党员干部的精神境界和道德修养。

2. 坚持优良学风是保障学习成效的关键所在

在党的历史上，在怎样学习、实践马克思主义这个重大的基本问题上，曾出现过两种错误的态度，一种是教条主义的态度，即照抄照搬马克思主义的书本，照抄照搬别国模式；另一种是经验主义，即忽视理论学习和理论指导，往往陷入事务主义，迷失前进方向。党在付出沉重代价后获得的基本经验是，必须坚持理论联系实际的优良学风，学会运用科学理论去认识和分析实际，用理论去指导实践，并在实践中检验理论，发展理论，真正做到学以致用、用以促学、学用相长。党在经历了土地革命战争时期的教条主义者统治和"文化大革命"的磨难后所进行的学习活动，都切实感受到学好马克思主义哲学的极端重要性，通过学习，解放了思想，更新了观念，实现了马克思主义与中国实际的结合，形成了马克思主义中国化的理论成果。所以，学习理论要以解决党员干部的思想方法、提高理论思维能力和马克思主义哲学素养为重点，使党员干部特别是领导干部能够站在哲学世界观和方法论的高度思考问题、分析问题、解决问题。

作为执政党，其学习活动，无论是理论学习还是各方面知识的获取，都要增强针对性和实效性，要有问题意识，要紧紧围绕党和国家事业的发展要求来进行，要从正确认识和切实解决社会发展中出现的新问题入手，带着问题学，学习是为了解决问题，而不是装点门面。特别需要强调的是，学习要紧密联系如何为最广大人民谋利益来进行。党要始终把体现人民群众的意志和利益作为一切工作的出发点和归宿，学习的目的在于应用，首先是应用于为人民群众谋利益上。人民群众是历史的创造者，要善于向群众学习，从人民群众的智慧和力量中汲取推动事业前进的不竭动力。党的历次学习都是在推动事业发展，使人民群众的根本利益得到维护和实现的基础上进行的，因而获得了人民群众的支持。如果脱离群众，离开群众的利益坐而论道，或空谈理论而不能推动事业发展，这样的学习是没有意义的。

3. 建立制度、养成习惯是搞好学习的根本保障

实践证明，如果没有一定的制度规范来约束，不能养成习惯，学习这样一种带有长期性、务虚性的任务就很难持久地坚持下去。对于政党建设来讲，学习不仅是个人行为，而且是一种组织行为。建设马克思主义学习型政党的一个重要目标，就是要建立一套完善的学习制度，使学习规范化，让学习成为一种习惯。

一是要建立健全激励机制，把领导干部学习的情况与干部的考核、晋升联系起来。在党的七大上，毛泽东就提出，选举中央委员，就要选取有学习精神的人。要坚持把理论素养、学习能力作为选拔任用领导干部的重要依据，还要让广大群众监督领导班子和领导干部的学习情况，把真学、真懂、真信、真用的干部选拔到领导岗位上来。要强化考核结果的应用，在干部的评优奖励中，既要考察德能勤绩廉，也要注重考察学习情况。动力来自于需求。只有形成注重学习的用人导向，才能激励党员干部的学习热情，才能逐步形成重视学习、崇尚学习的良好风尚。

二是要不断完善制度体系，使学习从"搞活动"逐步转向"抓常态"，形成长效的学习保障机制。根据形势发展的需要，集中一段时间进行学习是必要的，但是，学习是一项长期的任务，特别是在科技迅猛发展的时代，不学则退，所以要持之以恒，形成保障持续学习的体制机制，比如建立健全培训制度，科学安排岗前培训、业务培训、晋职培训、理论培训等；建立健全形式多样的主题教育制度，注重运用重大节庆日开展学习教育的工作机制；对于各级领导干部的学习，还要建立健全学习成果转化制度，通过专题研讨、集体交流、调研报告等多种形式，促使学习教育的成果及时通过决策机构运用于实践之中。

三是建立健全科学合理的评价指标体系，切实做好学习状况的考核

工作。在考核的主要内容上，要从学习态度、基本理论和基本知识及运用理论指导改造主观世界的情况等方面来进行。要强化考核结果的作用，使考核真正起到约束和激励作用。

四是提供条件保证，拓展学习阵地。注重整合各类教育资源，把高等院校、科研院所、社会培训机构等优质培训资源纳入干部教育培训体系，形成分工明确、布局合理、优势互补、相互促进的大教育、大培训的干部教育培训格局。

当然，制度毕竟是外在的东西，要发挥作用还必须通过主体的自觉来实现，学习活动区别于其他活动之处，主要是主体的能动作用更明显，若无内在的主动性，学习是不会见成效的。制度建设的理想目标是促使党员树立终身学习、自觉学习的理念，使广大党员既要适应性地学习，也要预见性地学习、发展性地学习，使学习成为一种生存状态、一种生活习惯、一种精神追求、一种人生态度。

4. 领导干部必须在学习活动中发挥表率作用

学习是关系党和国家事业发展的重要基础，同时又是需要坚持不懈的努力才能见到成效的务虚性工作，如果没有领导尤其是主要领导的高度重视，并发挥示范带头作用，就难以取得实效。在延安整风学习期间，毛泽东曾尖锐地指出："犯思想病最顽固"的是高级干部，"将多数高级及中级干部的思想打通，又能保存党与军队的骨干，那我们就算胜利了"①。毛泽东等老一辈无产阶级革命家不仅是学习的倡导者和组织者，而且是实践者，他们勤于学习的行动和博学多识的风范是全党学习的榜样。改革开放以来，中央领导集体坚持集体学习，更是为全党作出了表率，为在全党树立学习风气发挥了巨大的带动作用和示范作用。领导干部在开展学习及建设学习型党组织的过程中应承担三种角色，即精心组织者、积极促进者和自觉实践者。作为组织者，就是要善于运用行政权

---

① 毛泽东致彭德怀电，1943 年 1 月 25 日。转引自中共中央文献研究室编：《毛泽东传》(第 2 册)，中央文献出版社 2011 年版，第 645 页。

力，切实发挥组织领导作用，认真做好顶层设计，把提高领导水平作为共同的愿景，提出明确的建设目标，采取切实可行的措施，使学习不断取得新成效。作为促进者，就是要既能当好教练员，发挥指导作用，又能当好服务员，为领导班子的学习做好服务协调工作，合理调配党组织中的资源，创造良好的学习环境和机会，使学习成为组织内部的一种文化和风气。作为实践者，就是要率先垂范，做学习的先行者，善于抓住和用好业余时间，善于从减少应酬中"挤"时间，从摆脱事务性工作中"腾"时间，从其他活动中"抠"时间，使之最大限度地用于学习。

回顾 100 年的历史，中国共产党强调学习的话语始终没有改变，但学习的内容、要求、条件、方式、途径等都随着时代的变迁而不断创新发展。建设马克思主义学习型政党是学习活动的超越与升华。把党的历史上重视学习、善于学习的优良传统弘扬光大，是马克思主义学习型政党建设的题中应有之义。

第一章　党在学习中诞生

当世界之舟沿着蜿蜒的历史长河缓缓驶入 19 世纪 40 年代的近代港湾时，中国，这个东方文明古国，正面临着前所未有的危机。鸦片战争的枪炮声使清王朝雪上加霜，亡国灭种的现实威胁让人不寒而栗。

面对四分五裂的神州大地，先进的中国人向西方寻找真理。伴随着十月革命风暴和五四爱国运动的爆发，新思潮如潮水般涌现。唯有大浪淘沙，才知孰真孰假。马克思主义以其科学性和革命性吸引着越来越多的先进分子。

古老的中华大地上掀起了学习和研究马克思主义的热潮。在李大钊、陈独秀的指导和帮助下，毛泽东、周恩来、蔡和森等热血青年，如饥似渴地阅读马克思主义书籍，积极参加工人运动的伟大实践。伴随着紧张热烈的学习，先进分子加快了建立无产阶级政党的步伐。他们将学到的马克思主义与工人运动相结合，于 1921 年创立了中国共产党。

一、学习俄国十月革命的经验

鸦片战争失败后，中国一步步沦为半殖民地半封建社会，"救亡图存"的呐喊声响彻古老的华夏大地。

为了挽救国家和民族的危亡，先进的中国人逐渐认识到古老的思想文化不能指引中国走出苦难的深渊，便纷纷向西方寻找救国救民的真理，力图用西方的政治制度和思想武器使中国走上繁荣富强的道路。中国社会各阶级轮番登上政治舞台，希望大显身手救民于水火，活剧一幕紧接着一幕演出，然而，"中国人向西方学得很不少，但是行不通，理想总是不能实现"①。

救国救民的道路究竟在何方？中国的先进分子陷入了极度彷徨和苦闷之中。

就在这个时候，十月革命爆发了。真是"山重水复疑无路，柳暗花明又一村"！

以"民主"与"科学"为旗帜的新文化启蒙运动在中国蓬勃兴起之时，1917 年 11 月 7 日（俄历 10 月 25 日），以列宁为首的布尔什维克党推翻了俄国资产阶级临时政府的腐朽政权，取得了十月革命的胜利，建立了世界上第一个社会主义国家。十月革命，犹如划破沉沉暗夜的曙光，给苦闷和探索中的中国先进分子树立起一个具体榜样，在他们心中燃烧起新的希望。

俄国革命的消息，从一开始就引起中国新闻界的关注。十月革命爆发后的第三天，上海《民国日报》就以"突如其来之俄国大政变"为大字标题，报道了俄国彼得格勒工人和士兵推翻资产阶级临时政府，占领首都的消息。随后，《时报》《申报》《晨钟报》《太平洋》等杂志也都作了相关报道和介绍。

从报刊上不断登载的消息中，中国的先进分子逐渐了解到，十月革命是在马克思主义指导下成功的，十月革命的胜利是马克思主义的胜利。俄国的国情与中国有许多近似之处，俄国地大人多，经济文化落后，沙皇统治时期政治腐朽，又是中国的近邻，俄国革命能成功，中国也应该仿效俄国才能成功；十月革命是劳苦大众的胜利，俄国工人、农民和士兵，这些过去被人瞧不起的普通劳动者是革命力量的主体；新建立的苏俄革命政府主张维护世界和平，反对侵略战争；苏维埃政权没收和监督资本家的企业，通过维护工农利益决议案，把土地分配给农民，并把选

---

① 《毛泽东选集》第 4 卷，人民出版社 1991 年版，第 1470 页。

举权等政治权利真正交给广大工农大众。苏俄政府绘制的这幅美妙的画卷，深深吸引着中国的先进分子！

十月革命后不久，一些旅俄的中国工人陆续回国。据报道，到 1919 年夏天，在苏俄政府帮助下经过西伯利亚回国的华工约达四万人。这些华工比国内的先进分子更早知道马列主义和十月革命，他们当中，有的亲身参加了夺取十月革命胜利的激烈战斗，目睹了十月革命在俄国造成的天翻地覆的大变动。回国后，他们在中国劳动群众中宣传苏俄劳动人民翻身做主人的真实情况，引起了强烈反响。特别是中国的无产阶级，更是热切期盼像俄国那样的"劳工之国"能在中国早日实现。

苏维埃俄国关于废除一切不平等条约，放弃沙俄在中国的全部特权的主张。第一次对华宣言是 1919 年 7 月发出的，但由于反动的北洋军阀政府的扣押不得与中国人民见面，直到 1920 年 3、4 月间才有外国报纸透露出来。接着苏俄政府在 1920 年 9 月又发表了第二次对华宣言。

两次宣言都宣布废除沙俄时代同中国订立的不平等条约，放弃在中国的帝国主义特权，提出要和中国建立友好关系，支持中国人民争取独立自由的斗争。近百年来，中华民族一直在帝国主义的重压下喘不过气来，从来没有真正的朋友，只有社会主义的苏俄，只有列宁的劳农政府，对中国人民表达了如此的友谊，因而这个宣言在中国引起了很大反响，尤其博得了中国先进分子对这个能够"平等待我之民族"的好感。中国的工人、学生、商人各阶层的数十个团体纷纷致电，许多报纸包括保守的资产阶级报纸都发表评论，表示感谢。十月革命的伟大领袖列宁的名字，在中国人民中，尤其是在先进分子中广为传颂，受到极大的爱戴与尊崇。马克思、恩格斯、列宁的思想和学说对中国进步知识分子产生了磁石般的吸引力。

由此，中国寻求救国救民真理的先进分子，从俄国十月革命的启示中，敏锐地感受到世界历史潮流的深刻变化，很快在实践中得出向俄国十月革命学习、"走俄国人的路"①的结论。

率先号召中国人民向俄国十月革命学习的是中国最早的马克思主义者李大钊。

面对民不聊生的惨状，青年时代的李大钊就立志要为苦难的中国寻求出路。辛亥革命推翻了清王朝的专制统治，建立了中华民国，李大钊曾对这场革命寄予很大希望，但是后来北洋军阀很快就篡取了革命果实，"无数头颅无量血，可怜购得假共和"。李大钊决心探索救国救民的新道路。

1913 年，李大钊到日本留学，在那里受到日本著名的马克思主义者、京都帝国大学教授河上肇的影响，开始接触马克思主义的著作。同他一起在日本留学的好友高一涵说："他在日本时学的是经济学，但他对那时的资本主义经济学总是不感兴趣，一看到河上肇博士介绍的马克思主义政治经济学的论著，就手不释卷。他从一九一七年俄国二月革命起，经过十月革命以后，一直在研究马克思主义的著作。"②1916 年春回国后，他立即投身于反日反袁的斗争和反封建的新文化运动中。

在 1918 年初，李大钊就开始通过私人信件和寄有关材料，向他的朋友宣传和介绍十月革命的情况。林伯渠当时正在南方跟随孙中山进行护法斗争，他回忆当时的情况说："约在 1918 年 3、4 月间，连续接到李大钊同志几次信，详细给我介绍了十月革命情况及一些小册子、文件，并对目前中国形势阐述了他的所见，得到很大的启发。"③据李璜回忆："在（一九一八年）十一月中，守常便已在我们联餐席上，开始称道俄国的共产革命，认为比一七八九年的法国大革命要有意义得多，因为在俄共主张上，还有精神照顾到弱小民族的解放运动上，而中国革命的前途，要

---

①　《毛泽东选集》第 4 卷，人民出版社 1991 年版，第 1471 页。

②　高一涵：《回忆李大钊同志》，《五四运动回忆录》（续），中国社会科学出版社 1979 年版，第 116 页。

③　林伯渠：《党成立时期的一些情况》，《一大前后》（二），人民出版社 1980 年版，第 31 页。

采取西方的策略时，则最好去学俄国共产党。"①

1918 年 7 月，李大钊根据尽可能收集到的关于十月革命的材料，作了认真的学习和研究，发表了他的第一篇关于十月革命的论文——《法俄革命之比较观》。他比较了以法国革命为代表的资产阶级民主革命和以俄国革命为代表的无产阶级社会主义革命。他说："法兰西之革命是十八世纪末期之革命，是立于国家主义上之革命，是政治的革命而兼含社会的革命之意味者也。俄罗斯之革命是二十世纪初期之革命，是立于社会主义上之革命，是社会的革命而并著世界的革命之采色者也。"他以辩证的观点观察人类文明史的演进，认为"一国文明有其畅盛之期，即有其衰歇之运"。而资本主义的欧洲各国，其文明或者"已臻于熟烂之期"，或者"已臻极盛，过此以往，则当入盛极而衰之运"；据此，他预言，"二十世纪初叶以后之文明，必将起绝大之变动，其萌芽即苗发于今日俄国革命血潮之中，一如十八世纪末叶之法兰西亦未可知"，"俄罗斯之革命，非独俄罗斯人心变动之显兆，实二十世纪全世界人类普遍心理变动之显兆"②。李大钊主张我们应当有这样的历史眼光，努力地去适应此世界的新潮流，自觉地走俄国人的路。

同年 11 月底和 12 月初，李大钊又发表了《庶民的胜利》的演说，写下了《Bolshevism 的胜利》的论文，他揭露了第一次世界大战的帝国主义性质，指出它的"真因，乃在资本主义的发展"，"资本家的政府想靠着大战"，"建一世界的大帝国"；而这次战争的结果，是引发了俄国和德国等国的革命，所以这是"民主主义把帝制打倒，社会主义把军国主义打倒"，是"资本主义失败，劳工主义战胜"，是"庶民的胜利"，是"社会主义的胜利，是 Bolshevism 的胜利，是赤旗的胜利，是世界劳工阶级的胜利，是二十世纪新潮流的胜利"。他再次强调，"一九一七年的俄国革命，是二十世纪中世界革命的先声"，预言"将来的环球，必是赤旗的世界"。对于

① 李璜：《学钝室回忆录》，传记文学出版社 1978 年版，第 34 页。
② 《言志》季刊第 3 期，1918 年 7 月 1 日。

这等世界的新潮流，"是只能迎，不能拒的"①。中国也只有以马克思创立的革命的社会主义作为"新信条"，才能使自己适应这个世界的新潮流。他号召中国人民向十月革命学习，为在中国实现"劳工社会"而奋斗。

1919年元旦，李大钊在《每周评论》上发表了《新纪元》为题的社论，进一步指出：十月革命开辟的"新纪元"，"带来新生活、新文明、新世界"，"我们在这黑暗的中国，死寂的北京，也仿佛分得那曙光的一线，好比在沉沉深夜中得一个小小的明星，照见新人生的道路"②。他明确指出，中国人民应该沿着十月革命照亮的道路前进。

这段时间，李大钊能够读到的马克思列宁主义的著作是有限的。他关于论述十月革命的几篇文章，虽然对马克思主义的学说内容还没有进行系的介绍，而且文章也有些不够恰当之处，但是它却在一定程度上表达了学习和传播马克思主义的观点的意愿。这些闪烁着马克思主义光辉的篇章，飞落在中国人民尤其是青年学生们那渴望真理雨露滋润的心灵上，真可谓醍醐灌顶，振人心弦。

二、在学习中选择马克思主义

如果说1915年9月开启的新文化运动在思想界特别是知识青年中打开了遏制新思想涌流的闸门的话，那么，五四运动的爆发则使这种新思潮汹涌澎湃，一泻千里，势不可挡。易卜生主义、实验主义、马克思主义、托尔斯泰主义、无政府主义、新村主义、国家主义……五花八门，不一而足。在这股新思潮中，各种主义、各种学说，泥沙俱下，像瞬息万变的万花筒一样，使寻求救国真理的青年学生眼花缭乱，真假难分，犹如"隔着纱窗看晓雾"③，并不十分清晰。对于到底学什么、怎么学，当时大多数青年还没有确定自己的信仰，在如何拯救祖国的问题上众说

---

① 《新青年》第5卷第5号，1918年11月15日。
② 《每周评论》第3号，1919年1月5日。
③ 《瞿秋白诗文选》，人民文学出版社1982年版，第35页。

纷纭，莫衷一是，他们还在讨论、比较、探索和选择。

少年中国学会会员恽代英表示，他盼望看到的书有：马克思及其学说，克鲁泡特金及其学说，杜威及其学说，詹姆士及其学说，达尔文及其学说，尼采及其学说，蒲鲁东及其学说，康德及其学说，唯物史观，实验主义，道德的起源，生物进化论，优种论，德谟克拉西，布尔塞维克，新村主义，劳动主义，女子问题等二十余种图书。① 他希望以其中的一种主义或数种主义为指导，研究思想和社会上的问题，以企找到改造社会的良方。

后来参加中共一大的刘仁静曾说过："那时，大家正在寻找国家的出路，追求真理，对社会主义还没有明确的认识。研究会的几十个会员中，除部分相信马克思主义以外，有的相信基尔特社会主义，有的相信无政府主义。其实，在当时他们对基尔特社会主义和无政府主义，也没有什么研究，只是从杂志上看了一些有关宣传品，认为有道理，合乎自己的胃口，以后看见别的主张更好，有的也就放弃了自己原先的主张。"②

作为新思潮的集中表现，进步期刊和社团如雨后春笋般出现在中国大地上，人们以救国救民、改造社会为己任，把学到的知识按照自己的理解和良好愿望描绘着理想中国社会的蓝图，有的甚至开始了社会实验活动。其中有代表性的实验，一个是在若干城市进行的工读互助主义的实验活动，一个是在农村进行的新村实验活动。然而，这些实验活动昙花一现，好景不长，经过一段时间的实践，都因遇到种种无法克服的困难而纷纷解散。

工读互助团和新村实验的失败，对热衷于空想社会主义和改良主义的人们，是一次现实的教育。曾经参加工读互助团的施存统深有感触地说："要改造社会，须从根本上谋全体的改造，枝枝节节地一部分的改造

① 转引自高万娥、刘道慧：《建党伟业——聚焦1921》，人民出版社2011年版，第43页。

② 刘仁静：《回忆五四运动、北京马克思主义研究会和党的一大》，《一大前后》（二），人民出版社1980年版，第114页。

是不中用的"，"社会没有根本改造以前，不能试验新生活，不论工读互助团和新村"，经过比较选择，他最后得出"我们因此更信共产主义"①的结论。

在与各种思潮的比较、选择和论争中，以李大钊为代表的马克思主义先进战士，循着俄国十月社会主义革命胜利的曙光，最早在黑暗的中国大地上点燃了马克思主义的火种。烈火一经点燃，便孕育着燎原之势。

1917 年冬，李大钊受聘任北京大学图书馆主任后，迅速在北大青年学生中开展学习和研究马克思主义的活动。他联络志同道合的朋友、青年学生成立研究会，大量扩充了图书馆中有关民族解放和介绍马克思主义的书籍，包括许多英文、法文和德文本的马克思主义的原著，把图书馆变成学习和研讨马克思主义的主要场所。从新文化运动中涌现出来的一大批青年学生积极分子和领袖人物，经常聚集在红楼图书馆，或阅读革命书籍；或聆听李大钊的教诲；或议论国事，探讨中国的出路问题，去寻觅拯斯民于水火、扶大厦之将倾的真理宝剑。

李大钊的北大同事高一涵回忆说："五四前不到半年，守常在北京大学组织了一个研究马克思主义的学会。我们不是用马克思，而是用马尔克斯这个名字，为的是要欺骗警察。他们回去报告，上司一听研究马尔萨斯（与马尔克斯相混），认为这是研究人口论的，也就不来干涉了，这个学会，先是公开的，后来就秘密起来。它的对内活动是研究马克思学说，对外则是举办一些讲演会。……一九一八年底我们办一个《每周评论》。经常是我们几个人写稿。"②

先后担任过北京大学学生会主席、北京学生联合会主席、后来加入中国共产党的北大学生朱务善回忆说："记得还在一九一八年，李大钊同志为要宣传和研究马克思主义，曾与当时北大教授高一涵等发起组织了一个研究马克思主义的团体。为避免当局的注意，这个团体并不叫马克

---

① 《星期评论》第 48 号（劳动纪念号），1920 年 5 月 1 日。
② 高一涵：《回忆五四时期的李大钊同志》，《五四运动回忆录》（上），中国社会科学出版社 1979 年版，第 340－341 页。

思主义研究会。因为当时'马克思'有译为'马尔格士'的，与马尔萨士之音相近似，所以他们把这个团体好像是定名为'马尔格士学说研究会'，以便在必要时对警厅机构说这个团体是研究人口论的而非研究共产主义的。"①这说明马克思学说研究会1918年最初发起时曾使用与马尔萨士之音相近的译名，以避免引起当局注意。

青年毛泽东第一次到北京期间，经杨昌济介绍到北大图书馆工作。在这里，他有机会认识了李大钊。在李大钊的指导下，他受到了十月革命的影响，并读了一些传播马克思主义的书籍。这些书籍使他如获至宝，爱不释手。他后来回忆说："我在李大钊手下在国立北京大学当图书馆助理员的时候，就迅速地朝着马克思主义的方向发展。"②

对自己的这段经历，毛泽东记忆深刻，对把他领上革命道路的李大钊充满感激之情。1949年3月23日，毛泽东进入北平时，非常感慨地说："三十年了！三十年前我为了寻求救国救民的真理而奔波。在北平遇到了一个大好人，就是李大钊同志。在他的帮助下，我才成为一个马列主义者，他是我真正的好老师，没有他的指点和教导，我今天还不知在哪里呢！"③

由于李大钊的引导和帮助，北大学生张国焘开始大量阅读介绍马克思主义的书籍。他曾经说过："我似乎是一个特殊学生。我的学业已耽误了一个学期，到了无法追上的地步。教师们知道我之所以耽误的原因，总是善意地给我一个勉强及格的分数。我也就索性将我的大部分时间花在图书馆，贪婪地阅读社会主义的书籍。《马克思资本论入门》《政治经济学批判》《哲学的贫困》、恩格斯的《家族私有财产及国家之起源》等中英文

---

① 朱务善：《回忆北大马克斯学说研究会》，《一大前后》（二），人民出版社1980年版，第118页。

② ［美］埃德加·斯诺，董乐山译：《西行漫记》，解放军文艺出版社2002年版，第117页。

③ 转引自李君如主编：《中国共产党建设史》（上册），福建人民出版社2011年版，第19页。

译本，都是在这个时期读完的；此外对德国社会主义运动史和英国工人运动史等也有过一些涉猎。"①

　　张国焘也对当时青年学生学习马克思主义的情形做过如下描述性的回忆：李大钊"主持的北大图书馆成为左倾思潮的发祥地"，"那时的北大图书馆设备还很简陋，地方不算宽敞，图书也不够齐备，但已甚具吸引力。常常挤满了人，其中以搜索新奇思想的左倾者占多数，少数的社会主义书刊往往借阅一空。休息室中，三五成群的青年高谈阔论，马克思主义和无政府主义常是他们的主要话题。图书馆主任室有两间房，一间是李先生的办公室，另一间是接待室。那间接待室是当时社会主义者和急进人物荟集之所，还有好几次举行过人数颇多的座谈会，辩论得很是认真"②。张国焘的回忆从一个侧面反映了当时追求进步的青年人学习先进思想的热切心情。

　　除李大钊外，几位留学日本期间接触过社会主义思潮、研究过马克思主义的先进青年，对马克思主义在中国的早期学习与传播也起过重要的作用。在这方面，应当特别提到的是李达、杨匏安和李汉俊。

　　李达，这位后来被毛泽东誉为"理论界的鲁迅"的马克思主义先驱者，是在留日期间得知俄国十月革命的消息的。在十月革命的鼓舞下，李达积极投入了中国留日学生的反对帝国主义列强和北洋军阀政府的爱国运动。1918年4月，中国留日学生得知段祺瑞政府同日本秘密签订了卖国反俄的"中日共同协定"后，怒不可遏，于5月7日在东京开会抗议，决定组织留日学生救国团，罢课回国请愿。虽然这次运动未达到预期的目的，但是，对李达来说，受到了一次很深刻的教育，使他觉悟到："要想救国，单靠游行请愿是没有用的；在反动统治下'实业救国'的道路也是一种行不通的幻想。只有由人民起来推翻反动政府，象俄国那样走革命的道路。而要走这条道路，就要加紧学习马克思列宁主义的理论，学习

———————————

①　张国焘：《我的回忆》（一），现代史料编刊社1980年版，第85页。
②　同上书，第79—83页。

俄国人的革命经验。"①1918 年 6 月，李达再次东渡日本学习，专攻马克思主义。他每天天不亮就起床，晚上快 12 点了才休息。在一年多的时间里，他研读了《共产党宣言》《资本论（第一卷）》《〈政治经济学批判〉序言》《国家与革命》等马克思列宁主义的经典著作，以及许多介绍马克思主义原理的书刊，"开始走上马克思主义的道路，很快成为马克思主义的笃信者和宣传者"②。1919 年 6 月，他在上海《民国日报》的副刊《觉悟》上先后发表《什么是社会主义》和《社会主义的目的》两文，指出"社会主义和共产主义是不同的"，"社会主义和无政府主义是不同的"③。从 1919 年秋至 1920 年夏，他集中相当大的精力，翻译了《唯物史观解说》《马克思经济学说》和《社会问题总览》三部著作，寄回国内出版。这些著作对马克思主义的哲学、政治经济学和科学社会主义作出了比较系统的阐述，对国内传播和学习马克思主义起了很大的推动作用。

广东的杨匏安也是最早学习和研究马克思主义的先进分子之一。他同李大钊一样，也是在日本留学期间埋头钻研理论，接触了西方各种思想流派和社会主义学说，回国后他任广东《新中华报》记者，在《新中华报》上发表了许多宣传马克思主义的文章。1919 年 11 月 11 日发表《马克斯主义》一文，连载 19 天，对马克思主义产生的历史及其唯物史观、阶级斗争、剩余价值等多个组成部分的基本观点进行了较为系统的介绍。这篇文章的发表时间与 1919 年 11 月《新青年》6 卷 6 号发表的李大钊的《我的马克思主义观》下半篇几乎同时，客观上有南北呼应之效，为马克思主义在中国的最早传播留下了不朽的历史丰碑，对华南广大青年群众学习马克思主义和走俄国社会主义道路产生了深远影响。

李汉俊在日本留学期间，曾师从日本著名马克思主义研究专家河上肇，深受其启发。他精通日、英、德、法多国语言，十分勤奋地学习马

---

① 《李达文集》第 4 卷，人民出版社 1988 年版，第 733—734 页。

② 《十月革命与中国知识分子》，《武汉大学学习简报》，1957 年 11 月 7 日。

③ 《李达文集》第 1 卷，人民出版社 1980 年版，第 1 页。

克思主义原著，他曾把马克思主义形象地比喻为"选择方向时的指南针"，希望能用这个"指南针"来指导中国的实际问题。1918年年底他从日本帝国大学毕业后，带了很多日文马克思主义书籍回到上海，立即投入马克思主义的学习和传播。从1919年到1921年，他在《新青年》《星期评论》《妇女评论》《建设》《劳动界》等刊物上发表了60多篇译文和文章。他还向当时在上海的董必武等详细讲述所知的俄国十月革命的情况，把一些马克思主义理论书籍和日本进步刊物《黎明》《创造》等拿给他们看，对他们转向马克思主义产生了深刻影响。董必武后来回忆说，李汉俊是"我的马克思主义老师"①。

从以上早期马克思主义传播的状况可以看出，中国先进分子是在探寻救国救民道路的过程中边学习边传播的。他们一边思考着中国的现实问题，一边凭着坚韧不拔的毅力刻苦学习马克思主义理论，并把学到的理论写成著作或译成中文介绍给更多的中国人。这一时期的理论学习和研究，为先进分子选择马克思主义的革命道路奠定了理论基础。

三、学习马克思主义形成热潮

五四时期是中国先进分子思想发生急剧变化的时期。经过学习和研究马克思主义，一批具有初步共产主义思想的知识分子得以迅速成长，中国大地上掀起了学习马克思主义的热潮。

为什么学习马克思主义会形成热潮？或者说，为什么马克思主义学说会对中国的先进分子产生如此特殊的吸引力？马克思曾经说过："理论在一个国家实现的程度，总是决定于理论满足这个国家的需要的程度。"②中国社会变革的需要是马克思主义被选择的第一推动力。俄国十月革命的榜样作用，新文化运动带来的思想解放，以及马克思主义与中国传统文化在唯物论、辩证法、唯物史观等方面的相通之处，形成了适

① 董必武：《创立中国共产党》，《一大前后》（二），人民出版社1980年版，第292页。

② 《马克思恩格斯选集》第1卷，人民出版社1995年版，第11页。

宜马克思主义在中国生根发芽的土壤和气候，马克思主义遂在中国先进分子中产生了强烈的价值共鸣和情感认同并得以迅速传播。

马克思主义发展成为新思潮的主流，并不是一件容易的事情。

当时，有志于学习和了解马克思主义的人，遇到的第一个难题，不是如何搞懂那些陌生艰涩的概念，而是如何找到马克思主义的阅读材料。那时，马克思主义著作的中译本寥寥无几，报刊对马克思主义的介绍虽在增多，间或有摘译马列著作片段的，但毕竟较零散。李达回忆道："当时马克思、恩格斯的著作很少翻过来，我们只是从日文上看到一些。中国接受马克思主义得自日本的帮助很大，这是因为中国没人翻译，资产阶级学者根本不翻译，而我们的人又都翻不了。"①在这种情况下，要真正懂一点马克思主义，实在十分困难。

世上无难事，只要肯登攀。在"改造社会""建设新社会"的激情燃烧的岁月里，先进分子和知识青年风华正茂，书生意气，怀着救国救民的渴望，克服困难去搜寻马克思主义的书籍和材料，使马克思主义这株嫩苗在异说杂陈、良莠并茂的学说园地里脱颖而出，茁壮成长。

这时站在学习和宣传马克思主义队伍前列的，依然是李大钊。

五四运动发生的第二天，是马克思诞生 101 年的纪念日。李大钊在《晨报副刊》开辟了"马克思研究"专栏，连续刊载《〈政治经济学批判〉序言》的摘译和《雇佣劳动与资本》的译文。《新青年》第 6 卷第 5 号刊出了"马克思主义研究号"，这期和下一期连载的李大钊的《我的马克思主义观》，比较系统地介绍了马克思主义学说，特别是唯物史观和剩余价值学说。他写道："自俄国革命以来，'马克思主义'几有风靡世界的势子，德奥匈诸国的社会革命相继而起，也都是奉'马克思主义'为正宗"，"马氏社会主义的理论，可大别为三部：一为关于过去的理论，就是他的历史论，也称社会组织进化论；二为关于现在的理论，就是他的经济论，也称资本

———————

① 李达：《中国共产党成立时期的思想斗争情况》，《一大前后》（二），人民出版社 1980 年版，第 52 页。

主义的经济论；三为关于将来的理论，就是他的政策论，也称社会主义运动论，就是社会民主主义"。"他这三部理论，都有不可分的关系，而阶级竞争说恰如一条金线，把这三大原理从根本上联络起来。"①这篇文章的发表，不但表明李大钊完成了从民主主义者向马克思主义者的转变，而且也标志着马克思主义在中国进入比较系统的学习和传播阶段。

在这前后，李大钊在《新青年》《每周评论》《新潮》等刊物上还发表了《阶级竞争与互助》《再论问题与主义》《物质变动与道德变动》《由经济上解释近代思想变动的原因》《唯物史观在现代史学上的价值》《中国的社会主义与世界的资本主义》等一系列论文，介绍马克思主义，并初步用马克思主义观点来解释中国革命和中国思想史上的若干问题。李大钊在学习和宣传马克思主义方面的论著，今天看来自然还不够成熟，但正如鲁迅所说，"他的遗文却将永住，因为这是先驱者的遗产，革命史上的丰碑"②。

这一时期，李大钊除了发表文章之外，还通过组织马克思主义学习团体、课堂教学等形式引导青年学生学习马克思主义。

1920年3月，李大钊主持成立了北京大学马克思学说研究会。为了研究马克思列宁的著作，研究会建立了一个共产主义图书室，起名为"亢慕义斋"③。研究会定期举办读书会座谈讨论。"开始所读的是在《新青年》和其他刊物上发表的有关马克思列宁主义的文章，以及陈望道译的《共产党宣言》，其他如考茨基、河上肇等有关马克思主义著作的中译本，也都辗转相传，争相阅读。这时不但在一些初步具有共产主义思想的青年队伍中，即一般资产阶级知识分子，也要求学习马克思列宁主义。"④

马克思学说研究会还搜集了大量马克思学说的各种外文、中文书籍，编辑、刊印了马克思主义论著。他们从各方面搜集有关马克思列宁主义

---

① 《新青年》第6卷第5号，1919年5月。
② 《鲁迅全集》第4卷，人民文学出版社2005年版，第540页。
③ "亢慕义"为英文Communism的音译，意为"共产主义"。
④ 朱务善：《回忆北大马克斯学说研究会》，《一大前后》（二），人民出版社1980年版，第119页。

著作，还通过共产国际代表和苏俄驻中国使馆，搜集和收藏了共产国际出版的英、德、日、法等文字的书籍，包括《共产党宣言》《社会主义从空想到科学的发展》《哲学的贫困》《共产主义原理》《雇佣劳动与资本》《法兰西内战》《伟大的创举》《共产主义运动中的"左"派幼稚病》和共产国际的文件。他们最早翻译的是美国人约翰·里德写的《震撼世界的十日》，这是世界上介绍俄国十月革命最早的一本著作。他们还翻译过《共产党宣言》，现在北京大学图书馆善本图书中还珍藏有从英文本译出的《共产党宣言》的手抄本。共产主义图书室的藏书，上面都盖有"亢慕义斋"的印章，这是我国早期具有初步共产主义思想的知识分子学习马克思主义、研究十月革命经验的一批珍贵文献。

利用讲坛向青年学生宣传马克思主义，言传身教并行，使学生耳濡目染地接受革命真理，是李大钊推动青年学生学习马克思主义的有利条件之一。1920 年起，李大钊便在北京大学史学系、经济系、法律系和政治系，先后讲授《唯物史观》《工人的国际运动》等马克思主义理论课程或讲座。"李大钊先生开的《唯物史观》，把马克思学说搬进大学讲堂，这在中国历史上是破天荒的事。"①

当时的《北京大学日刊》上就有下列的布告、启事：

注册部布告：李大钊先生刻已来校，所授唯物史观，本星期起照常授课。②

政治系教授会启事：本星期四之现代政治，仍由李守常先生继续讲演"工人的国际运动"。③

五四运动爆发后，北洋军阀政府给李大钊等进步教授乱加"过激派"的头衔。为了躲避反动政府的追查，1919 年夏天，李大钊携带家人避居家乡昌黎五峰山。他利用这里相对安静的环境认真看书、写文章。李葆华回忆说："父亲进山以来，他就投入紧张而有秩序的工作。他随身带了

---

① 罗章龙：《椿园载记》，生活·读书·新知三联书店 1984 年版，第 24 页。

② 《北京大学日刊》，1923 年 5 月 10 日。

③ 《北京大学日刊》，1922 年 2 月 22 日。

许多马列主义的书籍，每天除了埋头读书，就是伏案挥笔疾书。只是在工作实在疲劳时，才走出祠堂休息休息。"①李星华也作了类似的回忆，她说："整个夏天，父亲在五峰山上看了很多书，也写了一些文章。他的那封批驳胡适反对宣传马克思主义的公开信《再论问题与主义》，就是他这一次在昌黎祠里写成，于八月十日左右，从昌黎五峰寄出去的。"②

李大钊所进行的这些学习和宣传，进一步提高了人们的觉悟，促进了人民反帝反封建的斗争，并在青年知识分子中掀起了学习马克思列宁主义的热潮，帮助了革命青年建立历史唯物主义的观点，走上正确的革命道路。

继李大钊率先在中国学习和传播马克思主义后，五四运动前后形成了一支马克思主义学习和研究的队伍。这支队伍中，既有像李大钊、陈独秀这样的新文化运动的领袖，也有以毛泽东、周恩来为代表的五四运动中的左翼骨干，也还有如董必武、林伯渠、吴玉章这样的老同盟会会员和以蔡和森、赵世炎等为代表的出国留学的青年知识分子。在他们的带领下，古老的中华大地掀起了学习和研究马克思主义的热潮。

陈独秀是新文化运动的领袖和"五四运动的总司令"，他原本主张仿效欧美，在中国建立资产阶级共和国。他认为，中国经济文化落后，产业不发达，谈论社会主义还为时过早。但第一次世界大战后召开的巴黎和会上中国外交的失败给他上了严峻的一课。在十月革命和五四运动的影响下，他逐渐抛弃了过去的主张，实现了由激进民主主义向社会主义的转变。

经过十月革命的影响和马克思主义在中国的传播，陈独秀认真阅读了宣传十月革命和表示对苏俄政府感激的文章、电报。同时，当时一些热心研究马克思主义的理论家频繁出入陈家客堂，也使陈独秀开始大量阅读这些理论家提供的且一般人很难找到的马克思主义书籍，思想发生

---

①　李葆华：《回忆父亲李大钊的一些革命活动》，《回忆李大钊》，人民出版社1980年版，第13页。

②　李星华：《回忆我的父亲李大钊》，上海文艺出版社1981年版，第65页。

了很大的转变，"常向人高谈马克思主义，表示中国必须走俄国革命的道路"①。五四运动爆发前约半个月，陈独秀在《每周评论》第 18 号上发表了《二十世纪俄罗斯的革命》一文，说明他已开始接受十月革命的影响。在这篇文章中他第一次肯定了十月革命，指出："十八世纪法兰西的政治革命，二十世纪俄罗斯的社会革命，当时的人都对着他们极口痛骂，但是后来的历史家，都要把他们当着人类社会变动和进化的大关键。"②他对十月革命的这个认识，不能不说明他的思想已开始受到十月革命社会主义新思潮激荡的影响。

1919 年 12 月陈独秀为《新青年》7 卷 1 号所写的《本志宣言》中表示，"我们相信世界上的军国主义和金力主义，已经造了无穷罪恶，现在是应该抛弃的了"；并且肯定了五四运动的主要经验，主张"民众运动社会改造"，表示"和过去及现在各派政党绝对断绝关系"③。他在同时间发表于北京《晨报》上的《告北京劳动界》中也曾指出："十八世纪以来的'德莫克拉西'，是那被征服的新兴财产工商阶级，因为自身的共同利害，对于征服阶级的帝王贵族要求权利的旗帜。……如今二十世纪'德莫克拉西'，乃是被征服的新兴无产劳动阶级，因为自身的共同利害，对于征服阶级的财产工商阶级要求权利的旗帜。"他驳斥了所谓"中国产业界没有纯粹资本作用"的谬论，指出，"不能说中国社会的经济组织绝对不是资本制度，不能说中国各都会各商埠没有财产工商阶级，不能说中国那一省那一县没有大地主，不能说中国没有多数无产阶级穷苦不堪的人"，因而提出劳动问题、贫民问题绝不是"无中生有"④。

1920 年 3 月，陈独秀在《马尔萨斯人口论与中国人口问题》一文中，已开始接触到马克思主义的观点，对马尔萨斯的理论作了某些比较正确的批判，指出了在这种理论掩盖下资本主义剥削的事实。同年 4 月、5

---

① 张国焘：《我的回忆》（一），现代史料编刊社 1980 年版，第 81—82 页。

② 《每周评论》第 18 号，1919 年 4 月 20 日。

③ 《新青年》第 7 卷第 1 号，1919 年 12 月 1 日。

④ 北京《晨报》，1919 年 12 月 1 日。

月间，在讨论上海厚生纱厂招收女工问题时陈独秀纠正了崇拜西方的老观念，反对中国再走欧、美、日本的错路，主张增加工资，减少工时，并且指出工人所创造的剩余价值被资本家以"红利"的名义剥夺去了。接着他在上海船务栈房工界联合会所作的《劳动者底觉悟》的演说中，通俗地阐明了"劳动创造世界""做工的人最有用最贵重"的马克思主义观点。

1920 年 5 月，陈独秀在上海积极组织工人举行庆祝五一国际劳动节的集会。同年 9 月，他发表长篇论文《谈政治》，公开宣传马克思主义，批判资产阶级民主主义。他宣布："我承认用革命的手段建设劳动阶级（即生产阶级）的国家，创造那禁止对内对外一切掠夺的政治法律，为现代社会第一需要。"①

陈独秀不仅自己认真学习《共产党宣言》《哥达纲领批判》等马克思主义经典著作的中译本，他还在《社会主义批评》一文中鼓励青年学生学习马克思主义著作，他说："马格斯底著作无一不是主张无产阶级对于有产阶级取革命的行动"，《共产党宣言》"自第一页到最末一页都是解释阶级战争底历史及必要的讲义"②。这些言论和活动表明，陈独秀已经在理论上承认了马克思主义的基本原理，其立场也已经转到了无产阶级一边。

由于陈独秀长期主编《新青年》和在新文化运动中的声誉，因而很快成了有较大影响的社会主义宣传者。

在李大钊、陈独秀等先进分子的带动下，在广大知识青年中形成了学习和宣传马克思主义的热潮。他们热烈地学习马克思主义和俄国革命，并把这种学习同当时的实际斗争结合起来，同改造社会、改造国家的讨论联系起来，探讨中国革命的出路。马克思主义思想运动蓬勃发展起来，毛泽东、周恩来等五四运动的左翼骨干就是这个思想运动的杰出的代表。

青年毛泽东是湖南学生运动的领袖人物。他说过，自己早年的思想"是自由主义、民主改良主义、空想社会主义等思想的大杂烩"。他"憧憬

---

① 《新青年》第 8 卷第 1 号，1920 年 9 月 1 日。
② 《新青年》第 9 卷第 3 号，1921 年 7 月 1 日。

'19 世纪的民主'、乌托邦主义和旧式的自由主义"。但是，他"反对军阀和反对帝国主义是明确无疑的"①。

1918 年 4 月，毛泽东与蔡和森等人在长沙发起组织新民学会，从事革命活动。同年秋，毛泽东在第一次北京之行期间，通过与李大钊等人的交往，接触到一些介绍马克思主义和俄国十月革命情况的书籍报刊，对马克思主义有了初步的了解。

1919 年 3 月，毛泽东经过上海回到湖南以后，就立即加强了宣传和组织活动。他向留在长沙的新民学会会员和进步青年广泛宣传了十月革命的意义，介绍了马克思主义的基本思想和社会主义的各种派别，介绍了北京、上海新文化运动和反帝爱国活动的情况，进一步推动长沙的学生组织起来。五四运动后不久，毛泽东主编《湘江评论》，热情歌颂十月革命。

1919 年 12 月，毛泽东第二次到北京领导开展驱张（敬尧）运动时，热心阅读关于十月革命的书籍和马克思主义的著作。马克思主义的经典著作陆续在中国介绍，中国报刊上也披露了苏俄对华宣言。所有这些，都给青年毛泽东以很大的影响。毛泽东的友人黎锦熙回忆当时的情形说："为了扩大驱张宣传，组织革命力量，毛泽东在领导驱张运动的同时，在北京创办了以揭露张敬尧的罪恶、进行社会主义宣传为宗旨的'平民通讯社'。社址在当时北长街福佑寺内，由旁门出入。毛主席在这里工作的条件是很艰苦的。'办公室'设在正殿里，办公桌系以一个长条香案代替，岸上右边放着马克思主义经典著作和各种有关宣传社会主义思想的小册子及报刊。一九二〇年一月四日下午，我到通讯社拜晤毛主席时，在桌上发现一本毛主席研读过的《共产党宣言》，毛主席还指示我精读这本书。"②

1936 年，已经到达陕北的毛泽东饶有兴趣地同美国记者埃德加·斯

---

① ［美］埃德加·斯诺著，董乐山译：《西行漫记》，解放军文艺出版社 2002 年版，第 110 页。

② 黎锦熙：《在峥嵘岁月中的伟大革命实践》，《光明日报》，1977 年 9 月 14 日。

诺回忆起当时的情况："我第二次到北京期间，读了许多关于俄国情况的书。我热心地搜寻那时候能找到的为数不多的用中文写的共产主义书籍。有三本书特别深地铭刻在我的心中，建立起我对马克思主义的信仰。我一旦接受了马克思主义是对历史的正确解释以后，我对马克思主义的信仰就没有动摇过。这三本书是：《共产党宣言》，陈望道译，这是用中文出版的第一本马克思主义的书；《阶级斗争》，考茨基著；《社会主义史》，柯卡普著。到了1920年夏天，在理论上，而且在某种程度的行动上，我已成为一个马克思主义者了，而且从此我也认为自己是一个马克思主义者了。"①

当青年毛泽东成长为马克思主义者的时候，比他小5岁的周恩来也在积极学习和宣传马克思主义。

天津爱国学生运动的著名领袖人物周恩来，早在留学日本时，就阅读了河上肇的《贫乏物语》、幸德秋水的《社会主义精髓》以及美国人约翰·里德写的反映俄国十月革命的《震撼世界的十日》等书籍，受到了社会主义思潮的影响。

五四运动爆发后不久，他从日本回到天津，开展了广泛的革命活动，积极进行马克思主义学习和宣传。他组织创办《天津学生联合会报》，在学联会报《发行旨趣》中，他号召中国广大青年学习和研究十月革命后出现的新曙光，开始在天津组织学习和传播马克思主义。

1919年9月，周恩来和邓颖超、郭隆真等联合一些进步青年成立了觉悟社。周恩来在成立会上说，我们受到了20世纪新思潮的激发，觉悟到要根本改造中国社会，就需要结成团体，学习俄国革命，宣传新的思想，唤起民众觉悟，联合起来共同斗争。在周恩来的领导下，觉悟社经常集会，学习和研究新思想，讨论各种社会现实问题，特别是社会改造和中国的出路问题。觉悟社还邀请李大钊等到天津讲演，介绍马克思主义思想。社员们和其他进步青年热烈学习马克思主义著作和有关文章，

---

① ［美］埃德加·斯诺著，董乐山译：《西行漫记》，解放军文艺出版社2002年版，第116页。

阅读《新青年》等进步报刊。觉悟社成员谌小岑回忆当时的学习情况时说："我们大家都很喜欢阅读大钊先生在《新青年》上发表的关于介绍马克思主义，介绍布尔什维克领导下的十月革命和对第一次世界大战后国际时事的述评，以及妇女解放的文章，充实了我们当时感到空虚的头脑，大家都热心地开始对马克思主义的研究。"①

1920 年 1 月，周恩来率领爱国学生三千多人进行街头讲演，散发传单，并往省公署示威请愿，提出抵制日货、废除一切不平等条约、山东问题不得与日本直接交涉等要求。周恩来和部分学生遭到反动当局的逮捕。在狱中，周恩来领导被捕学生对反动派进行了顽强斗争，并组织读书班，举行讨论会，学习哲学、历史、外语和先进思想，讨论国家当前的形势和社会改造等问题。最为难能可贵的是，周恩来甚至不顾个人安危，在狱中向大家连续讲授马克思学说和马克思传。当时的《检厅日录》就有这样的记录：

五月十四日　晚上会议……内容是：（一）议决讲演会世界工业革命史讲完后，由周恩来介绍马克思学说。

五月二十八日　晚间全体会……先开讲演会，周恩来讲马克思学说，历史上经济组织的变迁同马克思传记。

六月二日　晚上聚会，讲演会仍由周恩来讲马克思学说，唯物史观的总论同阶级竞争史。

六月四日　晚间聚会……讲演会仍由周恩来续讲马克思主义——经济论中的余工余值学说。

六月七日　晚上会议……先开讲演会，周恩来续讲马克思的学说——经济论中的"资本论"，同"资产集中说"，今天马氏学说已经讲完了。②

---

① 谌小岑：《回忆天津五四运动及"觉悟社"》，《五四运动亲历记》，中国文史出版社 1999 年版，第 142 页。

② 《五四运动在天津》编辑组编：《五四运动在天津》，天津人民出版社 1979 年版，第 568—570 页。

这些珍贵的历史材料，真实地反映了周恩来的马克思主义的坚定革命立场，表现了他不顾个人安危，敢于在敌人牢狱中公开学习和宣传马克思主义、为传播革命真理不怕牺牲的大无畏的精神。

为了进一步学习革命理论，了解和研究西方资本主义国家工人运动的状况和经验，1920 年 11 月，周恩来前往法国勤工俭学。到法国以后，他边工作，边学习，并注意和工人群众相结合。他仔细了解国际无产阶级的革命斗争，不知疲倦地学习马克思列宁主义理论，精心研读了《共产党宣言》《社会主义从空想到科学的发展》《资本论》《法兰西内战》《国家与革命》等经典著作，树立了对马克思列宁主义的完全信念，成为坚定的马克思主义者。他说："理愈明，信愈真，感愈切，革命的精神愈能愈久而愈坚。"①

周恩来学习马克思主义经典著作非常认真，做笔记，写心得，对一些重要原理还经常用铅笔画上着重线，反复思考。例如，他在读到马克思《致约·魏德迈》的信时，就对这段著名的话画了着重线："无论是发现现代社会中有阶级存在或发现各阶级间的斗争，都不是我的功劳。……我的新贡献就是证明了下列几点：（1）阶级的存在仅仅同生产发展的一定历史阶段相联系；（2）阶级斗争必然要导致无产阶级专政；（3）这个专政不过是达到消灭一切阶级和进入无产阶级社会的过渡。"周恩来对这段话非常重视，牢记在心。这说明在当时通过学习，周恩来不仅承认阶级斗争，而且承认无产阶级专政，充分理解了马克思主义的精髓。

周恩来在旅欧期间，经常和觉悟社的社员们通讯联系，并发表了一百多篇通讯。在讲到一年来旅欧的思想变化时说："我方到欧洲后，对于一切主义开始推求比较"，"而现在我已得有坚决的信心了"。"现在我再郑重声明一句，便是'我们当信共产主义的原理和阶级革命同无产阶级专政两大原则，而实行的手段则因时制宜！'"②他还以《誓词》的形式表示：

---

① 《少年》第 2 号，1922 年 9 月。

② 《新民意报》副刊《觉邮》第 2 期。

"我认的主义是一定不变了，并且很坚决地要为他宣传奔走。"①

参加过辛亥革命的董必武、林伯渠、吴玉章等一批先进分子，结合自身的亲身经历和实践，通过学习马克思主义，最终抛弃了旧的主张，实现了思想上的转变，成为忠诚的共产主义战士。

董必武、林伯渠、吴玉章等早年参加同盟会，曾经是孙中山的亲密战友和忠诚的追随者。但是，孙中山领导的革命斗争屡遭失败的事实，不能不引起他们对中国应走什么道路这个问题的思考。

五四运动前，董必武借读了李汉俊从日本带回国的关于俄国革命的书籍，对俄国革命列宁党的宗旨和工作方法有了一定了解，五四运动后，开始思考俄国与中国问题，开始谈马克思主义。对于这一关系一生转折的大事，董必武在 1937 年曾向海伦·福斯特·斯诺追述说："五四运动发生后，我因革命工作新策略新方法而纳闷，于是同朋友们商议这些问题。那时候，有一个名叫李汉俊的中国留学生刚从日本回来。在日本，他曾经读了许多马克思主义的书。他跟我谈了这些问题，因此我对马克思主义变得非常关心了。"②在李汉俊的指导下，他孜孜不倦地阅读和研究马克思主义及介绍十月革命的书籍，逐渐实现了从资产阶级民主主义向马克思主义立场的转变。

与董必武一样，林伯渠也是通过对辛亥革命失败教训的总结和对俄国十月革命成功经验的研究，开始自己思想方向的转变的。在实现思想转变的过程中，林伯渠得到了李大钊的启发和帮助，对如何联系群众，如何组织军队，在实际生活中产生了新的认识。五四运动的爆发更使林伯渠"认识群众力量伟大，如何使自己确实站在群众内活动，而不是其他"③。1920 年 12 月，林伯渠抵达上海会见陈独秀，遂加入了当时上海的共产党早期组织。

---

① 《新民意报》副刊《觉邮》第 2 期。
② 转引自《董必武传(1886—1975)》上，中央文献出版社 2006 年版，第 73 页。
③ 林伯渠：《党成立时期的一些情况》，《一大前后》(二)，人民出版社 1980 年版，第 31 页。

　　吴玉章也有类似的思想经历，辛亥革命失败后，他读了约翰·里德的《震撼世界的十日》，并听取了留俄归来的王维舟对苏俄情况的介绍。"当时我的感觉是：革命有希望，中国不会亡，要改变过去革命的办法。""通过十月革命和五四运动的教育，必须依靠下层人民，必须走俄国人的道路，这种思想在我头脑中日益强烈、日益明确了。"①通过亲身经历和学习马克思主义，吴玉章也成为了一名忠诚的马克思主义者。

　　以蔡和森、赵世炎等为代表的留洋学生也通过学习和研究马克思主义，成为这支队伍中的重要组成部分。

　　五四运动前后，曾有许多进步青年知识分子去欧洲（主要是法国）勤工俭学，他们在那里亲眼看到了欧洲无产阶级革命运动的高潮，亲身体验工人阶级的生活，通过当时的《人道报》《共产党月刊》《俄事评论》等进步报刊的介绍，了解到俄国革命的真实情况，因而不少人经过反复的比较和推求，最终接受了共产主义思想。他们组织革命团体，在中国留学生和华工中开展学习和宣传马克思主义的活动。例如湖南爱国青年蔡和森到法国后，在几个月内就"猛看猛译"了几十种马克思主义书籍和有关社会主义的小册子，并且着手编写阐述社会革命理论的著作。他还和王若飞等组织工学互助社（后改名工学世界社），以马克思主义和实行俄国式的社会革命为宗旨，团结进步的中国留学生研究马克思主义理论。据李维汉回忆说："我和几个迁来的会友在附近一个胶鞋厂做工，在工余学习。约在八月至九月的时间内，我有机会集中阅读了和森以'霸蛮'精神从法文翻译过来的《共产党宣言》《社会主义从空想到科学的发展》《国家与革命》《无产阶级与叛徒考茨基》《共产主义运动中的'左'派幼稚病》和若干关于宣传十月革命的小册子。"②通过阅读和谈话，他们认识到只有走十月革命的道路，才能达到"改造中国与世界"的目的。

　　1920 年 6 月，蔡和森和向警予在法国蒙达尼结婚。他们的结婚照片

---

①　《吴玉章回忆录》，中国青年出版社 1978 年版，第 112 页。

②　李维汉：《回忆新民学会》，《历史研究》，1979 年第 3 期。

就是肩并肩地坐着，共同捧着一本打开的《资本论》。① 从这个生活小情节，可以说明他们共同生活的基础是信仰马克思主义。

赵世炎到法国以后，抓紧一切时机，认真阅读马克思主义书籍和法文进步书刊，搜集苏俄情况，研究俄国十月革命的经验。通过对无政府主义的批判，他坚定地认为："无产阶级不专政怎么行？只有像俄国那样才行，无政府主义那一套不行。"②与此同时，他根据赴法前李大钊给予的启示，深入工人群众，把劳动和学习打成一片，研究工人的世界观，体会工人的感情，联系法国工人中的党员和进步分子，学习他们组织工人、领导斗争的方法。

当时的早期马克思主义者中也有人亲身赴俄，去实地考察社会主义的革命实践活动，更加系统地学习、研究马克思主义。瞿秋白就是典型代表。1920 年 10 月，瞿秋白以特约记者的身份到作为"世界上第一个社会革命的国家，世界革命的中心点"的苏俄进行实地考察。1921 年 1 月他抵达莫斯科。此后在苏俄的两年时间里，瞿秋白进行了大量的采访、学习考察和革命活动。当时瞿秋白患有严重的肺病，"但秋白毫不失望，照常乐观地努力学习和工作，不能起床，就躺着看书，伏在枕上写作。他当时说：'我一天不读，一天不想，就心上不舒泰，不能不工作，要工作。'要做的事，要学习的东西那么多，而病体支离，不能称心如意地去做去学，他不禁力呼：'还我为社会服务的精力来！'他在病中总是计划着要看什么书，写什么著作，真是'一秒钟也不能停息'。他计划要写的著作的目录，就有厚厚的一本，章节都分得清清楚楚，包括的范围很广，有社会科学、文学史、文艺理论、俄国革命等等，当时他看的参考书之多就可想而知了。这些书是他节衣缩食买来的，他自己烧饭和料理其他生活事务，吃得很不好，甚至吃不饱，连定量供应的一点糖他都舍不得

---

① 刘昂：《回忆五四前后的向警予同志》，《五四运动回忆录》（上），中国社会科学出版社 1979 年版，第 498 页。

② 《赵世炎生平史料》，《文史资料选辑》，1979 年第 3 期。

买，省下钱来买了书。"①经过异乎寻常的刻苦学习和勤奋工作，瞿秋白对俄国革命建设、俄国共产党、马克思列宁主义，有了深刻的了解。后来，他把旅俄的这段经历写成了两本散文杂记《饿乡纪程》和《赤都心史》，真实地向国人介绍苏俄革命后的现状，产生了广泛的影响。通过到苏俄的实地考察活动，瞿秋白更快地完成了世界观的转变，决心"为共产主义之人间化"奋斗终生。

在学习和传播马克思主义的热潮中，邓中夏、高君宇、许德珩、恽代英、陈潭秋、何叔衡、俞秀松、何孟雄、张太雷、王尽美、邓恩铭、张闻天、罗亦农、邓小平等一批先进青年，不断砥砺自己，一步步地成长起来，先后走上了无产阶级的革命道路。

四、在学习中建党

五四运动后，通过对俄国十月革命经验的学习，通过对马克思主义的学习和传播，通过中国工人运动的实践，革命的知识分子在共产国际的帮助下，于 1920 年 8 月在上海建立了第一个共产党早期组织。此后，北京、长沙等地也相继建立了共产党早期组织。党的早期组织建立后，在中国建立统一的无产阶级革命政党的任务被提上了日程。

1920 年 2 月陈独秀从北京刚回到上海，就投入到一边学习研究马克思主义，组织马克思主义学习研究小组，一边准备筹备建立无产阶级政党的工作中来。为开展建党的准备工作，在共产国际代表维经斯基等人的支持和帮助下，陈独秀首先于 1920 年 5 月组织了一个秘密团体——马克思主义研究会，成员有俞秀松、李汉俊、沈玄庐、陈望道、邵力子、沈雁冰、杨明斋、施存统等。

这个研究会成为上海先进知识分子学习、研究马克思主义的阵地。据邵力子回忆："马克思主义研究会开始时，只是翻译和写文章宣传马克思主义。李汉俊、李达、陈望道三人写得较多，后来周佛海也写一点，

---

① 杨之华：《回忆秋白》，人民出版社 1984 年版，第 27 页。

他们都是日本留学生。那时，马克思主义书籍主要从日本传过来。""后来，我们一面觉得只做宣传、研究工作是不够的，有学习布尔什维克的作风，建立严密的组织的必要，同时也看到时机已经成熟，青年中接受马克思主义思想的人也不少，应该组织起来。"①

经过一番酝酿和准备，1920 年 6 月间，陈独秀、俞秀松、李汉俊、施存统、陈公培 5 人开会，筹备成立共产党。7 月 19 日举行筹备会议。8 月，由陈独秀、俞秀松、李汉俊、陈望道、沈玄庐、施存统、杨明斋、李达等人发起，正式成立上海共产党早期组织。11 月，上海共产党早期组织制定了《中国共产党宣言》。这是中国的第一个共产党组织，其成员主要是马克思主义研究会的骨干，陈独秀担任书记。此后，上海共产党早期组织"积极推动各地共产党早期组织的建立，实际上起着中国共产党发起组的作用"②。

北京的共产党早期组织是在李大钊的直接指导和策划下成立起来的。李大钊最先从 1918 年年底开始，而后又从 1920 年 3 月重新开始创立马克思学说研究会。这是李大钊把"对于马克思派学说研究有兴味的和愿意研究马氏学说的人"联合起来的最初尝试。马克思学说研究会成员朱务善有过这样一段回忆："五四运动以后，革命的形势已经高涨，研究马克思主义和苏俄革命已成为现实的需要。大钊同志认为领导研究很有必要，就开始大量写作宣传马克思主义的文章……当时有不少革命青年在李大钊同志的指导下，努力学习马克思主义，但尚未组织研究机构。到 1920 年初，研究会就有了雏形了，但还未登报。""这是个马克思主义者的结合，企图建立共产党。""1920 年 10 月，在北京成立党的组织时，就叫共产党。参加党的人就是组织研究会的发起人，但发起人中后来不都是共

① 邵力子：《党成立前后的一些情况》，《一大前后》（二），人民出版社 1980 年版，第 68—69 页。
② 中共中央党史研究室：《中国共产党历史》第 1 卷（上册），中共党史出版社 2011 年版，第 59 页。

产党员。"①经过筹划准备，1920 年 10 月，北京的共产党早期组织在北京大学图书馆李大钊的办公室正式成立，当时的名称为"共产党小组"。

此后，全国各地的共产主义者，也都先后组织了马克思主义研究会，并在此基础上相继成立了共产党早期组织。

在武汉，恽代英和林育南在 1920 年 2 月，创办了"利群书社"，这是一个研究和传播马克思主义的机构，吸引了一批进步学生入社，开展马克思主义的学习和宣传活动，培养了一批先进分子。同年 8 月，刘伯垂、董必武、陈潭秋等先进分子成立了武汉的共产党早期组织，当时取名为"共产党武汉支部"。

长沙的共产党早期组织是在毛泽东的策划下建立的。在筹划建党期间，毛泽东在北京和上海分别与李大钊、陈独秀有了接触和联系，和"南陈北李"这两位当时中国思想界的巨人相继晤谈对他产生了很大影响。1920 年 7 月，毛泽东从北京回到长沙后，为了推动马克思主义的学习和传播，他和一些志同道合的"真同志"着手创办了许多进步团体，为建党作了重要准备。1920 年 8 月成立的文化书社，是一个以学习和传播马克思主义为目的的革命团体，销售了大量马克思主义书报，包括《共产党宣言》《社会主义从空想到科学的发展》等马克思主义经典著作，还有"新青年丛书"中的《马格斯资本论入门》《阶级争斗》《社会主义史》等小册子。这些书籍都很畅销，对湖南进步青年了解和接受马克思主义，起到了重要作用。同年 9 月，毛泽东等人在长沙成立了俄罗斯研究会，确定以"研究俄罗斯一切事情为宗旨"。同时发起组织了马克思主义研究会，研究会经常举办演讲会、讨论会，学习研究马克思主义学说，同时大力宣传苏俄社会主义实践所取得的伟大成就。随着越来越多的先进分子选择接受了马克思主义，毛泽东还与新民学会的骨干分子开始讨论筹建建党的问题。新民学会会员、主张温和改良的萧子升晚年曾回忆说："一九二〇年，学会出现了分裂。在毛泽东领导下那些热衷共产主义的人，形成了一个单

---

① 《朱务善 1960 年谈话记录》，未刊稿。

独的秘密组织。"①这个"秘密组织",就是长沙共产党早期组织。

在济南建立共产党早期组织的过程中,王尽美、邓恩铭等人与李大钊曾有过多次接触。1920年秋,王尽美、邓恩铭在济南组织成立了"康米尼斯特学会",即共产主义学会,学习和研究马克思主义。会员都发有瓷制马克思像的圆形徽章,凭徽章可以到会址阅读《共产党宣言》等马克思主义著作和介绍苏俄情况的书籍。他们每周集会一次,有时分组进行学习和讨论,或者举行讲演会、开纪念会等。"这一组织开始是公开的学术研究团体,在一九二一年,经反动政府及警察厅认为是宣传过激思想、明令取缔以后,曾半公开地活动了一个时期。以后,会员思想上也发生了分化。"在上海、北京党组织的影响和帮助下,1921年春,"王尽美、邓恩铭几个忠实可靠的革命青年,便成立了'共产主义小组',后逐渐有一些发展"②。

此外,在广州,1921年春在陈独秀的具体指导下,"开始成立真正的共产党"③,当时取名为"广州共产党"。由谭平山任主编的《广东群报》开辟了"马克思研究""特别记载""评论"等进步专栏,大量报道各国共产党和工人阶级的组织、活动,宣传马列主义,介绍俄国十月革命和社会主义。陈独秀还委托陈公博创办"宣传员养成所",培养了一批具有初步共产主义思想的理论干部。

在国内一些大城市筹备组建共产党早期组织的同时,在旅日、旅法的华人和留学生中,也成立了共产党早期组织。旅日华人中的共产党早期组织,是由上海的共产党早期组织成员施存统和周佛海组成的,后发展到10多人。旅法华人中的共产党早期组织,主要是在留法勤工俭学人员中形成的,发起人是张申府和赵世炎,成员有周恩来、刘清扬、陈公

① 萧子升:《毛泽东青年时代》,《共产主义小组》(下),中共党史资料出版社1987年版,第575页。

② 马保三:《山东党组织的发端》,《山东党史资料》,1963年创刊号。

③ 中央档案馆编:《中共中央文件选集》第1册,中共中央党校出版社1989年版,第20—25页。

培等人。这些在国外建立的共产党早期组织，多方面了解国际工人运动的状况和经验，利用国外的方便条件大量收集、阅读和研究马克思主义著作，在中国留学生和劳工中开展革命宣传工作，并培养了一大批有才能的干部。

从以上各地共产党早期组织的成立来看，各地党组织几乎都是在成立马克思主义研究会或者类似的学习团体的基础上筹备建立的，都是以学习马克思主义和俄国十月革命作为建党的第一步，建党与学习紧密联系在了一起。

各地共产主义早期组织成立以后，加快了学习和传播马克思主义的步伐。如果说共产党早期组织成立以前，马克思主义的学习研究还是个别的、零散的，那么在各地相继成立了党的早期组织之后，就发展成为有组织、有计划的集体活动了。各地的共产党早期组织通过多种方式组织学习、研究和宣传马克思主义，努力促进马克思主义与中国工人运动的结合。

第一，创办进步革命刊物，扩大马克思主义的学习阵地。为了提高党的早期组织成员的马克思主义理论水平，并在社会上广泛宣传马克思主义，1920 年 9 月，上海的共产党早期组织将《新青年》改为自己的公开理论刊物。随后，又创办半公开的刊物《共产党》月刊，推动建党工作的开展。《新青年》杂志专门开辟了《俄罗斯研究》专栏，系统介绍十月革命后俄国的政治、经济、军事、文化等情况，使人们全面地了解俄国社会主义革命的理论和实践。《共产党》月刊大量刊载了有关列宁领导俄国共产党和共产国际的资料，介绍马克思主义关于无产阶级政党的建党学说，批判各种反马克思主义的思潮。各地的共产党早期组织也利用各自的宣传阵地，如武汉的《武汉星期评论》、济南的《励新》半月刊、广州的《广东群报》、长沙的俄罗斯研究会等，广泛介绍马克思主义。这些马克思主义的理论刊物，对于各地的共产党早期组织学习国际共产主义运动和俄国共产党的经验，提高马克思主义理论水平发挥了重要作用。在共产党早期组织的领导下，大家争相阅读马克思主义的著作和杂志，经常进行学习讨论，使越来越多的革命知识分子成为自觉的马克思主义者。

第二，搜集、翻译、学习马克思列宁主义著作。上海早期共产党组织成立后，新青年社成为中国共产党的第一个出版机构，先后出版了"社会主义小丛书""新青年丛书"，翻译出版了《共产党宣言》《资本论自叙》《科学社会主义》《社会主义从空想到科学》（节译）、《俄国的政党和无产阶级的任务》《苏维埃政权的当前任务》（节译）、《社会主义史》《马氏唯物史观概要》《商品生产的性质》《马克思传》等著作。这些译著的问世，有力地促进了马克思列宁主义思想的学习和研究。研究会全体成员除了个人阅读书籍报刊外，每一星期还有一次学习会。每次学习 3—4 小时。学习会采取一人讲解、大家讨论的方式。担任讲解的是李达和从苏俄回国的杨明斋两人。他们还编写了《马克思主义浅说》《阶级斗争》和《帝国主义》等讲义，这都是随编随讲的。北京共产党早期组织成立后，利用李大钊指导下的马克思学说研究会开始大力搜集、收藏、宣传马克思主义经典的活动，据 1922 年 6 月 16 日的《北京大学日刊》的记载，当时该会藏有马克思主义的英文书籍 40 余种，其中包括马克思和恩格斯的《共产党宣言》《社会主义从空想到科学的发展》《哲学的贫困》《家庭、私有制和国家的起源》《德国的革命与反革命》《路易·波拿巴的雾月十八日》《法兰西内战》《雇佣劳动与资本》，列宁的《共产主义运动中的"左派"幼稚病》和《无产阶级革命》等；中文的马克思主义书籍有 20 余种，其中包括陈望道译的《共产党宣言》以及恽代英译的《阶级争斗》、李汉俊译的《马克思资本论入门》、李达译的《马克思经济学说》等。北京党组织所得到的这些马列主义原本，大大改善了人们对马克思主义真谛的理解。武汉共产党早期组织成立后，也极为重视马克思主义理论的学习，他们每周开一次会，交流学习心得体会，学习材料包括《共产党宣言》《〈资本论〉浅说》《唯物史观》《社会主义史》《马克思传略》等书籍和《新青年》《共产党》等刊物。

第三，有计划地开展对工人的宣传和组织工作。各地共产党早期组织成立以后，采取多种形式在广大工人中宣传马克思主义。出版的工人刊物有北京的《劳动音》、上海的《劳动界》、广州的《劳动者》等。这些刊物结合国内外工人生活和斗争的具体事例，用通俗易懂的文字和生动活泼的形式，深入浅出地宣传马克思主义。工人通过阅读和学习，明白了劳动创造世界、劳动创造价值和剩余价值、劳动者谋求解放必须进行社会革命等马克思主义的基本原理。

各地的共产党早期组织积极创办补习学校、工人夜校、识字班。例如北京的共产党早期组织看到长辛店是京汉路北段的大站，有大工厂，集中了工人三千余人，便决定把长辛店作为进行工人运动的重点。1920年冬，他们发起组织长辛店劳动补习学校。经过筹备酝酿，学校于1921年1月正式成立，主持人是邓中夏。李大钊和党组织其他成员也都来视察或讲课。这个学校除一般文化课外，还有常识课，常识课从"天为什么下雨，为什么打雷"，一直讲到现实的社会和工人的斗争。党组织成员用通俗的事例说明当时社会的不合理，指出："只要大伙心齐，结结实实抱成团儿，什么事都能办到，就有法子不受压迫了。"他们以浅显的语言讲解了"工人阶级为什么要有政党""为什么要承认苏俄"，工人为什么要组织工会等。他们在课后还到工人家里去拜访谈心，并且把自己编的歌儿唱给大家听，其中一首的歌词是：

> 如今世界太不平，重重压迫我劳工。
>
> 一生一世做牛马，思想起来好苦情。
>
> 北方吹来十月的风，惊醒了我们苦弟兄。
>
> 无产阶级快起来，拿起铁锤去进攻。
>
> 红旗一举千里明，铁锤一举山河动。
>
> 只要我们团结紧啊！冲破乌云满天红。①

此外，学校也备有《劳动音》《共产党》《工人周刊》等刊物。经过这些宣传教育，工人的阶级觉悟有了显著提高。

---

① 长辛店机车车辆工厂史编委会：《北方的红星》，作家出版社1960年版，第57—69页。

　　长沙早期党组织的负责人毛泽东本人更是努力深入工人群众，去宣传马克思主义。据萧三回忆："毛泽东同志最初接触工人的办法是煞费苦心的。他曾作工人打扮，到工人集聚的地方去和他们接近，到茶馆去和工人们一块喝茶，谈心，交朋友。一天，毛泽东同志去长沙城的南门外和小吴门外一段铁路上散步，走来走去，总希望遇见个把工人。后来终于遇到火车头修理厂的工人陈地广。这人是广东人。毛泽东同志就和他'拉话'，然后去他住的地方'玩'，谈他的工作、工资……这工人觉得客人很亲切。经过陈地广的介绍，他又认识了别的工人。彼此都熟了之后，毛泽东同志提议为他们办个学校，教他们识字。工人们都很赞成。回来后，毛泽东同志派郭亮同志去作工人夜校的教员（在第一师范求学的时候毛泽东同志就热心认真地办过工人夜校，这时更加扩大了他和工人的联系）。突破了一点之后，毛泽东同志运用这个经验到别的工人中去。"①

　　第四，团结和教育革命青年学习马克思主义。为了团结和教育广大进步青年，1920 年 8 月，上海的共产党早期组织领导建立了社会主义青年团。当时规定的青年团的基本任务是："接近劳动群众和研究共产主义、社会科学，帮助工人争取改善劳动条件，提高工资，缩短工作日等。"②建团工作是在外国语学社的学生中开展的。外国语学社是上海党组织创办的一所培养干部的学校，学生以学习俄语和马克思主义基本知识为主，为留俄做准备。

　　1921 年春，社会主义青年团从外国语学社中挑选了罗亦农、刘少奇、任弼时等 20 余名团员，先后分三批去苏维埃俄国学习，这些青年经过种种困难，终于到达了苏维埃俄国。在那里，他们有较好的条件学习马克思列宁主义，同时也有机会经常接近工人、农民、红军战士，了解新生的苏维埃国家各方面的情况。他们看到当时人们生活虽然十分艰苦，

　　① 萧三：《毛泽东同志在"五四"时期》，《青年运动回忆录》（二），中国青年出版社 1979 年版，第 26—27 页。

　　② 《中国社会主义青年团代表在青年共产国际第二次代表大会上的报告》，《青运史研究》，1984 年第 3 期。

但是却有着极高的工作热情，对于社会主义事业的光明前途抱着无限的信心。这种崭新的精神面貌给这些青年很大的影响，使他们开始懂得社会主义革命的艰巨性和它的深刻意义，增强了他们献身革命事业的决心和坚定性。他们中的不少人后来都成为党的重要骨干。

各地的共产党早期组织所开展的学习，进一步促进了马克思主义与中国工人运动的结合，这就为无产阶级政党的诞生创造了坚实的思想基础和阶级基础。瓜熟蒂落，水到渠成。1921 年 7 月 23 日，中国共产党第一次全国代表大会在上海开幕。由于会场受到暗探注意和法租界巡捕搜查，最后一天的会议转移到浙江嘉兴南湖的游船上举行。

党的第一次全国代表大会宣告了中国共产党的诞生。中国共产党是马克思主义与中国工人运动相结合的产物，也是先进分子认真学习马克思主义的伟大成果。

学习是一切进步的先导，是求新求变的起点。中国共产党的筹备和创建，一开始就是与学习紧密结合在一起的。党在创建时期的学习，呈现出诸多鲜明特点。

其一，学习目的非常明确。鸦片战争以来，山河破碎，列强环伺。中国人面临的最急迫的课题，是何以能走出亡国灭种的悲惨境地。为此，以救国救民为己任的中国先进分子开启了向西方学习的漫漫征程，"那时，求进步的中国人，只要是西方的新道理，什么书也看"①，以此希望获取包治中国百病的良药。学习的目的在于挽救民族危亡。经过十月革命和五四运动的洗礼，先进分子们通过紧张热烈的学习、比较和推求，最终选择了马克思主义，认识到只有用"阶级斗争"和"无产阶级专政"的办法，才是解民倒悬的最佳方案。围绕救亡图存而开展的学习，对于先进分子接受马克思主义这个最先进的思想武器，从而实现民族独立、人民解放和国家富强的目标发挥了重要作用。

其二，学习的内容比较集中。在新文化运动的初期，人们学习的内

---

① 《毛泽东选集》第 4 卷，人民出版社 1991 年版，第 1469 页。

容是广泛的，随着十月革命影响的扩大和五四运动的爆发，人们逐渐倾向于学习社会主义，学习马克思主义，主要是学习马克思主义的立场、观点和方法。尽管在当时的客观环境下，他们对马克思主义的了解还不深入，但是他们非常注重在研究马克思主义各个组成部分的基础上把握其灵魂。如李大钊的《我的马克思主义观》、杨匏安的《马克斯主义》、李达的《马克思还原》以及蔡和森的《马克思学说与中国无产阶级》等，都对马克思主义基本原理作了较为系统而全面的阐发。党的早期组织成立后，便运用集体的力量，更加重视从马克思主义经典作家的原著来学习马克思主义，力求完整地而不是零碎地、实际地而不是空洞地掌握马克思主义的科学体系和革命灵魂。

其三，坚持理论联系实际的学习原则和方法。先进分子和革命青年学习马克思主义，从一开始就不是把它当作单纯的学理来探讨，不是在玩弄新的辞藻，而是为了正确认识社会发展规律，为担负起改造中国的历史使命而掌握科学的革命理论。他们以学到的马克思主义基本原理为指导，积极投身到"与劳工为伍"的实践中，努力用马克思主义的观点观察和分析中国社会的诸多问题，从而推动了马克思主义与中国工人运动的结合。先进分子和革命青年经过在实践中学习，提升了实际工作能力，他们中的大多数后来成为党的干部和后备力量。

其四，学习形式丰富多彩，不拘一格。党在创建时期的学习活动中，创造了丰富多彩的学习形式。从个人主动学习，到党的早期组织的集体学习；从创办多种类型的马克思主义研究会和进步书社，到创办工人学校以及宣传马克思主义的报纸杂志；从举办研讨会、读书会，到开展实地调查研究、赴国外勤工俭学等。通过不拘一格的学习形式，有力地促进了先进分子学习马克思主义的热情，加快了中国共产党的创建步伐。

当然，由于马克思主义在中国传播的时间不长，党的创立者所学习的主要是马克思主义关于唯物史观、阶级斗争等基础理论，对马克思主义的理解还比较肤浅，董必武回忆道："那个时候，我们看到的马列主义的东西是很少的，当时有个《共产党宣言》翻译本，是从日本翻译过来的，是陈望道译的，政治经济学也是陈望道翻译的，考茨基的《政治经济学入门》。列宁的东西，翻译过来的较晚。"①包惠僧也曾深有感触地说："当时，我们对于学习马列主义知识是太少了，我们多数同志几乎是当了共产党员才学习马列主义，我们主要的读物是《共产党宣言》《新青年》杂志，李汉俊译的《资本论浅说》《共产党月刊》，考茨基著的《唯物史观》，李季译的《社会主义史》《马克思传略》及关于巴枯宁、克鲁包（泡）特金、托尔斯泰的著作及传记。大家都很喜欢读。"②马克思主义知识的缺乏导致党的理论准备不足，加上封建主义和小资产阶级思想的影响，把马克思主义与中国实际相结合的任务仍然十分艰巨，只能在实践中继续学习。

---

① 《董必武谈中国共产党第一次全国代表大会和湖北共产主义小组》，《一大前后》(二)，人民出版社 1980 年版，第 367 页。

② 《包惠僧回忆录》，人民出版社 1983 年版，第 18—19 页。

第二章　组织化学习的开端

在学习马克思主义的过程中诞生的中国共产党，面对发展壮大组织力量、扩大影响力等艰巨任务，继续通过成立出版社、创办各类学校、开办工人培训学校和农民运动讲习所等多种方式加强党的组织化学习，以提高党员的马克思主义理论水平。1924年中国共产党步入与国民党合作阶段，国共合作为党的组织化学习提供了良好机会。加强马克思主义理论学习，培养党的领导骨干成为这个时期党的学习活动的中心任务。

一、出版马克思、列宁著作

建党前，各地共产党早期组织对马克思主义进行了初步的学习和宣传，零零星星的马克思主义著作出版已在中国大地悄悄发芽。然而在当时马克思主义著作的出版只集中在上海、北京、武汉、长沙、广州、济南等大城市，出版工作也缺乏计划性。中国共产党成立后将组织出版马克思主义著作作为重要任务来抓。党的第一次全国代表大会通过的《中国共产党第一个决议》对党的宣传教育工作作出了明确的规定："一切书籍、日报、标语和传单的出版工作，均应受中央执行委员会或临时中央执行委员会的监督。""不论中央或地方出版的一切出版物，其出版工作均应受党员的领导。""都不得刊登违背党的原则、政策和决议的文章。"①党的一大从宏观上指导了马克思主义著作的出版工作。

1921 年 11 月，中共中央局书记陈独秀签发了党的第一个通告，即《中国共产党中央局通告》。这是在一大的方针政策下中央局开展工作的第一个通告，其中就马克思主义著作的出版作出了具体的规划，通告中规定"中央局宣传部在明年七月以前，必须出书（关于纯粹的共产主义者）二十种以上"②。这样就从数量上为马克思主义著作的出版定下了目标。

根据一大的决议和党的通告的要求，中共中央局决定正式成立人民出版社，有计划、有组织、有系统地翻译出版马克思主义著作。担任中央局宣传主任的李达负责组织创办人民出版社。我国近代的出版机构，多称"书局""书社""印书馆"等，该社首次使用了"出版社"的名称。③ 这是中国共产党创办的第一家出版机构，蔡和森同志将其定位为我们党的"言论机关"④。

人民出版社社址在上海南成都路辅德里 625 号（今成都北路七弄 30 号），这是一幢单开间的石库门式房屋，也是李达在上海的住处。

人民出版社成立之后，李达在《新青年》9 卷 5 号上发表了《人民出版社通告》，内称："近年来新主义新学说盛行，研究的人渐渐多了，本社同人为供给此项要求起见，特刊行各种重要书籍，以资同志诸君之研究。本社出版品的性质，在指示新潮底趋向，测定潮势底迟速，一面为信仰不坚者祛除根本上的疑惑，一面和海内外同志图谋精神上的团结。各书或编或译，都经严加选择，内容务求确实，文章务求畅达。这一点同人

---

① 中央档案馆：《中共中央文件选集》第 1 册，中共中央党校出版社 1982 年版，第 7—8 页。

② 回眸世纪潮编委会：《回眸世纪潮——中国共产党"一大"到"十五大"珍典纪实》(上卷)，国家行政学院出版社 1998 年版，第 129 页。

③ 夏雨：《中国共产党的第一个人民出版社》，《文史杂志》，2011 年第 3 期。

④ 高霞：《人民出版社创建 90 周年纪念大会隆重举行》，《出版广角》，2011 年第 10 期。

相信必能满足读者底要求，特在这里慎重声明。"①

　　人民出版社成立后有计划地制订了系统的出版马克思主义著作的计划。计划编辑出版《马克思全书》十五种，《列宁全书》十四种，《康民尼斯特丛书》十一种，还有其他单行本理论书籍九种，共计四十九种。

　　当时由于诸多条件的限制，最终只出版了十五种，包括《马克思主义全书》三种：《工钱劳动与资本》《共产党宣言》《资本论入门》；《列宁全书》四种：《列宁传》《共产党礼拜六》《讨论进行计划书》《劳农会之建设》；《康民尼斯特丛书》四种：《共产党计划》《俄国共产党党纲》《国际劳动运动中之重要时事问题》《第三国际议案及宣言》；以及《李卜克内西纪念》《两个工人谈话》《太平洋会议与吾人之态度》《俄国革命纪实》四种小册子。其中除了陈望道翻译的《共产党宣言》是重印以外，其余都是第一次以单行本出版的新译本。

　　这些书籍基本上是马克思、恩格斯、列宁、布哈林、考茨基、托洛茨基的原著，内容包括马克思主义哲学、政治经济学、科学社会主义等三个部分，皆为马克思、恩格斯和列宁的主要代表作。同时既有马克思、恩格斯成熟时期的著作，又有他们的早期著作，还有新时期列宁的著作。党准备通过出版《马克思全书》和《列宁全书》，使读者对马克思主义的基本内容及其产生和发展的全貌有一个系统的了解，《康民尼斯特丛书》的出版则是为了对党员和革命群众进行共产党和共产主义的基础教育。

　　当时马克思主义被当政者视为"洪水猛兽"，出版过进步书刊的出版机构，均被反动当局以"宣传过激主义"的罪名查封，人民出版社始终处于地下工作的状态。鉴于人民出版社的社址是党的宣传机关所在地，而它的出版物又是反动当局严加查禁的革命书籍，时时有被他们查封的危险，所以为了避免敌人注意，中央局故意把刊印在出版物上的社址填写成广州昌兴新街二十六号。除在上海发行外，在广州也进行出版发行工作。

---

① 《新青年》第 9 卷第 5 号，1921 年 9 月 1 日。

人民出版社的工作人员很少，著译书稿、编辑、校对、付印、发行都是李达一人担任。在极为艰难的条件下，李达为搞好出版工作，经常通宵达旦地工作，肚子饿了就啃冷馒头充饥，有时工作一忙甚至数日不出门，对敌人的残酷迫害更是毫无畏惧。李达为创办党的第一个秘密出版机构，发行各种革命书籍，付出了艰辛的劳动，在党的出版事业发展史上，李达是一个拓荒者和奠基人。

1923年人民出版社在上海停止工作，并入广州新青年社。同年11月因广州工作开展困难，经费不足，党的出版工作中心又回到上海，遂决定将出版社从广州迁回上海，在南市小北门民国路租房，广州另成立平民书社。

为便于公开经营，迁回的出版社不再称"人民出版社"或"新青年社"，而改为"上海书店"，这是党的第二个出版发行机构。

成立之初上海书店就在报上公开声称："我们要想在中国文化运动史上尽一分责任，开设这一个小小的书铺子，我们不愿吹牛，我们也不敢自薄，我们只有竭我们的力设法搜求全国出版界关于这个运动的各种出版物，以最廉价格贡献于读者之前，这是我们愿负而能负的责任。现于民国十二年十一月一日起先行交易，待筹备完善后，再正式开幕。"①

上海书店是人民出版社和新青年社的延续，也是党直接领导的第一个对外公开挂牌的出版社。

经过大约一年的困难周转期，1924年下半年上海书店走入正轨，开始新书的出版计划。

上海书店最早发行的是《社会科学讲义》，还出版发行了瞿秋白著的《社会科学概论》，张伯简译制的《各时代社会经济结构原素表》《唯物史观浅释》，蒋光赤著的《新梦》，杨明斋著的《评中西文化观》，山川均著的《资本制度浅说》（施存统译），卓恺泽编的《青年平民读本》（恽代英改正）

---

① 陈有和：《关于人民出版社建社历史的再探讨》，《中国出版》，2011年第19期。

以及中国青年社丛书第一种《将来之妇女》，第二种《唯物史观》，第三种《马克思主义浅论和孙中山先生遗言》等。

上海书店发行的书籍中不仅有译制的马克思主义著作，还包括一些中国早期共产主义先进分子初步理解马克思主义的书籍。这是中国早期共产党员初步学习马克思主义的成果，是中国共产党学习史上的精彩篇章。

1926 年，各地共产党员和共产主义信仰分子也开始成立一些发行机构，如长沙文化书社、湘潭书店、南昌明星书店、广州国光书店等。这些书店都代售上海书店印行的书刊，并且上海书店后来又设立沪西、沪东、沪北、巴黎、香港等代销处，销售上海书店的书刊。以上海为中心，建立了马克思主义、社会主义书籍的发行网络。

人民出版社与上海书店的出版工作为以后开展马克思主义著作出版提供了一份长远和详细的计划，例如，1925 年 8 月上海书店将《哥达纲领批判》编入"解放丛书第一种"；1929 年 7 月中外研究会出版《国家与革命》初版本；1929 年 10 月上海水沫书店出版《哲学之贫困》初版本；1930年 8 月 20 日上海联合书店出版《自由贸易问题》初版本等。①

理论学习是党创立后的重要任务，而书本是学习马克思主义理论的物质载体。除了出版社发行的马克思主义著作外，创办刊物、发行小册子也是党加强理论学习的重要渠道。

中共一大之后，《新青年》杂志和《共产党》月刊继续作为党的主要理论刊物进行出版。1921 年中国劳动组合书记部成立，并创办了《劳动周刊》。1921 年年底，党帮助在上海颇有影响的中华女界联合会进行改组，党又相继创办《妇女评论》《妇女声》半月刊。1922 年 1 月，中国社会主义青年团机关刊物《先驱》创刊，该刊"努力研究中国的客观实际情形，而求得一最合宜的实际的解决中国问题的方法"，"介绍各国社会主义运动的

---

① 上海革命历史博物馆：《上海革命史研究资料》，上海三联书店 1991 年版，第 138 页。

成绩和失败之点，以供我们运动的参考"①。1922 年 6 月，旅欧中国少年
共产党成立，出版《少年》月刊（后改为《赤光》）作为内部刊物，积极宣传
马克思主义，批判无政府主义。1922 年 9 月党的二大闭幕不久，中国共
产党的机关刊物《向导》在上海创刊，该刊高举反帝反封建的旗帜，以犀
利的文笔鲜明地提出自己的政治主张。

1922 年 1 月，为了反对华盛顿会议的有关决议，在上海的党员和中
国、朝鲜社会主义青年团利用元旦的机会，分发鼓吹共产主义的"贺年
贴"、反对华盛顿会议和中国军阀的传单几万张。同月，为了纪念李卜克
内西和卢森堡，中共中央散发了纪念册 5000 本。

通过出版发行马列主义书籍、创办党的刊物、分发宣传册，马克思
主义从不同途径得到宣传，影响力不断扩大，也吸引了一批信仰者加入
中国共产党。同时在学习材料增多的情况下，党员马克思主义理论水平
也得到了一定的提升。

马克思列宁主义著作犹如一股清风拂去了积压在人们心中的困惑。
通过学习这些著作，早期共产党员对马克思主义有了进一步的认识，从
好奇到深入了解，并形成了自己的认识，最后确定了对马克思主义的
信仰。

二、创办各类学校，开展早期党的干部学习活动

从成立初期至第一次国共合作时期，党创办各类学校成为组织化学
习的典型形式。中国共产党创办的各类党校中主要有以自修为主要学习
方式的湖南自修大学，直接创办的上海大学以及以加强党内学习教育为
目标的安源党校等。通过学校这一组织形式进行组织化学习，使党员能
够共同讨论、充分协商，对于提高党员干部的思想认识，增强党组织的
凝聚力和战斗力都发挥了重要作用。

---

① 中国共产党编年史编委会：《中国共产党编年史（1917—1926）》，山西人民
出版社、中共党史出版社 2002 年版，第 144 页。

1921 年 8 月，毛泽东、何叔衡等在船山学社社长贺范民的支持下，利用船山学社社址和每月 400 块银圆的经费，创办了湖南自修大学。这是中国共产党成立后，全国创办的第一所直接以培养干部为目标的学校。

自修大学从 1921 年 9 月开始招生，学校的宗旨是："本大学鉴于现在教育制度之缺失，采取古代书院与现代学校二者之长，取自动的办法，研究各种学术，以期发明真理，造就人才，使文化普及于平民，学术周流于社会。"①招生只凭学力，不限资格，学生不收学费，寄宿者只收膳费。

自修大学的课程设置完全从中国革命的实际出发。学生主要研讨国家改造问题，打倒帝国主义问题，推翻武人政治问题，教育制度改造等实际问题。

学校开设了文、法两科十多个专业，党员干部需要学习中外哲学、政治、教育、经济及心理学等课程，还以《共产党宣言》《哥达纲领批判》等马列主义文献为教材进行专题研究，并多次举办公开的马克思学说讲演会。当时担任自修大学学长的李达十分重视组织学生学习马克思主义著作，亲自给学员讲授马克思的《哥达纲领批判》，并编写了《马克思主义名词解释》等教学参考资料，印发给学生，作为学生的学习资料。

学习方法也颇具特色，主要方式是自修，"以学科为单位，学生研究一科也可，研究数科也可"。学生"自己看书，自己思索""共同讨论，共同研究"，辅之以教师的指导，教师只负责出问题、订正笔记、修改作文等责任。

湖南自修大学十分重视理论与实际、教育与生产、脑力劳动与体力劳动的结合。要求学生研究"致用的学术""注意劳动""求知识与劳力两阶级之接近"②。因此校内设置了园艺场、工厂和博物实验室，供学员劳动锻炼和现场试验之用。并强调学员和教师深入工农群众中进行社会调查，

---

① 高菊村等：《青年毛泽东》，中央文献出版社 2008 年版，第 222 页。

② 中共中央文献研究室：《毛泽东传》第 1 册，中央文献出版社 2011 年版，第 81 页。

参加社会活动。

自修大学还十分重视学生的德育修养，要求学生树立正确的人生观、世界观。在创立宣言中毛泽东写道："自修大学学生不但修学，还要有向上的意思，养成健全的人格，涵涤不良的习惯，为革新社会的准备。"①

校内设有一个藏书丰富的图书馆，收藏了当时国内可能收集到的各种进步报刊，为党员干部的学习提供了优厚的条件。学校还创办了《新时代》月刊，它以鲜明的观点、战斗的风格、犀利的文字，阐明了党的纲领、策略，"努力研究致用的学术，实行社会改造的准备"。《新时代》月刊、《向导》《中国青年》等党团刊物成为学员的学习材料，对于帮助青年党员认清中国革命实际问题、提高理论水平具有重要意义。

自修大学所取得的成就传播国内，1922 年 8 月，北大校长蔡元培在《新教育》上发表了《湖南自修大学的介绍与说明》，称赞自修大学是"合吾国书院和研究所之长而活用之"，"可以为各省的模范"，"他们的主义，实在颠扑不破的"②。

由于自修大学学习和宣传马列主义，引起湖南军阀省长赵恒惕的不安。1923 年 11 月赵以"所倡学说不正，有害治安"为由，封闭了湖南自修大学及其补习学校。学校 200 多名学生转入了湘江学校学习。

湖南自修大学创办的两年零三个月时间内，培养了来自湖南 34 个县和外省 4 个县的 200 多名革命青年。先后为党培养了李维汉、李达、夏明翰、易礼容、罗学瓒、姜梦周、陈佑魁、毛泽民、郭亮、夏曦、王会悟、杨开慧、贺尔康、毛泽覃等 200 名重要革命骨干。

与毛泽东在湖南创办以自修为主要学习方式的学校相比，处于工人运动中心的上海则对提高革命领导干部素质的需求更加迫切，更需要一所党员能够直接参加学习的学校。因此，1922 年 10 月，中国共产党与国民党合作在上海私立东南高等专科师范学校的基础上创办了上海大学，

---

① 高菊村等：《青年毛泽东》，中央文献出版社 2008 年版，第 224 页。
② 同上书，第 162 页。

因校长于右任常住北京，学校实际由共产党员主持。

1923 年 3 月邓中夏到校任校务长并制定了《上海大学章程》，规定学校的宗旨是"养成建国人才，促进文化事业"①。上海大学设有三个学院即社会科学院、文学院、自然科学院，以及一个中学部，后来学校又增设社会学系，请瞿秋白任系主任，瞿秋白讲授社会哲学、现代社会学，施存统讲授社会思想史，萧朴讲授辩证唯物论，李季讲授马克思主义、政治经济学。

上海大学办校的方针，瞿秋白主张应具有时代性、革命性，以担负时事所赋予的使命和革命的责任。因此各院课程除讲授各种科学知识外，还讲授马克思列宁主义。1923 年 1 月，瞿秋白从苏联考察回国，他不仅考察了苏联的政治、经济情况，而且还考察了世界各国社会学的发展历史。经过研究了解，他把引导党员干部学习社会学知识作为一项任务。

他要求社会学系把重点放在"能抽象研究一切人类社会现象的公律"上。瞿秋白讲授马克思主义就从讲授社会学发展的历史角度出发。在当时的大学中，这样公开地向学员讲授马克思列宁主义，尚属创举。

学校摒弃填鸭式的教学方式，许多党员、左派教师教学时都采用启发式和讨论式的方式。校内学术民主、研究探讨的风气十分浓厚，学生自己成立了各种学术研究组织，如社会科学研究会、社会问题研究会、春风文学会、湖波文艺研究会以及其他学术研究组织。还设有特别讲座，请一些专家、名流到校讲学。李大钊的《社会主义质疑》《研究历史的任务》等，就是在上海大学演讲的。学员在校内不仅能够学习各种科学知识，而且还可以自主组织各种学习活动，党的早期干部在上海大学进行了正规和较全面的学习。

在党的许多负责人和左翼学者的教育下，上海大学培养出一批革命战士。阶级敌人称上海大学为"过激分子"的"活动基地"，宣传马列主义的"赤色大本营"，在短短四五年里，曾被搜查过三次，封闭过二次。中

---

① 　黄美真等编：《上海大学史料》，复旦大学出版社 1984 年版，第 61 页。

国共产党的学习活动是在黑暗和曲折中行进的。

1924 年国共正式合作，大多数共产党员和共青团员加入了国民党，然而国共合作之后，"党中政治教育做得极少，在党报上我们几乎很难找到教育党员关于党的政策的讨论文字，在小组会中很少有政治报告"①。"党内合作"的方式也让中国共产党面临被同化的危机，党员共产主义信仰开始变得模糊。

1924 年 5 月，中共中央在《关于组织及宣传教育问题议决案》中指出，"党内教育的问题非常重要"，应当加强"党内教育工作"，决定"设立党校，养成指导人才"②。1925 年党的四大决定在党内加强马列主义的理论教育和时事政策教育，设立党校、工人补习学校、马克思列宁主义研究会，以便对党员进行系统的教育。③

1925 年 10 月，中共中央进一步指出，开办各地党校是一项重要的工作，并初步总结了办党校的经验。根据当时党的力量，决定开办两种形式的党校："（一）各地委之下的普通的党校，造成群众的鼓动员。这种党校应当是工人的，毕业期限至多不过一月或一个半月。（二）区委之下的高级党校教育一班政治智识较高的同志和已经有工作经验的同志——造成能够办党的能够做成负责任的工作的人才，毕业期限不要过三个月。"④

1926 年 2 月，中共中央特别会议专门作出《关于开办最高党校的问题的决议》，决定在北京及广州各办一长期党校。同年 7 月，中央扩大执行委员会决议，由中央宣传部负责编译"党校的教本及普通的党员教育的大纲"，并要求各地每月报告工作时，应将党校的成绩作为报告的内容。

在党的一系列决议指导下，各地纷纷建立党校以加强党员学习活动，

---

① 中国共产党编年史编委会：《中国共产党编年史（1917—1926）》，山西人民出版社、中共党史出版社 2002 年版，第 623 页。

② 同上书，第 236 页。

③ 同上书，第 597 页。

④ 《中共中央文件选集》第 1 册，中共中央党校出版社 1989 年版，第 481 页。

强化党内学习气氛。1924年秋在刘少奇的领导下，中国共产党和社会主义青年团的安源地方组织召开联席会议，决定由党、团合办安源党校。

安源党校成立后由刘少奇担任校长，任岳主持教务工作。党校校址设在安源老街一个名叫"八十间"的房里，后来迁至安源张家湾路矿工人夜校第一校二楼。① 当时有100多名党员参加了安源党校的学习。

这个党校是夜校，晚间上课，课程有政治经济浅说、俄共党史、少运史，每周上课三次，共六小时。党校分初级版和高级班，分别训练工人和学生。第一期学习几个月，从毕业学员中，选派了一部分人去苏联学习，一部分学员分配了工作。1924年春曾派煤矿工人到苏联学习。

安源党校培养和造就了一批党政领导干部，同时在党内形成了优良的学习传统和作风，这些都有利于党的学习活动的开展。通过在安源党校的学习，党、团员和工会干部的政治思想教育得到加强，并与工人阶级直接接触，了解了工人阶级被剥削的惨状，他们为工人阶级利益斗争的立场更加坚定，对马克思主义的信仰更加坚定。1925年9月，北洋军阀武装镇压安源路矿工人运动，安源党校被迫停办。

安源党校的创立开启了党通过党校形式加强党员学习的历史。随后中共北京地委在北方区委领导下，筹办了北京党校。1925年10月，中共上海区委也按照中央要求开办了党校，1926年9月创办了广东区党校和武昌高级党校。全国党校系统逐步建立，以党校形式组织党员进行组织化学习开始成为一种固定形式。

除了创办的各类学校外，党还利用国共合作的机会派出大量党团员干部前往国共合作下的大学学习，如1924年孙中山在广州创办的国立广东大学，陈延年、周恩来分别以广东大学的名义主持了粤区干部训练班和军队政治干部训练班。同时苏联的东方劳动者共产主义大学、莫斯科中山大学等国外大学也是此时期党的组织化学习的重要基地。

---

① 邵沪权、黄爱国：《中共安源地委党校创办成因及其意义》，《萍乡高等专科学校学报》，2011年第8期。

各类学校的创办为党员学习建立了一个稳固的阵地。经过学校系统的教育,党团员对马克思主义有了进一步的认识,领导才能、政治素养不断提高,学校的许多学员后来成为中国革命的领导骨干和著名的政治家及社会活动家。

三、参加黄埔军校学习军事知识

坐落于广东省广州市黄埔区长洲岛的中国国民党陆军军官学校,习惯上被人们称为"黄埔军校"。它曾享有"国民革命中心"和"东方红军"的美誉。它是国共合作共同创立的军校,是国共两党统一战线的产物。1924 年 1 月,随着国民党第一次全国代表大会的召开,中国共产党开始了与国民党合作的新阶段。国共合作采取"党内合作"形式。国民党改组之后,包括陈独秀、李大钊、张太雷等党的领袖在内的共产党员和共青团员以个人身份加入了国民党。

早在 1921 年 12 月共产国际代表马林会见孙中山时,曾建议创办一所军官学校,以建立革命军的基础。随着革命形势的迅猛发展,也迫切要求建立一支可靠的革命武装力量。鉴于过去长期依靠旧军队进行革命而屡遭失败的痛苦教训,孙中山在筹划改组国民党的同时,也积极酝酿创办一所军官学校,国民党一大正式决定创办陆军军官学校。

1924 年 5 月,黄埔军校开学,孙中山自任军校总理,委任蒋介石为校长,廖仲恺为党代表,之后先后聘请加伦等数十名苏联军官为军事顾问。军校在校部下设教授部、政治部、军需部、管理部和军医部五部。

黄埔军校距广州市约 20 公里,环境优美,山峦起伏,四面环水,南连虎门,军事战略位置十分重要,是广州的第二门户。这里隔绝城市,便于兴学讲武。军校的建立是仿照苏联红军的式样,并得到苏联的很大帮助,因此又被人们称为"红色的黄埔"。[1]

---

[1] 范前锋:《"红色的黄埔":统一战线的光辉典范》,《山西社会主义学院学报》,2004 年第 2 期。

在开学典礼上，孙中山向学员说明了开办黄埔军校的目的，"今天要开这个学校，是有什么希望呢？就是要从今天起，把革命的事业重新来创造，要用这个学校内的学生做根本，成立革命军"，"所以今天在这地开这个军官学校，独一无二的希望，就是创造革命军，来挽救中国的危亡"[1]。

黄埔军校以三民主义为办学宗旨，办学方针是"军事与政治并重，人格与技能训练并进"。学校最大特点是把政治教育提到和军事训练同等重要的地位，注重培养学生的爱国思想和革命精神，这是它同一切旧式军校根本不同的地方。

在军事方面，学校规定学生要彻底了解军事学术和军事锻炼对于革命意义之重要，学生必须有军事知识，而且身体强健，才能担负将来在军队中革命的工作责任。黄埔军校制定的第一期军事教育科目中，最初教学生步兵操典、射击教范、野外勤务令等基本军事学识，第二期开始分为步、炮、工、辎、宪兵五科，第三期学生还需学习军制学、马学、经理学、卫生学等，学习内容逐步扩展。第四期军事教育又增添兵器学、地形学、测图演习，学习内容更适用于现代军事战争。学校除对学生进行军事科目教学外，还举办各种军事讲座。学校强调理论与实践相结合，学生一边在教室学习，一边上战场杀敌，"整个求学的期间，一方面要上课，一方面还要去打仗"[2]。"黄埔学生没有一期能够在校平安授课的。"[3]学生是在学习中斗争，在斗争中学习。

在政治方面，在戴季陶和邵元冲担任第一任、第二任政治部主任时，政治部只有两个担任记录的书记，没有建立具体组织，工作上也毫无建树。1924 年 11 月，刚从欧洲归国不久、任中共广东区委委员长的周恩

---

① 广东省社会科学院历史研究所等合编：《孙中山全集》第 10 卷，中华书局1986 年版，第 292 页。

② 广东革命历史博物馆：《黄埔军校史料（1924—1927）》，广东人民出版社1982 年版，第 68 页。

③ 同上书，第 89 页。

来出任黄埔军校政治部主任兼军法处处长，增加了部员，增设了指导、编纂、秘书三个股并规定了其工作细则，开始建立政治部的正常工作秩序和工作制度，并加强对军校学生的政治教育，指导校军教导团的政治工作和中国青年军人联合会的活动，叶剑英任教授部副主任。共产党人恽代英、萧楚女、熊雄、聂荣臻、高语罕等先后来到军校担任政治教官和各级领导工作，中国共产党人为军校的政治工作和政治教育作出了重要贡献。

为了加强军校学生的政治教育，政治部还制定了《政治课程训练计划》《政治训练教授调查表》，对学生则颁布了《革命格言》，开设政治训练班。黄埔军校的政治教育方式以上政治课为主，政治课在全部课程中占很大比重，每期上课总数在百次以上。学校专门制定了《政治教育纲要》，提出政治教育的目标，即学生通过学习，彻底了解产生中国国民革命的国际背景以及国内的政治、经济等各方面的背景，理解军队思想政治工作的重要性。据此，黄埔军校制定了全面系统的政治教育科目，最初规定了三民主义等政治课程，后来增加到 18 门，包括"中国国民党史""三民主义""帝国主义侵略中国史""中国近代史""社会进化史""社会科学概论""军队政治工作""党的组织工作"和"苏联研究"等。1926 年 1 月军校改组后，又增加了苏联研究、工人运动、农民运动等课，将课程增加到26 门，兼容了马克思主义、社会主义、共产主义的学习，"军校训令中还明确规定：社会主义、共产主义、马克思主义等书籍，本校学生均可阅读"①。这样就更加提高了学生的思想政治水平。三民主义和马克思主义成为在黄埔军校学生中并存的信仰。

政治课外辅以举办政治讨论会，讨论政治问题；举办政治演讲会和报告会；组织政治学习小组。同时政治部还创办了政治军事月刊社，发行各种刊物如《士兵之友》《中国军人》《黄埔潮》《黄埔日刊》供学生学习。学生还创办社团加强交流，1924 年，在中共黄埔支部的领导下，周逸

---

① 徐向前：《徐向前回忆录》，解放军出版社 2007 年版，第 20 页。

群、李劳工等学生共产党员采用列宁主编过的《火星社》之名，创办了火星社，之后又成立了中国青年军人联合会，1925 年政治部组织学生成立了血花社。这些社团渗透着强烈的革命思想，坚定着学生的革命信仰。此外，每周还组织一两次政治演讲，担任政治演讲的人，除军校领导和政治教官如孙中山、廖仲恺、李济深等，还有毛泽东、刘少奇、张太雷等人。

从严治校是黄埔军校的另一大特色。自学校建立开始，黄埔军校就颁布并实施大量法规，如《入伍生之军事要则》《学生队学生遵守规则》《潮州分校学生修学规则》《校值星官勤务规则》《饬守礼节令》《重视清洁卫生令》《重申敬礼令》等，对学生的学习、训练、吃饭、穿衣、卫生等日常细节进行全方位的规范。

对于这样一个培养正式军事人才的学校，中国共产党十分重视。黄埔第一期学生中不少人是党从各省秘密送入的左翼青年，其中很多是党团员。在军校开办时，中共连续发出通告，指示各地党组织注意选送党团员和进步青年到军校学习。当时，除广东省的广州可以公开招生外，各省都在军阀统治之下，公开招考军校学生根本不可能，因此，刚刚成立的以共产党为主的各地国民党支部便担负起秘密招收黄埔新生的工作。北京、上海、武汉、长沙、济南等地区的共产党组织，介绍了相当数量的中共党员和共青团员以及青年工人前来投考，这些人占了应考者的一大部分。共产党员何叔衡就是在湖南秘密对所属的青年党团员和进步青年进行初步选拔后，介绍到上海去的。当时，毛泽东是国民党上海地区的军校招生委员。黄埔军校的杰出代表、共产党员蒋先云就是这样从湖南到广州的。徐向前回忆他说："蒋先云考入黄埔后，很注意学习、研究共产主义理论，我们常常看见他晚上还在灯下读书、看小册子。"[1]

第一期学生最初有四百九十多人，后来军政部所办的讲武堂也被合并进来，共六百四十五人，其中共产党员和青年团员约五六十人，占学

----

[1]　徐向前：《徐向前回忆录》，解放军出版社 2007 年版，第 24 页。

生总数的十分之一，在第一期学生中有蒋先云、陈赓、左权、许继慎、徐向前，在教职员中也有不少共产党员，如金佛庄、茅廷桢、严凤仪、徐成章等。周恩来担任政治部主任之后，军校党支部也积极努力在黄埔军校内部发展党员。

通过黄埔军校学习出来的共产党员，是以革命精神武装起来的，士气高，参加了讨伐杨希闵和刘震寰叛军的军事行动，又以饱满的革命热情参加了北伐战争，支持工农运动和帮助建立工农组织，在实践中得到了洗礼。

周恩来和中共广东区委在取得孙中山同意之后，从军校第一期毕业生中抽调出部分党、团员作为骨干，改组大元帅大本营的铁甲部队，由共产党员廖乾五任党代表、政治部主任。这支实际上由共产党直接领导的革命武装，后来组建成叶挺独立团，政治素质最好，战斗力最强，为支持工农运动保卫广东革命根据地，进行了英勇的战斗。黄埔军校培养了大批中国现代军事人才，中国共产党领导的军队和国民党军队中许多高级将领都出身于黄埔军校。

黄埔军校作为中国共产党建军实践的开端，为人民军队的建立积累了初步经验并准备了干部。毛泽东说："我们党虽然在一九二一年（中国共产党成立）至一九二四年（国民党第一次全国代表大会）的三四年中，不懂得直接准备战争和组织军队的重要性；一九二四年至一九二七年，乃至在其以后的一个时期，对此也还认识不足；但是从一九二四年参加黄埔军事学校开始，已进到了新的阶段，开始懂得军事的重要了。"[①]

中国共产党最早认识和掌握军队重要性的先驱者，是亲历与组织黄埔军校政治训练的教官们和在学校学习的学生们。经过黄埔军校学习的共产党员是中国共产党最早的军事人才和骨干。中国共产党人在黄埔军校学习军事与政治并重的经验对于党建立初期的军事活动，具有至关重要的作用。正如有的研究者所说，黄埔军校是中国共产党最初认识军事

---

① 《毛泽东选集》第 2 卷，人民出版社 1991 年版，第 547 页。

与日后掌握军队之摇篮与发祥地。①

黄埔军校的政治工作制度和党代表制度也为中国共产党继承和发扬。通过学习苏俄的军队政治工作经验，黄埔军校在军校和军队中都设立了党代表制度和政治部，这一建军方式也被毛泽东等领导人所借鉴。在建立中国工农红军时，毛泽东创造性地提出党支部建立在连上，并形成了"党指挥枪"的重要军事思想。

四、开办工人学校，培养工人运动骨干

工人学校是中国共产党为培养工人出身的党员和工人运动的领导人而建立的培训学校，学校主要教授社会文化常识、党的基本知识和马克思主义理论，为中共培养了一大批工人运动领袖。

马克思主义与中国革命的结合，首先面临的是将马克思主义与中国工人运动结合的问题。中国共产党成立后，便集中力量从事工人运动。

一些知识分子出身的共产党员们脱下了长衫，换上了短褂，穿上了草鞋，深入工人群体。然而中国工人阶级文化水平低，不清楚马克思主义，连最基本的社会文化常识都不了解，甚至绝大多数工人是不识字的。因此，在工人阶级中开展学习教育活动显得异常迫切。

1921 年 7 月，中国共产党第一次代表大会通过了《中国共产党第一个决议》(以下简称《决议》)，对开展工人教育学习活动作出了具体指导。《决议》提出："本党的基本任务是成立产业工会"，"党在工会里要灌输阶级斗争的精神"，"因为工人学校是组织产业工会过程中的一个阶段，所以在一切产业部门均应成立这种学校。例如，应成立'运输工人预备学校'和'纺织工人预备学校'等等。在这种学校里，除了非常必要的情况以外，不应教若干门不同的课程"。"工人学校应逐渐变成工人政党的中心机构，否则，这种学校就无需存在，可加以解散或改组。""学校的基本方

---

① 　陈予欢：《黄埔军校与人民军队创建及早期发展》，《探求》，2012 年第 1 期。

针是提高工人的觉悟，使他们认识到成立工会的必要。"①

为了贯彻党的一大决议，1921 年 8 月，中共中央在上海成立了领导工人运动的总机关——中国劳动组合书记部，"来公开做职工运动的总机关"②。

中国劳动组合书记部成立初期以张国焘为主任，在北京、长沙、武汉、济南、广州等地设有分部，这些分部在本地区开设工人学校，创办工人刊物，领导罢工斗争。安源工人夜校、上海平民女校、劳动学院就是当时成立的工人学校。

江西萍乡的安源煤矿和湖南株洲到萍乡的株萍铁路，合称安源路矿，共有工人一万七千人，产业工人集中，工人劳动强度大，所受剥削和压迫比一般厂矿工人大。1921 年 12 月，"安源路矿一部分有觉悟的工人致信中国劳动组合书记部，请求派人到安源帮助并指导一切"③。

1921 年冬，毛泽东、李立三、宋友生、张理全四人到安源。毛泽东以交朋友的方式与工人谈心，深入矿井工棚了解工人的痛苦和受压迫的情形，随后派李立三到安源创办工人补习学校。毛泽东告诉李立三要利用当时社会上时兴的平民教育运动，开办工人补习学校，发现和培养骨干。④

毛泽东等三人回到长沙以后，李立三以教员的身份留下来办工人补习学校和国民学校。他以帮助工人及其子弟"学习文化，增长知识，改良习惯，涵养德性"的理由得到合法办学的批准。

李立三首先开办了平民小学，白天给小学生教"人、手、刀、尺"，晚上去访问家长，动员更多的孩子入学并同工人建立了密切联系。工人

---

① 中央档案馆：《中共中央文件选集》第 1 册，中共中央党校出版社 1982 年版，第 7—8 页。

② 胡绳等：《中国共产党的七十年》，中共党史出版社 1991 年版，第 30 页。

③ 中共中央文献研究室：《毛泽东年谱（1893—1949）》上卷，中央文献出版社1993 年版，第 91 页。

④ 中共中央文献研究室：《毛泽东传》（第 1 册），中央文献出版社 2011 年版，第 86 页。

们亲切地称他为"游学的李先生"。

1922年1月在安源工人热烈的赞同下安源工人夜校正式成立，并发布了《安源路矿工人补习学校简章》。

夜校为防止反动当局的破坏，对外公开使用的是一般学校的教材，如《平民读本》《工人课本》《补习入门》等，对内则使用的是社会主义书籍，如《两个工人的谈话》《工人和资本家》《南北战争》等。这些书本紧紧围绕工人自身生活状况而编，工人读书时以自己的境遇作对比，使他们对自身的使命有了一定的了解。

根据工人集聚的特点，学校还设立了读书处，不识字的工人可以先进读书处学习认字，然后再进学校进行政治教育。学校还向学员提供《劳动周刊》《工人周刊》等报纸，这些报纸也是向学员灌输阶级思想的路径。

教员教学时都是用"极浅近的"语言向学员介绍自然科学知识、生活常识、阶级斗争等各方面知识。李立三、蔡增准给工人上课时把文化课和马列主义教育巧妙地结合起来。比如，工人们称李立三为"先生"，他就教学员们先认识"牛"字，然后在"牛"字下边划一横，告诉学员说：这就是先生的"生"字，"先生"也不过是牛坐板凳，那些高高在上脱离群众，脱离实际的"先生"，并不高明。他在风趣地讲课中给工人们以政治启发。

1923年11月，中国共产党第三届第一次中央执行委员会召开。湖南区委委员就安源情况向党中央作出了报告："安源四个月来，现状颇好。工人颇能在工会指挥之下，练习自治生活，地方军警均失其作用。工会对于社会亦不似从前之隔阂。合作社亦渐有起色。工人补习学校虽未得适当之人主持，然工人居领袖地位者，现有特别班，专事主义与政治上之训练。工人子弟学校有七……"①

工人经过安源工人夜校的学习，对自身地位和历史使命有了初步认识，政治觉悟有所提升。如果没有工人夜校的启迪，工人难以自发产生

---

① 中央档案馆：《中共中央文件选集（1921—1925）》，中共中央党校出版社1982年版，第141—142页。

维护自身阶级权利的意识。许多学员成为安源路矿工人大罢工的骨干力量，开始独立从事工人运动的发动和领导。他们大多数成为中共党员。1922 年 2 月安源路矿建立了党支部，到 1924 年 5 月已有党员六十多人。安源工人夜校为向党内输送工人党员作出了重要贡献。

在上海，工人运动已发展到为争取妇女解放而采取行动。1922 年，中共二大就通过了《关于妇女运动的决议》，提出"中国共产党除努力保护女劳动者的利益而奋斗——如争得平等工价、制定妇孺劳动法等之外，并应为所有被压迫的妇女""帮助妇女们获得普通选举权及一切政治上的权利与自由""保护女工及童工的利益"。

在此决议之下，为了推动妇女运动，培养妇女运动的骨干，陈独秀、李达经过商议之后决定在上海创办一个平民女校，"以期养成妇运人才，开展妇运工作"。

1922 年 2 月学校正式开学，由李达担任校长。这是党成立后以提倡平民教育的名义开设的党团活动机关。学校办学的宗旨是：本校是我们女子创办的学校，专在造就一班有觉悟而无力求学的女子，使其得谋生工具，养成自立精神。平民女校主要招收渴望追求革命真理、有志于妇女解放运动的女青年或贫穷家庭的失学女子。

学校规模很小，三十多人都是全国各地不堪忍受封建压迫而跑到上海寻求出路的青年女学生。学校根据学员原有的文化程度分为高级和初级两班。高级班开设国文、数学、理化、英文、经济学、教育学、社会学等课程；初级班开设国文、算术、英文等课程。教师有邵力子、陈独秀、李达、陈望道、沈泽民、高语罕、柯庆施、张秋人、王会悟等共产党员和社会名人。

张太雷、刘少奇、恽代英、施存统等人常到学校作政治报告和时事演讲。平民女校的学员们还积极参加上海马克思学说研究会的学习活动，"常有五、六人或七、八人围着一张白木长条桌坐着，有时为一个问题争论得很热烈，有时则大家低着头很沉静地在阅读。……我们学了'共产主义 A. B. C.'，又学《反杜林论》"①。通过学习，学员们对马克思主义的唯物辩证法、阶级斗争学说和科学社会主义等有了较深入的理解，并且明白了只有走社会主义道路才能救中国。

平民女校的师生经常在上海中华女界联合会出版的《妇女声》杂志上发表文章，宣传马克思主义和妇女解放的思想。并积极支援上海工人运动，杨树浦日华纱厂工人举行罢工，女校学生到社会募捐，支援罢工活动。还跑到浦东纱厂去演讲，劝工人坚持罢工。

女学员们半工半读，半天学习文化知识，半天做工。当时学校只有一所两楼两底的房间，楼上是教室，楼下放着织布机和缝纫机，学员们从事成衣、制袜生产，用自己的劳动所得支付日常生活开支，不仅学习了知识，还养活了自己。

经过学习和社会实践，学员的政治觉悟、文化水平和生活能力得到了全面的提高，促进了女性自我意识的提升，培养了一批早期妇女运动干部。

1925 年 6 月 19 日，为了支援上海五卅反帝爱国运动，广州和香港爆发了规模宏大的省港大罢工。为了提高罢工工人的政治素质，用革命理论武装工人骨干，争取反帝斗争的胜利，中华全国总工会和省港罢工委员会在 1926 年 6 月创办了以培养高级工人运动领导干部为目标的劳动学院。学院制订了切实可行的培训计划，招收香港、广州各级工会的职员、工友和工会骨干参加学习。

当时担任全国总工会常务委员会委员的刘少奇出席了开学典礼并致辞。他说，各位来此读书，有着特别的责任和目的，是为了解决工人运动中遇到的问题，得到做工会领袖应当具备的知识，诸君也要把此劳动学院当作一个大火炉，自己却当作一枝很粗的坚强的钢铁，把自己投到炉火中去锻炼。炼成一个坚强不挠能够担当伟大事业的革命家。②

---

① 王一知：《走向革命——五四回忆》，《五四运动回忆录》（上），中国社会科学出版社 1979 年版，第 513 页。

② 中共中央文献研究室：《刘少奇年谱》上，中央文献出版社 1996 年版，第 55 页。

　　劳动学院由邓中夏任院长，教员有刘少奇、恽代英、冯菊坡、萧楚女、谭植棠等人。刘少奇讲授"工会组织法"，重点阐述列宁关于工会是一个阶级的组织，训练教育的组织；萧楚女讲授"中国政治状况"；熊锐讲授"世界革命史"；谭植棠讲授"帝国主义侵略史"；黄平讲授"世界职工运动"。

　　学院还邀请中共领导人和社会名流来学院给学员讲课。1926 年 8 月瞿秋白应劳动学院邀请，给学员作了题为《什么是共产主义》的讲演，深受大家欢迎。当时中华全国总工会省港罢工委员会机关报《工人之路》第374 期曾这样报道：劳动学院"教授皆为各界领袖富于革命理论与经验，如邓中夏先生所授的省港罢工，刘少奇先生所授的工会组织法，冯菊坡先生所授的广东工会问题等课，均为省港工会领袖人才所急需的实际理论，教授时又不辞劳瘁，讲述设问，极其周详，学员听讲兴味非常浓厚，此可见该院成绩如何也"①。

　　学院实行理论联系实际的教学方针，学员坚持晚上来学院学习，白天回到自己的工厂，一面参加生产劳动，一面参加工人运动。劳动学院还经常对学员进行专门的军事知识和技能的训练。

　　劳动学院是中国共产党大革命时期培养工人运动干部的重要基地，培养了工运干部一千多人。学员经过学习，革命觉悟、理论水平、业务能力都有很大提高，他们回到本地区、本单位后，多数都成为基层工会的骨干和党团组织的干部，在革命斗争中起到了重要作用。

　　在中国劳动组合书记部和全国总工会的领导下，各地创办了多种形式和规模的工人学校，党的各级领导人成为这些学校的教员。学员在学校学习社会和文化常识，学习马克思主义，具有了阶级斗争的意识。工人学校是党对广大工人进行政治启蒙教育和文化教育的场所，培养了一大批工人运动的骨干力量。

---

　　①　《工人之路》第 374 期，1926 年 7 月 11 日。

五、主持和开办农民运动讲习所，培养农运人才

中国共产党成立后，在以主要精力领导工人运动的同时，也关注占中国人口大多数的农民。在党成立初期，为了提高农民的政治觉悟，一些共产党人纷纷返回家乡，利用各种形式在农民中开展学习活动，从而推动农民运动发展。

1921年夏，早期共产党员沈玄庐回到家乡萧山县衙前村，向农民讲述革命的形势，宣传革命的道理。在上海、杭州等地求学或教书的萧山籍人宣中华、杨之华也利用放暑假的机会回到乡里，向农民热情地宣传基本的革命知识。在他们的带动下萧山成立了衙前农民协会，这是中国第一个新型的农民组织。

1923年，中国共产党发布对于目前实际问题之计划，提出了领导农民运动的重要性，因为"中国共产党若离开了农民，便很难成为一个大的群众党"①。是年夏，方志敏回到江西弋阳湖塘村，创办了旭光义务小学和贫民夜校，有八十多人参加学习，通过办学提高了贫雇农文化水平，同时还在学生中吸收了二十几名骨干分子秘密成立了农民协会筹备委员会，其中有方志纯、黄镇中、邵伯平等人，他们大都成为了农民运动的骨干。

1924年6月19日，国民党执行委员会第三十八次会议通过《对于农民运动之宣言》。《宣言》宣布了对农民运动的主张，提出：农民为解除各种压迫，"应即时组织农民协会"②。这是在中国共产党的推动下，国民党中央通过的关于农民运动的第一个宣言，推动了大革命时期的农民运动的发展。

---

① 中央档案馆：《中共中央文件选集（1921—1925）》，中共中央党校出版社1982年版，第177页。

② 中国共产党编年史编委会：《中国共产党编年史（1917—1926）》，山西人民出版社、中共党史出版社2002年版，第240页。

随着国共合作后北伐战争的胜利进军，革命群众运动以前所未有的声势蓬勃发展起来。在北伐军占领的地区，农民运动得到更大规模的发展。为了"养成农民运动人才，使之担负各处地方实际的农民运动工作"①，1924 年 6 月，彭湃利用担任国民党中央农民部秘书的机会向国民党中央执行委员会提议创办农民运动讲习所，经国民党中央执行委员会第三十九次会议讨论通过。

1924 年 7 月 3 日，国共合作创办的广州农民运动讲习所在广州惠州会馆(今越秀南路 93 号)开学。农民运动讲习所先后共举办了六期，第一、二期在越秀南路惠州会馆，三、四、五期在原东皋大道一号，1926年第六期迁往中山四路番禺会馆。

第一期学员 38 人，学习时间一个月，彭湃任主任，重点培训广东等地的农运骨干。从 1924 年 8 月至 1925 年 12 月，农民运动讲习所又接连办了四届，分别由共产党人罗绮园、阮啸仙、谭植棠、彭湃担任主任。

研究中国农民问题和学习革命理论是广州农民运动讲习所教学内容的重点，其课程设置，"第一注重本党主义之解释；第二注重国民革命基础知识之灌输；第三注重农民运动之理论及其实施方法；第四注重集会结社之实习及宣传之训练；而尤注重于军事训练，盖学生熟习军事训练，一方面可以指导农民组织农民自卫军，以为拥护革命之真实武装或防御敌方阶级之侵害；另一当面可以养成有纪律有组织之农民运动的战斗员"②。

农民运动讲习所学员学习内容包括革命理论、军事训练和农村实习。学员都着重学习政治理论，教员重视对学员的革命基础理论教学。

每届学员都要学习 20 多门课程，如帝国主义侵略简史、中国民族革命史、每周政治报告、农民运动之理论、中国农业情形及改良方法、中

---

① 罗绮园：《第一届至第五届农民运动讲习所介绍》，《中国农民》，1926 年第 2 期。

② 罗绮园：《本部一年来工作报告概要》，《中国农民》，1926 年第 2 期。

国工人运动及工人状况等。

教员在讲课时力求理论联系实际，运用马克思主义的立场、观点和方法，分析中国农村的政治、经济状况和阶级关系，揭露地主阶级对农民的残酷剥削和压迫，指出农民群众只有组织起来才能获得解放。1924年12月，彭湃在给中共广东区委农民运动委员会的报告中指出：这些农运骨干"工作得很好。没有辜负我们对他们的培养和训练"①。

1925年2月毛泽东离开上海回湖南养病，利用这一机会他在农村开办了夜校。当时他为了对农民进行启蒙教育，在韶山、银田寺一带创办夜校，教农民识字、算术，讲三民主义，宣传一些启发阶级觉悟的浅显的道理，到这年的7月夜校发展到二十多个，夜校的学员大多成了农协的骨干。毛泽东以夜校学员为基础发展了一批党员。

1925年中国共产党第四次全国代表大会召开，作出了《对于农民运动之议决案》，提出"在农民运动中，我们须随时随地注意启发农民的阶级觉悟"②。1926年7月中国共产党中央执行委员会第三次扩大会议，对开展农民工作作出了详细而具体的部署，提出"利用乡村小学教师或本乡同志，城市中的本乡工人"做"农村中天然的指导者"，更重要的是首次在党的决议案中提到"设法办农村补习学校，农村俱乐部，或组织游行讲演团等"③。

1926年3月16日，国民党中央农民部农民运动委员会召开第一次会议，讨论了开办第六届农讲所问题。毛泽东在会上提出应改变农民运动讲习所的招生办法，着重训练将来革命军北伐时将经过的诸省(赣、鄂、直、鲁、豫)的农运干部。会议决定改由毛泽东负责第六届农民运动讲

---

① 彭湃：《彭湃文集》，人民出版社1981年版，第71页。

② 中央档案馆：《中共中央文件选集(1921—1925)》，中共中央党校出版社1982年版，第295页。

③ 中央档案馆：《中共中央文件选集(1926)》，中共中央党校出版社1983年版，第148页。

习所。

在广州开办的第六届农民运动讲习所由毛泽东任所长，萧楚女任教务长，周恩来、瞿秋白、吴玉章、彭湃、邓中夏等任教员，共有三百二十多名学员。农民运动讲习所开办后，党积极选派党团组织的农运骨干到讲习所学习。

为了把学员培养成既掌握革命理论又能够进行实际斗争的干部，毛泽东聘请了一批政治素养高，又有丰富的领导农民运动经验的学员，如彭湃、阮啸仙、周其鉴等。

农民运动讲习所共开设政治、经济、军事、文化等二十五门课程，课程都是关于中国革命和农民运动的基本知识，毛泽东亲自教授中国农民问题、农村教育、地理三门课。毛泽东特别重视"中国农民问题"课程的讲授，着力启迪农民的阶级觉悟。

萧楚女讲授帝国主义、中国民族革命运动史、社会问题与社会主义；周恩来讲授军事运动和农民运动；彭湃讲授海丰及东江农运状况；恽代英讲授中国职工运动；张秋人讲授各国革命史；李立三讲授中国职工运动；于树德讲授农村合作概论。此外，还有"广东第二次农民代表大会决议""广宁高要曲江农运状况""苏俄状况"等课程。瞿秋白、陈延年、林伯渠、吴玉章、郭沫若、谭平山、何香凝等也曾到讲习所作过报告或讲演。

讲习所在重视传授基础理论的同时，大力提倡培养学员分析问题和解决问题的能力。他积极引导学员开展调查、参观、学习、实习等实践活动，尤其重视对农民问题进行调查研究，课程中安排了两周赴海丰调研。学员按省或邻近省、区为单位，组织了十三个农民问题研究会，应用所学理论，按拟定的纲目，进行调查研究。地租率、主佃关系、抗租减租、平粜风潮、妇女地位、农村组织状况、贪官污吏及其影响、兵祸及其影响、天灾及其影响等都是学员们调查研究的题目。毛泽东将学生的社会实践调查报告进行了修改、审核，编入他主编的《农民问题丛刊》进行出版，供全国领导农民运动的同志学习。

　　毛泽东十分重视军事训练，专门开设了军事训练课，聘请了赵自选任专职军事教官进行军事训练，军训时间占全课程的三分之一。学员编队进行正规军训，训练科目有：列队操练、持枪、刺杀、瞄准、实弹射击等，还进行夜间演习，每个学员都配有枪支、弹药、身穿灰军装、进行系统的军事演习和实弹射击，经过军事训练的学员成为更优秀的农运干部。

　　广州农民运动讲习所的创办，为广东、广西、湖南、河南、山东、直隶、湖北、四川、陕西、江西等 20 个省区培训了 800 多名农运骨干，他们经过革命熔炉的熏陶，学习了革命知识，毕业后即奔赴农村革命第一线，领导广大农民进行反帝反封建斗争，有力地促进了全国农民运动的开展，也为后来各地开办农讲所提供了办学经验。

　　第六届农讲所结束后，毛泽东又投入到筹办武昌农民运动讲习所工作中。1926 年 11 月，北伐军攻克武汉后，湘、鄂、赣农民运动迅速发展，需要大量从事农民运动的人才。正在这时，毛泽东主持制订了《目前农运计划》，提出与国民党左派密切合作，在武昌开办农民运动讲习所。他的计划很快得到中央的批准。

　　农讲所的学制为 4 个月，学生来自全国 17 个省，共 800 多人。主讲老师有恽代英、瞿秋白、彭湃、方志敏、李汉俊、李达等人。

　　毛泽东一面带领大家建立学校机构，一面组织大家认真讨论、安排教学内容。农讲所开设的课程有三民主义、中国民族革命史、各国革命史略、社会进化史、中国政治经济学、中国职工运动史、农民运动之理论和策略等 32 门课程。毛泽东亲自担任农民问题和农村教育等主要课程的教学。学员重点学习中国革命和中国农民运动的理论与实际，并进行必要的军事训练。

　　应毛泽东之邀，方志敏为学员作了《江西农民运动和武装斗争》的演讲。他在演讲中控诉了江西反动派屠杀共产党人和革命群众的无耻罪行，号召学员们要做一个炸弹，把农村封建势力炸个粉身碎骨。他的演讲稿被印成教材，学员们人手一册。

毕业后，学生大多数被委任为农民协会特派员，深入开展农民运动，使革命的星星之火得以燎原。

除此之外，中国共产党也在其他一些地方创办了农民运动讲习所。1926年3月，共产党员陈勉恕等在南宁举办广西农民运动讲习所。该校共举办两期，培养农运干部300多名，其中有75人作为农民运动特派员，被派往广西各县工作。1926年3月，国民党中央农民部又派出林培斌、黄启滔、罗瑞贤、谢扶民、李植花等（均为中国共产党党员）一批农民运动特派员，到广西梧州工作。

农民运动讲习所是农民学习文化和社会常识、学习社会主义知识和马列主义的重要场所，为党培养和输送了农运干部。通过领导和开办农民运动讲习所，中国共产党在实践中学习了领导农民运动这门课。因此农民运动讲习所被誉为"革命的摇篮"，而领导农民运动讲习所的毛泽东和彭湃被称赞为"农运大王"。

从1921年到1927年党在这一阶段进行了卓有成效的学习活动，取得了显著的成绩。

首先，广大党员和先进分子的马克思主义理论水平明显提高。党的历次代表大会都对党员政治教育作出了规定，强调党员认真学习马克思主义基本理论和党的基本常识，国共合作期间更通过加强党员马列主义学习，坚定党员的共产主义信仰。通过这段时期紧密而有步骤的学习，广大党员和从事工人运动、农民运动及军事培训的先进分子的马克思主义理论水平和思想觉悟得到提高。

其次，积累了组织化学习的宝贵经验。这一时期，党通过创办出版社、各类大学、党校、工人培训学校、农民运动讲习所等方式组织党员和先进分子进行学习。在组织化学习中党员和先进分子取得中国革命道路的共识，逐步树立为共产主义奋斗的信念，从而不断加强了党的凝聚力。随着组织化学习的深入进行，党开展学习的经验也逐渐丰富。

　　当然，这一时期的党的学习活动也存在缺陷，主要是对新党员不能及时有效地开展马克思主义教育，还不善于将马克思列宁主义同中国革命的实践相结合。由于反革命力量强大，资产阶级发生严重动摇，蒋介石集团、汪精卫集团先后叛变革命，这时中国共产党还处在幼年时期，缺乏应对复杂环境的政治经验，导致大革命失败，革命力量被严重削弱。大革命失败后，年轻的中国共产党并没有停下学习的步伐，在根据地条件下继续探索学习的新途径。

第三章 根据地的学习活动

轰轰烈烈的大革命悲壮地落幕，三大起义虽又燃起人们对革命的希望，却困难重重，似乎"山重水复疑无路"。人们不禁要问：中国的革命到底要何去何从？是学习"十月革命"道路，还是在革命中走自己的路？究竟该走什么样的道路才能实现全国革命的最后胜利？一系列重大问题萦绕在许多革命者的脑海中。书中无解，现实无情，唯有加强理论学习，并在革命中学习革命，在战争中学习战争，才能探索出一条适合我们自己的路。

一、岁月艰辛苦读书

1927年大革命的悲壮失败，非但没有击垮中国共产党的意志和信仰，反而激发了他们继续革命的奋斗和探索精神。面对国民党的"白色恐怖"，中国共产党毅然扛起革命的旗帜。中国共产党先后发动南昌起义、秋收起义、广州起义，以革命的武装反抗反革命的镇压。虽然三大起义先后受挫，但是革命的火种生生不息，革命的道路重现光辉。

1927年8月7日，中共中央在汉口秘密召开紧急会议，即"八七会议"。毛泽东在会上特别突出军事斗争的重要性，"须知政权是由枪杆子中取得的"①。这不单纯是一个革命口号，而是一条燎原新路。

---

① 《毛泽东文集》第1卷，人民出版社1993年版，第47页。

到农村去，才有出路。

在创建井冈山根据地的艰难过程中，工农红军不仅随时面临着国民党军队的"围剿"以及重重封锁，还面临着如何建立革命武装、确立党和红军的关系、巩固革命根据地等严峻考验。在这期间，由于湖南省委盲动主义的错误指示，导致了极其惨重的"八月失败"。

教训不可不察，问题不能不究。井冈山经济困难，交通闭塞，四周被国民党军队封锁、包围，不仅无法与外界保持经济往来，更难以做到知彼而摸清敌情，也在一定程度上导致红军无法掌握敌情而造成"八月失败"。毛泽东为此十分着急，迫切希望通过搜集一些报刊掌握敌情动态、了解革命形势。于是，"1928年，有一次他专门派出一个营去打谭延闿的家乡茶陵县的高陇，搜罗了一批报纸上山"[1]。这一下解了燃眉之急。然而对"八月失败"的反思，当时却只能就事论事，这似乎注定了遗留问题仍会反复出现。

艰苦的井冈山岁月，严峻的革命形势，使红军中有些人对"红旗到底打得多久"产生了怀疑。如果不能立即回答这一重大的理论和现实问题，必将难以帮助广大红军将士增强对土地革命的认知，也难以坚定他们对革命前途的信心，这对今后的革命事业是相当不利的。

有据于此，毛泽东在1928年10月、11月先后写成《中国的红色政权为什么能够存在》和《井冈山的斗争》两篇著作，深刻地总结了井冈山根据地建设的经验教训。他认为，在半殖民地半封建的中国具备了建立"工农武装割据"的诸多有利的客观条件，之所以能够实现"工农武装割据"，是因为有了中国共产党的领导，而且在其领导下工农红军坚持进行了武装斗争、土地革命和根据地建设。这对坚定红军队伍坚持革命的意志具有重要的促进作用，还指出了一条井冈山道路。

从1928年夏起，井冈山革命根据地的宝贵经验，经过中共中央主办

---

[1]　龚育之、逄先知、石仲泉：《毛泽东的读书生活》，生活·读书·新知三联书店2011年版，第212—213页。

的《红旗》《政治通讯》等刊物的介绍和传播，在其他革命根据地产生重要影响。

红四军、红五军会师不久，就开始了建立闽西、赣南革命根据地的艰辛历程。这段时期，红军不仅获得了军事上的胜利，还获得了灵通的信息，在长汀，可以搜集到一些国民党的报纸，获得比赣南山区更多的敌情通报、局势要闻。毛泽东对此欣喜不已，因为对他这样的读书人来说，读报不仅可以获知敌情，还可以放松心情。这可以从当时红四军前委给中央的一个报告中看得出来，"在湘赣边界时，因敌人的封锁，曾二三个月看不到报纸。去年九月以后可以到吉安、长沙买报了，然亦得到很难。到赣南闽西以来，邮路极便，天天可以看到南京、上海、福州、厦门、漳州、南昌、赣州的报纸，到瑞金且可看到何键的机关报长沙《民国日报》，真是拨云雾见青天，快乐真不可名状"①。

随着革命形势的蓬勃发展，红军队伍在迅速壮大，革命根据地也不断扩大，曾经的遗留问题也逐渐暴露出来，并引发了红四军党内一场尖锐的争论：红军的建军原则是什么？党和红军的关系应该是怎样的？

然而，在极端民主化、个人主义、非组织化倾向等错误观念的严重干扰下，红四军党内会议争论多天，却没有争出任何积极结论。毛泽东的正确意见在红四军"七大"上被错误否定。他也被迫离开红四军主要领导岗位，到闽西地方工作。

在事实面前，真理越辩越明，红四军在这场争论中开始醒悟。此时此刻，远在上海的中共中央对红四军党内的分歧一直密切关注。

1929 年 8 月，陈毅到上海。上海之行两个月，在陈毅看来，"等于上了两个月的培训班"，对一些重大理论问题和现实问题的认识有了很大的提高。这次学习对他及时、彻底纠正错误观念有很大作用。

1929 年 9 月 28 日，中共中央给红四军发出了一封由陈毅起草、周恩来审定的指示信，即"九月来信"。"九月来信"充分肯定了毛泽东提出的

---

① 《毛泽东文集》第 1 卷，人民出版社 1993 年版，第 61－62 页。

"工农武装割据"和红军建设的基本原则，要求红四军要维护朱德、毛泽东的领导，毛泽东继续担任前委书记。这封指示信，犹如一场及时雨，为红四军党内重新凝聚共识、彻底纠正错误思想指明了方向。

朱德、毛泽东、陈毅对过去的分歧进行了深刻的反思，红四军前委再次团结起来，认真学习了"九月来信"的重要精神，这就为红四军九大的成功召开奠定了基础。

其实，红四军内部的问题绝非一日之寒，有必要在理论学习和宣传教育上予以彻底解决。因此，毛泽东希望李立三邮寄一批书，自己可以抽空阅读学习，以增强自己正确主张的理论性和说服力。

他在 1929 年 11 月 28 日给李立三的信中诚恳地写道："我知识饥荒到十分，请你时常寄书报给我，能抽暇写信指导尤幸。"①同一天，针对红四军党员的理论底子薄的问题，毛泽东还给中央写了一封信，说："惟党员理论常识太低，须赶急进行教育。除请中央将党内出版物（布报，《红旗》，《列宁主义概论》，《俄国革命运动史》等，我们一点都未得到）寄来外，另请购书一批……我们望得书报如饥如渴，务请勿以事小弃置。"②

红四军前委为红四军九大的召开做了充分的准备。在驻扎连城新泉期间，红四军召开了红军"九大"的预备会议，而且多次召开干部调查会、战士座谈会以及群众座谈会。在古田，红四军前委召开了各级党代表联席会议，对红四军党内存在的种种不良倾向以及其产生的根源、危害及相关对策进行了民主讨论。

兼听则明，红四军前委基本掌握了红四军和党内存在的种种问题。在此基础上，毛泽东起草了"纠正党内非无产阶级意识的不正确倾向""党的组织""党内教育"等八个决议案。1929 年 12 月 28 日至 29 日，中共红四军第九次代表大会在上杭县古田村胜利召开。会议一致通过毛泽东起

---

① 中共中央文献研究室：《毛泽东书信选集》，中央文献出版社 2003 年版，第 24 页。

② 同上书，第 22 页。

草的决议，即《中国共产党红四军第九次代表大会决议案》，也就是历史上著名的古田会议决议案。毛泽东重新被选为前委书记。

决议案最主要的内容是关于纠正党内错误思想的问题。决议案不仅尖锐批评了削弱党对红军领导的"极端民主化""非组织化观点"个人主义等非无产阶级错误思想，还批判了流寇思想、游击主义等单纯军事思想，明确了红军今后的三大任务是打仗、筹款和做群众工作；决议案着重强调必须加强党的思想建设的重要性，必须以无产阶级思想指导军队和党的建设。古田会议决议案，在总结红四军建军历史经验和教训的基础上，确立了红军建设的基本原则，尤其是确立了党对红军的绝对领导这一原则。

古田会议的决议深刻阐述了加强党的思想建设的极端重要性，体现了着重从思想上建设党这一独特的党的建设道路，对加强党的建设产生了深远影响。

1930 年 1 月 5 日，毛泽东针对林彪流露出来的错误观点和对革命的悲观情绪，给他回复了一封信，即著名的《星星之火，可以燎原》。毛泽东在信中专门强调了建立农村革命根据地、实行工农武装割据的战略地位，在古田会议基础上进一步批判了流动游击的单纯军事观念。毛泽东开始为中国革命勾勒出了"农村包围城市，武装夺取政权"的宏伟蓝图。

自井冈山革命根据地开创以来，党和红军一直面临着探索革命道路、开展土地革命、明确党和红军的关系以及加强党的建设等一系列复杂问题。直到古田会议的胜利召开，党和红军才基本解决了长期困扰党和红军的诸多重大历史问题。解决这些问题的过程，是毛泽东等中国共产党人探索马克思主义中国化的过程，也就是对如何进行革命、如何加强党建、如何建设根据地、如何建设红军等问题不断学习的过程。

认识由问题而生，没有终点，问题意识孕育着新的学习。毛泽东对红四军历史问题的反思不断深入，最终从思想理论根源上找到了问题的根本所在。

对于红军曾经出现的错误，毛泽东起初将其归纳为脱离实际的形式主义，盲目服从上级的错误指示。无论是井冈山"八月失败"的惨重教训，还是红四军九大之前的无序争论，都引起了毛泽东对形式主义的极大不满。特别是在红四军七大上争论红军要不要设立军委这一问题上，形式主义极其泛滥。有人提出在红四军建立完整的组织系统等华而不实的意见；更有甚者，这些形式主义者从极端民主化出发，反对有必要的集中领导，攻击红四军党内有家长制。只看形式，不看需要，更不问效果，这似乎成了形式主义的通病。

毛泽东在 1929 年 6 月 14 日回复林彪的信中，明确指出"形式主义之来源是由于唯心主义"[1]。在起草古田会议决议草案时，毛泽东进一步强调，"唯心观点，在红军党员中是非常浓厚的，其结果对政治分析，对工作指导，对党的组织，都有非常大的障碍。因为政治上的唯心的分析和工作上的唯心的指导，其必然伴随的结果，不是机会主义，就是盲动主义"[2]。毛泽东还开出了良方，党员要学习并运用马克思列宁主义方法，以防止犯主观错误。要学会实地考察、社会调查，以避免思想空洞、盲目行动。

调查是学习的重要方式。社会调查是认清现实、研究现状、科学决策的基础和前提。毛泽东历来很重视社会调查，不仅将社会调查作为了解国情的重要学习方法，以掌握第一手社情民情资料，还身体力行，在实践中学习，向群众学习。

早在 1927 年年初，毛泽东花了 32 天走遍了湖南的湘潭、湘乡、衡山、醴陵、长沙五个县，做了大量的实地考察，后来写成著名的《湖南农民运动考察报告》，以回应当时党内外对进行农民斗争的错误认识。井冈山初创之时，毛泽东还到永新、宁冈两县做过社会调查，掌握了第一手的社情、民情资料，为开展分田运动做了充分的准备。

即便是在赣南、闽西进行艰苦的战争，毛泽东也没丢掉社会调查这

---

[1] 《毛泽东文集》第 1 卷，人民出版社 1993 年版，第 74 页。

[2] 中共中央文献研究室：《毛泽东传》，中央文献出版社 2011 年版，第 220 页。

一法宝。毛泽东曾在寻乌县、兴国县、长冈乡、才溪乡等地做过实地调查，特别值得一提的是毛泽东在寻乌县、兴国县所做的社会调查。

1930 年 5 月，在寻乌县，他就中国的富农问题、阶级问题以及商业状况等问题展开了大规模的实地调查，并整理成《寻乌调查》。经过细致、全面的调查，毛泽东基本掌握了城市商业状况、农村土地分配状况。他后来这么评价这次调查，"我作了寻乌调查，才弄清了富农与地主的问题，提出解决富农问题的办法，不仅要抽多补少，而且要抽肥补瘦，这样才能使富农、中农、贫农、雇农都过活下去"，"当时有人骂我是富农路线，我看在当时只有我这办法是正确的"[①]。

在兴国的调查，则弥补了寻乌调查的不足。1930 年 10 月底，在新余县期间，毛泽东找了来自兴国县永丰区的八位农民开调查会。他在《兴国调查》中写道："做了八个家庭的调查，这是我从来没有做过的，其实没有这种调查，就没有农村的基础概念。"[②]更重要的是，毛泽东通过细致调查，得以深入了解各阶级在土地斗争中的表现。

实践出真知。若干次的社会调查，让毛泽东体会到社会调查的极端重要性。《调查工作》(即《反对本本主义》)开宗明义，"没有调查，没有发言权"，要"注重调查"，"反对瞎说"，瞎说是解决不了问题的。[③] 调查对于解决问题的重要性可以这样形容，"调查就像'十月怀胎'，解决问题就像'一朝分娩'。调查就是解决问题"[④]。

后来，毛泽东在延安再次重申："'没有调查就没有发言权'，这句话，虽然曾经被人讥为'狭隘经验论'的，我却至今不悔；不但不悔，我仍然坚持没有调查是不可能有发言权的。"[⑤]毛泽东指出，开口闭口，照本宣科，唯上级是从，不考察实情，盲目执行上级决议，这不是正确对

---

① 《毛泽东文集》第 2 卷，人民出版社 1993 年版，第 379 页。
② 《毛泽东文集》第 1 卷，人民出版社 1993 年版，第 255 页。
③ 《毛泽东选集》第 1 卷，人民出版社 1991 年版，第 109 页。
④ 同上书，第 110—111 页。
⑤ 《毛泽东选集》第 3 卷，人民出版社 1991 年版，第 791 页。

待马克思主义的学习态度和工作态度。"马克思主义的'本本'是要学习的，但是必须同我国的实际情况相结合。我们需要'本本'，但是一定要纠正脱离实际情况的本本主义。"①这才是学习马克思主义的正确态度。

俗话说，行万里路，读万卷书。不仅要读"无字之书"以丰富经验，也要读"有字之书"以强化理论。二者相辅相成，不可偏废。

战争间隙，机会难得，毛泽东深感读马列著作的益处，于是他到处搜集书籍似乎已成为家常便饭。1932年4月，红军打下当时福建的第二大城市漳州，停留49天，没收了一些军事、政治、科学方面的书籍，其中有马克思列宁主义的哲学、政治经济学等理论著作，比如恩格斯的《反杜林论》，列宁的《两个策略》《"左派"幼稚病》。毛泽东一心找书这件事给当时的漳州中心县委秘书长曾志留下了十分深刻的印象："我同他一同去龙溪中学翻书，在图书馆里他一边翻一边说，这个好，那个好，找了好多书，恐怕有好几担书，是用汽车运回中央苏区的。他很可能就是在这里找到《资本论》《两个策略》《'左派'幼稚病》《反杜林论》等书和经济之类书的。"②后来，毛泽东对这段时期的读书生活曾发感慨，"那个时候能读到马列著作很不容易"③。

毛泽东不仅带头读书，还鼓励其他领导人多读书，在潜移默化中开始形成了一种集体读书的氛围。彭德怀后来深情地回忆道，在入党之前，只看过《共产主义ABC》和《通俗资本论》，马列主义还没摸边。直到1933年秋天，接到毛主席寄给我的一本《两个策略》，上面用铅笔写着（大意）：此书要在大革命时读着，就不会犯错误。在这以后不久，他又寄给一本《"左派"幼稚病》（这两本书都是打漳州中学时得到的），他又在书上面写着：你看了以前送你的那一本书，叫做知其一不知其二；你看了《"左派"

---

① 《毛泽东选集》第1卷，人民出版社1991年版，第111—112页。

② 转引自中共中央文献研究室：《毛泽东传》，中央文献出版社2011年版，第290—291页。

③ 龚育之、逄先知、石仲泉：《毛泽东的读书生活》，生活·读书·新知三联书店2011年版，第22页。

幼稚病》才会知道"左"与右同样有危害性。① 令彭德怀十分遗憾的是，这两本书在延安清理文件时被误烧了。正是在毛泽东的帮助下，彭德怀也较早地发觉了"左"倾教条主义错误。

除此之外，毛泽东还阅读了难得的报纸，从中充分了解了当前的国际国内形势及其新变化，包括中日、中苏关系，国民党内部的分裂以及国民党对付红军的军事策略等。②

当毛泽东率中央红军东路军在福建一路凯歌前进时，一场没有任何征兆的暴风骤雨即将到来。临时中央先后对毛泽东进行所谓的"狭隘经验论""右倾机会主义"路线的大批判。

1933 年，"左"倾错误更加泛滥。临时中央先后批判所谓的"罗明路线""江西罗明路线"，罗明、邓小平、毛泽覃、谢维俊、古柏因支持毛泽东的正确意见而被批判、撤职，甚至判刑。政治气氛一下子紧张起来，"教条有功，钦差弹冠相庆；正确有罪，右倾遍于国中"。毛泽东的亲属也因受牵连而被打击，毛泽东处于一生中最艰难的岁月。

逆境往往催人奋进。毛泽东坚信"长风破浪会有时"，最终"这边风景独好"。在种种打击之下，毛泽东抓住宝贵时间，苦读马列著作，提高自身的理论素养，总结革命经验和教训。1957 年，他在同曾志回忆起这段日子时，不无感慨道："我没有吃过洋面包，没有去过苏联，也没有留学别的国家。……一些吃过洋面包的人不信任，认为山沟子里出不了马克思主义。一九三二年(秋)开始，我没有工作，就从漳州以及其他地方搜集来的书籍中，把有关马恩列斯的书通通找了出来，差不多整天看，读了这本，又看那本，有时还交替着看，扎扎实实下功夫，硬是读了两年书。"③毛泽东还兴奋地说："后来写成的《矛盾论》、《实践论》，就是在这

---

① 彭德怀：《彭德怀自述》，人民出版社 1981 年版，第 183 页。

② 龚育之、逄先知、石仲泉：《毛泽东的读书生活》，生活·读书·新知三联书店 2011 年版，第 212—213 页。

③ 中共中央文献研究室：《缅怀毛泽东》上，中央文献出版社 1993 年版，第 401—402 页。

两年读马列著作中形成的。"事实证明，山沟里不仅能出马克思主义，还能出中国化的马克思主义。

精读马列著作，让毛泽东练就了"火眼金睛"。他首先觉察到了"左"倾教条主义的严重错误。第五次反"围剿"中临时中央的种种"左"倾错误，导致中央红军被迫战略转移，进行长征。遵义会议召开前后，毛泽东尖锐地揭露"左"倾教条主义的种种错误及危害。张闻天、王稼祥等中央领导人也开始反对博古、李德的"左"倾错误，越来越多的红军将士支持毛泽东的正确意见。正是在这样的背景下，遵义会议才能取得历史性的伟大成就。

雄关漫道真如铁，而今迈步从头越。

遵义会议结束后，在毛泽东的正确领导下，中央红军一改被动挨打的局面，逐步摆脱国民党军的围追堵截，并克服种种困难，于1935年10月与陕北的红十五军团在吴起镇会师，胜利完成了两万五千里的长征。

在前有险阻、后有追兵的长征岁月里，毛泽东仍然坚持读马列著作。时光已跨越半个多世纪，我们很难想象毛泽东在长征中是怎么专心学习马列著作的。

欲知当年事，还问当年人。

张闻天的夫人刘英在长征路上与毛泽东同行，她一直忘不了毛泽东读马列著作的感人情景。后来她在接受逢先知采访时动情地回忆道："毛主席在长征路上读马列书很起劲。看书的时候，别人不能打扰他，他不说话，专心阅读，还不停地在书上打杠杠。有时通宵地读。红军到了毛尔盖，没有东西吃，肚子饿，但他读马列书仍不间断，有《两个策略》、《'左派'幼稚病》《国家与革命》等。有一次，主席对我说：'刘英，实在饿，炒点麦粒吃吧！'毛主席就一边躺着看书，一边从口袋里抓麦粒吃。"①而且，那时候毛泽东体弱多病，经常躺在担架上读书。毛泽东读

①　龚育之、逢先知、石仲泉：《毛泽东的读书生活》，生活·读书·新知三联书店2011年版，第22页。

书真是达到了如痴如醉的忘我境界！

一路上，毛泽东还读了恩格斯的《反杜林论》。后来，他曾自豪地对一个外国代表团说，他是在马背上学的马克思主义。① 唯有如此刻苦的读书心态，才能读懂中国革命的真谛！

1935年"华北事变"后，怎样正确处理阶级问题与民族问题的关系，建立起抗日民族统一战线，对党和红军而言，仍然是一个亟待解决的历史课题。

为了解决这一历史性难题，朱德、毛泽东更是如饥似渴地读书，钻研马恩列斯著作，以指导中国的革命事业。到达陕北后，朱德获得了一次宝贵的学习和休整机会，他阅读了许多马列著作和历史著作，总结了第二次国内革命战争的经验，参加了"中国近代革命运动史研究会"，还在红军大学教授中国近代革命运动史。②

毛泽东则通过种种渠道搜集新近出版的马列著作，其求知若渴的心情可见一斑。1936年8月14日，毛泽东在给旧友易礼容的信中恳切地询问道："李鹤鸣王会悟夫妇与兄尚有联系否？我读了李之译著，甚表同情，有便乞为致意。"③他还于1936年10月22日委托当时在国统区从事统战工作的叶剑英、刘鼎帮忙买书，"要买一批通俗的社会科学自然科学及哲学书，共买十种至十五种，要经过选择真正是通俗的而又有价值的（例如艾思奇的《大众哲学》，柳湜的《街头讲话》之类），每种买五十部，共价不过一百元至三百元，请剑兄经手选择，鼎兄经手购买。在十一月初先行选买几种寄来，作为学校与部队提高干部政治文化水平之用。在外面的人，一面工作，一面提倡看书报"④。此时，毛泽东越来越重视读

① 龚育之、逄先知、石仲泉：《毛泽东的读书生活》，生活·读书·新知三联书店2011年版，第22页。

② 金冲及主编：《朱德传》，中央文献出版社2000年版，第492页。

③ 中共中央文献研究室：《毛泽东书信选集》，中央文献出版社2003年版，第40页。

④ 同上书，第68页。

书对提高干部素质的作用。

毛泽东越来越深刻地意识到党的高级干部读马列、学马列，对提高党的整体理论水平十分重要。于是，他就建议采取集体读书的形式组织中央其他同志一起读书。1936年9月11日，毛泽东、周恩来、博古致电彭德怀、刘晓、李富春："（一）同意富春办法，组织流动图书馆。（二）明日即开始寄第一次书十本，先交富春，停三天转寄彭刘，停一星期。（三）各同志务须按时寄回，以免散失。（四）以后将一星期或十天寄一次。"①

毛泽东刻苦读书的轶事也深深吸引着国际友人的兴趣。美国记者埃德加·斯诺来到陕北，多次采访过毛泽东，也见到过毛泽东专心读书。他在《西行漫记》中这样写道，那是在1936年夏秋，"我有一阵子每天晚上都去见他，向他采访共产党的党史，有一次一个客人带了几本哲学新书来给他，于是毛泽东就要求我改期再谈。他花了三四夜的工夫专心读了这几本书，在这期间，他似乎是什么都不管了。他读书的范围不仅限于马克思主义的哲学家，而且也读过一些古希腊哲学家、斯宾诺莎、康德、歌德、黑格尔、卢梭等人的著作"②。毛泽东学贯中西，其读书范围之广，实在令人惊叹！

1937年1月13日，毛泽东和中共中央领导机关从保安迁到延安。毛泽东一如既往，勤奋读书，读了一些马克思主义的哲学书籍。

毛泽东历来提倡"不动笔墨不读书"。他经常是边读书，边做旁注，并萌发了很多创新性的理论。现在保存下来的毛泽东在这个时期读过并作过批注的哲学书籍就有：西洛可夫、爱森堡等所著的《辩证法唯物论教程》，米丁主编的《辩证唯物论与历史唯物论》（上册）等。在前一本书上，毛泽东写了12000字左右的批注，后一本书上所做的批注有2600多字。批注的内容大致分为四类：原著内容的提要；对原著内容的评论；结合

---

① 《毛泽东书信选集》，人民出版社1983年版，第60页。

② ［美］埃德加·斯诺著，董乐山译：《西行漫记》，解放军文艺出版社2002年版，第59页。

中国实际情况所阐发的议论；对原著中一些理论观点的发挥。①

　　郭沫若后来回忆在毛泽东身边的岁月时，对当时毛泽东刻苦学习的情景依然历历在目，"有一次，我在毛主席办公室内，看到桌面上放着一本《辩证法唯物论教程》。我翻开一看，开头和其他空白处都有墨笔小字的旁批，内容全是中国革命中路线斗争的经验教训。这使我初步理解到毛主席是用马列主义的立场、观点、方法来分析中国革命的实际问题，并把中国革命的实际经验提高到理论水平上来，充实和发展马列主义。他这些旁批，后来逐步发展成为他的光辉著作《实践论》"②。

　　个别的、零散的、具体的经验，一经辩证的分析、科学的总结、高度的概括，便上升为具有普遍指导意义的科学理论。

　　抗日战争爆发前后，毛泽东继续研究马克思主义哲学的基本问题，总结中国革命的经验。1937 年 7、8 月，他应红军大学（即后来的抗日军政大学）的邀请，为学员讲授唯物论和辩证法，后经整理，成为著名的《实践论》和《矛盾论》。这是毛泽东坚持阅读马列著作、学习马克思主义哲学取得的重要成果，也是毛泽东对中国革命所作的更深刻系统的哲学层面上的总结。

　　《实践论》从辩证唯物主义的根本原理出发，以全新的科学视角解读认识与实践的关系，强调认识对于实践的客观依赖性，要从客观实际出发，以纠正过去教条主义、经验主义否认认识始于实践的错误观点，从而突出实践对于检验真理的唯一性、根本性。而且，实践与认识经过实践、认识、再实践、再认识这一循环前进的发展过程，不断形成新的飞跃。毛泽东将其概括为辩证唯物论的知行统一观。

　　《矛盾论》阐述了唯物辩证法的最根本规律——对立统一规律。其中，毛泽东通过对矛盾的特殊性的阐述，指出中国革命之于苏联革命的特殊性，批判了教条主义者的生搬硬套及其导致的错误。他还指出，对矛盾

---

① 中共中央文献研究室：《毛泽东传》，中央文献出版社 2011 年版，第 450 页。
② 郭沫若：《学习与回顾》，军事科学出版社 1991 年版，第 201 页。

的认识应该随着矛盾的不平衡发展进行相应的调整，因此制定政策和策略必须从实际出发等。

《实践论》和《矛盾论》对毛泽东思想的形成具有重要的作用，"两论"不仅表明了马克思主义普遍原理与中国革命实践相结合的重要意义，还为实事求是思想路线的提出奠定了理论基础。"两论"对教条主义的批判，为大规模的学习活动酝酿了良好的学习氛围，也为延安整风准备了科学理论。

正是因为毛泽东有着毫不松懈的读书习惯、毫不动摇的革命信念、毫不含糊的认真态度，最终才成功地把马克思主义基本原理同中国革命具体实际紧密地结合起来，走出了一条实现民族独立、人民解放的新道路。

二、在战争中学习战争

1927 年，三大起义以风起云涌之势，揭开了武装斗争的序幕。然而，三大起义都是以夺取城市为目标的，在敌军重兵围堵下，起义部队遭受重大损失，被迫转向农村。这是一堂活生生的课，固然教训深刻，代价惨烈，却标志着中国共产党开始在战争中学习战争。

毛泽东在《中国革命战争的战略问题》中这么写道："读书是学习，使用也是学习，而且是更重要的学习。从战争中学习战争——这是我们的主要方法。没有进学校机会的人，仍然可以学习战争，就是从战争中学习。"①

毛泽东、朱德就是在战争中学习战争的先驱和榜样。

井冈山上，朱德、毛泽东领导红四军积极探索新的斗争方式，在"反围剿"中逐渐摸索出一套打破敌人进攻的新战术，即游击战十六字诀，"敌进我退，敌驻我扰，敌疲我打，敌退我追"。毛泽东把这十六字诀称之为"适应当时情况的带着朴素性质的游击战争基本原则"。因为，它针

---

① 《毛泽东选集》第 1 卷，人民出版社 1991 年版，第 181 页。

对敌强我弱的现实，趋利避害、避实击虚、灵活机动，既能保存自己，又能消灭敌人，最终在战争中消灭敌人，在战争中壮大自己，从而逐步实现敌我力量的根本变化。① 人民军队的战略战术，就由此而生。

1929年1月，朱德、毛泽东率领红四军离开井冈山，转战赣南。红军第一次在脱离根据地的条件下进行无后方作战。后有追兵，前路不明，敌强我弱，环境陌生。如何才能彻底扭转被动局势？怎样才能打退敌人的"追剿"？红四军放弃分散作战的观念，决定集中兵力，围着敌人打圈子，以在运动中调动敌人，在运动中歼灭敌人。1929年2月10日，刘士毅旅孤军冒进，红四军在大柏地设伏，重创敌军。大柏地一战，一举扭转被动局面。红四军学到了对付敌军围追堵截的新战术，初次尝到了运动战的甜头。

但是，一部分人在胜利面前滋生了单纯的流动游击的错误观念，没有认识到建设革命根据地、开展土地革命对于进行长期战争的重要意义。这引起了毛泽东的高度重视。

毛泽东在起草古田会议决议案中，强调了红军的任务是打仗、筹款和做群众工作。不久，毛泽东在《星星之火，可以燎原》一文中，明确指出："单纯的流动游击政策，不能完成促进全国革命高潮的任务"②，必须把建立农村革命根据地、实行工农武装割据提到实现全国革命胜利的战略高度上来认识。这就是武装斗争、根据地建设和土地革命三位一体战略任务的雏形，为形成"农村包围城市，武装夺取政权"的新格局指明了正确的方向。正是在此战略方针的指导下，土地革命呈波浪式向前推进，赣南、闽西等根据地和红军不断巩固和发展。

1930年9月1日，红军奉命第二次攻打长沙，由于城防坚固、敌强我弱，红军鏖战半月，攻而不克，被迫撤退。毛泽东在深刻总结第二次攻打长沙的经验和教训后，进一步认识到，以红军现有力量攻打大城市，

---

① 中共中央文献研究室：《毛泽东传》，中央文献出版社2011年版，第176页。

② 《毛泽东选集》第1卷，人民出版社1991年版，第98页。

是不可能成功的。这也促使毛泽东更加坚持"农村包围城市"的革命战略，后来还反对打赣州。

不久，蒋介石对赣西南革命根据地发动了第一次"围剿"。敌军十万之众，长驱直入，分进合击，企图消灭红一方面军。毛泽东、朱德决定"诱敌深入"，1930年12月25日，毛泽东在誓师大会上以一副对联形象地说明"诱敌深入"的战略方针："敌进我退，敌驻我扰，敌疲我打，敌退我追，游击战里操胜算；大步进退，诱敌深入，集中兵力，各个击破，运动战中歼敌人。"以此为指导，红军"前头捉了张辉瓒"，胜利地打破了敌军的第一次"围剿"。此次胜利，举国震惊，苏区振奋。

此后，红一方面军继续坚持"诱敌深入"的作战方针，相继打破了敌军的第二次、第三次"围剿"。紧接着，红一方面军在打退敌人的第四次反"围剿"中，成功地开创了大兵团伏击的战例。这为解放战争中大规模作战积累了初步的作战经验。

至此，红一方面军在前所未有的大规模战争中得到了充分的锻炼，积累了丰富的作战经验，创造出一整套具有中国红军特色的战略战术。后来毛泽东在《中国革命战争的战略问题》中系统地总结了红军的战略战术方针，包括："诱敌深入"是红军反"围剿"的基本战略方针；运动战是反"围剿"的基本作战形式；歼灭战是反"围剿"的基本要求，其要点是集中优势兵力，各个歼灭敌人，避强击弱，慎重出战，采取包围迂回、穿插分割的战术，速战速决等。

只有在硝烟战火中摸爬滚打出来的经验，才能经得起战争的检验。

在战争中学习，固然难以避免流血，但流血的战争绝不能是无谓的牺牲。

纸上谈兵，必败无疑。

临时中央来到中央苏区后，直接指挥红军作战。博古、李德完全抛弃毛泽东的积极防御方针，转而实行军事冒险主义方针，主张"御敌于国门之外"，在进攻中"短促出击"，在防御中实行阵地战、堡垒战等消极防御战术，导致黎川、广昌等战略要地先后失守，红军损失惨重。中央红军被迫实行战略转移，西进长征。即便在西进中，博古、李德等人仍然坚持教条主义错误，犯了逃跑主义。红军战略转移竟成了大搬家，被迫在湘江决战。中央红军兵力由出发时的八万多人锐减为三万余人。博古、李德等人的军事指挥错误引起了广大指战员的强烈怀疑和严重不满。

前有堵截，后有追兵，党和红军处于生死关头。

1934 年 12 月 12 日，中共中央负责人召开通道会议，毛泽东建议中央红军立即转向贵州，放弃与红二、六军团会合的计划。此后，红军迅速西进，强渡乌江，攻占遵义。1935 年 1 月 15 日至 17 日，中共中央政治局扩大会议在遵义召开，史称遵义会议。会议决定取消博古、李德的军事指挥权，毛泽东重新成为党和红军的领导核心。由此解决了军事路线和组织路线上的错误。

红军长征到达陕北后，读书环境和学习条件大为改善。毛泽东开始集中时间读书学习，开始总结党的历史经验和红军的作战经验，为不可避免的抗日战争作军事理论和经验上的积极准备。

为了彻底纠正过去军事路线上的"左"倾错误思想，以正确指导即将到来的抗日战争，毛泽东着手总结十年内战时期在军事斗争上的经验与教训。他通过各种渠道从国统区买到一批军事书籍。他精心阅读了马恩列斯的军事著作，德国克劳塞维茨的《战争论》，日本关于外线作战的书籍，孙武的《孙子兵法》等。他还组织一些富有作战经验的军事干部一起，针对中国革命实际来研讨一系列军事理论问题。最终写成著名的《中国革命战争的战略问题》。[1]

1936 年 12 月，毛泽东在陕北的红军大学作了《中国革命战争的战略问题》的报告。这个报告是在党内对军事问题长期讨论的基础上形成的。

毛泽东指出，战争是有规律的。战略问题是研究战争全局规律的，一场战争的胜负不但取决于双方的军事、政治、经济、自然等诸多条件，还取决于双方指挥员的指挥能力。因此，作战前，必须做到知彼知己，

---

[1]　中共中央文献研究室：《毛泽东传》，中央文献出版社 2011 年版，第 444 页。

包括充分知晓对方指挥员的性格、习惯、爱好等。

毛泽东总结了十年内战中以"围剿"和反"围剿"为主要形式的战争的历史经验，主要总结了积极防御和消极防御、运动战等九个战略战术问题。他对战争的分析和认识，已经达到了哲学的高度，具有深远的历史意义。《中国革命战争的战略问题》是毛泽东军事思想体系形成的重要标志，具有鲜明的中国特色和中国气派。

三、多样化的学习活动

大革命失败后，中国共产党积极探索新的革命道路。五湖四海的革命者都在探寻革命的出路。

土地革命初期，一批在国内难以立足的中共党员来到苏联，开始了全新的学习生活。当时苏联在中山大学、东方大学、伏龙芝军事学院、高级步兵学校等学校接收中共学员，并开设了相应的政治、军事课程，以满足中国革命的需要。

杨尚昆于 1926 年年底到达莫斯科，在莫斯科中山大学学习了四年，他在回忆留学生活时感慨道，经过系统地学习马克思列宁主义基本理论，"懂得了些马列主义，坚定了共产主义的信念"[1]。

当时，由于中共学员文化程度不一，中山大学将其分为特别班和工人预备班，吴玉章、林伯渠、董必武、何叔衡、叶剑英、徐特立等人被分到特别班，在那里，"他们主要是学习俄语和马克思列宁主义，总结中国大革命失败的经验教训"[2]。叶剑英回忆道，当时开设的主要课程是社会发展史、辩证唯物主义和政治经济学等，而且两年系统地学习马列主义，大大提高了其思想政治水平。[3] 而工人预备班主要是补习文化，学习俄语和政治常识，当时的指导员是张闻天和博古。除此以外，还有很多军事干部进入军事院校学习军事理论。

---

[1] 杨尚昆：《杨尚昆回忆录》，中央文献出版社 2007 年版，第 41 页。

[2] 同上书，第 29 页。

[3] 纪学：《叶剑英元帅》，解放军文艺出版社 2007 年版，第 64 页。

革命的残酷性，让很多人认识到枪杆子的重要性。因此，相当一批中共学员在苏联军事院校选择学习军事战略战术。

1927 年 11 月，刘伯承受中央的委派，与吴玉章、林伯渠等 30 余人一起，从上海几经周转，来到莫斯科，他被安排进入高级步兵学校学习。刘伯承的俄文名字叫阿法纳西耶夫。由于语言障碍，无法直接学习军事理论，只能先学好俄语。当时刘伯承已经 35 岁，学俄语相当吃力，但是刘伯承把学习当成了一场攻坚战，坚持读书、整理笔记，每天都要搞得很晚，很快学会了俄语。刘伯承在高级步兵学校主要学习了射击学、战略战术、地形学等军事科目以及俄语、联共党史、哲学、几何、三角等。①

1928 年秋天，刘伯承提前进入苏联最高军事学府——莫斯科伏龙芝军事学院中国班学习。他在那里学习了近两年，不仅系统地学习了苏联红军的各种条令和有关司令部组织指挥的知识，以及正规战的战术、军区和野战部队的建设等军事理论；还广泛涉猎了 18、19 世纪一些著名军事家如拿破仑、苏沃洛夫等人的事迹和论著。同时，借助于俄文，读了不少马克思、恩格斯、列宁、斯大林著作，包括许多军事论著。1930 年 4 月，刘伯承、左权等同志从伏龙芝军事学院提前毕业，秘密回国，参加土地革命。②

与此同时，其他中共学员也相应地进入一些院校进行学习，如伍修权进入莫斯科步兵学校学习，朱瑞进入莫斯科炮兵学校学习，等等。③这些在苏联学习军事理论的中共学员，学成回国后在土地革命、抗日战争和解放战争中立下了汗马功劳，为创建正规化、革命化的人民军队付出了一生的心血，他们大多成为中华人民共和国成立初期各军兵种的高级将领。

学习没有地域之别，都是为了同一个目的——革命！

---

① 赵建国：《刘伯承元帅》，解放军文艺出版社 2007 年版，第 102—103 页。
② 同上书，第 105 页。
③ 伍修权：《伍修权回忆录》，中国青年出版社 2009 年版，第 40 页。

根据地的学习活动也随着革命的发展渐入高潮。

早在井冈山时期，中国共产党就已经认识到教育学习的重要性。革命能否成功，在很大程度上取决于有没有一支有文化、懂政治和通军事的干部队伍。

当时红四军中，一部分是工人、农民，一部分是游民无产者，阶级觉悟不高，影响部队战斗力，因此亟须无产阶级思想的教育指导。"在此种情形下，只有加紧政治训练的一法。"①当时政治训练方式有讲课、讲演、识字、士兵组会等多种形式。"经过政治教育，红军士兵都有了阶级觉悟，都有了分配土地、建立政权和武装工农等项常识，都知道是为了自己和工农阶级而作战。因此，他们能在艰苦的斗争中不出怨言。"②

中国共产党不仅重视红军教育，更重视党内教育。党内教育开始成为中国共产党思想政治工作的生命线。

当时，边界各县的党员大多是农民出身，小农思想、地方色彩比较浓厚，容易犯错误。因此，进行党内教育迫在眉睫。井冈山根据地各级党组织纷纷举办党员和干部训练班。其中，1928 年 10 月，毛泽东在茅坪象山庵主持了湘赣边界第一期党团训练班，学习近两个半月，学员达300 多人。这种短期训练班灵活性好，针对性强，主要就工作中的问题进行集体讨论和学习。

而围绕着党和红军的关系暴露出的诸多思想问题，使毛泽东更认识到通过系统的理论学习和思想教育来克服错误观念的重要性。古田会议决议案着重强调，"红军党内最迫切的问题，要算是教育的问题。为了红军的健全与扩大，为了斗争任务之能够负荷，都要从党内教育做起"③。所以，"有计划地进行党内教育，纠正过去之无计划的听其自然的状态，是党的重要任务之一"④。

---

① 《毛泽东选集》第 1 卷，人民出版社 1991 年，第 63 页。
② 同上书，第 64 页。
③ 《毛泽东文集》第 1 卷，人民出版社 1993 年版，第 94 页。
④ 同上书，第 94 页。

古田会议决议案中提出了党内教育的十项内容，包括政治分析、组织常识、马克思列宁主义的研究等，并详尽列出了党报、个别谈话、小组会、政治讨论会、联席会议等十八种进行党内教育学习的方法。至此，党内教育学习开始走上制度化、规范化的轨道。

随着土地革命的深入，根据地建设需要各方面人才。在井冈山时期，主要采取短期训练班形式对干部进行大规模的速成培训，短期训练班主要开设政治常识、党的建设、苏维埃建设、实习等课程。这对提高干部队伍的整体思想政治水平和工作能力大有帮助。

但是，短期培训班并不能完全满足革命战争对大批党员干部的需求，也不符合干部教育正规化的要求。因此，创办不同类型、不同层次、正规化的干部学校，势在必行。

党政干部教育是中央苏区干部教育的重点内容。1933 年 3 月 13 日，临时中央政府创办的马克思共产主义学校正式开学，以代替原苏区中央局党校，任弼时、张闻天、李维汉先后任校长；杨尚昆、董必武、冯雪峰先后任副校长。马克思共产主义学校共分为三个班：新苏区工作人员训练班，党、团、苏维埃和工会工作人员训练班，高级训练班。据记载马克思共产主义学校第一期培养了 260 余人。当时学校主要开设马列主义基本原理、中国革命形势、苏维埃建设、党的建设、工人运动、历史、地理自然常识等课程[①]；除此以外，学校还组织学员参加农村支部活动等，其中高级训练班曾停课一个月，到会昌县筠门岭实习。长征前，在罗明的带领下，100 多学员编入中央后勤纵队，参加长征，保留了一批革命的骨干力量。[②]

1933 年 9 月左右，苏维埃大学（后改名为"国立沈泽民苏维埃大学"）开始上课。最初毛泽东任校长，后由瞿秋白、徐特立分别担任正副校长。学校分设普通班与专业班，专业班又包括土地、国民经济、教育、劳动、

---

① 《红色中华》，1933 年 3 月 12 日、6 月 20 日、9 月 3 日。

② 杨尚昆：《杨尚昆回忆录》，中央文献出版社 2007 年版，第 79 页。

司法等 8 个班，后又根据政权建设的需要增加外交、粮食等班。据该校章程规定：以培养苏维埃建设亟须的高级干部为任务，设置苏维埃工作理论、实际问题和实习等。[①] 但是直到 1934 年 4 月苏维埃大学才举行开学典礼，举办过一期后，于 1934 年 7 月 16 日并入马克思共产主义大学，后在长征前编入干部团，参加长征。

在其他革命根据地，党政干部教育开展得也是热火朝天。1931 年 8 月，闽浙赣根据地成立了闽浙赣省委共产主义学校，主要开设了阶级斗争、马列主义基本理论、白区工作、土地问题、青年工作、婚姻法等课程。而在湘鄂西根据地、湘鄂川黔根据地、鄂豫皖根据地、川陕根据地、左右江根据地等也创办了各种党政干部训练班或列宁高级学校等。通过多种方式的灵活办学，苏区培养了一大批有着丰富斗争经验和较高思想理论水平的革命干部及革命建设急缺的专业人才。

军事干部教育也是苏区干部教育的重头戏。1931 年 9 月，中央军事政治学校(即中国工农红军学校的前身)的创办，是苏区军事干部教育正规化的开始。1933 年 10 月，中央苏区对军事干部教育系统进行正规化改组，创立红军大学、红军特科学校、游击队干部学校等，从此红军教育步入正规化阶段。

残酷的战争，对军事干部的要求更加苛刻，因而组建更高层次、更正规的军事干部学校是大势所趋。1931 年年底，叶剑英奉命创建中国工农红军学校，简称红军学校，以培养一批具有优秀指挥才能的军事干部。刘伯承、何长工、周昆等先后担任校长。1933 年刘伯承按照中央军委的指示，在红军学校的基础上，组建了中国工农红军大学。

毛泽东曾对刘伯承说，国民党有个"黄埔"，我们就办一个"红埔"，要与蒋介石的"黄埔"一比高低，要把红军学校办成培养我党军事人才的基地。

---

① 陈元晖、邹光威：《老解放区教育资料》(一)，教育科学出版社 1981 年版，第 224—227 页。

　　刘伯承为红校的基本建设下了很大的功夫，当时他不但要组织教员编写各种军事教材，还要亲自授课，他还邀请毛泽东、朱德、周恩来、王稼祥、瞿秋白等去红校讲课。① 当时，伍修权先后担任连指导员、政治营教导员、团教育主任等。红军学校主要开设各种军事课，如夜战训练等步兵战术课，也开设很多政治课，像阶级教育、党的领导、中国革命性质、土地革命等，政治营还增设中共党史、党的建设等科目。②

　　1934 年 10 月，红军长征前，中央军委决定，将红军大学、红军第一步兵学校、红军第二步兵学校、特科学校合并组成红军干部团，陈赓任团长，宋任穷任政委。③ 经过正规化军事学习、训练的干部团在长征中发挥了开路先锋作用。

　　中央红军长征到达陕北后，成立中国工农红军学校，周昆任校长。1936 年晋西会议上，毛泽东着重提出建设红军政治学校的重要性，要办一所大学来培养大批红军干部，以适应形势发展的需要。1936 年 6 月，在瓦窑堡创建中国人民抗日红军大学（后改为抗日军政大学）。一大批在红军学校进行系统化军事政治理论学习的优秀军事政治人才，在长征、抗日战争、解放战争以及军队现代化建设中发挥出了难以估量的巨大作用。

　　当时的军事干部教育，可以说是四面开花，八方结果。仅中央军事政治学校就在各大根据地设有分校，如中央军事政治学校第二分校（湘鄂西根据地）、中央军事政治学校第六分校（赣西南根据地）、中央军事政治学校第四分校（1932 年春创立，湘赣根据地、湘鄂川黔根据地）、中央军事政治学校第四分校（1931 年 2 月建立，后改为彭杨军事政治干部学校，鄂豫皖根据地、川陕根据地）、中央军事政治学校第五分校（闽浙赣根据地）等。

　　灵活多样的干部教育，在很大程度上满足了革命战争、根据地建设

---

①　赵建国：《刘伯承元帅》，解放军文艺出版社 2007 版，第 112—114 页。

②　伍修权：《伍修权回忆录》，中国青年出版社 2009 年版，第 67 页。

③　宋任穷：《宋任穷回忆录》，解放军出版社 2007 年版，第 49 页。

对有文化、懂政治和通军事的干部队伍的需求。干部教育不再满足于权宜之计，而着眼于长远发展。相对于对苏区的贡献而言，苏区时期干部教育的正规化更具有历史性的意义。

在苏区的学习活动渐成气候之时，白区（国民党统治区）的学习活动开展得也是有声有色，但是其特殊的环境孕育了特别的学习方式。

在白区，由于生存的险恶和斗争的残酷，白区的中共党组织一般采取地下秘密活动方式，以避免遭到国民党特务的破坏。这就特别要求白区党组织加强对党员的思想政治教育，以保证队伍的纯洁；同时，也要在白区群众中秘密宣传中共的思想主张，以达到宣传革命的目的。

在张闻天、周恩来、刘少奇的领导下，党组织十分重视总结在白区开展工作的经验教训，逐渐形成了白区进行工作的一系列策略方针，尖锐地批评了"关门主义"和冒险主义的严重错误，并指出解决这些问题的关键在于学习。

1936 年 10 月 18 日，张闻天在白区工作训练班上作了《关于白区工作中的一些问题》的讲话。张闻天指出，不可否认"我们党内也有不少从长期实际工作中出来的干部。他们有极丰富的实际工作的经验"，但是，应该注意到"他们没有机会学习过马克思列宁主义的理论。这些干部也千万不应该看轻理论的学习，相反的，他们应该利用一切机会来学习理论，养成学习的习惯"[1]。在张闻天看来，只有这样学习，才能减少可以避免的错误，才能将实际与理论结合起来。

1937 年 5 月 17 日，刘少奇在延安召开的中共白区工作会议上作了《关于白区的党与群众工作》的报告。他指出，为了克服主观主义、形式主义错误，肃清关门主义和冒险主义的危害，"同志们都应该学习，学习过去的经验，学习马克思列宁主义的理论，学习马克思列宁主义的方法。只有这样，才能使我们前进，才能使党与群众工作彻底转变。学习！学

---

[1] 《张闻天文集》第 2 卷，中共党史出版社 1993 年版，第 189—190 页。

习！再学习！"①不断地学习，是党的工作进步的动力之源。

与此同时，在白区工作的一些共产党员自觉从实际工作出发，积极纠正"左"倾错误，适应群众的抗日要求，加强与社会各界群众的联系，这为后来抗日救亡运动高潮的到来准备了巨大的力量。

另外，在白区，中国共产党还积极领导了新兴的左翼文化运动，积极从事马列主义宣传与理论研究等活动。

1930 年 5 月 20 日，中国社会科学家联盟（简称"社联"）在上海成立。在中国共产党的领导下，这支左翼文化大军在传播马克思主义哲学、政治经济学、科学社会主义等方面取得了显著的成就，有力地推动了马克思主义在中国的大众化。

在这期间，左翼社会科学工作者先后创办了《社会科学战线》《研究》《正路》《文化斗争》《新思潮》《社会现象》《读书生活》等。艾思奇作为"社联"成员，在《正路》杂志上发表了自己第一篇哲学论文《抽象作用与辩证法》。然而在国民党"文化围剿"下，许多杂志被查禁。1933 年下半年开始，"社联"开始依托合法刊物宣传马克思主义哲学，曾经通过《申报》《东方杂志》《中华月报》等继续从事马克思主义哲学的宣传。

除此之外，"社联"还在进步青年学生群体中创建了"中国社会科学研究会"，经常深入大学院校讲课，并创办学校和短期培训班，大力宣传马克思主义。

左翼社会科学工作者翻译出版了大量的马克思主义著作。据不完全统计，从 1927 年 8 月到 1937 年 6 月，翻译出版的马恩列斯的著作达 113 种。像《资本论》（第一卷）、《反杜林论》等著作的第一种中译本都是这些人的成果。② 在历史学、哲学、经济学、政治学、社会学等学科出现了一批马克思主义的学术著作和理论工作者，比如李达在讲授经济学基础

---

① 《刘少奇选集》上卷，人民出版社 1981 年版，第 71 页。

② 中共中央党史研究室：《中国共产党历史》第 1 卷，中共党史出版社 2011 年版，第 370 页。

上撰写了《经济学大纲》等，这是他研究马克思主义政治经济学的重要学术成果。此外，他还撰写了著名的《社会学大纲》这一哲学著作，在中国思想界产生了广泛的影响。王亚南、郭大力等人也是成就斐然，影响深远。

思想辩论也是学习。只有不断地学习，才能完善自己的观点，才能更好地批判反马克思主义思潮。在与反马克思主义思潮的论战中，左翼社会科学工作者的自身理论水平也逐步提高。何干之、李达等人都参与了关于中国社会性质的论战，其思想创新为新民主主义理论的发展作出了重要贡献。

思想的传承力，不仅在于自身的先进性，还在于其大众化程度。只有被广大群众广泛地学习和运用，思想才有旺盛的生命力。在20世纪30年代的批判反马克思主义的大论战中，更加显示了思想大众化的极端重要性。

无论是在当时，还是在今天，在马克思主义哲学史上都不能不特别提到艾思奇和他的《大众哲学》。

艾思奇不愧为"马克思主义哲学大众化的第一人"，他在《大众哲学》中成功地把哲学从哲学家的书本里解放出来。1935年，李公朴高度评价了《大众哲学》的通俗化，"这本书是用最通俗的笔法，日常谈话的体裁，融化专门的理论，使大众的读者不必费很大的气力就能够接受。这种写法，在目前出版界中还是仅有的贡献"①。毛泽东也曾称赞说，《大众哲学》是一部"通俗而有价值的著作"。

《大众哲学》是第一部比较完整的马克思主义哲学教科书。它创造性地、系统地传播了辩证唯物主义的基本原理，极大地促进了马克思主义哲学在中国的传播和中国无产阶级哲学思想的形成和发展。其对中国化的马克思主义的形成作出了巨大的贡献。

---

① 李公朴：《大众哲学》（编者序），《艾思奇全书》，人民出版社2006年版，第589页。

这部著作深受广大青年和人民群众的欢迎，在中华人民共和国成立前，曾出版了 32 版之多。不夸张地说，《大众哲学》影响和教育了几代人，至今还具有理论价值。原中共中央政治局常委宋平同志后来回忆道："艾思奇是我党马克思主义哲学理论教育的大师，也是我学习马克思主义哲学的启蒙老师。六十多年前，在我走上革命道路的时候，读了艾思奇的《大众哲学》。……从中受到了马克思主义哲学的启蒙教育。"①

纵观中国共产党由刚刚成立到逐步成熟的这一发展阶段，不难发现中国共产党的学习活动已经从最初的星星之火，渐成燎原之势，为党的扩大的六届六中全会发起的学习运动积聚了正能量。不断学习、善于学习已然成为中国共产党的优秀品质，成为中国共产党与时俱进、开拓创新的重要经验。

---

① 宋平：《怀念艾思奇同志》，《艾思奇全书》，人民出版社 2006 年版，第 1 页。

第四章　把党变成一所大学校

鉴于土地革命时期党内许多干部理论水平不高，导致"左"倾错误路线在党内起主导作用，使革命遭受极严重挫折的教训，以毛泽东为代表的党中央到达陕北后，便着手开展马克思主义学习工作，以其最新成果教育党的干部，增强党性修养，统一全党思想，确保革命沿着正确的方向前进。1938年10月，毛泽东在党的扩大的六届六中全会上提议："这次中央全会之后，来一个全党的学习竞赛，看谁真正地学到了一点东西，看谁学的更多一点，更好一点。"①他强调："在担负主要领导责任的观点上说，如果我们党有一百个至二百个系统地而不是零碎地、实际地而不是空洞地学会了马克思列宁主义的同志，就会大大地提高我们党的战斗力量，并加速我们战胜日本帝国主义的工作。"②此后，一场轰轰烈烈的学习运动逐步开展起来。

一、党的扩大的六届六中全会发起学习运动

1. 党对学习必要性的新认识

红军长征到达陕北后，国内形势发生了很大变化。面临日本帝国主义的侵略、国民党封锁和武装挑衅的双重压力，中国共产党要战胜困难，

---

① 《毛泽东选集》第2卷，人民出版社1991年版，第533页。
② 同上书，第533页。

取得革命的胜利，就必须在党内形成马列主义思想的高度统一，培养和提高党员干部在马列主义问题上的自觉性。

在长期的革命斗争中，共产党积累了丰富的经验，并日益发展和巩固起来。但也曾出现过大的挫折和失败，暴露了中国共产党理论准备不足和马列主义水平不高的弱点。1940 年 6 月，毛泽东在延安新哲学会第一届年会讲话时强调指出："理论这件事是很重要的，中国革命有了许多年，但理论活动仍很落后，这是个大缺憾。要知道革命如不提高革命理论，革命胜利是不可能的。""必须承认现在我们的理论水平还是很低，全国的理论水平还是很低，大家才能负起克服这种现象的责任。"①毛泽东认为："我们共产党要领导革命。共产党在全国的党员过去是几万个，现在有几十万，将来会有几百万，这几十万、几百万共产党员要领导几千万、几万万人的革命，假使没有学问，是不成的，共产党人就应该懂得各种各样的事情。因此，要领导革命就须要学习，这是我们发起学习运动的原因之一。"②可见，开展学习运动是克服理论准备不足和马列主义水平不高的弱点，提高全党特别是各级领导干部马克思主义理论水平的迫切需要。

党员干部的来源决定了必须不断加强进行学习教育。中国共产党成立于半封建半殖民地的社会环境中，为了壮大队伍，必须大力吸收工人、农民中的先进分子。在党内，农民和小资产阶级成分出身的党员占了多数，这必然会把一些非无产阶级的思想意识带进来。即便是工人党员，在中国的经济条件下和长期的农村环境中开展革命斗争，也容易受到非无产阶级思想的影响。因此，通过学习解决党在思想上准备不足、理论上修养不够的问题，避免和克服"左"和右的错误，成为中国共产党面临的重要任务。据统计，党的五大时工人成分的党员占党员总数的 50.8％，农民占 18.7％。六大时，工人党员占 10.9％，农民占

---

① 中共中央文献研究室编：《毛泽东年谱(1893—1949)》中卷，中央文献出版社 2002 年版，第 193 页。

② 《毛泽东文集》第 2 卷，人民出版社 1993 年版，第 177 页。

76.6％。六届二中全会时，工人党员仅占 7％。当时，身处创建农村革命根据地第一线的毛泽东就认识到："边界各县的党，几乎完全是农民成分的党，若不给以无产阶级的思想领导，其趋向是会要错误的。"①通过长期实践，在总结经验教训的基础上，党找到了思想建党这条好路子，也就是在党内加强马列主义理论和无产阶级意识教育，克服各种非无产阶级思想。

开展学习运动是解决"本领恐慌"、不断提高干部素质和能力的需要。党的扩大的六届六中全会决议指出："为了保证共产党员能在抗战建国大业中起其应有的作用，为了使共产党广大发展成为能担当抗战建国大业中一部分光荣任务的伟大力量，大批培养和提拔有胆有识能作能为的党员干部和非党员干部，并且最适当的使用、教育和爱护这些干部。必须加紧认真地提高全党理论的水平，自上而下一致地努力学习马克思、恩格斯、列宁、斯大林的理论，学会灵活的把马克思列宁主义及国际经验应用到中国每个实际斗争中来。"②毛泽东曾指出：开展学习运动"是工作中的缺陷迫切需要克服"。"我们队伍里边有一种恐慌，不是经济恐慌，也不是政治恐慌，而是本领恐慌。"他强调："我们的干部要使工作做得好，就要多懂一点，单靠过去懂的一点还不够，那只是一知半解，工作虽然可以做，但是要把工作做得比较好，那就不行，要工作做得好，一定要增加他们的知识。无论党、政、军、民、学的干部，都要增加知识，才能把工作做得更好。"③

开展学习运动是保持党的先进性的需要。1939 年 8 月 25 日，中共中央政治局发出《关于巩固党的决定》。《决定》强调，巩固党的中心一环，是加强党内的马克思列宁主义教育、阶级教育和党的教育。与此同时，在当时党内还存在着严重的教条主义倾向，相当数量的干部没有真正掌

---

① 《毛泽东选集》第 1 卷，人民出版社 1991 年版，第 77 页。

② 中央档案馆：《中共中央文件选集》第 11 册，中共中央党校出版社 1991 年版，第 756—757 页。

③ 《毛泽东文集》第 2 卷，人民出版社 1993 年版，第 178 页。

握运用马克思主义的立场、观点和方法解决中国革命实际问题的本领，这些都阻碍着党的正确路线的贯彻和执行。毛泽东曾指出："我们要建设大党，我们的干部非学习不可。学习是我们注重的工作，特别是干部同志，学习的需要更加迫切，如果不学习，就不能领导工作，不能改善工作与建设大党。"①开展学习运动，就是要巩固党的组织，增强党员和各级干部素质，使党保持先进性，大大提高党的战斗力，确保党能够更好地肩负起领导民族解放和人民解放的神圣使命。

2. 学习的内容更全面更系统

党的扩大的六届六中全会后，中国共产党加强学习的自觉性进一步增强，学习的内容更为全面、更加系统。

（1）学习马克思主义

中国共产党是马克思主义政党，马克思主义是中国共产党的指导思想。认真学习马克思主义基本理论历来是共产党员学习的核心内容。毛泽东指出："指导一个伟大的革命运动的政党，如果没有革命理论，没有历史知识，没有对于实际运动的深刻的了解，要取得胜利是不可能的。"②1939 年 5 月，陈云在《怎样做一个共产党员》一文中认为："我党是马克思列宁主义的战斗的党，首先，我们要学习马克思、恩格斯、列宁、斯大林的理论，才能培养自己成为一个真正有能力的有坚强党性的共产党员。"③

1940 年 1 月，中共中央作出《关于干部学习的指示》的决定，规定了全党干部都应学习和研究马克思主义的理论及其在中国的具体运用。《指示》根据由浅入深、由中国到外国的原则，把学习内容分为五类：（甲）初级课程：中国近代革命史，中国革命和中国共产党，游击战争，社会科学常识；（乙）中级课程：联共（布）党史，马列主义；（丙）高级课程：政治经济学，历史唯物论和辩证唯物论，近代世界革命史；（丁）时事政治

---

① 《毛泽东文集》第 2 卷，人民出版社 1993 年版，第 179 页。
② 《毛泽东选集》第 2 卷，人民出版社 1991 年版，第 533 页。
③ 《陈云文选》第 1 卷，人民出版社 1995 年版，第 143 页。

课程：分为中国、日本和国际方面；(戊)军队中应有军事学习课。由以上课程内容分类上的比例充分体现了中国共产党对马克思主义基本理论学习的高度重视。事实上只有学会了马克思主义的科学思维，才能为学习其他各种知识奠定基础。1942 年在《在延安文艺座谈会上的讲话》一文中，毛泽东又强调，要"学习马克思列宁主义和学习社会。一个自命为马克思主义的革命作家，尤其是党员作家，必须有马克思列宁主义的知识"①。中共中央高层领导人还以身作则地学习马克思列宁主义基本理论。在中央由张闻天专门领导一个哲学学习小组，艾思奇担任学习指导，毛泽东、朱德、李维汉、徐特立、肖劲光等领导人都参加了马克思主义理论的学习。

(2)学习文化知识

搞好文化教育活动是党内学习的前提和基础。1940 年 1 月，中共中央通过的《关于干部学习的指示》规定，在学习运动中文化水平过低的干部必须要以学习文化为主。1940 年 12 月，毛泽东在《论政策》一文中强调："关于文化教育政策。应以提高和普及人民大众的抗日的知识技能和民族自尊心为中心。"②1942 年 2 月，毛泽东在中共中央党校开学典礼上作的题为《整顿党的作风》的报告强调："我们的工农干部要学理论，必须首先学文化。没有文化，马克思列宁主义的理论就学不进去。学好了文化，随时都可学习马克思列宁主义。"③根据中央的指示和毛泽东的号召，延安文艺工作者开展了文化普及教育活动。1942 年 12 月，鲁艺工作团到绥德分区等地巡回宣传。1943 年冬，西北局宣传部组织延安各剧团下乡，民众剧团出发到关中，西北文艺团到陇东，青年剧团和部队剧团到三边，平剧团到延属各县。这些剧团为农村带去的各种各样演出，对于提高文化水准较低的农村党员的知识水平起了重要作用。除学习一般文化知识外，中国共产党还十分注重中外历史和自然科学的学习。张闻天

---

① 《毛泽东选集》第 3 卷，人民出版社 1991 年版，第 852 页。
② 《毛泽东选集》第 2 卷，人民出版社 1991 年版，第 768 页。
③ 《毛泽东选集》第 3 卷，人民出版社 1991 年版，第 818 页。

曾先后讲授过《两次革命高潮之间的反对时期》和《苏维埃革命运动》。陈昌浩讲解过西洋史，从英国宪章运动讲到了法国大革命、美国独立战争。"自然科学是人们争取自由的一种武装。人们为着要在社会上得到自由，就要用社会科学来了解社会，改造社会，进行社会革命。人们为着要在自然界里得到自由，就要用自然科学来了解自然，克服自然和改造自然，从自然里得到自由。"①1940 年 2 月在陕甘宁边区自然科学研究会成立大会上，毛泽东号召全党同志认真学习自然科学。

(3)学习业务知识

党员要做好工作，首先要熟悉本职工作的业务知识。为提高军队工作者的基本军事素养，1940 年 1 月中共中央通过的《关于干部学习的指示》强调，军队中应有军事学习课。1940 年 3 月中共中央通过的《关于在职干部教育的指示》规定，军事工作干部必须研究军事。1942 年，毛泽东在延安文艺座谈会上强调，奋战在文艺战线上的党员，除了要一般地学习马克思列宁主义外，还要下大力气学好业务知识，即怎样使文艺工作与老百姓的生活交融在一起，很好地服务于群众。他还一针见血地指出："许多文艺工作者由于自己脱离群众、生活空虚，当然也就不熟悉人民的语言，因此他们的作品不但显得语言无味，而且里面常常夹着一些生造出来的和人民的语言相对立的不三不四的词句。"②毛泽东的这些话生动地刻画了一些党员业务知识和技能贫乏，并且以"反弹琵琶"的幽默鼓励广大党员要努力提高自己的业务知识和技能。随后，为了培养大批的经济工作者，毛泽东在陕甘宁边区劳动英雄和模范工作会议上讲，"我们必须使农业、工业、贸易三方面都比现在有更大的成绩。到了那时，才算学得更多，学得更好"，"农业、工业、贸易不是一年一年地上涨，而是停止不进，甚至下降，便证明哪个地方的党政军工作人员还是没有学会经济工作，哪个地方就会遇到绝大的困难"③。

---

① 《毛泽东文集》第 2 卷，人民出版社 1993 年版，第 269 页。
② 《毛泽东选集》第 3 卷，人民出版社 1991 年版，第 850－851 页。
③ 同上书，第 1015 页。

从党政机关到部队、学校，从党的高级领导人、理论工作者到普通党员干部、战士都如饥似渴地学习马列理论及经济、军事等各种文化知识，全党的知识水平和理论水平都得到很大的提高，思想得到极大的解放，有力地促进了当时各项工作的顺利开展。

3. 学习的途径更加多样化

兴办学校是搞好党员学习的最有效途径。延安时期，中国共产党先后设立过20余所学校，包括抗日军政大学、陕北公学、鲁迅艺术学院、中国女子大学、延安大学等，成为提高党员干部理论水平和业务知识的最佳场所。特别是1938年5月成立的延安马列学院，其宗旨就是运用马克思主义方法来研究中国现实问题。这些院校，是宣传马克思主义的主阵地，是推动马克思主义大众化的重要渠道。

为调动广大党员干部的学习积极性，1940年3月24日，中共中央把5月5日马克思的生日定为"学习节"，这是我国唯一一个以学习为主题的纪念节日。对马克思的纪念，实际上就是对经典作家的权威的肯定，就是对马克思主义价值的推崇，它有利于在民众中确立经典作家的权威地位，有利于强化民众认同马克思主义的价值，从而推动了马克思主义大众化。

为了交流和研讨马克思主义，毛泽东还倡导成立了众多学会和学习研究小组。其中，1938年秋，在毛泽东倡议下，延安理论工作者发起成立新哲学会，该会由艾思奇、何思敬主持。1941年8月中共中央决定成立中央研究组，以中央委员为范围，毛泽东为组长，王稼祥为副组长，来研究马克思主义的思想方法论和六大以来的决议。这些学会也由此成为宣传马克思主义、推动全党共同学习的重要平台和载体。

一般说来，群众大会能容纳较多民众参与，易形成有影响的宣传声势和氛围，听众之间也易于相互感染，从而引起社会广泛关注，成为传播马克思主义的重要场景和契机。延安时期，毛泽东经常借助于开学与毕业典礼、纪念大会、座谈会等群众场合发表演讲，宣传马克思主义。1938年3月3日，毛泽东对陕北公学第6—10队毕业同学发表陕北公学毕业同学的临别赠言，强调我们的原则是革命的，但它是具体的，不是抽象的，必须结合着实际情况来解决问题。1939年3月12日，延安举行盛大晚会纪念马克思逝世56周年，毛泽东在演讲中强调，马克思主义是中国无产阶级发展壮大的历史要求，我们不但要信仰，而且要发展马克思主义。此外，毛泽东还利用座谈会的形式发表谈话，阐述马克思主义。毛泽东在其著名的《在延安文艺座谈会上的讲话》中指出：我们是马克思主义者，马克思主义叫我们看问题不要从抽象的定义出发，而要从客观存在的事实出发，从分析这些事实中找出方针政策办法来。

延安时期，毛泽东明确提出，报刊要担负起宣传马克思主义、推进大众化的重任。他指出，报纸的作用和力量，就在它能使党的纲领路线、方针政策、工作任务和工作方法，最迅速最广泛地同群众见面。所以，有关政策的问题，一般地都应当在党的报纸上或者刊物上进行宣传，要把报纸当作重要的工作方式和教育方式，作为组织群众和教育群众的一个武器。延安时期，党创办了多种报刊，毛泽东给予这些报刊以极大的关注、支持和指导。他亲自指导了《解放日报》的整风运动，还为《共产党人》等刊物撰写发刊词，使这些报刊的强大社会传播功能得以充分发挥，成为党的宣传鼓动工作最有力的工具。

二、建立健全学习的管理制度

为保障学习活动取得实效，中共中央制定了一系列行之有效的学习管理制度，创立了许多科学的学习方法，在全党营造了浓厚的学习氛围，从而把全党的学习工作不断推向前进。

中国共产党一直非常重视学习制度的完善。延安时期，党中央专门设立干部教育部，负责领导全党的学习。毛泽东要求："全国各级党部，边区各级政府，各个民众团体，各类学校，都须设立这样的机关，建立这样的制度，来领导并进行学习。在军队里也是一样，要设立教育部，建立起学习制度。"①

中央专门设立干部教育部直接负责全党的学习。1939 年 6 月，毛泽东在延安高级干部会议上对学习活动提出了明确的具体的要求。此后，中共中央陆续发布了《关于办理党校的指示》《关于干部学习的指示》和《关于在职干部教育的指示》等一系列指示，要求根据地所有各类干部都要进入各类学习之中，并提出了一整套干部理论学习的制度和办法，明确了各级党组织的职责，保证学习活动的有序进行。1941 年 5 月 1 日，《陕甘宁边区施政纲领》发布，规定了实施公务人员的两小时学习制。有关部门及时督察和奖励，保证学习活动的持久和成效。

1941 年 9 月，各级高级学习组相继成立，目的是提高党内高级干部的理论水平与政治水平。其中，中央学习组以中央委员为对象，毛泽东任组长，王稼祥任副组长。在总学委的领导下，各地各单位也成立了学习分委员会，组织干部参加整风学习。初步统计，仅 1939 年夏至 1942 年初的三年时间，中共中央及中央各部门发出的关于学习和干部教育的指示和决定就多达 13 个，对各级各类学习提出了明确要求，形成了较为完整的学习制度。总学委先后派出许多巡视团和巡视员，深入各重要机关、学校检查学习运动进行情况，听取各单位负责人的汇报。总学委还抽阅参加中央学习组学习的全体高级干部的学习笔记，推动了学习运动的深入开展。

同时，在陕甘宁边区还建立了学习考核制度。如边区二届一次会议通过的《在职干部学习应明确规定定期考试制度，随时检查其成绩案》，把考试作为一种硬性制度固定下来。考试的方式有日常考查、临时测验、学期考试和毕业考试四种，其目的在于使个人把自己学过的或研究过的内容，进行有系统的整理和综合，以提高干部分析问题和解决问题的能力。②

---

① 《毛泽东文集》第 2 卷，人民出版社 1993 年版，第 179—180 页。
② 奚洁人：《领导干部要自觉增强学习意识》，《文汇报》，2009 年 7 月 7 日。

各地党的领导机关根据工作需要和党员干部水平，举办各种层次的党校学习和专题训练班，采取教员指导和学生自学相结合方法开展学习。

各地党组织鼓励干部群众在不影响工作和战斗的前提下进行灵活多样的学习形式。针对学习运动中普遍存在的"没有工夫"和"看不懂"问题，中央强调用"挤"和"钻"的办法分别解决。在每天工作、吃饭、休息中间，挤出两小时来学习；毛泽东提出，看不懂也有一个解决办法，叫做"钻"，如木匠钻木头一样地"钻"进去。看不懂的东西我们不要怕，就用"钻"来对付。我们党当时根据实际情况创造了各种各样的学习形式。中央亲自抓党校，1940年2月，中央作出开办党校的指示，要求各地领导机关均应办党校，并就党校的任务、学制、教学方针和方法作了具体规定。中共中央在陕甘宁边区先后创办了二十多所干部学校，直接领导在职干部的学习，培养了四万多名政治过硬、理想信念坚定、富于牺牲精神的政治、军事干部和上千名文化与技术干部。此外，通过报纸、电台等新闻媒体，对干部学习进行引导，音乐、舞蹈、诗歌、小说等群众喜闻乐见的形式对学习活动都发挥了积极的推动作用。

全党的学习活动，带动了整个根据地干部群众的学习热潮。延安时期，不但全党而且整个根据地都变成了一个大学校。全党的学习大大地提高了党的战斗力量，促进了全党的团结，为夺取新民主主义革命的胜利夯实了基础。

三、党的领导人带头学习

党的领导人毛泽东、张闻天、周恩来、刘少奇、朱德、陈云等积极推动学习活动的开展，经常到党校、干部学校作报告、演讲，教导和鼓励广大党员干部学习，而且带头学习，成为全党学习的楷模，从而营造了全党范围内的浓厚学习氛围。

1. 毛泽东以身作则，成为学习的楷模

红军长征到达陕北以后，毛泽东为从理论高度总结革命经验，开始专心研究哲学，撰写哲学著作。他广泛阅读各类哲学书籍，认真写下读书心得体会，汲取各种流派哲学思想的精华，结合中国国情和党内实际状况，把解决党的思想认识路线问题作为哲学研究的出发点和着重点。毛泽东学习研读了马恩列斯的原著和阐述马克思主义哲学的著作，如恩格斯的《反杜林论》、列宁的《唯物论与经验批判论》、普列汉诺夫的《论一元论历史观之发展》等。毛泽东还特别重视有关中国马克思主义的哲学著作，他研读了艾思奇的多篇哲学论著，如《思想方法论》《哲学与生活》等，并就书中的某些观点亲自写信给艾思奇，与他研讨。"你的《哲学与生活》是你的著作中更深刻的书，我读了得益很多，抄录了一些，送请一看是否有抄错的。其中有一个问题略有疑点（不是基本的不同），请你再考虑一下，详情当面告诉。"①毛泽东认真的学习态度和谦逊的品格可见一斑。为更好地理解和掌握马克思主义哲学，毛泽东还广泛阅读了西方哲学和中国古代哲学，用中国传统哲学中的朴素唯物论和朴素辩证法为文化背景，借鉴西方哲学中的有益成分，来进一步领会和理解马克思主义哲学，进而总结中国革命斗争的实践经验和教训，为革命斗争提供借鉴。

当时毛泽东阅读的哲学书籍，有据可考的就有 24 种。有些哲学书籍他反复研读，目前保存下来的毛泽东在延安读过的、并且留有文字批注的哲学书籍有七种。其中，批注最多的有五本，即《辩证法唯物论教程》（第三版），《辩证唯物论与历史唯物论》（上册，米丁等著），《社会学大纲》《哲学选辑》《辩证法唯物论教程》（第四版），总计有上万字的哲学批注。在大量阅读和潜心研究探索的基础上，1937 年春，毛泽东着手撰写《辩证法唯物论（讲授提纲）》一书。全书共分三章，6 万字左右。1937 年，毛泽东在抗大讲授《辩证法唯物论（讲授提纲）》一书，历时三个多月，共讲了 100 多个学时。延安的各级党员干部和广大战士们，大多都亲自聆听和学习了毛泽东的讲授课程。中华人民共和国成立后，此书第二章的一部分，题名为《实践论》，第三章中的《矛盾统一法则》，后来经过一番加工修改，改名为《矛盾论》，收入《毛泽东选集》第一卷。其余部分经过

---

① 《毛泽东书信选集》，人民出版社 1983 年版，第 112 页。

艾思奇、李达等哲学家再创作，逐步演变为当代大学一年级教材《马克思主义哲学基本原理》。

在学习哲学的同时，为指导中国的抗日战争，毛泽东还努力地学习研究军事学，尤其是中国的抗日战争学。1939年1月17日，他在给何干之的信中写道："我想搜集中国战争史的材料，亦至今没有着手。我的工具不够，今年还只能作工具的研究，即研究哲学，经济学，列宁主义，而以哲学为主，将来拟研究近代史，盼你多多指教。"①毛泽东潜心研读克劳塞维茨的《战争论》和孙武的《孙子兵法》等大量书籍和资料。他强调指出："我们不但需要一个马克思主义的正确的政治路线，而且需要一个马克思主义的正确的军事路线。"②为此，毛泽东非常注意研究战争规律，还认为应该特别地研究中国革命战争的规律。他站在哲学的高度对中国革命战争的特点、战略战术等进行了深入研究，形成了他自己的军事战争学说，为抗日战争的最后胜利指引了方向。陈云曾回忆说："延安整风时期，毛泽东同志提倡学马列著作，特别是学哲学，对于全党的思想提高、认识统一，起了很大的作用。"③

在毛泽东的影响和带动下，党和军队领导干部，纷纷投入了马克思主义理论学习研究。刘少奇著文《抗日游击战争中各种基本政策问题》，彭德怀撰文《争取持久抗战胜利的几个先决问题》，朱德在八路军总部《前线》周刊分期发表《论抗日游击战争》等，在全党范围内形成了浓厚的学习研究气氛。

2. 张闻天注重提高干部的学习质量

张闻天是党内公认的马克思主义理论家，具有极高的马克思主义理论造诣。为了解决干部理论准备不足和马克思主义水平不高的问题，张闻天发挥表率作用，埋头苦读钻研马克思主义著作，《共产党宣言》《资本论》《社会主义从空想到科学的发展》《哥达纲领批判》等马克思主义经典著

---

① 《毛泽东书信选集》，人民出版社1983年版，第136页。
② 《毛泽东选集》第1卷，人民出版社1991年版，第186页。
③ 《陈云文选》第3卷，人民出版社1995年版，第285页。

作是案头必备之书。勤写笔记是张闻天读书的好习惯。张闻天写读书笔记的方法有三种：一是读书时随手在书上作批注；二是就某一问题有感而发写成文章；三是读书时写下心得体会，留给自己做研究用。多读、多看、多写是张闻天的治学之道，也为其他干部的学习树立了榜样。

张闻天不但自己努力学习马克思主义理论，还积极推动党内学习的开展。1936年10月红军三大主力长征结束后，进驻延安的中央机关暂时处于相对稳定的休整期，张闻天立刻抓住学习时机，明确提出组织在职干部开展马克思主义理论学习。他特别强调指出：学习马列主义理论是刻不容缓的任务！1937年5月，张闻天在党的苏区代表会议上进一步指出："加强党内马克思列宁主义的教育，学习马克思列宁的工作作风"，"巩固我们的党，现在成为一切工作的核心"[1]。

在张闻天看来，要提高干部的学习质量，必须要培养干部独立阅读、独立研究的能力与习惯。就如何养成独立阅读的能力来看，鉴于部分干部文化程度不够的实际，张闻天指出，这部分人首先应该知道自己的文化理论水平，不要好高骛远，妄想一步就跨进马列主义的大门。"对马列主义的某部门连常识也没有，那就应该首先找些入门书来看看，待有了初步准备后，再找专门书来研究。"[2]就如何养成独立阅读的习惯来看，张闻天认为，学习马列主义，必须自己下一番功夫。"我们的主要学习时间，应该放在自己阅读、自己研究上，而不应该放在听讲上。自己学习是主要的，听课是辅助的。"[3]张闻天鼓励干部，"虚心一点，放下空架子，切实了解自己，从自己今天的文化理论水平出发，养成独立阅读的能力与习惯，自己下一番苦功来攻打马列主义科学的堡垒"[4]。张闻天还指出，要成为一个优秀的马列主义者，除了学习马列主义外，还应该增加各种具体的社会知识与科学知识，在所有干部学习中与干部学校中，

①　《张闻天文集》第2卷，中共党史出版社2012年版，第267页。
②　《张闻天选集》，人民出版社1985年版，第294页。
③　同上书，第295页。
④　同上书，第295页。

应该增设文化课及关于各种具体知识的科目。同时，中央宣传部及各高级党组织宣传部应编辑出版中级读物及辅助读物，以保证干部学习能够按部就班地前进。

在推动干部学习方面，张闻天积极倡导建立学习小组制度。1939年，张闻天组织了《资本论》学习小组，参加者有王首道、王学文、吴亮平、王思华、艾思奇、何锡麟、邓力群等十余人。小组成员在学习过程中，若"碰到重点、难点，不惜花费时间，反复研究。为了学懂第一章第四节'商品的拜物教性质及其秘密'，共讨论了三次。为了理解马克思的原意，还经常把《资本论》的德文原版与中、英、俄、法、日文等译本，对照起来分析和研究"①。在小组成员看来，"在组长张闻天主持下的小组讨论，内容之丰富，钻研之深入，可以想见"②。由于学习方法得当、学习方式灵活，加之组织得力，在1940年首届学习节模范学习小组评选活动中，张闻天领导的学习小组被评为甲级学习组，其先进经验在全党得到推广实施。

1937年，张闻天亲自编著并讲授《中国现代革命运动史》，为广大干部系统学习自鸦片战争以来中国近百年的历史提供了教本。为了让广大干部读到马克思主义经典原著，张闻天倾注大量心血组织马列著作的翻译工作。在延安马列学院，张闻天专门设立编译部，专事翻译，并对翻译人员规定任务，平均每天翻译1000字，一年完成36万字。张闻天领导延安马列学院编辑出版了《马克思恩格斯丛书》，先后出版的丛书共有10本：《社会主义从空想到科学的发展》《共产党宣言》《法兰西内战》《政治经济学论丛》《马恩通信选集》《德国的革命和反革命》《〈资本论〉提纲》《哥达纲领批判》《拿破仑第三政变记》《法兰西阶级斗争》。

张闻天不仅理论功底深厚，而且重视将理论与实际相结合，号召共产党员把工作同群众、同实际结合起来。在延安马列学院，他坚持理论

① 参见程中原：《张闻天传》，当代中国出版社1993年版，第279页。
② 何锡麟：《在洛甫同志领导下从事编译和研究工作》，《回忆张闻天》，湖南人民出版社1985年版，第118页。

与实际结合的办学方针，创造了一种被学员称为"照相"的学习方式，每隔一两个星期张闻天就把学员集中在一起，把所学习的课程内容与当时国内外形势结合，然后提出各式问题请学员作答。这种自由活泼的学习方式既启发了思考，又培养了学员理论联系实际的学风，受到大家的一致欢迎。

3. 周恩来高度重视干部教育工作

周恩来一贯重视干部的理论学习和业务学习。他在皖南新四军军部干部大会上指出："因为现在干部的水平在军事上文化上技术上政治上都是不够的，要很好地培养和教育。"①他在《我的修养要则》中指出："加紧学习，抓住中心，宁精勿杂，宁专勿多"②，在《怎样做个好的领导者》中他要求领导干部"要有学习精神"，要不断"提高理论水平"，同时要理论联系实际，学以致用，"在斗争中审查理论原理和原则""从实际工作中规定和审查政策"。周恩来要求各级领导干部在认真学习马列主义理论的同时，还要努力钻研业务，努力学习文化知识。在周恩来的教诲下，很多党员干部在革命生活中经受了各种历练，增长了才干和知识。

当时的干部教育既重视思想政治教育，又重视专业知识与专业技术的教育。周恩来深刻论述了思想和业务的关系问题，指出，思想很重要，是指导，指引着革命的方向，必须加强思想学习，但是除了提高思想水平以外，还要精通业务知识，否则就成了空谈政治。正确处理学习与工作的关系在革命战争年代是学习活动得以持续和产生作用的关键，如果不能善于利用工作的间隙进行学习，干部教育就不能坚持。周恩来指出："工作和学习是分不开的。如今我们只有在不断地学习中，我们的工作才能够顺利地展开。我相信，只要我们肯，在任何地方都可以学习的。"③

为了使学习服从工作，就必须学会利用工作的间隙，要学会抢时间、挤时间，特别是在职干部的学习时间往往都是挤出来的。干部一天到晚

---

① 《周恩来选集》上卷，人民出版社 1980 年版，第 106 页。
② 同上书，第 125 页。
③ 同上书，第 90—91 页。

忙于日常工作，固然能使日常工作做得更好，但如果没有学习，就不能提高自己的理论修养，就不能紧跟时代的脉搏，很可能在革命的关键时刻会迷失方向。工作与学习要有科学合理的安排，他曾在《我的修养要则》中指出："习作合一，要注意时间，空间和条件，使之配合适当，要注意检讨和整理，要有发现和创造。"这样，既提高了党员干部的工作效率，又提高了他们的政治思想觉悟、理论修养与文化水平。在干部教育中，一条重要的经验就是要把执着的学习精神与正确的学习方法结合起来，否则便不可能有多大的成就。

周恩来提出干部的学习方法可采取循序渐进、因材施教等方法。他一贯要求干部时刻要有学习奋斗的精神，在发扬执着学习精神的同时，也要把正确的学习方向和学习方法结合起来，只有这样学习效果才会更好。

4. 刘少奇勤于学习、善于学习

刘少奇一直提倡党员干部都要经常学习，是党内学习的楷模。1937年5月，刘少奇在延安举行的白区党代表会议上，批评了白区工作中存在的"严重的关门主义、高慢的宗派主义与冒险主义的历史传统"，号召同志们要"学习！学习！再学习！"他强调指出，因为只有不断地"学习过去的经验，学习马克思列宁主义的理论，学习马克思列宁主义的方法"，才能够使党与群众工作实现彻底转变。在陕北的时候，刘少奇经常教导身边的工作人员多学习文化知识。他曾语重心长地对时任中央警卫团班长的许志望讲过，学文化有困难，但是困难是可以克服的，文化知识都是通过艰苦努力得来的，因此要有点"蚂蚁啃骨头的精神"。

刘少奇不仅鼓励别人用"蚂蚁啃骨头的精神"读书，他自己更是一直坚守这种精神，以身作则，以"蚂蚁啃骨头的精神"读书成为始终坚持的一种信念和习惯。1939年年底，正值战争处于非常危急的时期，时任中共中央中原局书记的刘少奇，来到了新四军江北指挥部。新四军支队司令张爱萍回忆过当时看望他的情景：那个时候已经是深夜，当进屋看到的是刘少奇正对着闪闪跳动的烛光专心致志地读书，书页上画了好些红的蓝的圈圈点点，有的上面还批了字。刘少奇这种时刻读书学习的精神给他留下深刻的印象。1942 年，刘少奇奉调从苏北回延安工作，在将近一年的时间里他跋涉万里，越过日伪 103 道封锁线，途中还参加了滨海、沙区、太岳区三次大的反"扫荡"战斗。在这样极其危险的敌后环境下，刘少奇硬是把中国历史和中国哲学史比较系统地学了一遍。刘少奇把学习当作生活中重要的组成部分，真正做到了活到老，学到老，终身学习。

在学习方式方面，刘少奇最反对死学，主张学习必须要理论联系实际。他在《论共产党员的修养》中提出："革命者要改造和提高自己，必须参加革命的实践，绝不能离开革命的实践；同时，也离不开自己在实践中的主观努力，离不开在实践中的自我修养和学习。如果没有这后一方面，革命者要求得自己的进步，仍然是不可能的。"至于理论结合实践，刘少奇不仅主张结合当下的实际情况，更强调要培养有远见的本领。刘少奇还特别重视教学相长、学学相长的学习方式，他一贯主张向一切既有理论知识又有实践经验的同志学习。

刘少奇提倡广大党员干部要勤于学习，更强调要掌握科学的学习方法，学会如何更有效地学习。他认为学习的同时要多思考，只有不断思考才能有更多收获，另外也要把思考收获的知识和想法写下来，这样自我知识积淀才更牢固，思想更深刻。他一贯主张要勤动笔，多写文章可以更好地去读书。他还号召党员干部既要学习写理论的文章，而且要注意写现实性的文章。在早年求学时期，刘少奇就常带着问题读书，并经常写作，他在玉潭学校学习时的同学贺执圭回忆到，在玉潭学校学习时，刘少奇读书十分刻苦，并且勤于写作，文章还写得很好，经常以"葛天氏"的笔名为《长沙晚报》《湖南晚报》撰写一些小品文。

刘少奇特别强调读书、思考和写作是学习必不可少的环节，而这些环节也是相辅相成、互相促进的，所以他经常号召党员干部们要多读、勤思、多写。

5. 朱德成为全党学习的积极倡导者

朱德作为党和军队的重要领导人之一，充分认识到学习的重要性，不仅自己注重学习，而且还总结了很多有关党和军队学习的思想，对于推动全党开展学习运动发挥了积极作用。

朱德曾经指出，作为党员个体，必须勤于学习、善于学习，要加强自己的政治修养和其他各方面的知识；作为领导干部，由其地位和作用所决定，更要在读书学习方面走在群众的前列，做读书学习的模范，在学习的过程中，增强党性意识，提升思想境界，实践人生追求，努力使自己成为一个德才兼备的干部。而个人的学习是整个党组织学习的基础。

在学习内容方面，朱德特别强调对马列主义原理的学习。他认为马列主义不仅是中国共产党建党的理论基础，也是指导中国共产党不断走向胜利的强大思想武器。朱德深刻地认识到："马列主义乃是一切科学的最高成果，它的世界观，它的方法，当然也适用于一切科学。掌握了它，可以使一切科学得到新的发展。"[1]因此，他非常重视对马列主义理论的学习："共产党要以天下为己任；为了掌握革命的领导权，干部必须很好地学习马列主义，掌握革命理论。"1940年6月，朱德再次强调："同志们要时时刻刻前进，要努力学习，少学一点便少懂一点，少懂一点做事情便怕要有漏洞。为了把工作做得更好，便只有向前进步，只有努力学习马克思主义。"朱德不仅自己刻苦学习马列主义，而且号召广大党员干部一起来认真学习："我现在没有别的事情时就天天读书，今书也读，古书也读。今书就是毛主席的书，古书就是马克思、恩格斯、列宁、斯大林的书。我感到很有兴趣，也劝大家读一读。"[2]朱德认为，只有刻苦学习马克思列宁主义、毛泽东思想，勤勤恳恳地努力工作，才能完成党和人民赋予的光荣而艰巨的任务。

朱德是全党学习的倡导者和实践者。在朱德看来，广大党员干部的科学知识是欠缺不足的，要想革命取得胜利、国家建设更好，全党全军就必须还要做各方面的努力，其中学习就是一项很重要的任务。朱德认

---

[1]　《朱德选集》，人民出版社1983年版，第76页。
[2]　《朱德年谱》中，中央文献出版社2006年版，第131页。

为，终身学习是一种先进的学习理念，是适应时代和社会不断进步的好方法，是戒骄戒躁的好方法，终身学习也应该是整个社会中人人应当具备的一种理念，因为我们所处的环境和时代不断地发生变化，因为人人要生存，所以每个人都必须时时掌握新的知识，在时间和空间上扩展到相当广泛的领域。他还认为在终身学习的基础上，还应当培养创新的能力，利用学到的知识掌握认识的手段、实践知识和发展能力，学习要永无止境，活到老，学到老。

6. 陈云积极推动学习活动

时任中央组织部部长的陈云认真组织学习活动，起到了表率作用。他领导的学习小组从 1938 年一直到 1942 年，坚持 5 年的学习没有间断。陈云从任职以来，便确立了以部长、秘书长、几个科长为主的学习制度，所有的党员干部都跟着学习。陈云几乎每次都亲自主持小组会，开会前他会首先询问每个同志，问他们读了没有，读了几遍，有什么体会、认识或问题。对于同志们提出的问题，陈云会逐个给予耐心细致的解答。散会前他经常也会指定下星期的学习内容，学习小组除了自教自学、互教互学外，也会请辅导员来辅导，如请艾思奇讲哲学，王学文讲经济学，杨松、吴亮平讲科学社会主义理论等。这样的举措一直受到党中央和毛泽东同志的重视，中组部初步获得的成功经验由此也成为中央提倡干部教育学习的试点。

陈云当时还兼任中央青委书记，所以中青委的领导同志也参加了中组部的学习组。这些参加学习的机关干部先后达四五十人，坚持学习活动四五年之久。当时的学习是以自学为主，每周集体讨论一次，学习课程是马列主义基本理论和毛泽东的哲学思想。学习首先从读原著开始，第一本教材就是《党史简明教程》。先后学习的马列原著有《共产党宣言》《国家与革命》《社会主义从空想到科学》《政治经济学》《资本论》和毛泽东哲学著作《实践论》《矛盾论》《论持久战》等。通过这样持之以恒的学习，干部的政治思想觉悟和理论文化水平都有了明显的提高。武衡回忆说，这种系统地学习马克思列宁主义原理与党建理论，对于像他这样的年轻干部来说真是太重要了。袁宝华回忆说，那段理论启蒙学习，为今后一生的革命实践打下了扎实的理论和思想基础，是极为可贵的，可以说是造就了他们一代人。经历过这段延安生活的邓力群曾说过，当时在延安学习搞得最好的就是陈云领导的中央组织部学习组。

陈云经常与党员干部谈学哲学的心得，谈自己的学习经历，他强调："每个共产党员要随时随地在工作中学习理论和文化，努力提高自己的政治水平和文化水平，增进革命知识，培养政治远见。"①这段学习经历对陈云本人来说是终身受益的，正是以往革命实践经验的积累和这段理论学习的结合，使他思想上得到了升华，形成了不唯上不唯书只唯实的思想。辩证唯物主义世界观使他在以后数十年的党和国家领导生涯决策中几乎没有失误过。

陈云在理论学习中一直强调要学习哲学，因为学习哲学就是学习用正确的思想方法，来解决实际的问题。当时，这对我们党来说也是一项全新的事业。陈云认为，工作要做好一定要实事求是，而要具备这种政治素养必须要努力学习马克思主义哲学，培养辩证唯物主义的思维方法，这正是党正确判断形势、完成任务、开辟新天地的认知基点。陈云多次号召全党要学习马克思主义哲学，把学哲学作为提高党执政能力的重要基础，作为党的思想理论建设的重要内容。另外，陈云认为理论与知识用时要多思，无论是学习别国经验，还是学习马克思主义理论，都不能不顾实际情况，用切断历史和生搬硬套的办法，把书本上的抽象概念直接套到中国的实际情况中来，把生动的中国看成僵硬一成不变的中国，把复杂的社会看成单一的社会，所以必须彻底无保留地打破主观主义、公式主义和本本主义，因此要从具体的国情出发，抓住中国自身的特点，学而不思、生搬硬套，其害无穷，这是历史的教训。陈云强调，学习中的思和用，还表现在善于总结经验教训，以避免错误、以学治愚来拓展新路。

陈云特别注重有组织的学习对党员个人学习的推动作用，强调要通

---

① 《陈云文选》第 1 卷，人民出版社 1995 年版，第 142 页。

过组织化的互动式和研讨式的学习，以提高团队积极性和团队能力，促使团队中每个人不断适应变化的环境。经常总结经验教训也是学习的重要方法之一。陈云在要求党员干部学习理论和时事政治的同时，强调要把总结经验也列入学习活动中。陈云在谈到学习方法时，讲得最多的是学以致用。陈云强调，学习理论一定要联系实际，要做到知行合一，用与学的分离是工作和学习双方的失败。理论只有在实际工作中才能逐渐深刻领悟，因为理论是实际的反映，归根到底来自实际而不仅是来自书本，实现学习与完成工作目标的统一，学习与提高能力的统一，学习理论与实践的统一，这是正确的学习方法的运用。

第五章　开创整风学习的新途径

延安整风是党史上的一次思想解放运动，也是全党的一次学习运动。以解决问题为中心，以不断总结自身历史经验为基础是整风学习的主要特点。经过整风学习，全党系统地学习了马克思主义，学会了理论与实践相统一的中介环节——调查研究，逐步摆脱了教条主义的束缚，实现了党在思想上的高度统一。整风学习是中国共产党学习史上的华彩篇章，其宝贵经验对党开展学习具有重要意义。

一、改造我们的学习

党的扩大的六届六中全会后全党开展的学习运动取得了明显成效。通过学习马克思主义经典著作及中央文件，党员干部对马克思列宁主义有了一定的认识和了解。但"这两年的学习运动也有缺点，主要是存在理论脱离实际的倾向"。对于这种情况，毛泽东是不满意的。

1941年8月27日，中共中央召开政治局会议讨论党内教育方针等问题，毛泽东在发言中说：我党干部的理论水平比内战时期是提高了，现在干部中多读了些理论书籍，但对于理论运用到中国革命实际上还不够，对中国及世界的政治、军事、经济、文化缺乏研究和分析。我们还没有各种问题的专家，对于许多实际的问题不能下笔。延安的学校是一种概论学校，缺乏实际政策的教育。过去我们只教理论，没有教会如何运用理论，就像只教斧头本身，没有教会如何使用斧头去做桌子。延安研究哲学是空洞的研究，不研究中国革命的内容与形式，不研究中国革命的本质与现象。因此，毛泽东认为有必要改变这种状况，改进学风，在对于马列主义的学习态度上来一个根本的改造思想。

早在数月前，毛泽东就突出强调过这个问题。1941 年 5 月 19 日，毛泽东在延安高级干部会上作了题为《改造我们的学习》的报告。在报告中，毛泽东开门见山地提出："我主张将我们全党的学习方法和学习制度改造一下。"①他要求党员干部要认真研究历史、研究现状，学习马克思列宁主义和国际的革命经验，其目的是为了应用，要坚持理论和实践的统一。毛泽东分析了两种对立的学习态度：一种是主观主义的态度，即对周围环境不作系统的周密研究，单凭主观热情去工作，对中国的面目若明若暗。无实事求是之意，有哗众取宠之心。这种作风，拿了律己，则害了自己，拿了救人，则害了别人，拿了指导革命，则害了革命。他尖锐地指出：这种反科学的反马克思列宁主义的主观主义的方法，是共产党的大敌，是工人阶级的大敌，是人民的大敌，是民族的大敌，是党性不纯的一种表现。大敌当前，我们有打倒它的必要。只有打倒了主观主义，马克思列宁主义的真理才会抬头，党性才会巩固，革命才会胜利。另一种态度，是马克思主义的态度，这就是要有目的地去研究马克思列宁主义的理论，要使马克思列宁主义的理论和中国革命的实际运动结合起来，是为着解决中国革命的理论问题和策略问题而去从它找立场，找观点，找方法。这种态度就是科学的态度，就是有的放矢的态度，就是理论与实际统一的态度。为此，毛泽东提出对在职干部和干部学校的教育，应确立以研究中国革命实际问题为中心，以马克思列宁主义基本原则为指导的方针。废除静止地孤立地研究马列主义基本原则为指导的方法。

《改造我们的学习》为开展整风学习指明了方向，是全党学习的重要文献。

为了保证学习活动沿着正确的方向开展下去，党中央采取了一系列

---

①　《毛泽东选集》第 3 卷，人民出版社 1991 年版，第 795 页。

措施。毛泽东亲自领导改组了《解放日报》编辑部，使其能更好地结合实际宣传党的路线、方针和政策，成为党的喉舌。1941 年 8 月，中央发布了《关于调查研究的决定》，要求在全党开展调查研究工作。按照中央的部署，各地都设置了相应的调查研究机构。在党中央的号召下，从中央到地方，深入基层调查研究的风气逐渐兴起。

通过学习、讨论、调查研究、组织调整等一系列措施，党内高级干部的思想认识和以前比有了很大的提高。在此基础上，1941 年 9 月 10 日，毛泽东主持召开政治局扩大会议，参加会议的有 120 名高级干部，这是高级干部学习期间一次重要会议。会议重点讨论了第二次国内革命战争时期党的政治路线问题，明确指出遵义会议前后的两条政治路线有着严格的正确与错误之分，并且肯定了在这段历史中党的领导机关所犯的"左"倾错误是政治路线错误。同时会议还讨论了发动全党进行思想革命，促使马克思列宁主义与中国革命实践相结合，以及维护党的团结和统一问题。毛泽东在会上作了《反对主观主义和宗派主义》的报告，在这份报告中毛泽东指出：中国共产党在过去的很长的一段时间内都为主观主义所统治，立三路线和苏维埃运动后期的"左"倾机会主义都是主观主义，特别是苏维埃运动后期的主观主义比立三路线事情"表现更严重，它的形态更完备，统治时间更长，结果更悲惨。这是因为主观主义者自称为'国际路线'，穿上马克思主义的外衣，是假马克思主义"。他还分析了主观主义存在的原因，提出了克服历史与现实中的主观主义和宗派主义的方法。通过这次会议，党的高级干部对于一些关键性问题的认识在马克思主义原则上取得了根本的一致。

1941 年 9 月 26 日，中共中央通过《关于高级学习组的决定》（以下简称《决定》），指出为了提高党内高级干部的理论水平和政治水平，决定在延安和外地的各重要区都成立高级学习组，参加学习的有中央、中央局、中央分局、区党委或省委的委员，八路军和新四军各主要负责人，各高级机关的一些干部和各高级学校的一些教员，军队的师、军区或纵队的干部，地方的区党委或省委的干部。中央学习组由毛泽东任组长、王稼祥任副组长。重庆地区学习组由周恩来任组长、董必武任副组长。各学习组统归中央学习组领导。《决定》明确要求，全党务必坚持理论与实践相统一的学习方法，先研究马恩列斯的思想方法和中国共产党的 20 年的历史，然后再研究马恩列斯与中国革命的其他问题，从而达到克服主观主义和形式主义等错误思想、发展革命理论的目的。这些文件和措施，不断把干部教育提升到党的重要工作地位上来，逐步建立和健全了一套干部教育的制度和方法，有力地推动了广大干部的学习。

为使党校切实担负起培养领导骨干的重任，党中央毅然决定改组党校，坚决纠正那种理论脱离实际的学风。党校直属中央书记处领导，由毛泽东负责政治指导，任弼时负责组织指导，彭真为教育长。此后，党中央把一大批高级干部陆续抽调到中央党校学习。

高级干部通过整风学习，在中国革命中许多重大的是非问题上形成了共识，这就为把整风学习普遍深入地在全党范围内开展作了充分细致的准备，为全党范围的整风学习顺利开展奠定了基础。

二、整风学习的深入开展

毛泽东说："整风运动是一个'普遍的马克思主义的教育运动'。整风就是全党通过批评和自我批评来学习马克思主义。"[1]

1942 年 2 月 1 日毛泽东在中央党校开学典礼上作《整顿党的作风》的报告。毛泽东指出："要在党内发动一个启蒙运动，使我们同志的精神从主观主义、教条主义的蒙蔽中间解放出来，号召同志们对于主观主义、宗派主义、党八股加以抵制。"[2]2 月 8 日，毛泽东又在中宣部和中央出版局联合召开的宣传工作会议上作了《反对党八股》的报告。这两个报告标志着整风运动由高级领导干部的整风学习阶段转入了普遍整风阶段，由少数高级领导干部的学习转变为全党各级领导机关的干部和党员的学习，

---

[1] 《毛泽东文集》第 7 卷，人民出版社 1999 年版，第 275 页。
[2] 《毛泽东选集》第 3 卷，人民出版社 1991 年版，第 827 页。

由以解决政治路线问题的认识为主转变为以整顿思想方法和思想作风为主。这次整风学习活动有以下几个主要特点。

1. 注重调查研究，增强学习针对性

毛泽东所作的《整顿党的作风》和《反对党八股》的报告，全面系统地提出了反对主观主义以整顿学风、反对宗派主义以整顿党风、反对党八股以整顿文风的任务，同时阐明了整风的宗旨和方针是"惩前毖后，治病救人"。这两个报告实际上是发动全党整风的动员报告。会后，各单位普遍传达了毛泽东的两个报告，制订了学习计划和检查工作计划，普遍地向党员和干部做了思想动员。2 月 28 日，中共中央作出《关于在职干部教育的决定》，指出理论教育的成败是革命成败的第一关键。在当前条件下，干部教育工作在全部教育工作中的比重，应该是第一位的，而且在职干部教育在全部干部教育工作中的比重也应该是第一位的。这是因为一切工作都应该经过干部去做。政治路线确定之后，干部就是决定的因素。如不把干部教育看得特别重要，就要犯本末倒置的错误。《决定》强调必须贯彻党的整风精神，理论联系实际，在各项工作、学习中反对主观主义、宗派主义、党八股，整顿学风、党风、文风。《决定》还规定，对干部在职教育的考核、测验与赏罚制度、学习情况如何要作为鉴定干部的标准之一。

反对主观主义以整顿学风是整风运动的中心内容。1942 年 4 月 3 日至 8 月初是整顿学风阶段，主要是解决对待马克思主义的态度问题。为了克服主观主义的学风，树立理论联系实际的马克思主义学风，党员干部集中学习了《整顿党的作风》有关部分、《改造我们的学习》《〈农村调查〉序言》中央《关于调查研究的决定》《关于干部学校的决定》《关于在职干部教育的决定》等文件。学习活动使大家提高了辨别是非的能力，使有书本知识的人向实际方面发展，使有工作经验的人能够通过读书学习将局部经验带上条理性、综合性，上升成为理论。在干部中提倡开展系统的调查研究之风，并把在全党推行调查研究的计划，作为转变党的作风的中心环节。

1942 年 8 月初至 12 月中旬是整顿党风、反对宗派主义阶段。宗派主义是组织关系上的一种错误表现。它是妨碍党内团结和统一，妨碍党和人民群众团结的坏作风。在抗战时期，党内的宗派主义主要表现为本位主义、分散主义、个人主义，特别突出地表现为山头主义。为了克服宗派主义，使每个共产党员以全党的最高利益为出发点，顾全大局，坚持民主集中制，正确处理局部和全局的关系、党群关系，切实担负起团结全党和全国人民争取抗战最后胜利的任务。在这个阶段，集中学习了《整顿党的作风》有关部分、《在陕甘宁边区参议会的演说》《关于纠正党内的错误思想》《反对自由主义》以及《关于增强党性的决定》《论共产党员的修养》《论党内斗争》《怎样做一个共产党员》和列宁、斯大林等论党的纪律与民主、斯大林论自我批评等。以文件精神为指导，对照自己的思想和工作，检查存在宗派主义、本位主义、自由主义、极端民主化和闹独立性的问题，开展批评和自我批评，最后写出总结。为了加强党的领导，在整顿党风期间，中央政治局于 1942 年 9 月 1 日通过了《关于统一抗日根据地党的领导及调整各组织间关系的决定》，促进了党风整顿的深入开展。

从 1942 年 12 月 18 日中央总学委会发出《关于文风学习的通知》开始，到 1943 年 3 月中旬止，是整风运动中的文风学习阶段。文风学习主要是反对党八股。党八股是主观主义、宗派主义在文风上的一种表现形式。在这个阶段中，各单位组织党员、干部学习了《反对党八股》《宣传指南》等文件，联系实际检查了工作中的形式主义现象，检查了写文章、做决议、作报告中的党八股文风。特别是文教宣传部门检查了教学、宣传和新闻报道中的形式主义、教条主义。1943 年 3 月 20 日，中央总学委发出了《关于整风学习总结计划》，要求各单位于 6 月底对整风运动进行总结，于是延安各单位全面检查工作，每个同志对自己的思想和历史进行全面反省并且写出书面总结。6 月 1 日，中央政治局通过了毛泽东起草的《关于领导方法的决定》，总结了经验，提出了一般和个别相结合，反对主观主义、官僚主义的领导方法，努力提倡了马克思主义的科学的领导方法。这个文件的发表，标志着延安普遍整风运动的基本结束。

2. 理论学习与自我反省相结合

整风运动自始至终都是以学习、研究中央规定的二十二个文件为主要内容的。1942 年 4 月 3 日，中央宣传部作出了《关于在延安讨论中央决定及毛泽东同志整顿三风报告的决定》，明确规定了整风学习的二十二个文件。其中包括《联共（布）党史简明教程》结束语，《列宁、斯大林论党的纪律与党内民主》《斯大林论平均主义》《斯大林论党的布尔什维克化》十二条，《斯大林论领导与检查》《季米特洛夫论干部政策与干部教育政策》《宣传指南》《中共中央关于增强党性的决定》《中共中央关于调查研究的决定》《中共中央关于延安干部学习的决定》，《中共中央关于在职干部教育的决定》《中共中央关于统一抗日根据地党的领导及调整各组织间关系的决定》《关于在延安讨论中央决定及毛泽东同志整顿三风报告的决定》毛泽东的《改造我们的学习》《整顿党的作风》《反对党八股》《反对自由主义》《关于纠正党内的错误思想》《农村调查》序言二、《在陕甘宁边区参议会的演说》，刘少奇的《论共产党员的修养》，陈云《怎样做一个共产党员》等。这些文件是确立马克思主义立场、观点和方法的理论武器，是无产阶级革命运动的经验结晶。中央宣传部的"四三决定"第一条明文规定：必须逐件精读、逐件写笔记，然后逐件或几件合并开小组会讨论。《解放日报》仅在1943 年，就登载整风学习经验、总结、心得体会、论文、杂感、质疑及解答文章共九十多篇。

在学习文件时，许多领导干部以身作则，写读书笔记，谈体会，交流学习方法和经验。如：陆定一写了题为《为什么整顿三风是党的思想革命》的文章，陶铸发表了《我对中宣部四三决定的认识》的读书笔记，彭真为《解放日报》写了《领会二十二个文件的精神实质》的代社论。周恩来在重庆八路军办事处，联系自己的亲身斗争经历，连续十几次给党员作系统党史报告。领导干部的这种认真学习马列主义的态度和精神，大大地鼓舞和带动了广大干部学习的积极性。

同时，在整风学习中"一定要反省自己"是理论联系实际通俗而具体的体现。这一思想贯彻于整风运动的全过程。对此,中央宣传部的"四三决定"明确规定:"在阅读与讨论中,每个人都要深思熟虑,反省自己的工作与思想,反省自己的全部历史。"在"反省自己"的号召下,延安整风运动中出现了一股自觉反省自己的热潮。通过学习文件,联系实际,提高觉悟,转变认识,从而分清了两条路线的是与非,增强了革命的积极性,提高了执行正确路线的自觉性。因此,延安整风运动使绝大多数中国共产党人树立了以马克思列宁主义的立场、观点和方法,认识到理论联系实际的极端重要性,提高了运用马克思列宁主义的立场、观点和方法来观察、分析和解决中国面临的各种实际问题的能力。

3. 领导带头、分类指导

为了保证整风学习的深入开展和有序进行,中央和地方机关对学习运动进行了有组织、有步骤的部署,成立相应的组织领导学习运动的机关。1942 年 4 月 13 日,中央成立了中央直属机关系统学习委员会。1942年 5 月 21 日,中共中央政治局会议决定:延长学习时间,成立中央总学习委员会,健全各单位的学习组织与领导,改进学习方法等。另外还组织编写了整风学习运动的各项学习材料,并规定了整风学习的文件。

为了加强整风运动的领导,1942 年 6 月 2 日成立了以毛泽东为首的"总学习委员会",下按五个系统设分区学习委员会,负责领导本系统的整风学习。中央直属系统分区学习委员会由李富春和康生负责,以下各机关成立学习分会。中共中央军委系统分区学习委员会由王稼祥、陈云负责,以下成立中心学习组,如参谋中心学习组、政治部中心学习组、后勤部中心学习组、专家中心学习组等。各机关部队成立学习分会,中共中央军委系统分区学习分会、中央党校系统分区学习委员会和陕甘宁边区系统分区学习委员会,由任弼时和高岗负责,以下按政府、军队、党和民众团体三个系统分别领导各个系统的整风运动。边区的党和民众团体学习委员会由陈正人负责,政府系统学习委员会由林伯渠、谢觉哉负责,八路军留守部队和保安司令部系统的学习委员会由肖劲光负责,延安各机关学校的高干成立中心学习组。

　　参加学习的干部分为中心组、甲级组（高级组）、乙级组（中级干部）和丙级组（一般干部）。甲、乙两组以自己学习研究文件为主，辅以必要的讨论。丙级组则主要以上课或由甲、乙组的同志为其讲解、宣读文件为主。整风学习实行领导和群众相结合、一般号召和个别指导相结合的原则，发扬党内民主，充分展开批评与自我批评，具体地分析错误的内容、危害和犯错误的原因，找出改正错误的方法。广大党员在党组织的帮助下，自觉地坚持真理、修正错误，达到既要弄清思想又要团结同志这两个目的。

　　中共中央和有关部门的一系列文件，确定了在职干部教育的学习原则、学习内容和方法，许多学习小组还制订了相应的考勤、考核制度，并且实施因人而异、因材施教的学习方法，大大提高了学习实效。切实有效的学习制度不仅保障了干部学习任务的落实，更重要的是建立了一种行之有效的干部队伍建设的基本制度，初步培养起了干部自觉学习的良好习惯和通过学习改造世界观、指导实践的实际能力，进而成为党的一项优良传统。

　　在整风学习的过程中，党的高级领导干部一方面惜时如金，刻苦学习，另一方面循循诱导，指导其他干部加强学习，从而形成一条最根本的经验，就是领导带着学。毛泽东在倡导全党学习的同时，以极大的精力致力于理论工作。他百忙之中挤出时间发愤苦读，不仅学习马列主义经典著作，而且还广泛阅读中外学者的著作。他好学深思，边读边思考，常常在书上作批注，并经常到各个干部学校讲课、作报告。毛泽东和其他中央领导著书立说，发表了许多重要的哲学、党建文章。中央还组织在延安的党政军主要负责同志，研究中国古代哲学思想，毛泽东任组长、陈云任副组长，学习人员达四五十人，每两周开会讨论一次，每次讨论时间长达半天。在毛泽东的倡议下，还成立了延安新哲学学会。董必武、徐特立、林伯渠、谢觉哉、吴玉章几位老革命家更是勤学不辍，每天天亮即起，一方木凳坐于窑前，聚精会神看书一个多钟头，被传为美谈，其旺盛的学习精神直接感染着青年干部。毛泽东等中央领导同志对学习的倡导和亲身实践，为延安干部学习之风的兴起，起到了示范带动作用。

4. 以研究实际问题为中心，学习方式灵活多样

坚持求真务实的态度，以研究中国革命实际问题为中心，广泛开展调查研究工作是整风学习的重要途径和形式。1942 年 3 月，中共中央宣传部召开部务会议，深刻检讨了过去延安在职干部教育工作中理论与现实分离的错误，指出教育的目的就是要使干部能够达到解决中国革命的实际问题。陈云告诫党内同志"我们要决定政策，就要研究情况，用脑筋去想问题，如果自己脑子里所想的是主观主义的，和实际情况不相符，那就会犯错误"①。毛泽东语重心长地告诫全党："马克思、恩格斯、列宁、斯大林的理论，是'放之四海而皆准'的理论。不应当把他们的理论当作教条看待，而应当看作行动的指南。不应当只是学习马克思列宁主义的词句，而应当把它当成革命的科学来学习"②，"要有目的地去研究马克思列宁主义的理论，要使马克思列宁主义的理论和中国革命的实际运动结合起来，是为着解决中国革命的理论问题和策略问题而去从它找立场，找观点，找方法的"③。这种有的放矢的态度和实事求是的态度，"就是党性的表现，就是理论和实际统一的马克思列宁主义的作风"，强调"这是一个共产党员起码应该具备的态度"④。

毛泽东非常注重调查研究，他说："认识世界，不是一件容易的事。马克思、恩格斯努力终生，作了许多调查研究工作，才完成了科学的共产主义。列宁、斯大林也同样作了许多调查。中国革命也需要做调查研究工作。首先要了解中国是个什么东西（中国的过去、现在及将来）。"⑤ 1942 年 7 月，中央发出了《关于设立调查研究局的通知》，公布了中央调查研究局的组织机构和各级领导人，各地也设置了相应的调查研究机构。

---

① 《陈云文选》第 1 卷，人民出版社 1995 年版，第 268 页。

② 《毛泽东选集》第 2 卷，人民出版社 1991 年版，第 533 页。

③ 《毛泽东选集》第 3 卷，人民出版社 1991 年版，第 801 页。

④ 同上书，第 801 页。

⑤ 《毛泽东文集》第 2 卷，人民出版社 1993 年版，第 378 页。

与此同时，中央发布了《关于实施调查研究的决定》，使各级调查研究机构的任务更加明确。在延安整风学习过程中，许多领导人带头进行了调查研究。毛泽东通过广泛的调查研究、收集整理，写了十余万字的财政经济情况的报告，并写出了《关于农村调查》。时任中央政治局委员、书记处书记兼中央宣传部部长的张闻天进行了长达一年多的社会调查。他说："我党历史上吃过教条主义的大苦头，那时不是从调查研究中国社会的实际情况入手，制定党的路线、政策和策略，而是拿马列主义的条文来套中国革命的实际，结果跌了跤子；延安整风总结经验教训，认识了理论结合实际的重要性。所以必须注重调查研究，一切从实际出发。"[①]

　　1942年5月，延安《解放日报》发表社论，指出："我们党日益深刻地发现中国社会的内在实情，及其发展规律，不是忘掉中国的特点，而是更确切地掌握了这些特点，并依据中国的特点，发展了马列主义，因而在工作中取得了成绩。……辩证唯物主义这个哲学名词，这个抽象的概念，这个难以捉摸的东西，现在已经被解释以活生生的事实，被充实以血和肉，变成了通俗的中国化的人人可以了解的东西了。马列主义被发展了，被推进了。我们的党已经把辩证唯物主义由'自在之物'变为'自由之物'。"而取得这一成就的根本原因就在于全党在学习理论、研究理论、运用理论和发展理论方面有了一个关键的方针和方法——坚持以研究中国革命的实际问题为中心，贯彻了把马克思主义理论与中国实际相结合的基本要求。整风学习运动是"以研究中国革命实际问题为中心，以马克思列宁主义基本原则为指导"。正是由于有了这样深刻的认识，整风学习运动在中共中央的直接领导下，能够不断改进方法，保持正确方向，紧贴中国革命实际，逐渐培养起了全党实事求是、理论联系实际的思想路线。诚如肖劲光所言："延安的学习最突出的一条，就是毛主席倡导的

---

　　① 张启龙、李延禄等：《共产主义者的楷模——回忆在合江工作时期的张闻天同志》，《人民日报》，1979年9月4日。

理论联系实际的学风。"①1942 年 10 月，艾思奇在《延安中央研究院的学习总结报告》中指出："经过了以上的过程，我们的学习，就在基本上被改造过了，我们开始走上了马列主义的正确的学习道路。"②

三、学习党史与历史决议的形成

1."延安整风更是一场党史教育活动"

延安整风从开始到结束，都是以党史学习为主要内容的。在党的扩大的六届六中全会上，毛泽东把革命的理论、历史知识、对实际运动的了解摆在相同的地位，把是否具有历史知识，提到关系革命能否取得胜利的重要地位。而在"理论""历史知识""实际运动"三者中，历史知识具有独特的重要性。因为，学习历史知识是为了解实际，而了解实际，才能把马克思主义理论同实际相结合，形成符合中国历史实际的理论和政策，从而保证中国革命取得胜利。基于这一认识，毛泽东非常重视历史研究学习和教育，把历史研究学习和教育也放在关系到革命能否取得胜利的地位来看待。他反复强调历史教育，号召全党要认真研究学习历史。他说："一切有相当研究能力的共产党员，都要研究马克思、恩格斯、列宁、斯大林的理论，都要研究我们民族的历史，都要研究当前运动的情况和趋势；并经过他们去教育那些文化水准较低的党员。"③并将历史教育作为党的思想建设和干部队伍建设的重要内容。

1940 年，中央开始了党的高级干部的党史学习。在中央指定的学习文件中，除了一些马列著作，还编辑出版了《六大以来》和《六大以前》，把代表党的正确路线的文件和代表党的错误路线的文件，提供给干部讨论。1941 年，在延安整风运动中，毛泽东在延安的干部会议上所作的

---

① 转引自霍志宏、钱竹梅：《延安时期的干部学习运动》，《中华魂》，2004 年第 5 期。

② 转引自陈至立主编：《中国共产党建设史》，上海人民出版社 1991 年版，第428 页。

③ 《毛泽东选集》第 2 卷，人民出版社 1991 年版，第 532—533 页。

《改造我们的学习》的报告中又着重指出："不论是近百年的和古代的中国史，在许多党员的心目中还是漆黑一团。许多马克思列宁主义的学者也是言必称希腊，对于自己的祖宗，则对不住，忘记了。"①他还严厉地批评党内一些人，"对于自己的历史一点不懂，或懂得甚少，不以为耻，反以为荣"。要求加强对全党的历史教育，在党内形成研究学习历史的浓厚风气，使全党都懂得国内外历史。"不但要懂得外国革命史，还要懂得中国革命史；不但要懂得中国的今天，还要懂得中国的昨天和前天。"②只有这样，党领导的中国革命才能走向胜利。

1941 年，中央书记处颁发了《中共中央关于高级学习班的决定》，规定的学习内容包括："研究马恩列斯的思想方法与我党二十年历史两个题目。"1942 年 3 月，毛泽东发表了《如何研究中共党史》的报告，论述了研究党史的意义，指出："要把党的路线政策的历史发展搞清楚。这对研究今天的路线政策，加强党内教育，推进各方面的工作，都是必要的。我们要研究哪些是过去的成功和胜利，哪些是失败，前车之覆，后车之鉴。"③这些文件很好地指导了整风学习运动中的党史教育学习。

1943 年 10 月，整风学习运动进入了党的高级干部总结党的历史经验的学习阶段。这一阶段，中央书记处把党的历史文献汇编成《两条路线》一书，这本书是在《六大以来》《六大以前》基础上增删而成的，供高级干部学习讨论。在此期间，党中央组织了一次有关党史问题的座谈会。党的主要领导同志大部分都参加了这个会议。在座谈会上，大家按历史发展的顺序，对一件件、一桩桩重大历史问题进行分析，得出正确的结论，最后形成文字材料。在高级干部学习、研究党的历史的推动下，全党开始批判党史上的机会主义路线，特别是对以王明为代表的"左"倾机会主义错误进行了揭发和清算，从而统一了党内对于党的历史问题的看法。在总结党的历史经验过程中，党员干部不仅着重讨论了 1931 年年初

---

① 《毛泽东选集》第 3 卷，人民出版社 1991 年版，第 797 页。
② 同上书，第 801 页。
③ 《毛泽东文集》第 2 卷，人民出版社 1993 年版，第 399 页。

到 1934 年年底这一时期的中央政治路线问题，曾在各个革命根据地和中国工农红军中工作过的同志，也召开各地区、各部队的党史座谈会，使党的干部从自己的切身实践经验出发，进而认真分析全党的路线问题，细致地总结党的历史经验教训。这对于切实提高党员干部的马克思主义思想水平发挥了有力的促进作用。

在全党特别是党的高级干部总结党的历史经验教训的基础上，1944 年 4 月 12 日，毛泽东在延安高级干部会议上作了《学习和时局》的报告，在报告中他代表中央政治局对党内两条路线斗争的历史经验，对高级干部党史学习讨论中的几个重要问题作了结论，分析了当时的形势，对于党在七年抗战中的工作作了总结。毛泽东的报告为党的六届七中全会和第七次全国代表大会的召开做了重要的思想准备。

2. 历史决议的形成

1943 年，经过一年多普遍的整风运动之后，全党的马列主义理论水平空前提高。系统总结党的历史经验，从思想路线的高度对党的历次错误根源进行系统清算，并在此基础上统一全党思想的历史条件已经成熟。

1943 年 9 月 7 日至 10 月 6 日，以及 11 月 3 日至 27 日，中共中央连续召开政治局会议，对十年内战时期和抗战初期王明的错误路线进行严肃批评。会议期间，与会者认真开展批评与自我批评，贯彻了"惩前毖后、治病救人"的正确方针。经过九月会议以来的紧张学习和对错误路线的深入批判，高级干部对党的历史上的路线是非基本弄清。

对于党的历史上一些存在争议的重要问题，中央书记处 1944 年 2 月 21 日开会进行了讨论，统一了若干方面的认识：王明、博古的错误应视为党内问题；临时中央与六届五中全会因有共产国际承认，应承认是合法的，但必须指出其手续不完备；对于历史上的思想问题要弄清楚，对组织结论必须力求宽大，即"思想要弄清，结论要宽大，对党才有利"①；目前是应该强调团结，必须团结一切同志共同工作；党的六大的基本方

---

① 中共中央文献研究室：《毛泽东传》，中央文献出版社 2011 年版，第 674 页。

针是正确的，六大是起了进步作用的，对于六届四中全会至遵义会议这一段历史，也不要采取否定一切的态度，凡做得对的，也应承认它；当时在打倒共同敌人问题上，党内是一致的，分歧点是如何打倒敌人，如果把过去一切都否定，就是一种偏向。中央书记处这次会议，实际上对历史问题作了明确结论。这些结论，使犯过错误的同志解除了思想包袱，未犯错误的同志也对一些历史问题有了正确的看法。

1944 年 4 月 12 日，毛泽东在延安高级干部会议上传达了中央关于几个历史问题的结论，强调了研究党的历史经验应该采取的正确态度。他说：“这次处理历史问题，不应着重于一些个别同志的责任方面，而应着重于当时环境的分析，当时错误的内容，当时错误的社会根源、历史根源和思想根源，实行惩前毖后、治病救人的方针，借以达到既要弄清思想又要团结同志这样两个目的。对于人的处理问题取慎重态度，既不含糊敷衍，又不损害同志，这是我们的党兴旺发达的标志之一。”①

毛泽东指出：这次整风，是要着重清算 1931 年至 1934 年的“左”倾路线错误。他提醒大家注意，对于这个时期的中央的领导路线问题，也应该作两方面的分析，“一方面，应指出那个时期中央领导机关所采取的政治策略、军事策略和干部政策在其主要方面都是错误的；另一方面，应指出当时犯错误的同志在反对蒋介石、主张土地革命和红军斗争这些基本问题上面，和我们之间是没有争论的。即在策略方面也要进行分析。例如在土地问题上，当时的错误是实行了地主不分田、富农分坏田的过左政策，但在没收地主土地分给无地和少地的农民这一点上，则是和我们一致的。”②毛泽东的这一系列讲话，为正确分析党的问题指明了方向，对于巩固全党团结起了重要作用。

在全党团结、统一的气氛下，在党的高级干部深入研究党的历史、认清路线是非的基础上，中央认为起草历史问题决议的时机成熟了。

---

① 《毛泽东选集》第 3 卷，人民出版社 1991 年版，第 938 页。
② 同上书，第 938—939 页。

1944 年 5 月 10 日，中央书记处会议决定成立党内历史问题决议准备委员会，任弼时为召集人。5 月 21 日，中国共产党第六届中央委员会扩大的第七次会议在延安召开。这次中央全会是在延安整风运动的基础上为了全面总结党的历史经验而召开的。会议断断续续进行了 11 个月，中间还穿插开了其他会议讨论党的历史问题。任弼时写成了"决议"草案稿，以 1941 年秋天毛泽东起草的《关于四中全会以来中央领导路线问题结论草案》为基础，同时又反映了其后各次会议取得的新认识。此后，毛泽东以及党的其他高级干部多次讨论，对决议稿进行了多次修改。1945 年 4 月 20 日，中共六届七中全会原则上通过了《关于若干历史问题的决议》；8 月 9 日，中共七届一中全会第二次会议一致通过该决议。

《关于若干历史问题的决议》（以下简称《决议》）是一份极其重要的党的文件，在《决议》修改稿中，毛泽东高度评价了延安整风在思想上、政治上、组织上巩固党的作用。他指出："中国共产党自从它在一九二一年产生以来，就是以马克思主义的普遍真理与中国革命的具体实践相结合为自己一切工作的指针。在一九二一年至现在（一九四五年）的二十五年奋斗中，经历了北伐战争、土地革命与抗日战争三个时期。在这三个时期中，全党同志和广大中国人民在一起向着中国人民的敌人——帝国主义与封建主义进行了英勇的革命斗争，取得了伟大的成绩与丰富的经验。同时，在这三个时期中，全党同志与党内一切机会主义思想与行为不断地作了马克思主义的斗争。使党在思想上、政治上、组织上一天天更加巩固起来。到了今天，有了一百二十万党员，我党领导了近一万万人民，九十万军队的中国解放区，形成了一条同国内一切错误路线相对立的正确路线。由于执行了这条正确路线，并批判了一切错误路线，党才在三个时期取得了伟大成绩，造成了今天这样在思想上、政治上、组织上巩固的党，形成了中国人民解放事业的伟大领导者。"①

---

① 转引自中共中央文献研究室：《毛泽东传》，中央文献出版社 2011 年版，第 679 页。

　　《决议》总结了党的历史经验，特别是对六届四中全会至遵义会议期间中央的领导路线问题作出了正式结论。《决议》获得了普遍的认同和拥护，就连在历史上犯过错误的同志，也是如此。博古在六届七中全会上发言，真诚拥护这个决议，并向那些曾经受过错误路线迫害的同志道歉。王明在给七中全会的声明书中，也对历史决议及其对第三次"左"倾路线所犯严重错误的分析和估计表示"完全同意和拥护"。

　　《决议》同时还高度评价了毛泽东运用马克思列宁主义基本原理解决中国革命问题的杰出贡献，肯定了确立毛泽东在全党领导地位的重大意义。《决议》指出：全党今后的任务，就是在马克思列宁主义思想一致的基础上，"团结全党同志如同一个和睦的家庭一样，如同一块坚固的钢铁一样，为着获得抗日战争的彻底胜利和中国人民的完全解放而奋斗"①。

　　党的六届七中全会通过的《关于若干历史问题的决议》总结了建党以来的经验教训，对若干党内历史问题，尤其是六届四中全会到遵义会议期间中央的政治路线、军事路线、组织路线、思想路线作出了正式结论，使党内思想统一于马克思列宁主义，标志着这次整风运动的完成，并为中共七大的胜利召开奠定了思想基础。

　　3. 在毛泽东思想的旗帜下前进

　　邓小平曾经说过："延安时期那一段，可以说是毛泽东思想比较完整地形成起来的一段。"②整风学习运动在客观上为毛泽东思想科学体系的成熟提供了历史契机，极大地促进了毛泽东思想作为中国共产党一切工作指导思想的地位在七大上的确立。

　　整风学习使全党在深刻认识毛泽东正确路线的基础上，逐步接受了"毛泽东思想"这一科学概念。1935 年遵义会议，虽然结束了王明"左"倾冒险主义在党内的统治，肯定了毛泽东军事思想的正确性，毛泽东进入了新的党中央领导班子，但在以后中国革命的发展过程中，仍程度不同

---

　　① 《毛泽东选集》第 3 卷，人民出版社 1991 年版，第 955 页。
　　② 《邓小平文选》第 2 卷，人民出版社 1994 年版，第 292 页。

地受到"左"的或右的错误干扰，以致有人对党的政治路线表示怀疑。这就迫切需要全党分清路线是非，辨别理论真伪，用正确的理论指导中国革命以取得胜利。经过整风学习，全党在彻底批判和清算以王明为代表的错误路线的基础上，充分肯定和坚信了以毛泽东为代表的党中央的正确路线。

早在整风学习的酝酿阶段，党内就有一些党员干部对毛泽东的思想理论进行了有益探索和研究。1941 年 3 月，理论工作者张如心在《论布尔什维克的教育家》一文中，首次使用了"毛泽东同志的思想"这一提法，并且指出：毛泽东同志的言论、著作是马列主义理论与中国革命实践相结合的典型的结晶体。1943 年 7 月，王稼祥在《中国革命与中国民族解放的道路》一文中第一次提出和论述了毛泽东思想的概念与内涵。他指出："中国民族解放整个过程中——过去现在与未来——的正确道路就是毛泽东同志的思想，就是毛泽东同志在其著作中与实践中所指出的道路。毛泽东思想就是中国的马克思列宁主义，中国的布尔什维主义，中国的共产主义。"①"中国共产主义的理论——毛泽东思想是以马克思列宁主义的理论为基础，但仅仅是基础，它对于党内存在过和存在着的教条主义与机械搬运的公式主义进行过不调合的斗争，同时又反对了那些脱离马列主义基础的错误观点。"②

陈云在 1942 年中央新年团拜会上说，中国共产党成立二十多年来，"最大的成绩，就是我们党培养出了一个领袖，我们选择了这个领袖，就是毛泽东同志"。1943 年 7 月，周恩来从重庆回到延安参加整风学习。他在 8 月 2 日的演说中肯定了延安整风取得的伟大成绩，表达了全党对以毛泽东为代表的党中央正确领导的无比信任。他说："我们党二十二年的历史证明：毛泽东同志的意见，是贯串着整个党的历史时期，发展成为一条马列主义中国化，也就是中国共产主义的路线！"③

---

① 《王稼祥选集》，人民出版社 1989 年版，第 344 页。
② 同上书，第 351 页。
③ 《周恩来选集》上卷，人民出版社 1980 年版，第 138 页。

在普遍整风学习阶段，全党更加深入地阐释、宣传和评价了毛泽东思想，认识到毛泽东思想的科学体系不仅仅包括毛泽东本人的思想主张和理论创造，而且还包括全党其他各方面的重大理论成果，是多年来中国共产党进行革命斗争和推进马克思主义中国化的历史经验的深刻总结，是全党集体智慧的结晶。由于延安整风使全党深刻认识到毛泽东在中国革命中的历史地位和独创性的理论贡献，中共领导层开始把同中国革命具体实践相结合的马克思主义理论与毛泽东的名字联系在一起。

1943 年 7 月，刘少奇在《清除党内的孟什维主义思想》一文中提出，全体共产党员"应该用心研究二十二年来中国党的历史经验，应该用心研究与学习毛泽东同志关于中国革命的及其他方面的学说，应该用毛泽东同志的思想来武装自己，并以毛泽东同志的思想体系去清算党内的孟什维主义思想"[①]。1943 年 11 月，邓小平在中共北方局党校整风动员大会上说道："自从一九三五年一月遵义会议之后，在以毛泽东为首的党中央领导之下，彻底克服了党内'左'右倾机会主义，一扫主观主义、宗派主义和党八股的气氛，把党的事业完全放在中国化的马列主义，即毛泽东思想的指导之下，直到现在已经九年的时间，不但没有犯过错误，而且一直是胜利地发展着。"[②]他指出，正是在以毛泽东思想为指导的党中央的领导之下，我们回忆过去的惨痛教训，才感觉到现在是很幸福的。为了在党内迅速掀起一个学习毛泽东思想的热潮，以利于全党同志能够系统地掌握毛泽东思想的丰富内涵，晋察冀日报社于 1944 年 7 月在邓拓的主持下，编辑出版了《毛泽东选集》(共五卷)。

这样，随着整风运动的胜利结束，随着广大党员对毛泽东思想有了一个理性的认识，毛泽东思想被全党接受便成了历史发展的必然。1945 年，在党的"七大"会议上，刘少奇在《关于修改党章的报告》中明确指出："我们的党，已经是一个有了自己伟大领袖的党。这个领袖，就是我们党

---

① 《刘少奇选集》上卷，人民出版社 1981 年版，第 300 页。
② 《邓小平文选》第 1 卷，人民出版社 1994 年版，第 88 页。

和现代中国革命的组织者与领导者——毛泽东同志。我们的毛泽东同志，是我国英勇无产阶级的杰出代表，是我们伟大民族的优秀传统的杰出代表。他是天才的创造的马克思主义者，他将人类这一最高思想——马克思主义的普遍真理与中国革命的具体实践相结合，而把我国民族的思想水平提到了从来未有的合理的高度，并为灾难深重的中国民族与中国人民指出了达到彻底解放的唯一正确的道路——毛泽东道路。"①"以马克思列宁主义的理论与中国革命的实践之统一的思想——毛泽东思想，作为我们党一切工作的指针。"②"毛泽东思想，就是马克思列宁主义的理论与中国革命的实践之统一的思想，就是中国的共产主义，中国的马克思主义。"③正确认识和确立毛泽东思想的历史地位和指导作用，也就确立了把马列主义普遍真理同中国革命的具体实践相结合的思想原则，从而实现了发起整风运动的初衷——使全党在马克思列宁主义的指导下，形成政治、思想和组织上的大统一、大团结，更好地肩负起领导中国革命走向胜利的历史重任。党的七大作为党在民主革命时期最重要的一次会议，其所以能完成自己的历史使命，同整风学习有着密不可分的联系，它既是整风运动胜利结束的标志，又是对整风成果的一个新的升华。

清算各种错误思想、特别是"左"倾教条主义思想影响，是整风运动的出发点，也是这场学习运动要达到的根本目标。通过整风学习，普遍宣传了马克思主义的辩证唯物主义，使广大干部和党员受到了一次极为深刻的思想政治路线方面的教育，使他们从主观主义的思想禁锢中彻底解放出来，从对马克思主义的教条式的理解、对共产国际和苏联经验的神圣化认识的精神枷锁中彻底解放出来，从而对于推动马列主义同中国革命实践相结合，加强党的建设，贯彻一切从实际出发，理论联系实际、实事求是的辩证唯物主义的思想路线具有极其重要的意义。正如毛泽东所说："这种成效，主要地是在于使我们的领导机关和广大的干部和党

---

① 《刘少奇选集》上卷，人民出版社 1981 年版，第 319 页。
② 同上书，第 332 页。
③ 同上书，第 333 页。

员，进一步地掌握了马克思列宁主义的普遍真理和中国革命的具体实践的统一这样一个基本的方向。"①这次整风学习运动，也就成了继五四运动之后一场反对现代迷信和新教条的伟大的思想解放运动。在这一点上，它的伟大意义就不仅仅局限于对"左"右倾错误路线清算的层面上，更重要的是实现了中国共产党在思想理论上的拨乱反正。

经过延安整风，全党克服了教条主义，树立了理论联系实际、密切联系群众、批评与自我批评的优良作风。党的三大作风，是党和老一辈无产阶级革命家在长期革命斗争实践中倡导、培育起来的，经过延安整风，使三大作风的内容和形式都得到了进一步的充实和发展，并且已经深深地植根于广大干部之中。对于这一点，毛泽东在 1957 年回顾延安整风时再次给以肯定，他说："延安整风的时候，写笔记，自己反省，互相帮助，七八个人一个小组，搞了几个月。我接触的人都感谢那一次整风，说改变主观主义就是那一次开始。"②在延安整风中比较完整地形成起来的党的三大优良作风，又为不久召开的党的第七次代表大会所肯定，成为全党的优良的传统作风，世代相传。

---

① 《毛泽东选集》第 4 卷，人民出版社 1991 年版，第 1252 页。

② 《建国以来重要文献选编》第 10 册，中央文献出版社 1994 年版，第 598 页。

第六章　迎接革命胜利与学习执政本领

在解放战争时期和中华人民共和国成立初期，中国共产党更加重视并积极开展全党的学习活动。在解放战争时期，以毛泽东为代表的党中央集体领导开展全党的学习活动，主要围绕两个问题：一是统筹学习内容，加强理论与政策和形势的学习，提高对敌斗争的能力。二是创新学习方法，以便在更大的范围内去理论联系实际，将马列主义理论与党的路线、方针、政策和斗争策略等联系起来，提高自身解决实际问题的能力。在中华人民共和国成立初期，面对提高党员素质和党的执政能力的迫切要求，以及领导经济发展的客观需要，中国共产党提出要重新学习，学会接管城市和建设城市，学会管理企业、促进生产发展，从而尽快恢复国民经济，努力提高人民的生活水平。

一、为争取解放战争的胜利而学习

抗日战争胜利以后，国内出现了暂时的和平现象。在这种情况下，中国共产党既要学会在暂时和平局面下，如何进行非武装斗争，利用合法的政治斗争来解决政治问题；又必须提高警惕，继续教育全国人民认清国民党的阴谋诡计，以保持清醒的头脑。面对复杂的政治斗争和军事斗争形势，党内也存在一些轻视理论的经验主义倾向，有一些干部认为目前的主要任务是战争，只要英勇奋斗、不怕牺牲，积极完成党的任务就可以了，而理论学习虽然重要，但并不急需。出现这种倾向的主要原因是党内很多干部本身的理论水平很低。他们虽然有长期的工作经验和工作热情，但却缺乏应有的理论修养，不能与形势的发展相适应。正如毛泽东所说，总的来看，"我们党的理论水平是很低的，现在比较过去是高了一些，但是还不够。现在我们党当然有些进步，但从中国革命运动的要求来说，我们的理论水平还不够"①。

那么，怎样改变党的文化知识水平和理论水平不高的现状呢？关键是转变学习态度，围绕争取解放战争胜利这一工作重心来加强学习。在解放战争时期，全党的学习活动主要集中在两点：一是加强理论与政策和形势的学习，提高对敌斗争的能力；二是在更大的范围内去理论联系实际，创新学习方法。

1. 加强理论与政策和形势的学习

1946 年 2 月 1 日，中共中央在《关于目前形势与任务的指示》中指出，根据和平建国的新形势，今后广大党员干部"将更加依靠自己的主动性与创造性，去进行自己的工作，他们应该比较过去更加团结，更加守纪律，更加学习马列主义与毛泽东思想，更加提高政治工作，借以保持与提高自己作为无产阶级先进战士的本质，因而也就能够保持与提高我们的军队作为人民军队的本质"②。也就是说，只有通过主动性、创造性地学习和工作，才能保持党组织的先进性，才能在政治斗争和军事斗争中发扬理论联系实际、密切联系群众的优良作风，才能将中国引向和平、民主的前途。为统筹兼顾争取革命胜利和提高党员学习能力这二者之间的关系，党对解放战争时期开展学习的主要内容进行了总体部署和具体要求，体现出加强理论学习与政策、形势学习相结合的特点。

（1）重视理论学习，加强对毛泽东思想的学习

刘少奇在七大报告中指出："我们党和许多党员，曾经因为理论上的准备不够，因而在工作中吃了不少的徘徊摸索的苦头，走了不少的不必

---

① 《毛泽东文集》第 3 卷，人民出版社 1996 年版，第 341 页。

② 中央档案馆：《中共中央文件选集》第 16 册，中共中央党校出版社 1992 年版，第 64－65 页。

要的弯路。但现在已经由于毛泽东同志的艰巨工作和天才创造，为我们党和中国人民在理论上作了充分准备，这就极大地增强我们党和中国人民的信心和战斗力量，极大地加速中国革命胜利的进程。因此，现在的重要任务，就是动员全党来学习毛泽东思想，宣传毛泽东思想，用毛泽东思想来武装我们的党员和革命的人民，使毛泽东思想变为实际的不可抗御的力量。"①为提高全党的理论水平，促进毛泽东思想的学习，1946年12月19日，中共中央宣传部正式下发文件，明确指示："七大通过之党章及刘少奇关于党章的报告，各地可以公开印刷和出售。"②另外，在1949年5月7日，周恩来在中华全国青年第一次代表大会上作了《学习毛泽东》的专题报告，系统阐述了"学习毛泽东"的意义与方法。周恩来指出，学习毛泽东必须全面地学习，首先要学习毛泽东实事求是的精神，其次要学习毛泽东最能坚持原则又最能灵活运用的革命作风，再次要学习毛泽东统一战线的思想。另外，学习毛泽东，还要学习毛泽东不断学习的精神。学习，是毛泽东思想的一个重要特点。我们要做他的学生，就要学习他这种精神。③

党内学习主要有两种形式，一种是在职干部及党员的学习，一种是党校培训学习。以党校培训学习为例，1948年9月以来，中共中央针对自从反对教条主义以来，各地党校没有提倡认真读书，有些党校甚至不读书或很少读书的错误风气，提出了全党必须努力学习理论与政策和策略的号召。中央在专门颁发的《关于党校教学材料的规定》中，对各地各级党校的学习内容作了非常具体、详细的规定。其中理论部分的内容主要包括"马列主义基本理论"和"中国革命基本问题与中国共产党"两个部分。"马列主义基本理论"部分包含的主要书目有《共产党宣言》《马克思主义的三个来源和三个组成部分》《辩证唯物主义与历史唯物论》《政治经济学》等。"中国革命基本问题与中国共产党"部分所包含主要书目有《新民

---

① 《刘少奇选集》上册，人民出版社1981年版，第337页。
② 《刘少奇年谱》下卷，中央文献出版社1996年版，第58页。
③ 《周恩来选集》上卷，人民出版社1980年版，第331—343页。

主主义论》《中国革命与中国共产党》《论联合政府》《改造我们的学习》《整顿党风学风文风》《反对党八股》《关于修改党章的报告》《党章》《关于若干历史问题的决议》等。

（2）理论学习与政策、形势相结合

"学习为战争服务"成为这一时期党的学习的突出特点。1946 年12 月 10 日，陕甘宁边区政府颁布的《陕甘宁边区战时教育方案》中规定了战时教育的内容与组织形式，要求"国语、政治课，应着重培养革命观点、群众观点和坚决勇敢、拥军尚武的精神""史地课应发扬民族气节与反抗强暴的历史传统，及民族英雄、革命烈士英勇奋斗的事迹""理化或自然，卫生课应增添防空防毒，急救看护，熬硝炼磺，制造火药和地雷等实用知识""体育课应增加简单的军事训练"。同时，把一些"不急需的课程"统统删去，增加了战时教育和社会活动时间，使学生通过战时教育，逐步树立起"一切服务战争""一切为着胜利"的思想。这样，就把党内的马克思主义理论学习和广大党员干部的实际工作联系起来，加强了党的学习的时代化特征。

在解放战争时期，党和人民军队的方针是"蒋反我亦反，蒋停我亦停"，以斗争达到团结。同时，要准备有所让步。毛泽东指出："解放区一万万人口、一百万军队，蒋介石是不会完全承认的。我们要准备有所让步，在数量上作些让步，以取得合法地位，以局部的让步换取在全国的合法地位，养精蓄锐来迎接新形势。对这种让步我们要有准备。另一方面，我们还要准备在合法工作中去进攻，利用国会讲坛去进攻，要学会作合法斗争。这对于我们是一个新环境，和北伐、内战、抗日三个时期都不同，因为这是和平时期。我们很需要利用这样一个时期来教育全国人民，来锻炼我们自己。学会了做许多工作，才有能力去搞全国、搞大城市工作。"①

在争取和平民主斗争的新形势下，中国共产党如何实现对人民军队的领导呢？刘少奇在《时局问题的报告》一文中指出："在各种改变以后，

---

①　《毛泽东文集》第 4 卷，人民出版社 1996 年版，第 8—9 页。

我们的同志、干部，在军队中工作，就要更加团结，更加有纪律，更加学习马列主义，学习毛泽东思想，更加加强政治工作，因为党不直接领导他们了，那么不守纪律怎么办，扯皮怎样办？我不满意你，你不满意我，那就很难办。就说要团结，虽不满意就算了吧，要顾及到大问题，班长和连长扯皮，政委和连长扯皮，现在可以开会批评，可以命令，以后就不这样搞。以后他们不团结，或者发生其他问题只有他们自己解决，所以我们在军队里工作的党员要更自觉守纪律，提高马列主义的修养和毛泽东思想教育，把觉悟程度提得更高。"①因此，重视学习、加强学习，是新形势下党提高领导人民军队的能力的重要基础，也是学会利用一切合法手段去教育人民、锻炼自身能力的重要前提。

2. 拓展理论联系实际的范围

在转变学习态度、了解需要学习的主要内容之后，学习方法问题就显得非常重要了。在解放战争时期，党着重阐述了理论联系实际的原则及其运用办法。

坚持理论联系实际，关键要解决两个问题：一是联系什么样的实际，二是理论如何联系实际。1948 年 12 月，刘少奇在对马列学院第一班学员的讲话中，系统地阐述了理论联系实际问题。

刘少奇认为，认真学习理论是理论联系实际的前提，否则就谈不上联系实际。有一些党员干部，因为怕犯教条主义，就不愿意学习马克思主义了。可是不学习理论，又容易犯经验主义错误。那么，怎么办呢？刘少奇认为，解决的办法还是要学习理论，"没有相当艰苦的独立工作，要找到真理，找到正确路线，成为真正的马克思主义者，是不可能的。所以，要学习，要努力……学习马列主义，就是为了解决这些问题。做了很多事，不读书，怕犯事务主义；读了书，又怕犯教条主义。任何事情都有两条战线的斗争。共产党员对任何事情都要进行两条战线的斗争，

---

① 中国人民解放军政治学院党史教研室：《中共党史参考资料》第 10 册，国防大学出版社 1985 年版，第 123 页。

不犯经验主义，又不犯教条主义。两条战线斗争，这是共产党员在党内生活中经常进行的，不能离开的。"①

刘少奇认为，不要把理论联系实际看得过于狭隘，而要在更广大的范围内去联系实际。他指出："有的同志说：'要联系实际，就要到村子里去工作。'联系实际有很多方法。到村子里去，是一个方法，但还有更多的方法。马列学院也能联系实际，是要在更广大的范围内去联系实际。""我们学习，不仅要联系中国的实际，而且要联系外国的实际；不但要研究现在的实际，而且要联系历史的实际。"②而对于怎样联系实际，方法很多。进行实际工作可以进行理论联系实际，学习过程也完全可以联系实际：思考党的历史经验和教训，是一种联系；思考自己的工作经历，也是一种联系；用马克思主义的理论来对照中国革命的实际情况进行思考，更是一种联系实际。

马列学院教育长杨献珍对理论联系实际也作了阐述。他认为，学习马克思列宁主义，主要是学习马克思列宁主义的思想方法，学会运用这一思想方法来观察、解决实际问题。要做到理论联系实际，一方面要求联系工作实际，用来改造客观世界；另一方面要求联系我们自己的思想实际，用来改造主观世界，使自己真正成为一个马克思主义者。

刘少奇和杨献珍关于理论联系实际的这些观点，把理论联系实际更加具体化了，使理论联系实际成为干部学习中能够恰当使用的学习方法。当时，马列学院和其他一些干部学校在制订学习计划和开展教学活动时，都进行了这方面的积极尝试。马列学院为学员制订了"在更广大范围内理论联系实际"的学习计划。学生入学后，首先学习西方近代史，然后学习马克思主义的三个组成部分、联共（布）党史，最后学习中国历史、中共党史与毛泽东思想。这样去设计学习计划，就是为了让学生在了解马克思主义产生与发展的历史背景的基础上，使学生更加深刻地认识马克思

---

① 《刘少奇选集》上卷，人民出版社 1981 年版，第 414 页。
② 同上书，第 414、416 页。

主义经典作家们是如何分析研究社会、总结革命经验和解决革命实际问题的，从而进一步将深入领会马列主义理论与中国历史与现实的实际联系起来，与党的路线、方针、政策和斗争策略等联系起来，运用马克思主义的立场、观点和方法解决自身在解放战争中遇到的实际问题。

3. 毛泽东在运筹帷幄中坚持读书

书对于毛泽东来说，就是生命、生活中的一部分，须臾不可分离。1947年3月，面对胡宗南率领的20万大军对陕甘宁边区的进攻，中共中央根据敌我力量的实际对比情况，认为"存地失人，人地皆失；存人失地，人地皆得"，因此，决定主动地放弃延安，在陕北与敌进行周旋，打"蘑菇战"。在陕北转战一年后，毛泽东等中央领导东渡黄河，进入山西，于1948年5月27日到达河北西柏坡。在阎涛的《东行漫记》一书中，曾详细记载了毛泽东在转战途中，还认真嘱托自己的警卫员马汉荣，让他把几箱书籍藏到他位于绥德地区的深山沟之中的家里。可见，毛泽东对这些书籍是何等重视！这些被毛泽东视为宝贝的书籍，后来竟平安地带进中南海，成为毛泽东的珍藏。

在这风尘仆仆的东行之路上，毛泽东在1948年4月21日指示中共中央宣传部重印列宁著的《共产主义运动中的"左派"幼稚病》一书。他在该书封面上的批语写道：《共产主义运动中的"左派"幼稚病》是共产国际初期的重要历史文献，是一部系统地阐述马克思主义战略和策略的重要著作，为当时各国共产主义者提供了新的思想武器。根据延安时期给毛泽东管过图书的史敬棠回忆，毛泽东在延安经常读《共产主义运动中的"左派"幼稚病》一书。他读的这本书是经过万里长征从中央苏区带来的，虽然破旧了，仍爱不释手。他曾在这本书中写了一些批语，用几种不同颜色的笔画了圈、点和杠杠，写有某年某月"初读"，某年某月"二读"，某年某月"三读"的字样。这说明，到延安时期，这本书至少他已读过三遍了。

当中国人民解放战争正在乘胜前进时，为克服革命队伍内部存在的无纪律状态和无政府状态，保证革命战争的彻底胜利，毛泽东号召全党重读《共产主义运动中的"左派"幼稚病》第二章"布尔什维克成功的基本条件之一"的内容，并在书的封面上用毛笔写了一个批语："请同志们看此书的第二章，使同志们懂得必须消灭现在我们工作中的某些严重的无纪律状态或无政府状态。"此章内容正是讲的"无产阶级的无条件的集中制和极严格的纪律"的内容。在解放战争进入战略决战的关键时刻，确实需要"无条件的集中制和极严格的纪律"。毛泽东强调："军队向前进，生产长一寸，加强纪律性，革命无不胜。"①中共中央宣传部在 1948 年 6 月 1 日发出毛泽东这一指示，要求全党学习《共产主义运动中的"左派"幼稚病》第二章。后来，在党的七届二中全会上要求干部要学习 12 本马列主义著作，都含有《共产主义运动中的"左派"幼稚病》一书。

二、承上启下的学习动员

1949 年 3 月中国共产党在西柏坡召开的七届二中全会，是新民主主义革命胜利前夜召开的一次极其重要的会议。这次全会对党的工作重心从农村转向城市作出了战略部署，号召党员干部务必保持艰苦奋斗的作风，同时强调全党要重视和加强学习，要求全党必须克服困难，加强学习，学会执掌全国政权的本领。

1. 向一切内行学习建设本领

毛泽东在七届二中全会上指出："从现在起，开始了由城市到乡村并由城市领导乡村的时期。党的工作重心由乡村移到了城市。"为顺利完成党的工作重心的转移，全党同志必须要加强学习，必须用极大的努力去学会管理城市和建设城市。必须学会在城市中同帝国主义、国民党和资产阶级作政治斗争、经济斗争和文化斗争。搞好城市建设是进行斗争的基础，因为只有恢复和发展城市中的生产事业，不导致工人失业和人们生活水平降低，工人阶级和其他劳动群众才信任、维护中国共产党，才能巩固党的执政地位。因此，党用极大的努力去学习生产技术和管理生

---

① 中共中央文献研究室：《毛泽东传》，中央文献出版社 2011 年版，第 852 页。

产的方法，学习与生产相关的商业工作、银行工作和其他工作，应是党的工作重心顺利转移的重要基础。因为"如果我们在生产工作上无知，不能很快地学会生产工作，不能使生产事业尽可能迅速地恢复和发展，获得确实的成绩，首先使工人生活有所改善，并使一般人民的生活有所改善，那我们就不能维持政权，我们就会站不住脚，我们就会要失败"①。1949年6月，毛泽东在《论人民民主专政》一文中进一步号召全党要加强学习。"严重的经济建设任务摆在我们面前。我们熟习的东西有些快要闲起来了，我们不熟习的东西正在强迫我们去做。这就是困难。""我们必须克服困难，我们必须学会自己不懂的东西。我们必须向一切内行的人们（不管什么人）学经济工作。拜他们做老师，恭恭敬敬地学，老老实实地学。不懂就是不懂，不要装懂。不要摆官僚架子。钻进去，几个月，一年两年，三年五年，总可以学会的。"②

2. 重视理论研究，学会管理城市

为贯彻中共七届二中全会精神，受中共中央委托，刘少奇在1949年4月10日到天津视察和指导工作，并听取了黄克诚、黄敬等人的汇报工作。当汇报提到不少来自农村的干部不能适应城市工作时，刘少奇说："要教育我们的干部，尽快适应环境，学会管理城市，否则就误事了。"当谈到天津接收工作时，他讲道："我们接收城市只是工作的开始，今后的任务是如何管理好城市，只有将城市的生产恢复起来、发展起来，把消费城市变为生产城市，人民政权才能巩固。"刘少奇在1950年9月发表的《学习态度和学习方法》一文中进一步指出："现在，我们的一个重要任务是提高干部的文化水平和理论水平。这是一项经常性的任务，不可能一下做好，大约要花十年的工夫才能前进一步。缺乏理论是很大的弱点。有的同志对于理论的重要性认识不够，不愿意做研究理论的工作，这种思想是不对的。我们不仅要有少数人研究理论，而且要有更多的人研究

---

① 《毛泽东选集》第4卷，人民出版社1991年版，第1428页。
② 同上书，第1480、1481页。

理论，在职干部也要抽出时间去研究理论。只有理论没有实践当然有犯教条主义的危险，但是理论是实际工作的指针，没有理论，工作就是盲目的，没有前途的。"①

三、为提高执政本领而学习

在中华人民共和国成立初期，党通过组织卓有成效的学习活动，极大地促进了党的工作中心——"从乡村转移到城市"这一战略目标的顺利实现。这一时期学习的主要内容包括理论学习和文化知识学习，以及学习管理企业、管理城市等内容。

1. 重视学习的特殊重要性

中华人民共和国成立后，面临执掌全国政权的艰巨任务，中国共产党提出要加强学习，这有其现实的特殊必要性。

（1）加强学习是提高党员干部素质的迫切要求

毛泽东将中共中央从西柏坡移驻北平的事情喻为赶考，深知要想考试及格，就要老老实实地学习。而事实上，当时党内还存在不少问题。一方面，有些干部有着浓厚的"功臣"思想，不愿意学习新知识和新理论，而是用已有的经验和做法去处理新事情。这种经验主义的做法，给实际工作带来很大损失。在中华人民共和国成立初期，邓小平作为中共西南局的主要领导，曾指出西南局在工作中存在的官僚主义、命令主义等现象，都与一些干部放松学习有关。"过去所以发生许多毛病，就是因为有些同志不重视学习，陷于事务主义的泥坑，不能经常吸收新的营养。"②另一方面，很多党员干部的文化素质水平不高，不利于有效地开展工作。1953 年 12 月，中共中央发布的《关于加强干部文化教育工作的指示》指出，干部文化教育的目的"在于使文化水平较低的干部，逐步提高到相当于高小以至于初中毕业的水平，以便有效地学习政治理论，钻研业务，

---

① 《刘少奇选集》下卷，人民出版社 1985 年版，第 48—49 页。
② 《邓小平文选》第 1 卷，人民出版社 1994 年版，第 160 页。

完成各项工作任务"①。1956 年教育部召开的第二次全国干部文化教育工作会议提出，要在两三年内扫除机关干部中的文盲；5～7 年内把区级以上机关干部全部提高到高小毕业水平。区级干部尚且如此，广大普通党员的文化水平就更低了。因此，重视学习、加强学习是全党的必然选择。

（2）开展学习是领导城市建设和推动经济发展的客观需要

首先，中华人民共和国成立以后，整个社会形势特别复杂，其中以经济形势的严峻最为凸显：生产萎缩，失业众多，民生疾苦。由于党不熟悉城市经济工作，从接管城市，稳定市场到发展生产的过程中，都遇到很大的困难。首先在城市接管中，由于接管部队几乎都来自农村，他们不熟悉城市经济工作，在进城后曾多次出现抢购物资、乱搬东西，并鼓动城市贫民去搬取公共物资的现象。在解放石家庄市时，这种乱象通过"实行戒严、断绝交通，并枪决数人才停止下来"②。

其次，面对各大城市出现的十分严重的通货膨胀现象，党缺少从根本上稳定市场、解决通货膨胀的有效办法。从 1949 年 10 月 15 日开始，以上海、天津为先导，华中、西北跟进，全国币值大跌，物价猛涨。据统计，"到 1950 年 1 月 19 日止，全国物价平均上涨 30％。1950 年 2 月，各大城市 25 种主要商品价格指数比上年 12 月上涨 103％，3 月比 12 月上涨 126％"③。对此，人民政府采取了一系列措施，比如适时抛售一些重要商品来打击投资资本，紧缩银根，发行公债等；但未能完全制止物价的波动；究其原因是由于中央政府没有全国统一的稳定可靠的财政收入来源，只能依靠发行货币来解决开支问题，从而导致金融物价的波动。因此，要想从根本上解决通货膨胀问题，统一财经是关键环节，但当时

----

① 《中国教育年鉴》编辑部：《中国教育年鉴（1949—1981）》，中国大百科全书出版社 1984 年版，第 582 页。

② 中央档案馆：《中共中央文件选集》第 17 册，中共中央党校出版社 1992 年版，第 55 页。

③ 赵德馨主编：《中华人民共和国经济史（1949—1966）》，河南人民出版社 1988 年版，第 76 页。

中共中央对统一财经的紧迫性认识不足。刘少奇指出：组织中央财政经济委员会很是急迫，其紧急不亚于军事及其他问题；但"以前我们不懂，这次去天津，与产业界和地方工作同志谈了一谈，才感到这项工作很紧急"①。"即是从现在就着手，直到联合政府成立以后，是不是可以做得很好，还成问题。"②

最后，党比较缺乏发展城市经济和管理现代企业的知识和经验。在中华人民共和国成立初期，由于党实行"不要打烂旧机构"和"保存原职原薪原制度"政策，使得很多企业遗留下旧社会的一些混乱现象和腐败制度。虽然后来一些地区和城市进行调整和改革，但是这些改革多半是"头痛医头，脚痛医脚"，未能制定出合理、科学的新制度。因此，在中华人民共和国成立初期，党在城市管理和经济建设方面所遇到的现实困难，也迫使其尽快学习，从不懂城市经济和企业管理的外行，成为领导城市建设和推动企业发展的内行。

（3）加强学习是应对国外局势新变化的必然选择

中华人民共和国成立以后，党的执政也面临着严峻的外来考验，需要其进行积极学习。以美国为首的资本主义国家拒绝承认中华人民共和国政权，企图在政治上孤立、经济上封锁和军事上包围中国。特别是朝鲜战争爆发以后，美国采取的进逼三八线、向台湾驻军等一系列侵略行动不仅威胁到中国的国家安全，而且打乱了中华人民共和国的经济建设计划。使我国蒙受了重大经济损失，国防经费占了国家财政支出的一半以上，给困难重重的中国财政增加了很大压力。面对西方的封锁，我国采取了"一边倒"的外交政策，加入了以苏联为首的社会主义阵营，向苏联学习社会主义建设的经验和科学技术。毛泽东在全国政协第四次会议上明确指出："无论共产党内、共产党外、老干部、新干部、技术人员、知识分子以及工人群众和农民群众，都必须诚心诚意地向苏联学习。我

① 金冲及主编：《刘少奇传》下，中央文献出版社 1998 年版，第 642 页。
② 《刘少奇年谱》下卷，中央文献出版社 1996 年版，第 214 页。

国不仅要学习马克思、恩格斯、列宁、斯大林的理论，而且要学习苏联先进的科学技术。"①1950 年 2 月 14 日，中苏签订了《中苏友好同盟互助条约》和《关于苏联贷款给中华人民共和国的协定》，双方正式建立了政治和军事同盟关系。此后，双方又缔结了一系列的经济贸易协定。在 20 世纪 50 年代，苏联政府动用人力物力，不但向中国援建工业项目，而且派遣专家和顾问，帮助我国制定经济发展计划、培养技术和管理人才。

2. 在总结经验中学会接管城市

党的学习，首先是对马列主义基本原理和中国化马克思主义理论的学习，其次还包括向党的历史实践的学习，以及向人民群众学习等内容。在迎接解放的过程中，总结正反两方面城市接管经验，是党向实践学习的重要内容。

以毛泽东为首的党中央十分重视总结城市接管工作的经验。他认为，对这些经验的总结，已经不是小问题或技术问题，而是重大的政治问题。从解放战争开始，到 1948 年 2 月，人民解放军已经攻占并长期管理了张家口、邯郸、长治、石家庄等几十个大城市和中等城市，因此，在城市管理方面，应该说有丰富的经验。但是，这些经验并没有总结，而是让它们埋没，致使良好的经验并没有为全党所借鉴。同时，错误的方针和做法却是反复重犯。"各中央局、分局、前委对于自己攻占及管理的城市似乎还没有作过一次认真的研究，亦没有将城市工作的比较完全的经验向中央作过反映。"这种"事前不请示事后不报告的极端恶劣的习惯，在七大以后并未根绝，现在已相当严重地影响了党的工作的发展"。因此，"为了使现已取得的城市的工作在我们手里迅速做好，为了对今后取得的城市的工作事先有充分的精神准备与组织准备"②，中央要求各中央局、分局、前委对已经占领的城市，凡是人口超过五万的，都要做一个简明扼要的工作总结。

---

① 《建国以来毛泽东文稿》第 4 册，中央文献出版社 1990 年版，第 45—46 页。

② 《毛泽东文集》第 5 卷，人民出版社 1996 年版，第 72 页。

　　在最初接管城市的过程中，党既有成功的经验，又有惨痛的教训。而在随后的工作中，党十分重视对成功经验的交流和惨痛教训的总结，使得其在随后的城市接管过程中，逐步形成了正确的接管新政。

　　1948 年 2 月 19 日，中央工委在向中央汇报《中央工委关于收复石家庄的城市工作经验》中，对收复石家庄和管理石家庄的基本经验进行了认真总结，形成了宝贵的"石家庄经验"。它的主要内容有：(1)攻城前和攻城中训令部队及民兵干部注意保护机器、物资及一切建筑物，不准破坏和自由搬取；进城后采取果断措施制止市民哄抢，禁止任何机关部队乘机搜集、搬走与购买物资，同时设立统一的物资委员会，有计划地搜集、购买与分配物资。(2)向进城干部和部队宣布我们在石家庄的工作方针是建设，而不是破坏，不准私人拿取一点东西，不准大吃大喝，缴获物资一律归公，保持艰苦朴素的作风。(3)严格审查原有的地下工作人员，管理城市主要依靠外面派去的干部。(4)及时制止急于组织工会、贫民会及各种无政府主义行为，宣布除政府及公安局得依法逮捕与没收财产外，禁止任何团体和个人没收财产及逮捕、殴打任何人，同时政府委派人员组织人民法院，接受人民申冤，惩治罪大恶极的汉奸、恶霸，限期登记国民党党员和一切伪公务人员。(5)召集各界座谈会，宣布政策，成立临时参议会，筹备选举正式市人民代表大会，筹备复工，保证工人实际工资不继续降低并分发实物。

　　在以后的城市接管政策制定过程中，"石家庄经验"作为一个基本参考标准被确定下来。毛泽东在 1948 年 2 月 25 日写给各中央局、分局、前委的《各地应注意总结城市工作经验》一文中，明确指出："尔后各局、各军在攻占城市及在占领以后不久时期内管理城市的工作方针及方法，应即以中央工委丑皓电所述攻占石家庄及初期管理石家庄的方针及方法为基本的方针及方法。"

　　"石家庄"经验之所以受到中共中央的重视，不仅是因为中央工委善于开动脑筋去总结接管石家庄的鲜活经验，还因为他们接受了以往攻取城市和进而管理城市的深刻教训。中央工委及阜平中央局，在接管石家庄的过程中，既借鉴了收复井陉、阳泉等重要工业区，因部队民兵民夫与后方机关乱抓物资、乱搬机器，从而使这些地方的工业受到致命破坏的教训，又借鉴了收复张家口，在领导机关前往城市以后，许多干部在城市乱抓乱买东西，贪污腐化，严重地放松了乡村工作，并引起士兵和乡村干部极大不满的教训。

虽然部队进入石家庄的秩序是比较好的，但是不准破坏、不准自由抓取物资的训令只有干部知道，而未及时向士兵进行传达和教育，故而在作战中，仍有一些士兵照过去经验搬拿东西，并鼓动城市贫民也去搬取物资。"首先贫民是搬取公用物资，后来就抢劫私人财物，故有大批煤粮及其他公物被抢，许多公共建筑的门窗杂物亦被破坏或取去，私人被抢者亦不少，很久还不能停止，后来实行戒严、断绝交通，并枪决数人才停止下来。"①"石家庄"经验之所以宝贵，就是因为它给随后的城市接管提供了一些正确经验，同时也以自身接管过程中的不足，来引起后者的警惕。

3. 在生产实践中学习建设本领

中华人民共和国成立以后，党必须用极大的努力去学会管理城市和建设城市。而要做到这一点，党必须要依靠工人阶级，恢复和发展工业生产。如果党在生产工作上无知，不能很快地学会生产工作，不能使生产事业尽可能迅速地恢复和发展，获得确实的成绩，首先使工人生活有所改善，并使一般人民的生活有所改善，那么，党和人民就将不能维持政权，就会站不住脚，就会失败。因此，学会管理企业，促进生产发展，是党必须积极面对的重大现实问题。历史表明，在中华人民共和国成立初期，党通过向人民群众学习，调动工人阶级的生产积极性，胜利完成了恢复和发展工业生产的基本目标。

（1）调动工人阶级建设城市和发展生产的热情

党要调动工人阶级建设城市和发展生产的主动性，首先要加强对工

---

① 中央档案馆：《中共中央文件选集》第 17 册，中共中央党校出版社 1992 年版，第 54—55 页。

人的政治教育和文化知识学习，提高工人阶级觉悟。其次要大量培养、提拔优秀工人干部，以充分发挥他们所具有的工商业知识和专业技能。

首先，组织工人学习文化知识和加强对其政治教育。

要实现依靠无产阶级，团结其他人民群众为恢复与发展生产、建设人民的城市的目标，党必须正确执行劳动政策，关心工人生活和福利，必须组织全体工人阶级，壮大职工会，而在目前最为迫切的则是提高工人觉悟，加强对他们的政治教育。只有在工人阶级觉悟提高的基础上，才能大大发挥他们建设城市、管理企业的积极性创造性，这是实现城市对农村领导的基本保证。"石家庄焦作等城市工人运动的经验证明，各地工人对学习都有着极高度的热忱，他们要求学政治、文化、技术，各地党委职工会及工厂行政部门必须认真地对工人进行教育工作，首先要把政治教育工作做好。这是一个极其重要的任务。"[1]

党加强对无产阶级的政治教育，主要是对工人进行系统的马列主义、毛泽东思想的教育。在学习教育的过程中，采取各式各样的学习方法，如开短期训练班、工人夜校、座谈会以及通过报纸、广播电台、剧团等来引导工人建立正确的人生观，懂得中国革命基本问题及党的当前政策，使马列主义毛泽东思想与工人运动相结合。

在进行政治觉悟教育的同时，也要创造各种学习条件，充分满足工人阶级的学习要求。陈云于 1949 年 2 月在沈阳工人代表大会上的讲话中谈道：学习方面的意见，表现出工人阶级强烈的上进心，入训练班学习政治知识，这是应该充分满足大家要求的。针对有的工人提出学技术，翻译外国文的工业书籍，编写各种工业知识与经验的小册子，或入专门技术学校深造的合理要求，陈云指出："我们的工程师不光是学校毕业的学生能当，还要挑选政治觉悟高、工作好、肯用功、有上进心的工人，到学校去学习，提高他们的文化科学水平，把他们的生产经验与科学原理结合起来，这样就一定可以培养出许多优秀的工人，工程师，这个办

---

① 《加强对工人的政治教育》，《人民日报》，1949 年 3 月 31 日。

法苏联已经实行多年了，他们培养了很多工人出身的工程师，从事社会主义建设。但是，这种专门学校我们这里马上还办不起来，现在可以先办一些训练班、补习班、补习夜校。"①

其次，大量培养、提拔优秀工人干部。

《中央关于大量提拔培养产业工人干部的指示》（1948 年 12 月 21 日）明确指出："在一切可能的地方，大批的培养、训练和提拔产业工人和职员干部，已成为目前全党性的迫切的中心任务之一。"②随着解放战争迅速胜利地开展，全国各大城市的大工业、大运输业、大商业和银行、对外贸易等，均已经或将要归人民政府所掌握。而农村干部和很多缺乏工商业知识的干部，对于接管大城市和大商业是有很多困难的。因此，立即训练和准备大批接管全国各大城市和大工商业的干部，是党应对形势迅速发展的需要。

为迅速完成这个任务，中共中央要求，各城市党委和工会党组要大力加强和改善各产业中的工会工作与党的工作，从产业工人和企业职员中细心挑选大批思想进步、工作积极、忠实可靠、懂得技术，并有组织才能和办事才能的优秀分子，开办职工学校或速成的训练班，给他们以短期的普通的政治训练、组织纪律训练和城市政策教育后，依据情况并在自愿条件下，调动他们去新解放区工作。

根据沈阳、郑州及其他一些城市工作的经验，新提拔的产业工人和职员干部，懂得工商业技术的干部，对于接管大城市和大的工商业是很能干和很有积极热情的，起到了非常良好的作用。在 1951 年末开始的"三反运动"中，大批优秀工人被提拔为干部，使管理和生产上都出现了新气象。比如，上海市国营企业在经过"三反运动"后，提拔了 600 多名优秀工人为企业干部。各工厂在"三反"斗争中大批涌现的优秀工人，在贪污分子及品质、作风恶劣的官僚主义分子被撤换以后，很多陆续地被

① 《陈云同志在沈阳工人代表大会上的讲话》，《人民日报》，1949 年 2 月 28 日。

② 中央档案馆：《中共中央文件选集》第 17 册，中共中央党校出版社 1992 年版，第 609 页。

提拔为各级领导干部。这些干部被提拔起来，大体经过群众推荐、领导批准、大会宣布等三个步骤，因此都是在群众中很有威信的工人干部。例如，上海电话公司新提拔的 19 名科长、股长等干部，都是有二三十年工龄、具有熟练的技术和生产经验、为群众所爱戴的工人。

（2）推广先进方法和先进经验

在中华人民共和国成立初期的增产节约运动中，通过向苏联学习，通过发挥自身的聪明才智，各地工人阶级在工业生产中都积累、总结了大量的先进生产方法和先进生产经验。学习和推广先进方法和先进经验，是中华人民共和国成立初期党向人民群众学习管理企业、发展生产的重要举措。

在学习和推广先进经验的过程中，不同地方都在尝试适宜的方法。比如，沈阳检车段学习苏联"斯塔哈诺夫学校"的先进经验，试办"先进工作方法训练班"，使先进工作方法很快地为学员所掌握。① 训练班以推广先进工作方法为目的，由先进工作者与本单位首长订立合同，在一定期间将先进工作方法传授给学员，使他们也能同样运用先进工作方法，提高工作效率。1952 年 2 月 17 日，沈阳检车段选定油线组和列车检查组作为试点。油线组以先进工作者赵瑞兰为讲师，学员 3 名。列车检查组以先进工作者张汉江为讲师，学员 4 名。两组都聘请工程师为顾问。在训练中，讲师用理论讲解和实际表演相结合的方法教学，并在学员使用先进工作法工作时实行监督，随时纠正错误。训练班成立后一个月，全部学员都已学会运用先进工作方法。根据技术检查结果，油线组 3 名学员的工作效率较原来提高了 35％到 77％。列车检查组刮瓦工作由以前的 35 分钟缩短到 18 分钟，更换闸瓦从 15 分钟缩短到 7 分钟。

又如在 1952 年，东北各工矿部门正在集中力量，有组织有计划地推

---

① 所引材料参考《沈阳检车段学习苏联经验，试办先进工作方法训练班》，《人民日报》，1951 年 5 月 31 日。

广若干种对发展生产有决定意义的先进生产经验和先进工作方法。① 东北的各产业系统都积极地拟订具体的推广办法。例如，钢铁工业准备推广"快料顺行法""快速炼钢"等先进经验。"快速炼钢"的先进经验适用于平炉炼钢，推广后，如以每炉钢的熔炼时间缩短 30 分钟计算，按照东北现有的平炉设备，一年就能多产 35000 吨钢。"快料顺行法"适用于高炉炼铁，在推广这一先进操作方法后，可使高炉的设备利用率大大提高，从而增加生铁产量和降低生铁成本；同时，还可以使高炉的操作情况稳定，从而提高生铁质量，使生铁成分比较均匀。

各地党组织在各工业部门和各工厂中对这些先进方法和经验的大量推广，极大地提高了劳动生产率，对恢复和发展生产作出了巨大贡献。

4. 扎实有效的理论学习

"没有革命的理论，就不会有革命的行动。"要提高广大党员干部的理论水平和执政能力，没有扎实的马克思主义理论学习，是不可能实现上述目的的。在中华人民共和国成立初期，全党开展的理论学习是扎实有序的，它不仅有着丰富的学习资源，而且有着详细的学习方案，按照循序渐进的原则，逐步提高广大党员干部的马克思主义理论水平。

(1)理论学习的必备条件

①精选 12 种干部必读书目

1949 年 2 月，为有效提高全党的马克思主义理论水平，中共中央重新编审了一套"干部必读"书目，一共是 12 种。该书目经党的七届二中全会审定后，于 1949 年统一版本后陆续出版，到 1950 年上半年全部完成，印数达 300 万册，创造了革命战争年代至中华人民共和国成立初期马列著作出版史上的辉煌成就。这套"干部必读"书目包括《社会发展史》《政治经济学》《共产党宣言》《社会主义从空想到科学的发展》《帝国主义是资本主义的最高阶段》《国家与革命》《共产主义运动中的"左派"幼稚病》《列宁

---

① 所引材料参考《东北各工矿部门有计划推广先进经验》，《人民日报》，1952年5月31日。

主义基础》《苏联共产党历史简要读本》《列宁斯大林论社会主义建设》《列宁斯大林论中国》《思想方法论》。

作为中华人民共和国成立初期广大干部学习马克思主义理论的重要教材，它在培养干部、提高干部的理论修养方面，功不可没。对此，毛泽东曾发表总结讲话，强调重点学习以上 12 本书的重大意义。他指出："马克思主义的普遍真理与中国革命的具体实践的统一，这样提法比较好，应该这样提，而不应该像王明同志的提法，说'毛泽东思想是马列主义在殖民地半殖民地的应用和发展'，这种提法不妥当。……现在，应该在全国、全世界善于宣传马克思、恩格斯、列宁、斯大林的辩证唯物主义，关于党和国家的学说，政治经济学等等。不要把毛泽东与马、恩、列、斯并列起来。根据过去的经验，要学习十二本干部必读的书，如果在三年之内，有三万人读完这十二本书，有三千人读通这十二本书，那就很好。"①

②集中编译马列著作

中华人民共和国的成立，为翻译和出版马列著作创造了非常有利的条件。在中华人民共和国成立初期，基于广大干部和群众学习和研究马列理论的需要，以三联书店和新华书店为主的出版部门大量重印和出版了解放前翻译出版的马列著作的中译本。这些重印本或再版本多数经过译者的校改，译文质量有新的提高。而真正掀起马列著作编译和学习高潮的，则是人民出版社和中央编译局的成立。它们为引进、翻译、出版和学习马恩列斯著作提供了两大支撑平台。

其一，编译、出版马列原著。

成立于 1950 年 12 月的人民出版社，作为国家政治书籍出版机构，当时的主要任务之一就是出版马恩列斯著作，毛泽东和党的其他领导人著作，党和政府的重要文件等政治书籍。作为统一组织和领导马克思主

---

① 中共中央文献研究室：《毛泽东年谱(1893—1949)》，中央文献出版社 2002 年版，第 465—466 页。

义著作出版的机构，它自成立到 1954 年这一段时间，"三年来的主要出版物有：马克思、恩格斯、列宁、斯大林和毛主席的著作，党的其他负责同志的著作，党和政府的重要文件，苏联哲学和社会科学的一部分重要著作，我国的一部分社会科学著作，以及配合各项政治运动和干部学习的书籍。其中，马克思、恩格斯、列宁、斯大林和毛主席的著作占有显著地位，并年有增加。一九五三年出书四百七十四种，其中马克思、恩格斯、列宁、斯大林和毛主席的著作在种数上占百分之三十一，在册数上占百分之三十五，而在一九五三年以前种数仅占百分之十三点七，册数占百分之二十三点四"①。同时，为有系统有计划地翻译马列著作，中共中央经过周密考虑，决定成立中共中央马克思恩格斯列宁斯大林著作编译局（即中央编译局），为马列著作的翻译和出版提供了良好的条件。1953 年 1 月 29 日，中共中央决定将 1949 年 6 月成立的中央俄文编译局和中央宣传部斯大林全集翻译室合并一处，组建中央编译局。它的首要任务就是在保证译文质量的前提下，尽快翻译出版《马克思恩格斯全集》《列宁全集》等著作。当时，为了做好马列著作的翻译工作，中央编译局做出了一系列努力。首先，补充翻译人才的新生力量。中华人民共和国成立后，中央编译局吸纳德文、英文、俄文等多个语种的翻译人才，配合老一辈翻译专家的工作。其次，建立了卡片资料库。在翻译过程中，制作和积累了大量有关人名、地名、书名、报刊名等卡片专柜。另外，还建立了一套包括党派团体、组织机构、理论流派、理论学说的综合资料卡片专柜。在没有电脑的年代，这些卡片在统一译名、译法方面，发挥了重要作用。另外，重视总结翻译经验，提高译文质量。中央编译局在 1956 年夏季召开了两次翻译标准座谈会，这两次座谈会对确立翻译标准，提高对马列主义经典著作的翻译要求，都起到了积极作用。

其二，修订或重印国内学者以往翻译的马克思主义著作。

人民出版社在成立初期，在修订或重印国内学者研究马克思主义著

---

① 《中国共产党宣传工作文献选编(1949—1956)》，学习出版社 1996 年版，第 747 页。

作方面，也取得了重要成绩。比如，1951 年人民出版社重印了《新德意志帝国建设之际的暴力与经济》一书（此书由曹汀于 1940 年在延安翻译出版），并将书名改为《暴力在历史中的作用》。1953 年出版了郭大力、王亚南翻译的《资本论》(1～3 卷)的修订版(此书原于 1938 年由读书出版社出版)。1954 年出版了张仲实于 1941 年翻译出版的《家庭私有财产及国家的起源》一书的修订版。

其三，翻译出版国外学者研究马克思主义的著作。

在中央编译局成立初期，新版或再版苏联学者研究和介绍马克思主义的著作出现了一个高潮期。其中，翻译、出版发行最多的是哲学方面的著作，"主要有米丁编著的《辩证唯物论和历史唯物论研究提纲》《辩证法唯物论》《新哲学大纲》《历史唯物论》；阿历山大罗夫主编的《辩证唯物主义》；康士坦丁诺夫主编的《历史唯物主义》以及他著的《进步思想论》《唯物论和唯心论的历史观》《个人和人民大众在历史上的作用》；罗森塔尔、尤金编的《简明哲学辞典》；罗森塔尔等著的《什么是马克思列宁主义哲学》；奥则尔曼著的《德国古典哲学是马克思主义的理论来源之一》；凯德洛夫著的《论恩格斯的著作〈自然辩证法〉》；吉谢辽夫著的《关于列宁的〈哲学笔记〉一书》；以及从《苏联大百科全书》中选译的《辩证唯物主义》《历史唯物主义》《辩证法》《唯物主义》《唯心主义》等条目"①。

另外，学习、宣传和研究马克思主义理论的刊物《新建设》《学习》杂志也相继问世。这些刊物不仅刊载国内知名马克思主义学者关于理论学习的文章，还译载苏联的《党的教育》《布尔什维克》《真理报》等杂志和报纸上的理论文章，马列主义经典著作的介绍文章、理论研究的动态和布尔什维克党内理论教育的经验和学习方法。

③毛泽东的"两论"公开发表

《实践论》《矛盾论》是毛泽东在民主革命时期撰写的重要哲学著作，

---

① 石云霞：《中华人民共和国成立以来中国共产党思想理论教育历史研究》上，中国社会科学出版社 2007 年版，第 60 页。

它们是从总结中国革命的经验教训中，深刻论述和丰富了马克思主义的认识论和辩证法。这两篇哲学著作都先于《毛泽东选集》第一、二、三卷公开出版前，已经发表。当然，这主要是毛泽东本人的意思。由于毛泽东对《实践论》和《矛盾论》这两篇哲学著作十分重视，他曾指示限期将这两篇文章译成俄文，并寄到苏联送斯大林审阅并征求意见。为何要将这两篇哲学文章送给斯大林审阅并征求意见呢？难道是毛泽东对自己的马克思主义理论水平没有信心？1958年毛泽东在与苏联理论家尤金的谈话中揭开了这一谜底。

1949年12月21日是斯大林70诞辰，毛泽东决定率代表团前往莫斯科祝寿，并就两党关心的问题交换意见，商讨和签订有关条约、协定等。在访苏期间，毛泽东曾向斯大林提出，希望苏共中央派一位理论功底深厚的学者帮助他看看过去发表过的文章，看是否可以成集。斯大林当即决定派主编过《简明哲学辞典》的理论家尤金来华。1950年7月，尤金来到北京。尤金在看了《实践论》的俄译文之后，对毛泽东的著作颇为称赞，并且立即将此文送给斯大林，建议在苏联刊物上公开发表。后来，斯大林接受了尤金的建议，指示将毛泽东的文章刊登在1950年12月出版的苏共中央理论刊物《布尔什维克》第23期上。1950年12月18日，苏联《真理报》也发表题为《论毛泽东的著作〈实践论〉》文章，对其给予高度评价。对于这件事情，在过去了8年以后，毛泽东才向尤金揭开了谜底。他说："为什么当时我请斯大林派一个学者来看我的文章？是不是我那样没有信心？连文章都要请你们来看？没有事情干吗？不是的，是请你们来中国看看，看看中国是真的马克思主义，还是半真半假的马克思主义。你回去以后，说了我们的好话。你对斯大林说的第一句话就是'中国人是真正的马克思主义者'。但是斯大林还是怀疑。只是朝鲜战争才改变了他的看法，也改变了东欧兄弟党和其他各国党对我们的怀疑。"①

----

① 中共中央文献研究室：《毛泽东传》，中央文献出版社2011年版，第1103—1104页。

原来毛泽东的用意是在这里：希望取消苏联对中国信仰马克思主义、拥有真正的马克思主义者的怀疑。1950 年 12 月 28 日，毛泽东在写给胡乔木的信中，指示国内也需公开发表这两篇文章："此两文已看过，可以发表。第一天发表《实践论》。第二天发表真理报的评论。分两天登报。""可先在人民日报发表，然后新华社再用文字广播。"①于是，在 12 月 29 日，《实践论》一文在国内首次与读者见面。

而《矛盾论》的公开发表则是在 1952 年 4 月 1 日，之所以推迟这么长时间，主要是毛泽东本人在校阅中觉得不够满意，仍需要多处修改，但它仍然是先于第二卷提前发表。《矛盾论》在公开发表时，对原文作了较多的补充、删节和修改。比如用"矛盾论"总标题代替了原先的"矛盾统一法则"，用"两种宇宙观"代替了"发展观"等。

可以说，《实践论》和《矛盾论》充分体现了毛泽东的哲学思想。而对于毛泽东在马克思哲学方面的贡献，现在可谓是众说纷纭。胡乔木在谈到这个问题时说："关于毛泽东同志在哲学方面的贡献。这现在大致可以说有贬低和提高的两种情况。贬低的错误是明显的，可以不论。但也不能任意提高，因为这是一个科学问题。毛泽东同志在《实践论》《矛盾论》中的多数观点，是马恩列或三十年代苏联哲学界所已经提出过的，不能轻易说是他的创见。但毛泽东同志在哲学上确有非常重要的独到之处。"②

而正是这种独到之处的哲学见解，使得《实践论》和《矛盾论》在公开发表并被译为各国文字出版以后，在国际上引起了巨大反响。苏联、朝鲜、英国和法国等国家的马克思主义理论者及其理论刊物都发表研究文章，对"两论"给予了高度的评价和称赞。

当然，《实践论》和《矛盾论》的公开发表，在国内引起了更大的反响。《人民日报》和《学习》杂志发表重要社论，号召全国人民学习马列主义、

---

① 《建国以来毛泽东文稿》第 1 册，中央文献出版社 1987 年版，第 739 页。

② 胡乔木：《胡乔木谈中共党史》，人民出版社 1999 年版，第 146－147 页。

毛泽东思想。国内各大报刊也相继推出一大批高质量的学习、介绍和研究《实践论》的文章。到 1956 年，"据不完全统计，国内省市级以上报刊共发表学习《实践论》的文章近 140 篇，出版学习《实践论》的著作 25 种。国内省市级以上报刊共发表学习《矛盾论》文章近 50 篇，出版学习著作 8 种"①。其中，影响最为广泛的是李达撰写的《〈实践论〉解说》和《〈矛盾论〉解说》。毛泽东对李达撰写的《〈实践论〉解说》给予高度评价。1951 年 3 月 27 日，他在给李达的信中写道："这个《解说》极好，对于用通俗的言语宣传唯物论有很大的作用。""关于辩证唯物论的通俗宣传，过去做得太少，而这是广大工作干部和青年学生的迫切需要，希望你多多写些文章。"②1954 年 12 月 18 日，毛泽东在给李达的另一封信中说："你的文章通俗易懂，这是很好的。在再写文章时，建议对一些哲学的基本概念，利用适当的场合，加以说明，使一般干部能够看懂。要利用这个机会，使成百万的不懂哲学的党内外干部懂得一点马克思主义的哲学。"③

④精心编辑《毛泽东选集》

对理论著作的学习，如同历史学者重视文献资料一样，非常注意书籍的版本问题。这是因为好的版本已经在校勘、补遗方面做了大量的工作，后来的学习者和研究者就能够顺利进行研究，减少许多谬误。1951 年 10 月 12 日，《毛泽东选集》第一卷出版发行，标志着精心编辑的《毛泽东选集》开始为人民群众所学习和研究。它与中华人民共和国成立以前出版的版本相比，在准确性、逻辑性、印刷质量方面，都有很大提高。第一，毛泽东直接主持和参与了编辑工作，所选文章都经过了他的审定。他不但参加选稿和确定篇目，还对大部分文章进行精心修改，个别文章曾作过内容上的补充和删减。"据不完全统计，《毛泽东选集》第一卷的 16 条题解和 249 条注释中，毛泽东修改和撰写的题解有 10 条，注释在

① 石云霞：《中华人民共和国成立以来中国共产党思想理论教育历史研究》上，中国社会科学出版社 2007 年版，第 61、62 页。

② 《毛泽东书信选集》，人民出版社 1983 年版，第 407 页。

③ 同上书，第 487 页。

120 条以上。"①值得一提的是，这次选集的定稿工作还经过了中央政治局集体研究确定，对部分重要文稿的收选，还征求了政治局的意见。中华人民共和国成立前出版的各个版本的《毛泽东选集》，都没有这样做。第二，新出版的《毛泽东选集》收选了毛泽东在各个历史时期的最重要最具有代表性的文章，以时间为序，利于读者掌握毛泽东思想形成和发展的历史。从文字上看，文章的语法修辞用字，都经过了认真的筛查。第三，与中华人民共和国成立前的版本相比，新版本在印刷质量上达到了很高的水平，发行范围和发行数量更是前者所不能比拟的。

《毛泽东选集》的正式出版，把对马克思主义、毛泽东思想的学习、研究和宣传推向了高潮。毛泽东在中国革命各个时期的主要著作已经成为全体人民学习党的历史的基本教材，很多人都能够背诵其中的大段文章。当然，这与全国从中央到地方的报纸杂志对《毛泽东选集》几乎所有重要篇目的介绍、评述和研究是分不开的，与全国党政军各界制订学习计划进行学习落实是分不开的，也是与《毛泽东选集》的科学性、实践性分不开的。毛泽东在 1964 年 3 月 24 日与薄一波、谭震林的谈话中提道："《毛选》什么是我的！这是血的著作。"因为"我的那些文章，不经过北伐战争、土地革命战争和抗日战争，是不可能写出来的，因为没有经验"②。"没有那些胜利和那些失败，不经过第五次反'围剿'的失败，不经过万里长征，我那个《中国革命战争的战略问题》小册子也不可能写出来。"③因此，《毛泽东选集》作为中国化马克思主义的光辉成果，成为广大干部和党员、知识分子、青年学生学习马列主义、毛泽东思想的重要教科书是当之无愧的。

（2）理论学习运动的深入开展

在全党达成加强学习的共识基础上，为加强和改进党的学习成效，

---

① 石云霞：《中华人民共和国成立以来中国共产党思想理论教育历史研究》上，中国社会科学出版社 2007 年版，第 63 页。

② 《毛泽东文集》第 7 卷，人民出版社 1999 年版，第 101 页。

③ 《毛泽东文集》第 8 卷，人民出版社 1999 年版，第 263 页。

1951 年 2 月，中共中央发布了《中共中央关于加强理论教育的决定（草案）》（以下简称《决定》）。《决定》指出："全党的马克思列宁主义、毛泽东思想的教育，必须极大地加强起来。这是提高干部、改进工作的根本方法。"①当时，党内的理论教育状况存在很多问题。既缺少全国统一的理论教育制度规定，缺少初级和中级的理论学习资料，还严重缺乏理论教员和指导自修的顾问。在理论学习和宣传中，没有认真进行理论的通俗化工作，缺少通俗书籍、通俗论文和通俗讲解。这些问题的普遍存在，使得全党进行广泛的理论学习变得更加重要而紧迫。《决定》尖锐指出："理论学习的不发展，经验主义倾向的存在，正是目前党内一部分干部对于党的政策知其然而不知其所以然，在工作中缺少坚定性和远见，缺少对于新鲜事物的敏感，产生官僚主义命令主义事务主义倾向以至功臣思想蜕化思想的根本原因。"因此，党在中华人民共和国成立初期学习的任务，就是要彻底纠正目前忽视理论的经验主义倾向，系统地开展对马克思列宁主义、毛泽东思想的学习，以形成全党普遍进行理论学习的良好氛围。

①以循序渐进的原则指导全党学习

按照循序渐进的原则，全党的理论学习按照每个党员的理解能力的不同，分为三个等级。第一级，学习政治常识，主要是关于中华人民共和国的常识和中国共产党的常识。学习对象包括新党员和具有小学文化程度的老党员。学习的途径是多样的，既可以在新党员训练班中进行，也可以在机关业余学校、城市夜校或文化补习学校进行。学习的目的在于，通过理解党和人民政府的基本政策以及共产主义的基本原理，来帮助学习者树立基本的政治观点和政治立场。第二级，学习理论常识，主要是以历史叙述的方法讲授社会发展史的常识（包括历史唯物论和政治经济学），中国共产党历史和毛泽东生平事迹，以及关于马恩列斯的生平常识。学员是通过政治常识学习的党员和具有中学文化程度的党员，学习的基本时间为三年。学员们可以在支部的学习小组进行学习，也可以在

---

① 《建国以来重要文献选编》第 2 册，中央文献出版社 1992 年版，第 122 页。

党校、城市夜党校进行学习，或者采取自修的方式进行理论学习。学习的主要目的是帮助学员从历史的视角来认识现实，并为学习马克思主义理论专著做准备。第三级，学习马、恩、列、斯的理论著作和毛泽东的理论著作。学习的目的在于领会马克思列宁主义、毛泽东思想的精神实质，以用正确的方法来解决各种实际问题。学员是具有大学文化程度的党员或通过理论常识学习的党员，他们主要通过自学的方法，来努力研究这些原著和为进行这些研究所必须阅读其他著作。

为了保证理论学习的有序进行和富有成效，《决定》还提出了实行学年制、考试制，并要培养大量的理论教员。以考试制为例，《决定》指出："学习者应当参加哪一级的学习，以及每年学习成绩是否合格，都应当由考试来决定。"

②将文化知识学习和理论学习相结合

在《决定》的指导下，全体党员掀起了一场理论学习活动的高潮。很多地区都对加强历史学习的指导、理论教员选拔和训练、干部编级学习等问题，进行了周密部署。由于文化知识学习是理论学习的基础，在中华人民共和国成立初期的理论学习过程中，为了更有效地进行理论学习，相当一部分文化水平不高的党员干部恶补文化知识，以提高自身的基础文化知识。按照中央规定，在干部理论学习过程中，实行编级进行学习的原则，"按照干部的文化理论水平，不按职别与级别'编级'，做到了凡文化水平不够小学程度者，一律以学习文化为主"。

（3）理论学习成效显著

由于切实贯彻循序渐进的学习原则，将文化知识学习和理论学习恰当地结合，这使得全党的学习实践富有成效：很多党员干部的文化水平和理论政策水平都获得了相当程度的提高。

的确，在中华人民共和国成立初期开展的学习活动中，很多党员干部的文化程度都有较大幅度的提高。例如，在辽宁军区开展理论学习时，"三千余名排以上干部，半年多来一面坚持部队工作，一面坚持学习，获得了显著的成绩。这些干部中，除一部分文化、理论水平较高的干部分头学完了政治经济学（甲组）、社会发展简史（乙组）或中国革命与中国共产党（丙组）外，其余两千名干部都参加了文化学习。各师分别设立了机关文化补习学校，分编了初中二年级以下各种班次。半年来大多数学员提高了普通学校里学习一年的文化程度。如军区直属机关文化补习学校，高小班学员除一人留级外，都升入了初中一年级；初小三、四年级有四分之三升入了高小班。目前，某师各级干部中能识四百字以上的人员已占总人数的百分之六十九。个别学习特别努力的，已从文盲达到能作简单的记录、写便条了"①。

通过理论学习，提高党员干部的理论政策水平，是中华人民共和国成立初期党员干部学习活动的又一个重要成果。党员干部的理论政策水平较高，是保证自身正确贯彻党的路线、方针和政策的前提和保证。在河北，"去年一年中，全省五万九千九百一十七名干部参加了学习，甲乙级干部已学完社会发展史、政治经济学和中共河北省委与各地委规定的十四种临时学习材料。通过理论学习，绝大多数干部更明确了社会发展的基本规律和劳动人民创造历史的历史唯物观点；时事政策学习的收获，是对美帝国主义的侵略本质有了深刻的认识；对中国革命统一战线问题有了正确的了解和体验，纠正了一些错误观点"②。在北京，在职干部通过这一时期的学习，"收获比较大，干部普遍接受了劳动群众创造历史和阶级斗争的思想。新干部中的超阶级观点，个人英雄主义和部分老干部的强迫命令作风，均得到揭发和批判，为一九五零年下半年的整风准备了基础"③。

这一时期富有成效的学习活动，整体上提高了党员干部的文化理论水平，为党适应中华人民共和国成立后的政治经济形势奠定了良好基础，特别是为党领导全国人民恢复和发展生产做好了充分准备。

---

① 王宝功：《领导干部在学习中起模范作用，辽东军区干部学习成绩显著》，《人民日报》，1950 年 7 月 20 日。

② 《河北全省六万干部各项学习走向正规，甲乙两级已学完政治经济学，建立文化补习学校百五十处》，《人民日报》，1950 年 1 月 15 日。

③ 《两年来北京市的在职干部理论学习》，《人民日报》，1951 年 5 月 24 日。

第七章　向苏联学习的"得"与"失"

在中华人民共和国对外学习的历史上，对苏联建设社会主义经验的学习占据着十分重要的地位。中华人民共和国成立后，全方位地展开了对苏联的学习，并很快形成了学习苏联的新"风向"。这个"风向"在1950年至1955年达到顶峰，在1956年以后有所降温。学习苏联建设社会主义的经验，对中国社会发展产生了巨大影响。探讨其中的"得"与"失"，对于探索自己的发展道路有借鉴意义。

一、向苏联学习的缘起

把贫穷落后的半殖民地半封建的旧中国建设成一个富强民主文明的社会主义现代化国家，这是中国共产党人和中国人民的共同愿望。中华人民共和国成立之后，怎样建设国家，怎样实现工业化，对中国共产党人来说是个全新的课题。中华人民共和国成立前夕，毛泽东说："严重的经济建设任务摆在我们面前。我们熟悉的东西有些快要闲起来了，我们不熟悉的东西正在强迫我们去做。这就是困难。"[①]

首先，中国共产党人在经济建设和经济管理方面缺乏经验，吸收借鉴他国经验无疑是最佳选择。在当时中国人心目中，西方国家搞的是资本主义，中国不能学。中国共产党对社会主义的了解，除了马克思、恩

---

① 《建国以来重要文献选编》第4册，中央文献出版社1993年版，第540页。

格斯、列宁的经典著作中的理论知识外，主要是通过学习苏联的社会主义实践经验来取得的。苏联是世界上第一个社会主义国家，取得了辉煌的成就，并具有国家建设的成功经验。因此，向苏联学习，走苏联工业化的道路是必然的选择。正如毛泽东说："苏联共产党就是我们的最好的先生，我们必须向他们学习。"①苏联是在落后的生产力基础上实现快速发展的国家。高速度、高效率的工业化建设向世界显示了苏联模式的威力。苏联模式又恰巧适应了中华人民共和国在工业化初期着重发展重工业的需要。而认清我国具体国情，探索并找到符合中国特点的发展道路，需要有一个长时间的过程；而苏联模式弊端的充分暴露，也要有一个过程。所以，那时学习苏联经验，是合乎历史逻辑的。

其次，两大阵营互相敌视的国际背景，迫使中华人民共和国向苏联学习。第二次世界大战后，世界上出现了分别以美、苏为代表的资本主义和社会主义两大阵营。两种不同社会意识形态阵营的尖锐对立形成了"冷战"格局。中华人民共和国从诞生之日起就面临着严峻的国际形势：以美国为代表的大多数资本主义国家采取在政治上孤立，在经济上封锁、禁运，在军事上包围的办法，妄图扼杀中华人民共和国。而作为国际共产主义运动的重要伙伴，中苏两党的关系极为密切。中华人民共和国别无选择，只有倒向以苏联为首的社会主义阵营一边，从苏联那里取得支持和援助，以击破西方国家孤立、封锁中华人民共和国的企图，确保国家安全，巩固新生政权，迅速恢复和发展国民经济。严峻的国际环境在客观上阻碍了中华人民共和国与西方国家的经济技术交往，迫使中华人民共和国向苏联学习。

再次，苏联给予的援助为我们学习苏联提供了极大的便利。长期的战争破坏和帝国主义国家的封锁，使中华人民共和国面临严重的经济困难。我们不仅没有建设社会主义的经验，而且缺乏必备的物质基础条件：包括资金、技术、人才和设备，在没有外部援助的情况下，困难之大是

---

① 《毛泽东选集》第 4 卷，人民出版社 1991 年版，第 1481 页。

不可想象的。中国领导人清楚地意识到，只有苏联才有能力并可能大规模地援助中国。据俄罗斯联邦总统档案卷宗记载，1949 年 2 月，毛泽东在会见米高扬时提出："为了缩短过渡时期，我们将需要经济援助，我们认为只能从苏联和新民主主义国家得到这种援助。我们需要三年期(1949—1951 年)，每年为一亿美元，总额为三亿美元的贴息借款。我们想得到部分是以供应设备、石油和其他商品，以及我们巩固货币所需要的白银的方式提供的借款。"

在苏联的援助下，我国在中华人民共和国成立后短短的三年间顺利地恢复了国民经济并且建立起一个比较完整的工业体系，这为大规模的经济建设与文化建设奠定了基础。可以说，苏联的援助对中华人民共和国早期的国家建设有着奠基之功。

最后，从苏联的发展状况来看，苏联模式确实很有成效。十月革命后，在短短的二三十年间，苏联模式成功地实现了经济发展的高速度，实现了国家的工业化。苏联模式的实行使苏联取得了举世瞩目的工业化成就，取得了打败德国法西斯的伟大胜利，这些都充分显示了社会主义的优越性。作为世界上第一个社会主义国家，苏联不仅拥有 30 多年成功的国家建设经验，而且具备了相当高的经济、技术和管理水平。这对于战后出现的一系列的社会主义国家，包括中华人民共和国，具有很大的吸引力。同时，在国际共产主义运动史上，苏联模式在相当长的一个时期内，成为世界上唯一公认的社会主义模式，被其他社会主义国家纷纷效仿。

严峻的国际国内环境、急需恢复的国民经济、苏联模式的国际影响以及毛泽东等中共领导人对苏联模式的心理认同等因素，共同促使我国在 20 世纪 50 年代走上了全面学习苏联的道路。

二、掀起向苏联学习的大幕

反法西斯战争的胜利使苏联的威望急剧上升，苏联社会主义模式所取得的伟大成就也因此而为世人所公认，而且苏联模式的弊端也并未凸

显，对当时的中国共产党来说，社会主义的苏联充满生机与活力，中华
人民共和国无疑应该按照苏联模式来建立。

1947年，"共产党和工人情报局"成立后，苏联抛出了"阵营理论"，
即存在以苏联为首的社会主义阵营和以美国为首的帝国主义阵营。毛泽
东多次强调中国只能倒向以苏联为首的社会主义阵营，坚决否定了中国
走"第三条道路"或"中间道路"的想法。毛泽东说："一切试图走'中间路
线'、'中间道路'的人，即企图站在帝国主义者的反革命路线和反对帝国
主义及其走狗的人民革命路线之间的人，也是彻底虚伪的和彻底破产
了。"①"一切国家的革命力量必须团结起来，必须组成以苏联为首的反对
帝国主义的统一战线，并遵循正确的政策，否则就不能胜利。"②"一边
倒"的外交政策，是中国学习苏联的起点。

随着"阵营理论"的提出，中国共产党也更加迫切地希望与苏联就如
何建立中华人民共和国问题进行商讨。虽然毛泽东三番五次地提出要到
苏联访问，但是苏联出于种种考虑都拒绝了毛泽东的要求。

1949年1月30日，米高扬来到了西柏坡。在与米高扬的数次谈话中
毛泽东反复强调了苏联经验和苏共指导的重要性。毛泽东表示，通过借
鉴苏联经验，中国共产党有能力搞好国家建设。

1949年5月，中共中央和毛泽东决定以刘少奇为首组成中央代表团
去苏联取经，正式与斯大林商谈建立中华人民共和国的问题，为毛泽东
正式公开出访苏联铺平道路。

1949年6月21日，刘少奇率中共代表团悄然离开北平，踏上秘密访
苏之旅。刘少奇和王稼祥从北平清华园出发，经沈阳时带上高岗，再到
大连，然后从大连换乘飞机"道格拉斯"，绕道朝鲜上空到苏联远东伯
力，经停赤塔、新西伯利亚、斯维尔德洛夫斯克，6月26日才到达莫
斯科。

---

① ［德］迪特·海茵茨希著，张文武等译：《中苏走向联盟的艰难历程》，新华
出版社2001年版，第212页。

② 《毛泽东选集》第4卷，人民出版社1991年版，第1358页。

刘少奇访苏，主要目的是代表中国共产党同斯大林商谈建立中华人民共和国的问题，包括中国革命的形式、今后的任务、外交问题、中苏关系问题、学习苏联的各方面，等等。同年 7 月 6 日，刘少奇向斯大林提出要求，打算学习苏联模式的完整体系，包括政治体制、经济体制和文化体制等。在访问全苏计划委员会、国家财经委员会、财政部、国家银行后，苏联国家计划委员会主任萨布罗夫向刘少奇一行介绍了"计划经济"的重要性，以及它在国家建设中的决定作用。刘少奇等人对"计划经济"非常感兴趣，还要求开了一次专门的报告会，这为中华人民共和国成立初期中国全面学习苏联模式，尤其是按照苏联社会主义计划经济体制来建构中国经济体制框架做了铺垫。

8 月底，刘少奇带着首批苏联援华的经济、军事专家 220 人，坐火车回到了中国。临行前，斯大林还告诉刘少奇，中华人民共和国一成立，苏联立即就会承认。果然，1949 年 10 月 2 日，苏联政府发来照会，成为全世界第一个承认中华人民共和国的国家。斯大林履行了自己的诺言，这对中华人民共和国无疑是一个巨大的国际支持。

1949 年 11 月上旬，苏联邀请毛泽东访苏。毛泽东于同年 12 月 6 日登上前往莫斯科的火车。此次访苏，有两个目的：第一，参加庆祝斯大林 70 寿辰的仪式；第二，签订新的中苏友好条约，这是毛泽东的一个主要目的。为了庆祝斯大林的生日，毛泽东还给斯大林带了"薄礼"，其中包括山东的萝卜、白菜、大葱和莱阳梨，北京的绿皮红心圆形萝卜，河北的鸭梨、雪梨和江西的小金橘等，这在世界外交史上是绝无仅有的。

经过 10 天的旅程，12 月 16 日中午 12 点，访苏专列抵达莫斯科。当晚 6 点，斯大林在克里姆林宫会见毛泽东。

《中苏友好同盟互助条约》的签订过程是十分曲折的。第一次会谈中，毛泽东明确提出，希望苏联废除 1945 年同国民党政府签订的《中苏友好同盟条约》，取消苏联在中长铁路、旅顺口及大连港等一切在华的特殊权益，并与中华人民共和国重新签订一个体现完全平等的新条约。而斯大林认为，《中苏友好同盟条约》是在英美同意的情况下签订的，对这个条约的任何改变，都会给美英两国以攻击苏联的口实。

不久，新的国际动向使事情突然有了转机。英国、瑞典、印度、缅甸等国准备承认或同中华人民共和国建交。这一新动向促使斯大林认真对待毛泽东提出的要求。同时，斯大林也不再回避旧约中的一些不平等条款，指出要废除或修改。1950 年 2 月 14 日，《中苏友好同盟互助条约》签字仪式在克里姆林宫隆重举行。

1951 年毛泽东在政协第一届全国委员会第三次会议上评价《中苏友好同盟互助条约》说："把两国友谊在条约上固定下来，我们可以放手搞经济建设。外交上也有利。""我们是新建的国家，困难多，万一有事，有个帮手，这样可以减少战争的可能性。"毛泽东、刘少奇访苏获得了巨大的成功，掀起了苏联援建和向苏联学习的大幕。

三、"派出去"和"请进来"

中华人民共和国对苏联的学习途径是多种多样的，但是归结起来，主要有两种方法："派出去"和"请进来"。

1."派出去"

为了适应大规模经济建设的需要，特别是从苏联引进技术设备的需要，我国大量派遣留学生赴苏，直接到苏联考察和取经。1950 年《中苏友好同盟互助条约》的签订为中国派遣留学生铺平了道路。从此，中华人民共和国大量选派各类人员赴苏，学习苏联经验。仅 1951 年就有 375 名学生被公派到苏联留学。从 1952 年开始中国政府决定每年向苏联和东欧国家派遣和交换留学生，并与这些国家的政府相继签订了派遣和交换留学生的协定，任命了驻苏联大使馆主管留学工作的参赞，设置了使馆留学生管理处并成立了中共留学生党委。为了培训留学生俄语和做其他准备，1952 年 2 月我国在北京俄文专修学校的基础上成立了专门的留苏预备部。到 1959 年，我国一共派出 7900 多人。① 详细情况见下表：

---

① 王泰平：《中华人民共和国外交史》第 2 卷，世界知识出版社 1998 年版。

表 1 20 世纪 50 年代出国和留苏人数表

年　份	出国人数	在苏人数
1950	35	—
1951	380	375
1952	231	320
1953	675	583
1954	1518	1375
1955	2093	1932
1956	2401	2085
1957	529	436
1958	415	378
1959	576	460
1960	441	317
总　数	9294	8261

我们派学生出国学习的工作，可以说经历了三个阶段。

(1)1950—1953 年，中央确定的方针是"严格选拔，宁缺毋滥"，四年共派出 1700 多名留学生。

(2)1954—1956 年，中央确定的方针是"严格审查，争取多派"和"以理工科为重点兼顾全面需要"，那三年共派出留学生 6000 多名，其中研究生 1213 名、大学生 4640 名。另有进修教师 135 名、实习生 6802 名。这期间，国家先后对留苏学生的专业进行过三次调整，从学习社会科学、理科和一般工科的学生中抽调一部分，改学工业和国防工程所需的重点专业和尖端学科。

(3)1957—1958 年，中央确定的方针是"多派研究生，一般不派大学生"。第三阶段共派出 1654 名，其中研究生 544 名、大学生 60 名、进修教师 176 名、实习生 874 名。1957 年规定研究生的条件必须是大学本科毕业且有 2 年以上工作经验，以便在留学时真能看出问题，学到东西。

不同的资料对于 20 世纪 50 年代中国留学苏联的人数，有不同的统计方法和数据，分辨出一个完全正确的数字非常困难。1950—1960 年，有 7000 名中国人到苏联学习和参加培训。① 中国科学院档案处保存的文件表明，1951 年至 1958 年中国共派出留苏学生 7493 人，其中包括大学生、研究生、进修教师、进修生、实习生和专科生；69％的留学生学习工科专业，10.6％的学习理科，6.9％的学习农林，3.4％的学习医学，3.2％的学习文科，1.7％的学习文化艺术，1.6％的学习财经。而《中国教育制度通史》一书的说法是，1949 年至 1966 年中国向 20 多个国家派出留学生 10688 人，其中留苏学生有 8213 人。②

实际留苏人员的数量恐怕不止如此。资料显示 1950 年至 1958 年中国共派出留学生 16852 人，学成归国的有 9074 人，7778 名去社会主义国家的留学大学生和研究生中学习工科的有 5179 名。③ 但是按照苏联自己的统计，中国留苏人员超过了 20000 名，其中包括在苏联企业里学习的人员。确切的留苏人数，有待进一步调查和核实。

中国向苏联派遣的留学生大多属于工程技术领域，派遣方式主要有以下四种：研究生或大学生；实习生；进修人员；短期培训人员。其中研究生学习期限大约 3 年，毕业时一般获得博士学位；大学生期限 3 年到 5 年，进修生和实习生一般工作 1 年到 2 年，短期培训一般为半年左右。"据苏联方面的资料，1951 年到 1962 年中国人在苏联学习生产技术的有 8000 多名，在苏联的学校学习的中国大学生和研究生有 11000 多名，苏联政府承担了他们的一半学习费用。另外还有 1500 名中国工程师、技术人员和学者去苏联了解科学技术的成就和生产经验。"④

与苏联援建的"156 项工程"相关的留学针对性很强，为了实现正常

---

① 《当代中国》丛书编辑委员会：《当代中国的基本建设》，中国社会科学出版社 1989 年版。

② 李国钧、王炳照：《中国教育制度通史》第 8 卷，山东教育出版社 2000 年版。

③ 《中央批准国家科委党组、教育部党组、外交部党组关于留学生工作会议的报告》，1959 年 7 月 27 日。

④ 张久春、蒋龙、姚芳：《中华人民共和国初期向苏联派遣留学生》，《百年潮》，2008 年第 11 期。

的生产和发展，苏联方面相应的接待单位为这些项目培养了各个层次和环节的技术人员和管理人员，包括厂长、总工程师、工程师、车间主任、工段段长和工人，以及其他直接参加基建、设备安装、投产准备等企业建设的工作人员。比如，洛阳第一拖拉机制造厂有173名管理和技术人员在莫斯科的哈伊科夫拖拉机厂接受培训。技术人员和普通工人的短期培训审查也相对较松，人数很多。

中国科学院是向苏联派遣研究生、实习生等留学人员最多的科研院所之一。据苏联有关方面统计，中国科学院各研究所先后共有900多名工作人员在苏联科学院和相应的研究机构学习和工作，接受科学训练，学习从事研究的方法。

中国留苏学生的选拔标准是非常严格的。去苏联读大学和研究生的人员须符合如下的选拔条件：

（1）政治条件：①历史清楚，政治上完全可靠，思想上进步者；②学习工作积极、努力、品质善良、有培养前途且自愿赴苏联学习者；③家庭成员与主要社会关系，无反革命问题（由公安部进行审查）。

（2）学历条件：须有大学毕业的程度，并从事研究工作或实际参加与其所学有关的工作一年以上，成绩优良，确有钻研精神者。

（3）身体及年龄条件：①经卫生部门指定的医院检查合格者；②三十五岁以下。

（4）学科考试：经过政治审查及身体条件检查之后参加相关研究生科目考试，合格者，就可以留苏。

进修人员和实习人员的政治条件、外语及身体状况都必须符合以上的要求，略有不同的主要是学历条件。一般的培训人员没有非常严格的审查条件，主要在政治及身体两方面进行审查。当时流行的一种说法是"够入党条件，不一定够留苏条件"。留苏学生通常是先在北京、大连等地的俄语院校的留苏预备部学习一年，进行一些准备工作。

中国留苏研究生、大学生和进修生主要分布在莫斯科大学、列宁格勒大学以及其他城市的几百所高等院校和实习单位。除了莫斯科和列宁格勒大学外，其他高校基本上都是各种工学院，而大部分的实习生则主要分布在苏联科学院各研究所、莫斯科斯大林汽车制造厂、哈伊科夫拖拉机厂及其他的一些工厂。

一部分留学生在1958年以后回国参加工作，但更多的留学生是在中苏关系破裂后回国的。他们学到国家急需的专业知识，具有强烈的报国信念，乐于投入各项建设事业中，受到各用人单位的欢迎。为了争取得到归国留学生，各单位之间的竞争非常激烈。

这些留学生归国后，大多成为中华人民共和国的栋梁之材。留学生回国之后，很快填补了中国科学技术和教育等领域的一系列空白，承担了学科建设、人才培养、技术研发和科学研究的重要任务，并且在工作中取得了巨大的成就，有些人成为国家科学技术事业和产业的带头人和组织者，有的还成为党和国家领导人。"到1997年，在中国科学院院士中有78名留苏学生，中国工程院院士中有63名留苏学生。"[1]

2."请进来"

强调向苏联专家学习，聘请苏联专家来中国帮助经济建设、文化教育建设，将苏联的制度、经验、方法、技术等传授给中国，这是"请进来"最主要的目的。

中国共产党长期从事武装斗争和农村工作，缺乏管理城市和进行经济建设、文化教育建设的经验和人才。因此，掌握政权以后就特别需要学习，在这方面，聘请大量苏联专家来华工作，无疑是一条重要而快捷的途径。为了满足建设现代化中国的需要，中国共产党的第一选择就是聘请大批苏联专家来华。

1948年9月8日，中共中央东北局书记、东北军区司令员林彪给斯大林写了一封信，信中他要求苏联派遣大批经济顾问和专家来华，帮助制订东北地区恢复国民经济的计划。在信中，林彪提出由于东北的工业

---

① 张久春、蒋龙、姚芳：《中华人民共和国初期向苏联派遣留学生》，《百年潮》，2008年第11期。

企业缺少专业人才、专门设备、材料，生产力很低，为了恢复东北国民经济至少需要 100 名以上各部门的专家，其中包括：计划专家和整个国民经济专家 10 人；黑色有色冶金专家 15 人；煤液体燃料加工，硫酸盐、盐酸和硝酸制造专家 6 人；煤炭加工专家 10 人；火炮、炮弹和子弹制造专家 6 人；森林采伐和木材加工专家 6 人；纺织专家 5 人；采金专家 4 人；水泥专家 4 人；造纸专家 4 人；混凝土大坝建筑和水电站设备专家 8 人；财政专家 4 人；军事铁路学校教员 6 人；以校长为首的工业学院教授讲师 12 人；等等。

中华人民共和国恢复国民经济和发展生产力所面临的一个严重问题是缺乏可靠的科学技术人才。1949 年 10 月中央财政经济委员会主任陈云告诉苏联大使罗申，恢复国民经济的一个重大障碍是缺少懂专业而又忠于人民政府的技术干部。中华人民共和国从国民党那里接收下来的工程师和专家总共只有 2 万人，而他们大多数人的政治观念是反动的、亲美的。以最大的鞍山钢铁企业为例，在 70 名工程师中仅日本人就有 62 人，作为战败国他们在心理上仇视中国人，尤其是中国共产党。据中国有关统计资料，作为全国钢铁工业中心的东北，在日本人被遣送回国后，其技术人员占该行业人员总数的比例已经降至 0.24%。到 1951 年 7 月，周恩来仍然认定，技术干部严重不足"将是中国工业化的一个主要障碍"[1]。由于缺乏专家，中方甚至无法提出要求苏联提供经济援助的货物清单，以至于毛泽东提出要求设立中苏共同委员会，请苏联专家"来华与我们共同商定全部或主要部分货单"[2]。显然，大量苏联专家和技术人员来华，对于中国国民经济的恢复，不仅是必要的，而且是急需的。关于苏联专家来华的数额，各个资料都有自己的数据：据中国档案材料，1950—1953 年先后到中国帮助经济建设工作的苏联专家共计 1093 人；据苏联的统计材料，1951—1953 年到中国工作的高级专家已有

---

①　沈志华：《中华人民共和国建立初期苏联对华经济援助的基本情况》，《党史研究资料》，2001 年第 5 期。

②　同上。

1210 人。

早在 1948 年夏，苏联已经派遣专家技术小组到中共建立的东北根据地帮助修复铁路，第二年刘少奇访苏后，又带回一批制订经济恢复计划的专家。到中华人民共和国成立前夕，在华苏联专家已有 600 余人。1953 年到 1957 年间是苏联派遣顾问和专家来华的高峰期。"据中国方面的档案资料统计，1950—1953 年，先后到中国帮助经济建设的苏联专家共计 1093 人。"①据苏联外交部部长谢皮洛夫 1957 年 1 月 4 日向苏共中央的请示信中披露："到 1956 年底，在华工作的苏联专家人数达到最高峰，为 3113 人，其中技术专家 2213 人，经济顾问 123 人，科学和文化领域的顾问和专家 403 人，军事顾问和专家 374 人。"②50 年代共有 1 万多名苏联专家先后来华帮助工作，他们分布在中国从中央到基层的各个部门、各个行业，那时候，在中国各事业部门、各大国有企业和军事单位，都安排有苏联专家当顾问指导工作。与阅读书本和实地考察相比，苏联专家通过面对面、手把手和朝夕相处的方式向我们传授先进经验，自然影响更大，成绩更佳，见效更快。

苏联顾问和专家是苏联先进的科学技术和经验的传播者，直接帮助中国进行各方面建设。为建设援华项目，苏联专家参加了建厂前的一系列准备活动，包括地质勘测、厂址选择、收集基础资料、培养技术管理骨干、进行各阶段的设计、挑选机器设备、指导建筑施工、设备安装调试、提供产品设计和技术资料等，为援建项目的完成提供了保障。苏联专家还帮助我们培养出了大批管理和技术人才，他们通过讲授技术课、现场指导工作、翻译讲解文献资料等各种方式，耐心而无私地向中国干部、工人传授知识和经验，并对我们的工作提出了许许多多宝贵的建议。因此，党和政府特别强调，广大干部和群众都要认真地向苏联专家学习，

① 中国社会科学院、中央档案馆：《中华人民共和国经济档案资料选编：1953—1957》固定资产投资和建筑业卷，中国物价出版社 1998 年版。

② 沈志华：《对在华苏联专家问题的历史考察：基本状况及政策变化》，《当代中国史研究》，2002 年第 1 期。

不仅要向苏联专家学知识、学技术，还要向他们学思想、学作风、学方法。

通过向苏联专家学习，中国经济建设有了很大的进步，在钢铁工业方面，在苏联专家的指导下，仅仅一年，全国各钢铁企业的生产率大大提高。本溪煤铁公司炼铁厂低磷铁的合格率在3个月内从16%提高到88.5%，抚顺矿务局炼钢分厂钢锭合格率也提高到95.3%，超过以往标准15个百分点。①

在电力工业方面，3年来电力生产已超过战前最高产量15%，售电量提高了1.8倍。推行苏联专家介绍的"快速检修法"的结果，使检修时间缩短了一半以上，并大大节省了检修费。由于苏联专家的帮助，厂用电率和线路损耗大大下降。3年来，全国各发电厂在这方面所节省的电量，就等于全华北区1949年国营发电厂电量的111.5%。②

在煤炭工业方面，中国煤炭管理总局曾认为当时国内所有的浅部煤层已开采完，而受技术条件限制又无法开采深部煤层和扩大采掘范围，因此要在1957年以前废弃120个矿井。后通过向苏联专家请教和研究，恢复和扩建了大部分矿井，使得1952年全国煤矿生产能力比上年提高60%，更重要的是大部分浅层矿井的服务年限延长了20～40年。③ 煤矿专家斯图加廖夫、马尔钦科等根据中国具体情况，分别提出各种先进的采煤法，在各地推行以后，基本上取代了旧式采煤法，使煤炭回采率达到了70%，从而大大减少了国家资源的损失。④

在石油工业方面，过去中国被认为是贫油国家。在苏联专家的帮助下，3年来中国石油工业的劳动生产率提高了3倍，1952年的原油产量

---

① 《人民日报》，1950年10月6日。

② 潘光祖：《苏联专家对中华人民共和国的帮助》，华南人民出版社1952年版，第11—12页。

③ 《中华人民共和国经济档案资料选编：1949—1952》工业卷，中国物资出版社1996年版，第756—757页。

④ 潘光祖：《苏联专家对中华人民共和国的帮助》，华南人民出版社1952年版，第10—11页。

已超过中华人民共和国成立前最高产量的 19.66%，从而为中国石油工业的发展奠定了基础。①

水利建设方面，在治淮工程的各种具体设计中，由于采取了苏联的先进经验，使整个工程做到了经济、省时、安全。农业部水利局修建山西浑河水库的设计，经过苏联专家修订，蓄水量增加 2.25 倍，节约投资 2000 亿元（旧币）。

在铁路运输方面，我们吸收了苏联在铁道运输、铁路工厂、养路、材料供应等各部门的先进经验和技术，创造了许多生产新纪录。运输部门在专家帮助下创造的李锡奎新调车法，使沈阳站调车工作效率提高了 60% 以上；中长路苏家屯机务段学习了郭瓦廖夫（即科瓦廖夫）工作法，从 1950 年 1 月到 1951 年 8 月，共超运货物 114 万多吨，节省资金 43 亿元。②

在造纸业方面，学习苏联经验，使造纸业有了突飞猛进的发展。到 1952 年 12 月轻工业部进行总结时，我国已采用苏联专家提出的 90 项重大建议。威烈基金专家稻草半料浆的试制成功，克服了木材缺少的困难，弥补了纸浆设备不足的缺陷。③ 1952 年 4 月，山东省造纸总厂一分厂因供水不足造成生产困难。苏联专家罗维金诺娃采用废水利用的方法，每天能节约近 30 万斤水。她还根据在苏联的经验改进了生产方法，每天能节约 100 多斤纸浆纤维，一年就为该厂节省了近 3 亿元。④

在农业方面，学习苏联专家介绍的深耕、密植、轮作、合理灌溉和施肥等先进经验，极大地提高了中国的农作技术。农业部机耕学校双桥实习农场 1949 年籽棉每亩产量只有 50 斤，1950 年在苏联专家卢森科的直接指导下采用苏联棉花密植法，每亩增加到 162 斤，1951 年更达到

① 《人民日报》，1953 年 4 月 10 日。

② 《人民日报》，1952 年 1 月 20 日。

③ 《中华人民共和国经济档案资料选编：1949—1952》工业卷，中国物资出版社 1996 年版，第 778 页。

④ 山东省中苏友好协会主编：《苏联专家在中国》，第 17—18 页。

296 斤，丰产地每亩达到 537 斤。①

在林业方面，通过吸收、借鉴苏联专家的经验与建议，加快了中国林业的发展。3 年来在全国完成造林 135 万公顷，以及在东北、西北、苏北沿海等地建立数百至千余公里的防沙林、防风林等工作中，都曾采用了苏联先进经验。② 由于接受了苏联专家合理采伐森林的建议：降低伐根、利用梢头木、保留母树、清理林场、合理选材等，3 年来，仅东北一地，即增产木材约 70 万立方公尺，约合人民币 13230 亿元。③

在医学方面，苏联专家的先进技术和方法也得到普遍推广，并取得良好效果。例如，苏联医师维利渥夫斯基、波罗奇采尔、舒高姆等根据巴甫洛夫学说创立的"无痛分娩法"，在中国各大城市普遍推行。据统计，在 5394 名施行无痛分娩法的产妇中，有 92.8％获得成功。北京、上海、大连、天津等地还将"无痛分娩法"推行到了家庭接生中。

在教育方面，我国的高等教育在学习苏联方面非常彻底，以苏联的高等教育为蓝本，把旧中国高等教育实行的欧美模式全部摒弃，是其突出特点。如所有高校被分为三大类，包括综合大学类、专门学院类和专科学校类。所有高校的教学大纲和教学计划都按照苏联高校的教学内容进行改编或改订，推行标准化和统一化。东北农学院，将所有 140 多门课程的苏联教学大纲和教材翻译过来，不仅供本校各专业使用，而且分发给全国各个农学院。当时教育界还兴起了"俄语热"。仅在 1949—1951 年全国就建设了 12 所俄语专修学校，多所大学设立俄语专科和俄语培训班，俄语成为当时我国的第一外语。

在文化方面，大量的书籍和电影被翻译引进。在 20 世纪 50 年代，

---

① 潘光祖：《苏联专家对中华人民共和国的帮助》，华南人民出版社 1952 年版，第 15—16 页。

② 《中华人民共和国经济档案资料选编：1949—1952》工业卷，中国物资出版社 1996 年版，第 754 页。

③ 潘光祖：《苏联专家对中华人民共和国的帮助》，华南人民出版社 1952 年版，第 16—17 页。

中国翻译出版了上千万册苏联书籍。仅人民出版社出版、发行的苏联书籍的中译本即达到 1216 万册，其中列宁、斯大林著作在中华人民共和国成立的前三年就发行了 272.25 万册。[①] 整个 50 年代，苏联电影占据了中国公民文化的核心位置。1949 年至 1957 年，中国进口了包括 662 部长片在内的 1309 部影片，与之形成鲜明对比的是 1960 年之前中国国产电影仅有 480 部。[②] 一些著名的苏联影片如《列宁在十月》《列宁在 1918》《保卫祖国母亲》《攻克柏林》《雁南飞》《第四十一》等均是在此时被引入中国。资料考证，到 1957 年为止，全国范围内有 468 部苏联长片被译介给总计近 14 亿人次的观众，其中又有 9 部影片吸引了总计超过 2500 万人次的观众。[③] 翻译家孟广钧于 1954 年谈及苏联电影时认为，苏联电影在中国如此受追捧的原因，除了消遣这个作用外，它们同样也是一本丰富的生活教科书。苏联的生活经验、专业技艺、故事情节、书籍和影像记录对中华人民共和国的新型民族文化的形成发挥了巨大影响，也让普通中国人更好地理解了社会主义及其世界历史作用。

全面学习苏联的运动对中华人民共和国的各行各业、各界各部门的影响之大，已达到了难以估量的程度。

四、"156 项工程"背后的故事

1953 年 5 月 15 日由李富春和米高扬分别代表两国政府签订《关于苏维埃社会主义共和国联盟政府援助中华人民共和国中央人民政府发展中国国民经济的协定》。商定由苏联在 1953—1959 年，用技术设备援助中国建设与改建 91 个企业。包括 2 个百万吨钢铁联合企业、8 个有色冶炼企业、8 个矿井、1 个煤炭厂、1 个百万吨炼油厂、32 个机器制造厂、16 个动力及电力机器厂、7 个化工厂、10 个火力发电站、2 个药厂及 1 个食品厂。上述 91 个企业，加上 1953 年 4 月以前，在 1950—1952 年 3 年

---

① 《新华月报》，1953 年第 1 期。
② 中国电影发行放映公司：《中国电影发行放映统计资料汇编(1949—1957)》。
③ 颜纯钧：《中国电影比较研究》，中国电影出版社 2000 年版，第 38 页。

中陆续委托苏联设计，并经苏方同意援助我国建设与改建的 50 个企业，共 141 个企业。中国政府为偿付以上设备和技术援助，将按质按量对苏联供给钨精矿 16 万吨、锡 11 万吨、钼精矿 3.5 万吨、锑 3 万吨、橡胶 9 万吨以及羊毛、黄麻、大米、猪肉、茶叶等。为了尽早完成项目建设和生产任务，中国人民把向苏联专家学习与自我创新、自我奋斗结合起来，涌现了一批可歌可泣的先进事迹。

武汉长江大桥，位于湖北省武汉市，大桥横跨于武昌蛇山和汉阳龟山之间，是中国在长江上修建的第一座铁路、公路两用桥梁，被称为"万里长江第一桥"，它也是苏联援华"156 项工程"之一。按照第一个五年计划的规定，武汉长江大桥铁路部分于 1958 年通车，公路部分于 1959 年通车，但实际上在武汉长江大桥工程局全体职工的努力下，大桥于 1957 年 10 月 15 日就建成通车。工程局的同志们向苏联专家学习，采用"管柱钻孔法"替代原来的"压气沉箱法"，一年内长江大桥全部八个桥墩同时施工，打破了以往一年只能修建三个桥墩的旧观念，加速了长江大桥的建设进程。同时工程局的同志们还制造了大型旋转式钻机、高达 49 公尺的 45 吨德立克水上大吊机，制成并改进了苏联最新式的震动打桩机，这些设备威力极大，为提前建成长江大桥起了重要的作用。①

北京电子管厂也是苏联援华"156 项工程"之一。北京电子管厂提前完成该年生产指标：总产值提前四十三天完成；产品的产量、品种和劳动生产率提前二十八天完成；成本降低 21%；成品率提高 3%。取得这些成绩的秘诀就是把向苏联专家学习与自我奋斗结合起来。在工厂党委的领导下，这个厂发动职工开展技术革新运动，他们从设计、加工工艺、操作方法、提高设备效率等方面，进行了一系列的革新，把领导干部、技术人员和工人群众"三结合"。例如，工具零件分厂金属零件车间的领导干部发现自动弯曲机效率低，生产的技术零件供不上装配车间的需要，就提出和技术人员、工人一起研究，共同拟制出革新自动弯曲机的方案，

---

① 《人民日报》，1956 年 2 月 28 日。

技术人员负责设计，工人负责加工零件，车间领导干部负责有关方面的联系，八台弯曲机全部改装成功，使加工零件的产量提高了一倍多，满足了装备车间的需要。①

鞍山钢铁公司是辽宁省苏联援建的 24 项工程之一。鞍山钢铁公司制订了为期一年的向苏联专家学习独立进行黑色冶金企业建筑安装工程的技术和管理工作的计划，方式包括：组织技术小组向苏联学习；组织各种专业工程队学习苏联先进的施工方法；结合工作需要举办各种专门问题讲座，请苏联专家讲课等。在学习过程中出现了不少先进人物。如一零一钢铁厂耐火材料车间工程师周宗积极汇集准备资料，提出问题向苏联专家请教，及时整理专家建议，组织职工学习并改进耐火车间的工作。一零二钢铁厂轧钢车间总工长李正高积极钻研苏联专家关于板坯酸洗的作用的建议，并建议改洗半成品，大大提高了钢板质量。一零二钢铁厂炼钢车间烧窑组在贯彻苏联专家的建议后，石灰内的含水量达到了专家要求的指标，提高了钢的质量。钢铁厂把学习与创新结合起来，取得了非常好的效果。工厂生产技术水平显著提高：一零一钢铁厂的一号与二号平炉炼炉时间由原来的 6 小时缩短到 5 小时 18 分；一零二钢铁厂实验大块镁砂砖炉墙成功后，电炉炉龄已延长到 166 炉以上；一零四钢铁厂平炉月作业率已提高到 91％以上。②

抚顺发电厂也是辽宁省苏联援建的 24 项工程之一。该厂组织员工在采用苏联专家郭瓦廖夫工作方法的基础上积极创新，成功试烧了当地劣质煤——水矸子煤。水矸子是原煤经过水洗后，剩下来的不能发热的东西。它的特点是灰分大，可燃物少，发热量低，不易着火。该厂为了克服上述困难，采用多种方法帮助燃烧：利用调整风压的办法帮助燃烧；用加厚煤层的办法，提高热量；创造了一套快速扒灰法，使炉内燃烧情况正常。仅 1951—1953 年该厂就为国家节省 50 万吨好煤，劣煤掺烧率提高

---

① 《人民日报》，1959 年 12 月 24 日。
② 《人民日报》，1954 年 11 月 12 日。

到 76.6％。①

五、辩证地看待向苏联学习

1950—1960 年开展的全面向苏联学习的运动，已经过去 60 多年了。对这一时期学习的历史，人们的评价很不一致。有人全盘肯定，认为全面学习苏联理所当然，完全正确；也有人全盘否定，认为不考虑中国实际情况，"全盘苏化"具有极大的盲目性。

对这一时期全面学习苏联的运动，既不能全盘肯定，也不能全盘否定，应该辩证地去看待这个问题，具体问题具体分析。薄一波在自己的回忆录中指出，虽然学习苏联很有必要，但是在学习中对斯大林有迷信思想，犯了教条主义错误。

这一时期学习苏联，不但有必要，而且确实起到了积极的作用。由于缺乏经验，中华人民共和国在进行国家建设时，面临重重困难，向苏联学习，在很大程度上缓解了我们的压力，使我们在国家建设起步阶段避免了大的弯路和曲折，使中华人民共和国初期的建设有了一个比较好的也是比较成功的开端。俗话说得好，万事开头难。这个难点就在于我们没有经验。不以苏联为师，不吸收、借鉴苏联经验，是很有可能要走弯路的。而事实上，正是因为我们吸收、借鉴了苏联经验，以苏联经验为蓝本制订的中国的"一五"计划，才会获得了圆满的成功，这为中国以后的发展奠定了坚实的基础。一些西方学者认为"一五"期间，苏联提供的技术与物资无论怎么评价都不过分——从第三者的角度看中国问题，其结论具有一定的说服力。所以，承认苏联在中华人民共和国成立之初国家建设中所起到的积极作用是客观的。

以 20 世纪 50 年代的眼光来看，苏联确实有很多中国能够加以借鉴和吸收的、好的、先进的经验。比如虽然苏联的科学技术水平与美国相

① 《人民日报》，1953 年 12 月 4 日第 2 版《抚顺发电厂燃烧劣质煤节省好煤五十万吨》。

比还有一定的差距，但是比起中国来还是强很多的。事实证明，把学习、吸收和借鉴苏联先进的科学技术和艰苦奋斗结合起来，中国的经济建设速度迅速提高。书籍和电影的译制与发行，极大地丰富了中国人民的精神生活，为中国人了解外面的世界打开了一扇窗。

这段学习苏联的运动，为中国培养了大批有用人才，他们在随后的国家建设中起到了非常重要的作用。这里所说的人才不仅包括留苏的留学生，还包括国内各种受到苏联专家帮助、培训的人才。通过学习苏联经验，大大加深了中国人民对苏联人民的了解与好感，扩大了中苏两国的交流，也促进了中苏之间关系的发展。

可见，向苏联学习本身并没有什么错误，问题在于怎么学，学什么，以及怎么处理学习苏联经验与立足本国实际之间的关系，等等。毋庸讳言，在这方面我们做得不够好，还需认真总结并从中汲取经验教训。

20世纪50年代全面向苏联学习既有"得"，也有"失"，既有"利"，也有"弊"，中华人民共和国从学习苏联的运动中既得到了好处，也付出了一定的代价。我们应该正视这段学习史，总结经验教训，为国家建设提供经验、借鉴和指导。

第八章　思想改造与学习活动

中华人民共和国成立伊始，百废待举。中国共产党面临着领导中国人民建设新民主主义经济、政治和文化的历史任务。深刻的社会变革要求一切愿意进步的人们都要重新学习，改变旧思想，更新观念，为国家的建设贡献力量。然而此时，绝大部分从旧社会过来的知识分子，身上不可避免地会带有许多旧的东西，其世界观和人生观与革命事业的发展和国家建设的需要并不相适应。在此形势下，党在对知识分子采取"包下来"的政策，以争取一切爱国知识分子为人民服务的同时，发动了一场声势浩大的知识分子思想改造运动。同时，在全国范围内掀起了一场学习和宣传过渡时期总路线的活动，解决了由新民主主义逐步过渡到社会主义的思想转变问题，坚定了中国人民沿着社会主义道路实现国家工业化的信心。

一、马寅初的盛情邀请与周恩来的亲切诚恳的报告

中华人民共和国成立初期，我国的知识分子来源比较复杂，主要有三类：一是在长期革命战争的锻炼中培养成长起来的革命知识分子。这部分知识分子人数不多，但他们都有参加革命战争的经历，接受过战火的考验，是当时我国知识分子的骨干力量。二是从旧社会过来的青年学生。他们虽然没有参加革命工作的经历，但他们对旧中国的黑暗有过直观的了解，怀有一颗爱国之心，有的还参加过解放战争时期的民主运动，

可塑性非常大。三是从旧社会过来的在各部门工作过的各类专家、学者、教授以及文艺工作者、医生、工程师、记者、教员等。这些知识分子绝大多数都怀有强烈的民族意识和爱国主义情感，但他们中的部分人身上还或多或少地留有旧社会的痕迹，对执政党和新政府在政治上还存在着一些疑虑。这部分知识分子约 200 万人，占当时我国知识分子总数的绝大多数。

"革命需要吸收知识分子，建设尤其需要吸收知识分子。特别是由于解放前的我国是一个文化落后科学落后的国家，我们就更必须善于充分地利用旧社会遗留下来的这批知识分子的历史遗产，使他们为我国的社会主义建设服务。"①基于这样的认识，党中央一方面"对于旧时代的知识分子采取了'包下来'的方针，绝大多数都继续给以适当的工作，其中一部分还分配了负责的工作；对于原来失业的知识分子也努力帮助他们就业，或者给以其他的适当的安排。在政治方面，党给了许多知识分子的代表人物以应有的地位"②。另一方面积极举办教师假期学习会、训练班等，组织知识分子学习社会发展史、马克思主义学说和党的方针政策等。

为了使知识分子能够尽快适应新社会的需要，1951 年 8 月 22 日，周恩来在为全国 18 个专业会议代表和中央人民政府各部负责人所作的题为《目前形势和任务》的报告中，提到了知识分子思想改造问题。他指出：知识分子"要为中华人民共和国服务，为人民服务，思想改造是不可避免的"。"因为我们过去的思想不是受着封建思想的束缚，就是受着帝国主义奴化思想的侵蚀。只要我们有些知识，就要受到这些影响。""这就需要我们每一个人不断地在思想上求得改造，以适合我们今天中华人民共和国的需要，适合于人民的利益。"因此，"进行学习，来改造我们的思想是很值得的"③。

周恩来的讲话立即得到刚上任三个月的北京大学校长马寅初的呼应。

---

① 《周恩来选集》下卷，人民出版社 1984 年版，第 161—162 页。
② 同上书，第 162 页。
③ 金冲及主编：《周恩来传》，中央文献出版社 1998 年版，第 1074 页。

1951 年 6 月 1 日，马寅初走马上任北京大学校长。马寅初是名副其实的"老北大"。1916 年，经蔡元培举荐，学成回国的马寅初在北京大学担任经济学教授。1919 年 4 月，任北京大学第一任教务长。此次出任北大校长，马寅初深感身上所肩负的改造旧北大的责任重大。经过与师生的谈话和了解，马寅初感到"北京大学到底是北京大学，学生与大部分教员思想都很有进步"，"大家都愿意使北京大学不断进步，成为中华人民共和国人民的大学"。但"北京大学不是没有缺点的，自由散漫就是我们的缺点。这和我们的教职员工居所分散也有关系，但这种自由散漫的作风却有更重要的思想根源，必须加以克服。其中最明显的是职员思想水准和主人翁的自觉都不高"。于是，他征求了汤用彤、罗常培等的意见，决定举办暑期职员政治学习会。

1951 年 8 月 1 日，马寅初到学习班进行动员，他说："这次学习是为诸位的好处，也是为学校的好处，中国的好处。""政府交给我们北京大学的任务，是要做全国的模范。"①"要建设中华人民共和国，北大要在大学中起模范作用，搞不好，对不起国家。北大是首都的大学，有光荣的革命传统。"②"我想：北大的革命传统要保持下去，学生是进步的，教员跟着也要进步。你们怎么样？将来人一多，逼上梁山，你就非进步不可。""所以，我们要学习，使主观思想与客观条件相一致。不要时代进步了，你的思想停止着；不要老保住你眼前的利益，维持你现在的利益，不向前进，是要落后的。坚持落后，就会变成反动，所以要学习，时代向前跑，你要跟着前进。"③马寅初的核心思想很明显，一是要求教职员工要切实认识到时代的巨变，与时俱进；二是希望通过学习的方式使教职员工的主观思想与客观条件相一致。

暑期职员政治学习班为期 40 天，学习方法是听报告、读文件、联系本人思想和学校情况，开展批评与自我批评。暑假学习收到了明显的效

---

① 马寅初：《马寅初全集》第 14 卷，浙江人民出版社 1999 年版，第 196 页。
② 同上书，第 199 页。
③ 同上书，第 200 页。

果，"开学后工作效率提高不少""所得收益是出乎意料之外，思想未改者开始转变，已改者提高了一步"①。

暑期学习所取得的成效，使马寅初等校领导切身感受到了思想改造的重要。而周恩来8月22日关于知识分子思想自我改造的讲话，无疑对马寅初等人是一个极大的鼓舞。8月31日，北大召开校务会议，汤用彤、张景钺、杨晦、张龙翔等教授响应周恩来总理的号召，主动提出应把暑假学习政治的经验推广开来，在全校教职员中发动一次有计划、有系统的政治学习运动，以用马列主义、毛泽东思想武装广大教职员工，清除旧观念，树立新思想，推动学校各项工作的开展。

9月3日，中央人民政府在中南海怀仁堂召开政府委员会议。马寅初借着会后的机会，将他来北大后的感触，组织职员学习的体会及准备响应周恩来8月关于进行思想改造的号召，发起北大教师政治学习运动的打算，向周恩来作了汇报。周恩来对此表示赞同。马寅初遂进一步提出邀请毛主席、周总理、刘副主席、朱总司令去北大作报告，以推动政治学习运动的开展。

9月7日，马寅初给周恩来写了一封信，书面汇报了北大组织开展学习运动的基本情况。并进一步说："北京大学教授中有新思想者，如汤用彤副校长、张景钺教务长、杨晦副教务长、张龙翔秘书长等12位教授，响应周总理改造思想的号召，发起北大教员政治学习运动。他们决定敦请毛主席、刘副主席、周总理、朱总司令、董必武老、陈云主任、彭真市长、钱俊瑞副部长、陆定一副主任和胡乔木先生为教师。嘱代函请先生转达以上十位教师。"

9月9日，周恩来在信上批示："马老来信送毛、刘、朱、董、陈、彭真、乔木、俊瑞传阅。在上次政府委员会开会后，马老提及此事，我告以有一两个同志前往讲演即可。请主席讲演，我告以当代为转达。他又提到听讲的教职员和学生当达到两千人，我即告以主席向这样多的人

---

① 马寅初：《北京大学教员的政治学习运动》，《人民日报》，1951年10月23日。

讲话，精神负担极大，最好请别的负责同志讲演。谈话后即送马老至主席桌上会餐，不知马老提及此事否？请告。请其他同志讲演事，我意请彭真、乔木两同志各担任一次。如少奇同志能讲一次，当能满足马老的热烈要求，亦请告，以便复马老。先转给毛主席。"①毛泽东阅后十分高兴，并于 9 月 11 日在给马寅初的信上批示："这种学习很好，可请几个同志去讲演。"②

得到毛泽东的首肯，周恩来便第一个接受马寅初之邀，到北大讲演。周恩来之所以接受邀请到北大作报告，一是因为北大在中国的学术界、教育界、思想界具有不可替代的地位，马寅初又是享有很高学术和道德声望的学者。更重要的是，马寅初等人发起的北大教员政治学习运动，主动请求中央领导作报告，为中央在全国范围内全面展开知识分子思想改造政治运动提供了一个极好契机。于是，周恩来指示教育部："以北京大学为主，把北京、天津各大学的先生以及同学代表也请来。"

9 月 29 日，周恩来在中南海怀仁堂为京津二十所高校三千多名教师作了题为《关于知识分子改造问题》的报告。报告共讲了七个问题：(1)立场问题；(2)态度问题；(3)为谁服务问题；(4)思想问题；(5)知识问题；(6)民主问题；(7)批评与自我批评问题。报告内容，主要是以自己思想改造的亲身体验，阐释知识分子为什么需要改造和怎样改造，明确要求知识分子通过改造逐渐"从民族的立场进一步到人民立场，更进一步到工人阶级立场"。"站在工人阶级的立场上来看待一切问题、处理一切问题。"

在报告中，周恩来就知识分子如何正确改造思想，取得革命立场、观点、方法等问题，谈了自己的切身体会。他说：拿我个人来说，参加五四运动以来，已经 30 多年了，也是在不断地进步、不断地改造。30 年来，我尽管参加了革命，也在某些时候和某些部门做了一些负责的工

---

① 参见中央档案馆：《马寅初致周恩来信》。
② 《建国以来毛泽东文稿》第 2 册，中央文献出版社 1988 年版，第 448 页。

作，但也犯过了很多错误，栽过筋头，碰过钉子。可是，我从不灰心，革命的信心和革命的乐观主义鼓舞了自己，我们应该有这样的态度和决心，即犯了错误，就检讨，认识错误的根源，在行动中改正错误。因此，同志们在学习的过程中应该建立这样一个信心：只要决心改造自己，不论你是怎么样从旧社会过来的，都可以改造好。① 他号召广大教师认真开展批评与自我批评，认真学习，努力使自己成为文化战线上的革命战士。

周恩来的报告持续了五小时。这对亲眼看到中华人民共和国欣欣向荣、迫切要求投身到中华人民共和国建设事业中去的众多知识分子是一个很大的鼓舞。著名哲学家、北京大学教授金岳霖说："我从来没有听见过有周总理这样地位高的人在大庭广众中承认自己犯过错误。对我们这些人来说这是了不起的大事。"② 陈垣说：听了周总理的报告，"有好些话正中我的毛病，真是搔着痒处，我更觉得要彻底清理自己的思想，老老实实，从头学起"③。当年担任南开大学校务委员会主任委员的杨石先教授，在二十多年后所写的一篇文章中还说道：周总理的重要报告"至今仍牢记在我的心里"，总觉得他"是针对我的思想讲的，他说的是那么真挚，那么中肯啊！"④

周恩来的报告相当于思想改造学习动员，京津高校迅即发动。一场肇始于教育界以改造思想为主的学习运动拉开帷幕。

二、从教育界开始的以改造思想为主的学习运动

此前，1951 年 9 月 24 日，为了使运动顺利展开，周恩来召集彭真、胡乔木和文化部负责人齐燕铭、政务院文化教育委员会负责人阳翰笙、

---

① 《周恩来选集》下卷，人民出版社 1984 年版，第 60 页。
② 金岳霖：《前期领导中，对我影响最大的是周总理》，刘培育主编：《金岳霖的回忆与回忆金岳霖》，四川教育出版社 1995 年版，第 7 页。
③ 陈垣：《祝教师学习成功》，《人民日报》，1951 年 10 月 27 日。
④ 杨石先：《回忆敬爱的周总理对我的教益》，《天津日报》，1977 年 1 月 24 日。

清华大学校长兼北京市高等学校党委第一书记蒋南翔开会，研究京津地区高校如何开展有系统的思想改造的学习运动问题。周恩来在会上强调：学习运动要有领导有计划地进行。应从政治学习入手，逐步发展到组织清理。勿求速成。会议议定：（一）学校清理中层工作，中学不搞；大学今年只能选择典型，有重点有步骤地进行，以取得经验。北京以北京大学为重点，各大行政区也可选择典型进行。（二）这次学习的内容，北京大学应强调学习毛泽东思想，分清敌我界限，明确爱国主义立场，缩小资产阶级和小资产阶级思想的市场，并应着重掌握批评与自我批评的武器，保证学校的革命化。① 会议商定，学习的方式是通过听报告和阅读文件，联系本人思想和学校状况，展开批评与自我批评，学习时间定为四个月。总学委颁布十二篇列宁、斯大林、毛泽东、刘少奇的有关文章作为学习文件。关于批评和自我批评的方法，决议指出：这次学习一方面要防止不联系自己思想、不联系实际的教条主义学习方法；另一方面也要防止零星琐碎的技术批评。应实行有原则性的政治批评，才能提高自己帮助别人。

　　为了统一领导北京天津两地高等学校教师的这一学习运动，教育部专门设立"京津高等学校教师学习委员会"，并在天津设立了"京津高等学校教师学习委员会天津总分学委会"。教育部部长马叙伦，副部长钱俊瑞、曾昭抡任总学委会正副主任，委员则为京津地区各大学负责人如马寅初、林砺儒、陈垣、叶企孙、陆志韦、孙晓邨、茅以升、杨石先、刘锡瑛、张国藩、曾毅、胡传揆、李宗恩、蒋南翔、刘仁、黄松龄、刘子久、胡耐秋、张宗麟、张勃川、郝人初等。天津总分会由黄松龄担任主任委员。各大学也成立了相应的分学委会。总学委会还出版了《教师学习》周报，及时报道学习情况，总结经验、交流学习心得。这样，京津地区高校教师思想改造运动的组织工作安排就绪。

　　就在周恩来作完报告不久，10 月 23 日，毛泽东在全国政协一届三

---

① 《周恩来年谱》(1949—1976)上卷，中央文献出版社 1997 年版，第 181 页。

次会议的开幕词中，高度评价了知识分子思想改造运动。他说："在我国的文化教育战线和各种知识分子中，根据中央人民政府的方针，广泛地开展了一个自我教育和自我改造的运动，这同样是我国值得庆贺的新气象。""思想改造，首先是各种知识分子的思想改造，是我国在各方面彻底实现民主改革和逐步实行工业化的重要条件之一。"①他还预祝自我教育和自我改造运动能够在稳步前进中获得更大的成就。

毛泽东的讲话，无疑对知识分子思想和学习改造运动起了强大的推动作用。此后，这场运动已不再仅仅局限于京津高等学校，而是发展成为一场全国性的运动，迅速扩展到教育界、文艺界乃至整个知识界。

首先，教育界的知识分子思想改造和学习运动广泛开展起来。

就在毛泽东发表讲话的当天，《人民日报》发表了题为《认真展开高等学校教师中的思想改造学习运动》的简评，指出，教师的思想改造是当前改革教育工作上的一件值得十分重视的事情。北京、天津各高等学校教师的思想改造的学习运动，对于全国高等学校教师的思想改造的学习运动，对于全国高等学校，具有示范的作用。希望中央教育部能够把这次学习运动的经验，及时推广到全国各高等学校中去。②

11 月 2 日，京津各高等院校教师学习委员会在京召开各校分学委会扩大联席会议。总学委会办公室主任张勃川报告了一个月来教师学习的情况，指出参加这次教师学习的单位由原定 20 个院校增至 24 个院校。参加学习人数已由 3000 余人增至 6523 人。③ 而后，清华大学介绍了组织学习的经验，北京大学介绍了如何开好小组会的经验。至此，最初所设想的，先取得经验然后推广的时机已经到来。于是，11 月 17 日，中共中央向各中央局、各分局并各省、市、区党委发出《京津各大学思想学

---

① 《毛泽东文集》第 6 卷，人民出版社 1999 年版，第 183、184 页。

② 《认真展开高等学校教师中的思想改造学习运动》，《人民日报》，1951 年 10 月 23 日。

③ 《京津高等学校总学委会第二次委员会议决定分五个阶段完成学习计划》，《光明日报》，1951 年 11 月 24 日。

习经验的通报》，指示全国各地"在各专科以上学校领导同样的学习"。11月25日，教育部发出通报，向全国教育系统介绍了京津高等学校教师的学习情况和初步经验。

11月30日，中共中央印发《关于在学校中进行思想改造和组织清理工作的指示》，要求"必须立即开始准备有计划、有领导、有步骤地于一年至二年内，在所有大中小学校的教职员和高中学校以上的学生中，普遍地进行初步的思想改造的工作"①。

12月17日，《人民日报》第一版以通栏标题发表了文章《用批评和自我批评的方法开展思想改造运动》。12月23日和24日，毛泽东两次指示中共各中央局，要求在各地学校开展大规模的"思想改造工作"。至此，由北京大学发起、针对京津高校教师的思想改造学习运动，发展为全国教育系统的一场运动。随即，各大区学校纷纷展开全区的思想改造学习运动。据统计，到1952年秋，全国高等学校91％的教职员和80％的大学生，中等学校75％的教职员都参加了这次运动。

知识分子的思想改造，以文艺界最为引人注目。1951年11月26日，中共中央发出《关于在文学艺术界开展整风学习运动的指示》。毛泽东对于文艺界整风极为关注。就在同一天，他在为中共中央转发中宣部关于文艺干部整风学习的报告所写的批语中指出："请各中央局、分局、省委、市委、区党委和当地从事文学艺术工作的负责同志都注意研究这个报告，仿照北京的办法在当地文学艺术界开展一个有准备的有目的的整风学习运动，发动严肃的批评和自我批评，克服文艺干部中的错误思想，发扬正确思想，整顿文艺工作，使文艺工作向着健全的方向发展。"

此前，即11月24日，北京文艺界召开了学习动员大会。会议决定，将毛泽东的《实践论》《反对自由主义》《在延安文艺座谈会上的讲话》等著作，中共中央《关于文艺问题的四个决定》等定为学习文件。为加强对整

---

① 《建国以来毛泽东文稿》第2册，中央文献出版社1988年版，第526—527页。

风学习运动的领导，全国文联成立了以丁玲为主任委员，沈雁冰、周扬等 20 人为委员的"北京文艺界学习委员会"。

鉴于许多方面的学习取得良好的效果，政协全国委员会常务委员会第 34 次会议作出了《关于开展各界人士思想改造的学习运动的指示》，号召各民主党派、各级政府机关、各人民团体以及工商界和宗教界人士参加思想改造学习运动，要求他们学习马克思列宁主义、毛泽东思想的基本理论，学习《共同纲领》等重要政策，以求了解中国革命的前途，取得正确的革命的观点；开展整风即进行批评和自我批评，以纠正违反国家利益、人民利益和革命利益的错误思想和错误行为。同时，成立了学习委员会，负责组织和领导各党派民主人士，各级政府、人民团体和协商机关中的无党派人士，政府和企业中的专家，工商界人士，宗教界人士的学习。

为了引导各界民主人士和高级知识分子学习运动深入发展，1952 年9 月，经中共中央批准，中央统战部、中央宣传部联合发出《关于继续加强各界民主人士思想改造的学习运动的意见》（以下简称《意见》）。《意见》明确规定，统战部门主要是吸收各民主党派人士、无党派人士、政府机关和企业中的专家、工商界人士及宗教界人士中比较具有代表性和重要性的上、中层人士参加学习。《意见》指出，这五类人士的思想改造是一个长期的过程。应根据他们各自不同的具体情况和特点，采取不同的具体要求和教育改造的内容。比如：对于民主党派人士和无党派人士，应着重组织他们根据中央人民政府成立以来的施政经验，认真地学习《共同纲领》，以提高其政策水平和理论水平。对于专家，应该要求他们以马克思列宁主义思想来武装自己，使他们经过自己在科学上所达到的实际成果，循着自己的途径来认识共产主义和承认共产主义。当前，首先应使他们树立科学必须为人民群众服务的观点。对于工商界人士，应使其认识必须服从工人阶级和国营经济的领导，遵守《共同纲领》，不犯"五毒"，发挥其生产和经营的积极性。对于宗教界人士，主要是进行爱国主义教育，要求他们发扬爱国主义精神，参加反对帝国主义和保卫和平民主的斗争。为了加强对学习运动的领导，《意见》要求，凡是未成立学习委员会的省、市政协，要立即成立学习委员会。各级政协的学习委员会，都要切实加强思想领导和组织领导。①

这样，全国的知识分子汇入到了思想改造和学习运动的洪流中。

三、知识分子积极投身于学习马克思主义的热潮中

其实，早在思想改造和学习运动之前，知识分子就已经投身于学习马克思主义的热潮中了。

中华人民共和国成立初期，中国共产党面临的形势是十分严峻的。由于刚刚在全国范围内执政，一大堆棘手问题亟待解决，如国民经济的恢复、社会秩序的稳定、国民党残余势力的扫除等。与此同时，思想文化领域的情况更是纷繁复杂。旧社会遗留的封建主义、买办思想的影响广泛存在，资产阶级、小资产阶级和无产阶级的思想并存，特别是作为中国革命指导思想的马克思列宁主义在此时对于人民群众还是陌生的，许多人甚至对此毫无所知。一方面，广大地区和主要城市是处在国民党黑暗统治下，学习马列主义理论就是死罪。另一方面，解放区是长期处在艰苦的斗争环境中，马克思主义的学习受着相当大的客观上的限制，许多干部虽然在斗争中积累了不少的宝贵经验，但因为没有认真学习过马列主义的理论，就不能把自己的经验加以总结、提高。②

中国革命是在马克思列宁主义基本原理的指导下取得胜利的，革命胜利后，要建设新民主主义社会并进一步向社会主义过渡，必然更加需要马克思列宁主义的指导。为此，中华人民共和国成立后，中国共产党即号召在全国范围内掀起学习马克思主义的热潮。一方面，中央要求"全党的马克思列宁主义—毛泽东思想的教育，必须极大地加强起来"，"全体党员在统一制度下无例外地不间断地进行马克思列宁主义—毛泽东思

① 江平主编：《当代中国的统一战线》上册，当代中国出版社 1996 年版，第129—130 页。

② 桂遵义：《马克思主义史学在中国》，山东人民出版社 1992 年版，第 480 页。

想的有系统的学习，以便逐步地造成全党的理论高涨"①，促进全党马克思主义水平的提高，使党的干部群众自身的理论素养与"中国今后愈益复杂的革命任务"相适应。另一方面，在工人、农民、知识分子中宣传马克思主义，并对其进行马克思主义理论教育。

知识分子是科学文化的载体，肩负着国家富强、民族振兴的重大历史使命。因此，要改变从旧社会过来的知识分子的世界观，使他们转变成为无产阶级的知识分子，首先就需要提高知识分子的马克思主义理论认识水平。"马克思列宁主义的学习，对于确立知识分子的革命的人生观和科学的世界观，具有决定的意义。"②于是，中华人民共和国一成立，中国共产党就开始有步骤、有系统地组织知识分子进行初步的马克思主义理论学习。

组织知识分子学习的方式大致有三种：一是通过办各种训练班，办军政大学和革命大学，大量招收知识分子并对他们进行系统的马克思主义基本理论教育。据不完全统计，1949 年至 1950 年，全国大区、省、地以上建立人民革命大学 57 所，招收了大量的知识分子进行短期培训。③ 二是在知识分子比较集中的高校组织教职员系统学习马克思主义基本理论，安排党内人士定期进行讲演和报告。周扬、艾思奇、范文澜、沙可夫、何思敬、胡绳、谢觉哉等人都曾先后为高校教师作过报告。与此同时，学校还组织教职员参加各种学习小组、研究会、公选政治课程等。学习的内容，主要"是社会发展史，政治经济学与马恩列斯的主要著作以及毛泽东同志的著作，同时他们也热烈地讨论着一些时事的问题"④。三是组织他们去参加土地改革、镇压反革命、抗美援朝、"三反"

---

① 《中国共产党组织史资料》第 9 卷（文献选编下），中共党史出版社 2000 年版，第 50—51 页。

② 《周恩来选集》下卷，人民出版社 1984 年版，第 177 页。

③ 刘健清、刘庆楚：《试论建国初期知识分子思想改造运动》，《中共党史研究》，1991 年第 5 期。

④ 陆定一：《中华人民共和国的教育和文化》，《天津教育》，1950 年第 1 期。

"五反"的斗争，参观工厂和农村，访问苏联，参加各种国际活动。①

随着知识分子思想改造和学习运动的开展，1952 年 1 月，全国政协常委会第 34 次会议根据毛泽东的倡议，具体规定了学习内容和方法，按学习者的程度分为三类：（甲）高级。学习科目暂定为社会科学基本理论、中国革命问题、时事政策问题。其学习方法为自修、听讲和小组座谈。（乙）中级。学习科目暂定为社会发展史常识、中国问题常识、时事政策问题常识。其学习方法为上课和小组座谈，其不愿或不能上课者亦可代以自修。（丙）初级。学习科目暂定为政治常识。其学习方法为上课和小组座谈。②

对于大多数知识分子而言，新政权清新的形象，再加上自身思想的新认识，使得他们愿意主动地学习马克思主义理论。早在 1949 年 10 月，冯友兰就致信毛泽东，承认自己过去传授的是封建哲学，是为国民党服务的，表示现在自己要学习马克思主义，准备于五年之内，用马克思主义的立场、观点、方法重新写一部中国哲学史。③ 著名历史学家蔡尚思在《肯学习才得救》中更是说得明白：在这新时代里，如果不肯再学习，就必然成为古人死人而不能算是今人活人，这是你自绝于新时代，而不是新时代弃你。反过来说：你只要有意在这新时代生存下去，就得重新学习；只要重新学习，就什么难题都容易解决。所以高等知识分子应该从速努力学习马列主义和毛泽东思想，先求理论的正确，建立新人生观，变成一个新时代的人民，然后才谈得到其他的一切。金克木也明确表示："我们都是从旧社会中来，如果不在思想上翻个身，加入到革命队伍中来，不把自己完全交给国家，怎能亲切感觉到国家是自己的？如果不坚决倒向工农兵一边，不坚决粉碎旧社会给我们的思想镣铐，而采取旁观革命的态度，怎能真正感觉到自己是人民的一分子？在思想上翻身就是

---

① 《周恩来选集》下卷，人民出版社 1984 年版，第 162 页。

② 《关于展开各界人士思想改造的学习运动的决定》，《人民日报》，1952 年 1 月 8 日。

③ 田文军：《冯友兰传》，人民出版社 2003 年版，第 227－228 页。

彻底改变立场，坚决站进工人的队伍，做工人阶级的知识分子，做人民的革命干部。"①

或许正是出于这样的心理，"各种工作干部，教授与教师，艺术家与科学家，特别是知识青年，都把政治学习看作是他们日常生活中不可少的部分"②。如陈垣在北平解放后，就开始学习马列主义理论，"每月的工资，除去一些生活必要开支外，全部都买了新书，从此励耘书屋的书桌架上，增添了大量马列主义理论书籍"，"他不顾眼力差，印刷不清，字体小等困难，他克服了困难，拿着放大镜，一篇一篇，一本一本，认真地阅读、学习"③。

知识分子学习马列主义运动，是中华人民共和国成立初期全党全国人民学习马列主义理论的重要组成部分。通过学习，广大知识分子受到了一次普遍的马克思主义教育，为清除唯心主义等各种错误思想，确立马克思主义在意识形态领域的指导地位，创造了一个良好的开端。

四、思想改造与"共同语言"的确立

通过学习马克思主义理论，知识分子的思想觉悟和理论水平大大提高了。

1949年4月29日，陈垣在《给胡适之先生一封公开信》中说："我最近就看了很多很多新书，这些书都是我从前一直没法看到的……我读了《中国革命和中国共产党》和《新民主主义论》，认清了现在中国革命的性质，认清了现在的时代，读了《论联合政府》，我才晓得共产党八年抗日战争的功劳……读了《毛泽东选集》内其他文章，我更深切地了解了毛泽东思想的正确，从而了解到许多重要的东西，像土地改革的必要性……读了斯诺的《西行漫记》，我才看到了老解放区十几年前就有了良好的政治……我也初步研究了辩证唯物主义论和历史唯物论，使我对历史有了

①　金克木：《政治学习必须解决实际问题》，《人民日报》，1951年11月2日。
②　陆定一：《中华人民共和国的教育和文化》，《天津教育》，1950年第1期。
③　刘乃和、周少川：《陈垣年谱配图长编》下，辽海出版社2000年版，第535页。

新的见解，确定了今后治学的方法。"①

　　老舍学习了毛泽东《在延安文艺座谈会上的讲话》后，大受启发，认为自己找到了"新的文艺生命"，他说："在我以前所看过的文艺理论里，没有一篇这么明确地告诉过我：文艺是为谁服务的，和怎么去服务的"，而毛主席告诉了我和类似我的人，文艺应当服从政治，文艺须为工农兵服务。他说，通过不断地习作，不断地请教，自己逐渐明白了怎样把政治思想放在第一位，已经知道了向工农兵学习的重要。② 此后，老舍积极进行创作，在他的作品中，既有通俗的相声、鼓词，也有高质量的小说、剧本。这些作品既有高度的政治性，也有高度的艺术性。政治和艺术两方面都超越了老舍 1938 年的水平。特别是 1950 年创作的话剧《龙须沟》，用活生生的事实，把新旧社会做了对比，歌颂人民政权，歌颂新社会，在宣传效果上强于任何干瘪的说教。周恩来曾经把《龙须沟》推荐给毛主席，毛主席看后，连声说"好"！③

　　金岳霖用了将近两年的时间认真地阅读了一些马克思列宁主义的著作，特别是学习了《实践论》之后，使他认识到旧哲学是形而上学的，根本是反科学的，而辩证唯物论是科学的哲学，是真理。自此，他便自觉地以马克思主义哲学指导自己的工作。1949 年至 1952 年，他在担任清华大学哲学系主任期间，亲自开设辩证唯物主义课程，带头讲政治课，带领理工科教师学习自然辩证法，还参加了英文本《毛泽东选集》的翻译工作。1952 年至 1956 年，他在担任北京大学哲学系主任期间，带头批判实用主义。在北大期间，他还兼任《光明日报》"哲学专刊"主编，亲自审稿。当时的哲学专刊是我国唯一的哲学专业刊物，对传播马克思主义哲学起了重要作用。④

----

①　陈智超：《陈垣来往书信集》，上海古籍出版社 1990 年版，第 6 页。
②　老舍：《毛主席给了我新的文艺生命》，《人民日报》，1952 年 5 月 21 日。
③　潘怡为：《老舍评传》，青岛出版社 2009 年版，第 177 页。
④　刘培育主编：《金岳霖的回忆和回忆金岳霖》，四川教育出版社 1995 年版，第 149 页。

总之，通过学习，许多"过去不看马列主义理论的人现在已认识到马列主义是改造自己、建设祖国的一把钥匙"①。此外，许多知识分子如汤用彤、贺麟、朱光潜、金岳霖、冯友兰、张岱年、陈垣等在政治上积极要求进步，申请加入共产党。据统计，从1949年中华人民共和国成立到1955年，北京市高级知识分子入党的有400多人。

从某种意义上说，汤用彤、贺麟、朱光潜等人加入中国共产党，表明了知识分子在政治上的进步。然而，一些学者尤其是海外的一些学者却认为，冯友兰、金岳霖、贺麟等人思想的转变是迫于外界压力的结果。这种说法是片面的。

如前所述，冯友兰、金岳霖、贺麟思想上的转变，是通过学习马克思主义理论并进行比较和批判的结果。汝信曾对金岳霖有过这样的回忆："他从不讳言，自己过去深受西方哲学、特别是罗素哲学的影响，解放后只是经过艰苦的探索和自我批判，才选择了马克思主义作为自己最后的思想归宿。他学习和研究马克思主义的态度是极其严肃认真的，并且结合自己的思想实际，只要他认识到自己的旧观点的错误或缺陷，就毫不犹豫地公开加以修正和进行自我批评，决不文过饰非。"②

中华人民共和国成立后翻天覆地的变化，也使知识分子对中国共产党以及作为中国共产党指导思想的马克思主义有了新的认识。梁漱溟在国庆一周年时撰文说："自到京那一天，直到现在，我都在观察、体会、领略这开国气象。尤其是从四月初间到最近九月半，我参观访问了山东、平原、河南各省和东北各省地方，亲眼看见许多新气象，使我不由暗自点头承认：这确是一中华人民共和国的开始！"③季羡林回忆说："解放初期，政治清明，一团朝气，许多措施深得人心。旧社会留下的许多污泥

---

① 王真：《马寅初校长谈思想改造》，《解放日报》，1952年1月21日。
② 汝信：《怀念金岳霖先生》，刘培育主编：《金岳霖的回忆和回忆金岳霖》，四川教育出版社1995年版，第146页。
③ 梁漱溟：《国庆日的一篇老实话》，《人民日报》，1950年10月2日。

浊水，荡涤一清。我们都觉得从此河清有日，幸福来到了人间。"①这些都是中国共产党"应用马克思主义底真理于中国社会，那就是，照着马克思恩格斯所发现的社会底规律，解决中国底问题"取得的胜利。②

　　毛泽东曾说过："学习马克思主义，不但要从书本上学，主要地还要通过阶级斗争、工作实践和接近工农群众，才能真正学到。"③许多知识分子思想的转变，还和他们亲身参加社会实践有关。1950 年初，冯友兰参加了北京郊区的土地改革。尽管时间不长，但用他自己的话讲，"在我的一生中，是很有意义的"④。"在一个多月的工作中，我了解了一个哲学名词：'具体的共相'。这个名词是海德格尔哲学系统中的一个名词，表示辩证法中的一个要义，照我向来的习惯看，这一个名词是自相矛盾的。是共相就不可能是具体，是具体就不可能是共相。在土改工作划分阶级的时候，每一个与土地有关的人都给他一个阶级成分。或是地主，或是贫农等等。有些人是地主，可是每一个地主的特殊情形都不相同。有许多人是贫农，可是每一个贫农的特殊情况都不相同。这样看，每一个人，都是一个具体的共相。具体的共相，就是共相与具体的结合。也就是一般与个别的结合了。了解了这个名词，我开始了解我以前的哲学思想的偏差。马列主义注重共相与具体的结合，一般与个别的结合；而我以前的哲学思想，则注重共相与具体的分离，一般与个别的分离。这个启示，对于我有很大的重要性。"⑤

　　1950 年年底到 1951 年，贺麟先后在陕西的长安和江西的泰和参加土改运动。在土改过程中，他目睹了中华人民共和国的新气象，思想和感情都发生了较大变化。1951 年 4 月 2 日，贺麟在《光明日报》上发表《参加土改改变了我的思想》一文。他说，过去以为唯心论注重思想，唯物论

---

①　季羡林：《牛棚杂忆》，中共中央党校出版社 2005 年版，第 203 页。
②　冯友兰：《三松堂全集》第 14 卷，河南人民出版社 2001 年版，第 448 页。
③　《毛泽东文集》第 7 卷，人民出版社 1999 年版，第 273 页。
④　冯友兰：《三松堂全集》第 14 卷，河南人民出版社 2001 年版，第 403 页。
⑤　同上书，第 407—408 页。

不注重思想，现在看到共产党的辩证唯物论也非常注重思想，一个坏干部犯错误，要找出思想上的原因，而且做思想工作，要使人从思想上转变过来。他说，因参加土改使他由比较趋于静观世界的超阶级的想法，改变为深入参加变革现实的实践态度，并争取由变革现实的实践中以认识现实，改造自我，而使自己靠拢人民，靠拢无产阶级。这是贺麟对辩证唯物论和唯心论的立场和态度上的转变。

燕京大学历史系教授侯仁之也说："在土改中我首先发现了自己的思想感情和劳动人民的思想感情是有很大距离的。除非我能够把自己从思想上彻底加以改造，否则我就不可能很愉快地生活在今天的人民中国，更说不到全心全意为人民服务了。"[1]

可见，由于思想改造以及亲眼看到中华人民共和国成立后翻天覆地的变化，许多知识分子对自己原来的思想进行了深刻的批判和反思，进而在世界观和学术方法上开始向马克思主义转变。应当说，大部分知识分子认同和接受马克思主义是一种主动或理性的选择。

毛泽东曾说："如果我们的知识分子读了一些马克思主义的书，又在同工农群众的接近中，在自己的工作实践中有所了解，那末，我们大家就有了共同的语言，不仅有爱国主义方面的共同语言、社会主义制度方面的共同语言，而且还可以有共产主义世界观方面的共同语言。"[2]思想改造和学习运动之后，由于有了"共同语言"，广大知识分子在中国共产党的领导下，积极投身于国家的各项建设，到国家最需要的地方、最需要的领域工作，促进了我国文化、教育、科技等各项事业的发展。虽然在学习运动中，由于要求过急、过高，方法简单、粗暴，伤害了一部分知识分子的感情，但学习运动确实取得了成效，即在知识分子中清除了帝国主义、封建主义和官僚资本主义的政治思想影响，使他们树立了为人民服务的思想。这正如周恩来在 1956 年 1 月知识分子问题会议上所说

---

① 楚序平、刘剑：《当代中国重大事件实录》，华龄出版社 1993 年版，第 496 页。
② 《毛泽东文集》第 7 卷，人民出版社 1999 年版，第 273 页。

的，"由于这一切，我国的知识界的面貌在过去六年来已经发生了根本性的变化"，"他们中间的绝大部分已经成为国家工作人员，已经为社会主义服务，已经是工人阶级的一部分"①。

五、学习和宣传过渡时期总路线

中国必须要走社会主义道路，新民主主义社会要过渡到社会主义社会，这在民主革命时期已经明确。但是对于何时过渡、怎样过渡，党中央、毛泽东在中华人民共和国成立之初便提出，先经过 10 年到 15 年的新民主主义经济建设，工业发展了，国有经济壮大了，再实行工业国有化和农业集体化，一举过渡到社会主义。

经过短短 3 年的时间，到 1952 年年底，恢复国民经济的任务提前完成，抗美援朝、土地改革、镇压反革命三大运动取得伟大胜利，我国的政治、经济及社会面貌发生了巨大变化。与此同时，国际形势也出现了良好势头，朝着有利于我们的方向发展。这一切，为我们采取社会主义改造的实际步骤提供了重要的条件和时机。这时，党中央、毛泽东对原来的设想有了新的认识，认为我国正面临着新的发展形势，在农村和城市开始逐步进行社会主义改造，已经成为必要并有实现的可能，开始向社会主义过渡的时机已经到来，于是重新思考向社会主义过渡的时间和步骤问题。

1952 年 9 月 24 日，毛泽东在中央书记处会议上提出：我们现在就要开始用 10 年到 15 年的时间，基本完成向社会主义的过渡，而不是 10 年以后才开始向社会主义过渡。这实际上就是开始酝酿和探索过渡时期总路线的思想。

1953 年 6 月 15 日，毛泽东主持召开中央政治局会议，讨论李维汉所作《关于资本主义工业中的公私关系问题》的报告。这个报告在调查研究的基础上，建议经过国家资本主义特别是公私合营这一主要环节，实现

---

① 《周恩来选集》下卷，人民出版社 1984 年版，第 162—163 页。

资本主义所有制的变革。对此，毛泽东高度重视。就在这次政治局会议上，毛泽东正式提出了过渡时期总路线："党在这个过渡时期的总路线和总任务，是要在一个相当长的时期内，逐步实现国家的社会主义工业化，并逐步实现国家对农业、手工业、资本主义工商业的社会主义改造。这条总路线是照耀我们各项工作的灯塔，各项工作离开它，就要犯右倾或'左'倾的错误。"①

8月，毛泽东在审阅周恩来在1953年夏季全国财经工作会议上的结论时，增加了"从中华人民共和国成立，到社会主义改造基本完成，这是一个过渡时期"的提法；并把"在十年到十五年或者更长一些时间内"，改为"在一个相当长的时期内"。这样，经过不断完善，过渡时期总路线的内容从文字上逐步得到了确立。

经过慎重考虑和反复酝酿，9月25日，人民政协全国委员会在庆祝中华人民共和国成立4周年的口号里，向全国人民正式发布了过渡时期总路线。

党在过渡时期总路线的方针确定之后，摆在全党面前的就是要统一党内的思想认识。1953年6月至8月，中共中央召开全国财经工作会议。周恩来在会上传达了6月15日毛泽东在中央政治局会议上提出的党在过渡时期总路线的内容，指出：我们在各个方面执行任务、检查工作和批判错误的时候，都必须以党的总路线为指针。毛泽东到会作了团结全党为实现过渡时期总路线而奋斗的讲话。这次为期两个月的会议，成为党的高级干部学习和贯彻总路线的一次动员大会。会后，根据中共中央部署，在全国县级以上干部中进行了总路线的学习和讨论，使大家弄清社会主义和资本主义两条道路的问题。

9月至10月，中共中央专门召开了全国组织工作会议，要求党的组织工作切实从组织上保证总路线的贯彻执行。全党对过渡时期总路线的统一认识，为总路线的全面贯彻执行提供了根本保证。

---

① 《建国以来毛泽东文稿》第4册，中央文献出版社1990年版，第405页。

　　过渡时期总路线的提出，引起了私营工商业者的疑虑和不安。针对当时工商界的思想情况，9 月 7 日，毛泽东亲自出面约请民主党派和私营工商界的部分代表举行座谈会，向他们提出发展国家资本主义的问题。他说，三年多的经验证明，经过国家资本主义完成对私营工商业的社会主义改造，是较健全的方针和办法。但有些资本家对国家保持一个很大的距离，他们仍没有改变唯利是图的思想。有些工人前进得太快了，他们不允许资本家有利可得。实行国家资本主义，不但要根据需要和可能（《共同纲领》），而且要出于资本家自愿，因为这是合作的事业。既然是合作就不能强迫。完成整个过渡时期，不是三五年所能办到的，而需要几个五年计划的时间。在这个问题上，既要反对遥遥无期的思想，又要反对急躁冒进的思想。

　　根据毛泽东的建议，9 月 8 日至 11 日，政协全国委员会召开第四十九次常委扩大会议，邀请部分工商界代表人物参加，专题讨论过渡时期总路线和经济建设问题。周恩来在会上作了关于过渡时期总路线的报告和会议的总结讲话。他针对资产阶级对社会主义改造的思想疑虑，系统地阐述了中国社会主义改造的方针步骤，以及资本主义工商业的前途问题。周恩来指出："由新民主主义到社会主义虽然是一场革命，但可以采取逐步的和平转变的办法，而不是在一天早晨突然宣布实行社会主义。在过渡时期中，要使社会主义成分的比重一天一天地增加"，"将来是'阶级消灭，个人愉快'。就是说采取逐步过渡的办法，做到'水到渠成'。"[1]毛泽东的谈话和周恩来的报告，大大减少了资产阶级上层代表人物的疑虑，他们表示拥护总路线和国家资本主义的方针。全国工商联筹委会主席陈叔通说："国家资本主义办法是对的，是需要走向社会主义。"民主建国会主任委员黄炎培形容共产党的社会主义改造方针是"同登彼岸，花团锦簇"。

　　10 月 23 日至 11 月 12 日，第一届中华全国工商业联合会会员代表大

————————

　　[1]　《周恩来选集》下卷，人民出版社 1984 年版，第 106 页。

会召开。李维汉在大会的讲话中，阐述了中共在过渡时期的总路线和对私营工商业实行利用、限制、改造政策的内容、意义和步骤。他指出：中华人民共和国成立后，有利于国计民生的私营工商业虽然有所发展，但是资本主义生产社会性与私人占有的矛盾，劳资之间的矛盾，资本主义无政府状态与国家有计划建设之间的矛盾，已经日益发展和突出起来；不少私营企业生产下降，有的陷于瘫痪。因此，把资本主义推向国家资本主义轨道，这无论从哪一方面说都是有利的。民族资产阶级接受这一改造方针，也就是他们在国家伟大建设中的一个大进步。李维汉在讲话中还对国家资本主义的优越性作了详尽的分析，并指出：政府将根据国家的需要和可能，按照资本家的自愿，有步骤、有计划、有区别地实行国家资本主义。一切积极为实现过渡时期总路线而努力的私营工商业者，今天有合法的利润可得，将来有适当的工作可做，和全国人民一道为社会主义事业服务，这是私营工商业者的现实和前途，也就是他们的光明大道。

李维汉的讲话在代表中引起普遍的重视。许多人感到"社会主义是大势所趋，不走也得走"。对于个人前途问题，代表们开始认识到只要遵循国家的总路线，将来可以稳步进入社会主义，可以"过文昭关"，"像剃头一样，只要不乱动，不会流血"，可以有工作做，保留消费财产，从而大大地解除了他们最大的顾虑。许多人的情绪由原来的疑惧、怕挨整而转变为开朗。

为向广大干部和群众进行总路线的宣传教育，各省各地报纸都以主要篇幅介绍总路线的内容及学习情况。如从 1953 年 3 月 2 日开始，《工人日报》连续刊载 8 篇文章，介绍总路线的基本内容，重点说明了工人阶级在实现国家的社会主义工业化及实现对资本主义工商业社会主义改造过程中所担负的责任。11 月间，《人民日报》连续发表《必须大张旗鼓地向农民宣传过渡时期的总路线》《领导农民走大家富裕的道路》等多篇社论，用通俗易懂的语言，阐述了国家为什么要实现工业化，工业化与农业发展、提高农民生活有什么关系等道理。通过宣传，广大农民踊跃表示拥护。有的农民说：学了总路线，"脑筋开窍了，心眼也亮了"①。11月23日，《大众日报》在第三版的显著地位，开辟题为"总路线照亮了我们的心"特别专栏，发表全省各地各行各业先进模范人物和各界知名人士撰写的心得、体会、感想文章，从各个不同方面，以自己亲身经历，畅谈对总路线的认识与理解。

为了适应学习和宣传的需要，12月28日，中共中央批准并转发了中央宣传部编写的《为动员一切力量把我国建设成为一个伟大的社会主义国家而斗争——关于党在过渡时期总路线的学习和宣传提纲》。此后，全国从城市到农村、从厂矿企业到机关学校，迅即掀起了一个学习总路线的热潮。

为了配合总路线的宣传教育，《人民日报》连续发表《教育区乡干部彻底懂得总路线》《向广大工人群众宣传总路线》和《启发农民自己教育自己》三篇社论，对不同阶层的干部、群众提出不同层次的宣传教育要求。各级党政机关纷纷举行会议，传达和讨论总路线。各级干部纷纷深入基层，向广大干部、党员、群众宣讲总路线。

就在过渡时期总路线提出的时候，发生了高岗、饶漱石以夺取党和国家最高权力为目的分裂党的重大事件。1954年2月6日至10日，党的七届四中全会在北京召开。受政治局和毛泽东的委托，刘少奇在会上作了《中共中央政治局向第七届第四次中央全会的报告》。会议高度评价了七届三中全会以来中央政治局的工作；批准了中央政治局提出的党在过渡时期的总路线；批准了中央政治局关于1954年内召开党的全国代表会议的决定；讨论了第一个五年计划纲要及其他有关的各项问题；一致通过了《关于增强党的团结的决议》和《中国共产党第七届中央委员会第四次全体会议决议》。全会结束后，2月12日中共中央发出《关于传达和学习第七届中央委员会第四次全体会议的文件的通知》，要求各级党组织向干部和党员认真传达并组织学习《中共中央政治局向第七届第四次中央全会

---

① 《中国共产党历史》第2卷，中共党史出版社2011年版，第194页。

的报告》《关于增强党的团结的决议》和《中国共产党第七届中央委员会第四次全体会议决议》三个文件。党的七届四中全会是中华人民共和国成立初期一次重要的会议。广大干部和党员认真学习和贯彻执行这次会议的决议，大大加强了党的团结，从而保证了过渡时期总路线的实施。

经过半年的宣传教育，到 1954 年 3 月，广大党员干部及各界人民群众普遍对党的总路线有了比较深入、全面的认识和了解，初步树立了社会主义的思想观念，提高了社会主义觉悟，增强了走社会主义道路和建设社会主义的决心与信心，进一步激发了人们投身于社会主义革命和建设的热情，推动了当时正大力开展的大办互助组、合作社和贯彻实施粮食统购统销政策等一系列工作。

学习和宣传过渡时期总路线，是中华人民共和国成立后在全党、全体人民中间普及社会主义观念的一次空前规模的学习活动。1954 年 2 月，刘少奇在党的七届四中全会的报告中曾这样评价这次学习和宣传活动的意义：这个宣传教育工作，使党在过渡时期的总路线获得了全国大多数人民的热烈拥护，使社会主义思想在国内树立了压倒一切的优势，使资本主义思想受到了深刻的批判。这个宣传教育工作，提高了全党和工人阶级为实现社会主义而奋斗的积极性，促进了农民群众的社会主义觉悟，推动了农业生产互助合作运动的发展。同时，也便利于对手工业、对资本主义工商业实行社会主义改造工作的推行，加强了党和全国人民的团结，进一步巩固了人民民主统一战线。

第九章　读书与调查研究

　　1956 年至 1966 年是中国共产党领导全国人民探索自己的建设社会主义道路的 10 年。探索的过程艰辛曲折，学习更显重要。开展读书等学习活动，既是觉察失误后纠偏的需要，也是适应新形势、回答新课题的迫切要求。对什么是社会主义和怎样建设社会主义的认识始终是在学习中思考，在思考中探索。

一、总结实践中的经验教训

　　中华人民共和国成立后，中国共产党在缺乏建设经验的情况下，选择了学习苏联。苏共二十大和苏联模式在实践中暴露出的一些弊端，使得中国共产党人认识到独立探索适合本国建设道路的重要性。正如毛泽东所说："前八年照抄外国的经验。但从一九五六提出十大关系起，开始找到自己的一条适合中国的路线。"[①]对于新生的社会主义社会和全国规模的社会主义建设事业，中国共产党缺乏充分的思想理论准备，学习的过程也是非常艰辛的。

　　毛泽东坚持向实践学习，向群众学习。1956 年 4 月，毛泽东在听取 34 个部门汇报的基础上，在政治局扩大会议上作了《论十大关系》的报告，提出了处理重大关系的指导原则，力图探索一条符合国情的社会主

---

① 《建国以来重要文献选编》第 13 册，中央文献出版社 1996 年版，第 418 页。

义建设道路。在毛泽东的倡导下，这种探索是有成果的，八大路线集中反映了这些成果。在毛泽东作《论十大关系》报告前后，中国共产党还提出了新形势下对待知识分子的政策、"向现代科学进军"的任务和"百花齐放、百家争鸣"的方针，全社会形成了学习文化知识的新风尚。

为加强党的建设，中共中央在1957年春开展整风运动。全党整风的主题是正确处理人民内部矛盾。毛泽东在1957年2月召开的最高国务会议上发表《关于正确处理人民内部矛盾的问题》讲话，总结了社会主义事业发展中的历史经验，回答了我国社会主义改造基本完成后出现的新问题，提出了严格区分两类不同性质矛盾、正确处理人民内部矛盾的理论，科学地阐明了社会主义社会的矛盾问题。但是整风运动中犯了反右派斗争扩大化的错误，伤害了一批人。

由于缺乏建设经验和急于求成的思想影响，党的领导逐渐产生了盲目追求高速度的思想。早在1955年年底，毛泽东在《中国农村的社会主义高潮》序言中要求批判右倾保守思想，扩大建设规模，加快建设速度。为此毛泽东提出共产党要做"促进会"，大家都应当做促进派，不做促退派。毛泽东的上述意见，得到中央其他领导人的赞同。1956年1月1日，《人民日报》在《为全面地提早完成和超额完成五年计划而奋斗》的元旦社论中明确提出"又多、又快、又好、又省"的要求。经过各省、市、自治区党委书记补充修改而形成的《一九五六年到一九六七年全国农业发展纲要（草案）》，其中心思想也是突出一个"快"字。尽管在1956年初，党中央和国务院负责经济工作的领导人已经发现急躁冒进倾向，并努力加以纠正。1956年5月政治局会议确定既反对保守又反对冒进即在综合平衡中稳步前进的国民经济建设方针，党的八大也肯定了这一方针，但是党的领导核心在建设速度问题上的分歧并没有解决。

1958年，《人民日报》发表《乘风破浪》的新年社论，不仅要"又多又快又好又省地进行各项建设工作"，而且"必须鼓足干劲，力争上游，充分发挥革命的积极性创造性"。社论发表后，引起了人们的高度关注。在1958年3月召开的成都会议上，毛泽东把"鼓足干劲，力争上游"与"多快好省"连在一起，称之为"总路线"，并在 1958 年 5 月的八大二次会议上通过了这一路线。八大二次会议以后，全国掀起了学习宣传和贯彻执行社会主义建设总路线的热情。在盲目冒进总路线的指导下，生产力发展和生产关系变革的盲目冒进通过大跃进和人民公社化运动在全国推进。

随着社会主义建设总路线、大跃进和人民公社化这"三面红旗"而起的是"五风"的刮起。"五风"是指"共产风""浮夸风""强迫命令风""干部特殊化风"和对生产"瞎指挥风"，这种自上而下刮大风式进行社会主义的建设，导致了严重的失误和挫折。

"错误和挫折教训了我们，使我们比较地聪明起来了，我们的事情就办得好一些。任何政党，任何个人，错误总是难免的，我们要求犯得少一点。犯了错误则要求改正，改正得越迅速，越彻底，越好。"[1]这一阶段中国共产党意识到之所以会出现错误和挫折，其重要原因之一是缺乏向实践、书本和群众学习的浓厚氛围。为纠正错误倾向，中共中央决定采取调查研究、开展读书活动等具体途径来探索社会主义建设道路。

向实践学习就是学习"无字天书"，其唯一科学的方法是做系统周密的调查研究。系统周密的调查研究意味着必须具有实事求是、科学分析和眼睛向下的态度。毛泽东关于调查研究曾有两句名言，一是没有调查没有发言权，二是不做正确的调查同样没有发言权。1958 年 8 月上旬，毛泽东对河北、河南、山东三省农村进行了视察，这次视察的目的是想印证并小社为大社、在农村建立公社的想法是否可行。"上有所好，下必甚焉。"一路上毛泽东听到的都是粮食大增产、办大社好的汇报。在河北徐水县，毛泽东听到的是当时徐水县委第一书记张国忠 1958 年全县夏秋两季计划拿到 12 亿斤，平均每亩产 2000 斤的汇报。到山东历城县北园乡询问水稻种植情况时，农业社主任李树诚汇报说："50 亩高额丰产田原计划亩产 2 万斤，现在要争取四万斤，过去亩产仅二三百斤。"[2]一片

① 《毛泽东选集》第 4 卷，人民出版社 1991 年版，第 1480 页。
② 罗平汉：《问路——1961 年全党农村大调查》，中央文献出版社 2009 年版，第 16 页。

附和声使得毛泽东认为发动"大跃进"和人民公社化运动的决策是正确的。毛泽东这次对于农村的调查在一定程度上是先预设结论再去找证据，容易被表面现象所迷惑，无法认清农村的实际情况，结果是不可能形成如何进行农村社会主义建设的正确认知。

面对继续恶化的形势，1958年10月毛泽东在主持中共河北省委和保定地区几个县委负责人的汇报会后，派中共中央办公厅机要室的18名工作人员前往徐水进行实地考察。同时陈伯达、吴冷西、田家英等率领调查组对河南遂平县、修武县和新乡县进行调查。在这些调查的基础上，毛泽东对问题的严重性有了一定认识，并开始进行半年多的纠"左"。在肯定大跃进和人民公社化是进行社会主义的必然选择的前提下，党先后召开的第一次郑州会议、武昌会议、八届六中全会、上海会议、八届七中全会及第二次郑州会议等讨论降低过高的工农业生产指标和开展整风整社，进而对实际工作中的错误做法进行纠正。

这次纠"左"使得一些具体问题得以解决，但又给毛泽东一种印象是：这些问题已经解决或正在解决，新的"跃进"高潮在经过一段时间的调整之后会再次到来。庐山会议之后开始的"反右倾"使得此前的纠"左"努力付之东流。为证明"三面红旗"特别是人民公社的无比优越性，1959年下半年到1960年，各地开展了声势浩大的人民公社调查，甚至还编辑出版了一批调查报告，新华社编辑出版了两大本《农村人民公社调查汇编》。由于这次调查预先设定了人民公社制度无比优越的基调，调查报告充斥大量的假话和空话也就必不可免。

发动大跃进，建立人民公社，全国上下都以为找到了一条建设社会主义的捷径，中国将在不久的将来建成社会主义并实现共产主义。但事与愿违，国民经济运转的严重失常和农民生产积极性的严重受挫，加之从1959年开始遭遇了前所未有的经济困难，使得中国共产党不得不面对粮食的极度短缺、人民生活水平大幅度下降，部分农村甚至出现了浮肿病和非正常死亡等诸多问题。头脑发热的人们开始惊醒，思考为何付出艰辛的努力收获的却是难以承受的困难局面。在《十年总结》一文中，毛泽东承认自己忘记实事求是原则，不重视调查研究的错误，提出："郑重的党在于重视错误，找出错误的原因，分析犯错误的客观原因，公开改正。"并提醒全党：对于社会主义时期的革命和建设，还有一个很大的盲目性，还有一个很大的未被认识的必然王国，我们还没深刻地认识它。我们要以第二个十年时间去调查它，去研究它，从其中找出它的固有的规律，以便利用这些规律为社会主义的革命和建设服务。毛泽东提出，必须通过调查研究才能认识和利用社会主义建设规律，所以"要经常到下面去，到群众中去，走一走，看一看，调查实际情况，呼吸新鲜空气，为'加工厂'收集原料"①。

1960 年 12 月 24 日至 1961 年 1 月 13 日召开的中央工作会议，确定所有社队必须以中央的十二条紧急指示信为纲，进行整风整社，彻底纠正"五风"。虽然十二条指示仍肯定了平均主义的供给制和公共食堂，但毕竟这标志着中共中央停止了庐山会议以来的"反右倾"运动，重新纠"左"的开始。为了使全党重视调查研究，在这次会议的最后一天，毛泽东着重讲了调查研究的问题，提出："这些年来，我们的同志调查研究工作不做了。要是不做调查研究工作，只凭想象和估计办事，我们的工作就没有基础。所以，请同志们回去后大兴调查研究之风，一切从实际出发，没有把握就不要下决心。"②中共八届九中全会提议，1961 年成为实事求是年、调查研究年。

正当大力提倡调查研究之际，毛泽东见到阔别数十载的作品，一本题为《关于调查研究》的石印小册子摆到了他的案头。这篇毛泽东针对三十年前党内存在的严重的教条主义倾向的旧作写道："调查就像'十月怀胎'，解决问题就像'一朝分娩'。调查就是解决问题。"③看到这熟悉的文字，联想到当前社会主义建设的困境，毛泽东更感到调查研究的重要性。

---

① 《建国以来重要文献选编》第 13 册，中央文献出版社 1996 年版，第 419—421 页。

② 《毛泽东文集》第 8 卷，人民出版社 1999 年版，第 233—234 页。

③ 《毛泽东选集》第 1 卷，人民出版社 1991 年版，第 110—111 页。

在八届九中全会闭幕后，毛泽东派田家英、陈伯达、胡乔木各带一个调查组，分别去浙江、湖南、广东三省农村，用了 10～15 天的时间，通过家庭访问、开调查会等方式对"五风"的危害和人民公社所存在的问题进行了深入的调查。毛泽东本人也从 1961 年 1 月 26 日开始，在将近一个月的时间，通过听取河北、山东、江苏、浙江、江西、湖南和广东 7 个省委和田家英、胡乔木、陈伯达三个调查组组长的汇报，与一些县委书记的谈话，进行调查研究和调查动员工作。他对人民公社中存在的许多迫切需要解决的管理体制、分配制度、公共食堂等问题有了比较深刻的了解和符合客观实际的认识。在广州召开中央政治局常委扩大会议上，毛泽东提出划小社、定规模，起草人民公社工作条例。此后，中共中央在广州和北京分别召开工作会议，通过"农业六十条"（草案），规定社队可以有大、中、小不同的规模，由社员根据具体情况，民主决定。农业六十条（草案）对于人民公社体制的初步突破，人民公社社队规模必须进行调整的认知，正是来自于这一时期党对于农村真实情况的正确调查。

为了使全党做好调查研究工作，在 1961 年 3 月 23 日，毛泽东专门就领导干部做调查研究问题作了长篇讲话，并主持起草了《中共中央关于认真进行调查研究工作问题给中央局，各省、市、自治区党委的一封信》。中央要求，党的高中级干部要联系最近几年工作中的经验教训，认真学习毛泽东的《关于调查工作》一文，并指出，近几年农业、工业等方面的具体工作中发生的缺点和错误，主要是放松了调查研究工作，满足于看纸上的报告，听口头的汇报，下去的时候是走马观花，不求甚解，并且在一段时间内，根据一些不符合实际的或片面性的材料作出一些判断和决断。这段时间，夸夸其谈，以感想代政策的恶劣作风，又有了抬头。中央要求从现在起，县级以上党委的领导人员，首先是第一书记，要将调查工作当作领导工作的首要任务，并且订出制度，造成风气。在调查中，不要怕听言之有物的不同意见，更不要怕实际检验推翻了已经作出的判断和决定。只要在全党坚持调查研究、实事求是的作风，目前所遇到的问题就一定能够比较顺利地得到解决，各方面的工作就一定能够得到迅速的进步。

此后，调查研究在全党上下广泛开展起来。中央政治局常委除林彪外全部去农村调查。广州会议一结束，刘少奇就深入湖南农村，先后在宁乡、长沙的几个生产队，就公共食堂、供给制、社员住房、山林等问题，进行了历时 44 天的调查，其中 30 天时间住在农村，有时甚至是住在生产队的猪场里。4 月底 5 月初，周恩来到了河北邯郸，重点对武安县的伯延公社进行调查。朱德前往河南、四川、陕西、河北等省进行调查，陈云到了当年组织农民运动的上海青浦县进行调查，邓小平和彭真率五个调查组在北京郊区的顺义、怀柔进行了为期一个月的调查。

中共中央还组织了一批调查组，前往各地农村进行调查研究，如习仲勋率领的河南长葛调查组，谢富治率领的河北邯郸调查组，杨尚昆率领的河北徐水、安国调查组，陈正人率领的四川简阳调查组，胡耀邦率领的辽宁海城调查组，钱瑛率领的甘肃天水调查组，王从吾率领的黑龙江双城调查组，平杰三率领的山东泰安调查组，廖鲁言率领的山西长治调查组等。这些调查组与农民同吃同住同劳动，掌握了农村的许多真实情况，对人民公社存在的问题有了深入的了解。在中共中央的带领下，各省、地、县的党委也纷纷组织调查组，深入本地农村了解"农业六十条"草案的贯彻情况。这样全党范围的大规模农村调查，是党执政以来从未有过的。

在汇集各级干部调查中有关供给制、公共食堂、社队规模过大、山林等问题意见和建议的基础上，党中央对"农业六十条"草案进行修改，形成了《农村人民公社工作条例（修正草案）》，提出办不办公共食堂由社员自己规定，并取消了供给制。邓子恢率领工作组回到家乡福建龙岩进行了调查，共青团中央第一书记胡耀邦写了《二十五天三千六百里路的农村查看》报告。根据这些调查报告的建议，中央提出，原来以生产大队为基本核算单位改为以生产队为基本核算单位。中国共产党在向实践学习、向群众学习中找到了克服困难的办法。正如毛泽东所说："对社会主义，我们现在有些了解，但不甚了了。我们搞社会主义是边建设边学习的。"①

与以前的调查研究相比，这次全党上下共同进行的大规模调查研究活动，因为开展得比较周密、扎实、系统，对社会主义建设中的实际情况特别是农村情况有了更加全面和深入的把握，各级干部对"大跃进"和人民公社化中的一些"左"的做法有了更清醒的认识。在此基础上，七千人大会才统一了全党思想，推动了国民经济调整。调查中取得的许多正确认识，以条例的形式固定下来，形成了一整套具体的经济管理办法，使全党和广大人民的行动有了统一而明确的遵循。这对纠正"左"的错误，调整和发展国民经济，都起了重要作用。在"文化大革命"时期，这些条例还成为与"左"的错误相抗争的精神武器。

二、补课式的读书活动

为了解决实践探索中出现的新情况、新问题，开展读书学习，加强理论武装，显得格外重要。1958 年 1 月，毛泽东就明确提出干部要"学点哲学和政治经济学"②，把读书学习作为对干部的一个基本要求，同时通过书信、会议、轮训等形式要求各级干部读书学习，提升全党的理论知识水平和对社会主义建设最基本规律的正确认知力。

1958 年，在"大跃进"和人民公社化运动中，出现了急于过渡到共产主义、取消商品生产、忽视价值规律的"共产风"错误。这种错误出现的重要原因之一是对社会主义建设规律尤其是经济发展规律缺乏正确认识。毛泽东和党中央领导全党纠错的办法之一就是号召和组织广大干部读书学习。

1. 读《政治经济学教科书》

"大跃进"和人民公社化运动中遇到了公社的性质、交换、社会主义

---

① 中共中央文献研究室：《毛泽东传》，中央文献出版社 2011 年版，第 2134 页。

② 《建国以来重要文献选编》第 11 册，中央文献出版社 1995 年版，第 55 页。

向共产主义过渡、集体所有制向全民所有制过渡等问题，迫切需要从理论上作出回答。苏联在社会主义经济建设方面的理论成果对于中国共产党解决经济理论上的困惑具有重要的启迪作用。为了从理论上冷静思考社会主义建设问题，以苏联《政治经济学》为蓝本，全党的读书活动逐步开展起来。

毛泽东在号召学习斯大林的《苏联社会主义经济问题》时，还要求学习苏联科学院经济研究所编写的《政治经济学教科书》的社会主义部分。他说：我们研究公社的性质、交换、过渡这些问题，可以参考的材料还是斯大林那个《苏联社会主义经济问题》；讲社会主义政治经济学的，除了斯大林这篇跟那本教科书以外，成系统的东西还没有。他在 1958 年 11 月 9 日发出的致中央、省市自治区、地、县四级党委委员的信中，建议广大干部有时间可以读读苏联同志们编的那本《政治经济学教科书》。

1959 年的庐山会议初期，毛泽东拟定会议讨论的 19 个问题，头一个问题"读书"，就是读苏联《政治经济学教科书》。7 月 2 日，他在会议开幕的讲话中明确指出：有鉴于去年许多领导同志对于社会主义经济问题还不大了解，不懂得经济发展规律，有鉴于现在工作中还有事务主义，应当好好读书；中央、省、市、地委一级委员，包括县委书记，要读《政治经济学教科书》第三版；时间三至五六个月，或一年。还说：现在有些人是热锅上的蚂蚁，要让他们冷一下；去年有一年的实践，再读书更好；学习苏联经验，读苏联《政治经济学教科书》是比较好的办法；这本书缺点有，但比较完整。1959 年 8 月 15 日，毛泽东给出席会议的各位同志写了一封信，建议读两本书，一本是《哲学小辞典》(第三版)，一本是《政治经济学教科书》(第三版)。认为现在主要危险是经验主义，为从理论上批判经验主义，我们必须读哲学，建议从哲学、经济学两门入手，连类而及其他部门。要求大家在半年内读完。

毛泽东关于全党的读书学习的计划安排是好的，但是庐山会议后期，对彭德怀等同志开展的错误批判，扭转了会议的方向，使这个计划被搁置了。随着"反右倾"高潮的过去和国家经济困难形势的出现，1959 年冬，党中央重新强调学习苏联《政治经济学教科书》，这次读书学习采取"批判"的态度和方法，以组织读书小组方式进行。

1959 年 11 月 11 日，在海南休假疗养的刘少奇率先组织了读书小组，著名经济学家王学文、薛暮桥、广东省委负责同志陶铸、林李明和刘少奇身边的工作人员参加。这样一个由党和国家领导人、经济学家、秘书、警卫员、护士组成的"罕见"的学习小组，以理论联系实际的态度和蚂蚁啃骨头的精神，从 11 日到 22 日读书讨论会就开了八次，对社会主义基本矛盾、社会主义社会两类矛盾、人民内部领导与被领导关系、商品生产和共产主义社会进行了讨论和交流，后来薛暮桥将刘少奇在讨论会上的发言归纳整理成 18 个问题。

毛泽东本人从 1959 年 12 月 10 日到 1960 年 2 月 9 日，组织了一个读书小组，先后在杭州、上海和广州读苏联的《政治经济学教科书》。参加读书小组的，有陈伯达、胡绳、邓力群、田家英等。这个读书小组采取边读边议的方法，逐章逐节地讨论。毛泽东在读书小组中的谈话，当时就被整理成《读〈政治经济学〉下册的笔记》等记录稿。

1960 年 2 月 13 日，继刘少奇、毛泽东以后，周恩来到广东从化，召集国务院、书记处、部分部委和中南局的有关领导人正式组成了《政治经济学教科书》读书小组。这是中共中央核心领导层中组织的第三个学习苏联《政治经济学教科书》读书小组。这次读书前后用了 20 天时间，在读书小组的研讨会上，"过渡"问题，是周恩来读书小组学习、讨论的重点问题。周恩来的发言记录，在 4 月他出国访问时，经李富春、薛暮桥等人商议，以"从化读书会学习笔记"形式印发国家计委、经委、建委等部委的读书小组和党组，成为这些部委的领导干部学习《政治经济学教科书》重要的学习材料。

中央领导通过对社会主义道路的探索经验和教训的总结和反思，结合中国社会主义建设实际创造出新的理论，使得党中央领导集体理论水平得到一定程度的提高。正如毛泽东所说："马克思这些老祖宗的书，必须读，他们的基本原理必须遵守，这是第一。但是，任何国家的共产党，任何国家的思想界，都要创造新的理论，写出新的著作，产生自己的理论家，来为当前的政治服务，单靠老祖宗是不行的。"①

对于这本教科书的缺点，毛泽东认为缺少辩证法。他说："作者们没有辩证法。没有哲学家头脑的作家，要写出好的经济学来是不可能的。马克思能够写出《资本论》，列宁能够写出《帝国主义论》，因为他们同时是哲学家，有哲学家的头脑，有辩证法这个武器。"②缺少辩证法的缺点具体表现在它不从分析矛盾出发，不从生产力和生产关系的矛盾、经济基础和上层建筑的矛盾出发来研究问题，是最大的缺点。这些意见不仅是对苏联《政治经济学教科书》的批评，对于理论研究工作也有普遍的方法论意义。正是这样的批判的学习态度和方法使得中国共产党在社会主义经济理论方面形成一些真知灼见。这主要表现在认识到社会主义社会的基本矛盾是生产和需要的矛盾，而不是阶级矛盾，由此，刘少奇对斯大林关于社会主义经济规律的表述提出了异议：社会主义基本经济规律，提"最充分满足"人民需要，恐有困难，我们只能是有限度的满足。今天限制一点，明天就可以多满足一点。针对苏联的《政治经济学教科书》忽视了劳动生产中人与人的相互关系，忽视了领导与被领导之间的矛盾这一不足，毛泽东和刘少奇主张把劳动生产中人与人的关系看成是社会主义生产关系中的重要关系，并从生产关系与生产力的矛盾这个视角来认识领导与被领导之间的矛盾。对社会主义发展的阶段性、社会主义存在商品生产和价值规律等给予肯定。在 1962 年七千人大会期间，毛泽东在修改刘少奇代表党中央所作的工作报告时，增加了这样一段话："按劳分配和等价交换这两个原则，是在建设社会主义阶段决不能不严格地遵守的马克思列宁主义的两个基本原则。"③

对于理论认识的纠偏不仅有利于农村政策大幅度调整，也对党的思想理论建设产生了深远影响。薄一波回忆说："尽管在今天看来，建设有

---

① 《毛泽东文集》第 8 卷，人民出版社 1999 年版，第 109 页。
② 同上书，第 140 页。
③ 《建国以来毛泽东文稿》第 10 册，中央文献出版社 1996 年版，第 8 页。

中国特色的社会主义的实践，早已突破了斯大林著作的框框，但是，我们毕竟要承认，在三十多年前，我们中国共产党人还是从他的这本书中受到了教益，初步懂得了些什么是经济规律，社会主义和共产主义的区别，为什么要发展商品生产和商品交换，尊重价值规律等等。历史就是这样走过来的。我们是马克思主义的历史唯物论者，我们着眼于未来，但从不割断历史。1959 年庐山会议之后，'左'的思潮再度泛滥，毛主席、少奇同志、周总理以及中央许多领导同志又精心攻读了《政治经济学教科书》，从中受到启迪。这说明经常联系实际读点书，是开阔脑筋、实现思想飞跃和坚持真理、修正错误的重要一环。"①

当然，在当时的历史条件下，读书活动不可避免地留下"左"的历史印迹，在政治方面，认为社会主义社会的主要矛盾是两个阶级、两条道路的斗争；庐山会议是两个阶级的较量；"大跃进"和公社化运动具有客观必然性，对于价值规律虽然比斯大林更加明确地肯定，但是却把它和计划需要加以割裂和对立等。通过读书活动进行的学习并没有对指导思想上进行根本的纠正，使得几起几伏的国民经济在"文化大革命"中最终走向了崩溃的边缘。

2. 开展对各级干部的短期培训

在紧张忙碌的工作中，如何使得读书学习落到实处，进而丰富党员的知识储备和提升理论素养？除了党员自觉日常学习之外，快速有效的学习方式就是把一定数量的党员聚集起来，采取短期培训对党员进行轮训。

中央领导同志通过理论学习，对于社会主义建设的基本规律把握并不意味着所有党员对其形成正确认识，同时"大跃进"和人民公社化运动中出现的强迫命令风和特殊化风严重存在，在一定程度上损害了党的形象。

---

① 薄一波：《若干重大决策与事件的回顾》下，中共党史出版社 2008 年版，第590—591 页。

为教育干部，中共中央决定开展学习运动，对全党各级各方面的领导干部，采取短期训练班的方式，普遍地进行一次轮训。毛泽东指出："我们党正处在社会主义革命和社会主义建设的新时期，当前一件最重要的事，就是在全党开展一个新的学习运动，重新教育干部。"[①]刘少奇在庆祝党成立四十周年大会上的讲话中，号召在全党展开一个新的学习运动。1961 年 9 月，中共中央专门作出了《关于轮训干部的决定》，具体规定了轮训的对象、学习的内容、采取学习理论和总结经验相结合的方法、学习班组的编成、主办方式、学习材料等。

这次轮训干部的对象，主要是县委书记和相当于这一职务以上的党员干部，特别是县委以上各级党委的书记和相当于县委书记以上各方面（工业、交通、财贸、农业、文教、外事等）党委的书记。地委县委的第一书记，和相当于地委书记、县委书记的厂矿企业党委书记。学习材料主要是新编的《社会主义建设的几个问题》《党的生活的几个问题》，和中央《关于讨论和试行农村人民公社工作条例（修正草案）的指示》《农村人民公社工作条例（修正草案）》，斯大林著的《苏联社会主义经济问题》（选读）。从轮训干部所读的书目可以看出学习的内容主要就是社会主义建设问题和党的建设问题这两个方面。一方面是要帮助干部进一步认识和掌握社会主义建设的客观规律，克服某些片面性的认识；另一方面是要帮助干部自觉地掌握毛泽东同志一贯提倡的、成为我们党的传统的马克思列宁主义作风，克服各种非马克思列宁主义的作风。在这次短期轮训中，只可能要求对一些基本的理论问题和重大政策问题加以探讨，使干部认识和掌握社会主义建设的一些最基本的规律性。在党的建设方面，同样也要集中力量学习几个基本的问题，以求更进一步增强党内团结。

到 1962 年 10 月止，全党参加轮训的干部共 100 多万人。这次轮训对象不包括基层干部和一般党员，为了扩大教育的普遍性，1962 年 10 月 25 日，中央组织工作会议决定用一年多时间，集中力量，在党内开展

---

① 《建国以来毛泽东文稿》第 14 册，中央文献出版社 2011 年版，第 525 页。

一个大规模的普遍深入的教育运动，教育内容主要是形势、阶级、社会主义方向，党的政策，党的基本知识和党的优良传统三个方面。县委书记以上的党员，主要学习中央规定的三本书、党章和刘少奇的《论共产党员的修养》；其他党员，主要学习党章和《怎样做一个好的共产党员》，对于农村集训支部书记、大队长，由区、社党委开办训练班；城市，一般由县党委或区委利用业余时间或集中脱产几天教育训练。

这一时期的理论教育，使广大干部进一步认识到不能剥夺农民、不能超越阶段、不能搞平均主义的道理，明确了当时党在农村的各项政策。对于各级干部认识和解决党的建设和党的生活中的问题，增强自力更生、战胜困难的信心和决心，也起到了积极作用。

三、学习榜样的崇高精神

毛泽东在中共八届二中全会讲话中说："人是要有一点精神的，无产阶级的革命精神就是由这里头出来的。一个苹果不吃，饿死人没有呢？没有饿死，还有小米加酸菜。"①精神作为支柱，是人战胜困难的坚定信念和延绵不绝的精神动力。

一个国家在发展过程中面对种种困难，为克服困难执政党就必须倡导和发扬艰苦创业、甘于奉献等崇高精神，并强调在生产生活中建立和睦互助的社会关系。中华人民共和国在艰苦探索中迈入 20 世纪 60 年代，严峻的经济形势使得中国共产党感受到了前所未有的执政压力，虽然绝大多数党员有着克服困难的勇气和决心，但少数党员信心不足、悲观迷茫必然对社会主义建设所需要的高昂斗志带来消极影响，所以在共产党员的艰苦奋斗、无私奉献等崇高精神带动下实现整个社会精神气氛的振作此时就显得尤为重要。

榜样教育自古以来都被看作是十分重要的德育方法，强调的是以他人的高尚思想、模范行为和卓越成就影响公众，使之形成期望的思想、

① 《毛泽东文集》第 7 卷，人民出版社 1999 年版，第 162 页。

理念、行为、品格等。虽然在中国共产党领导的革命历史长河中，涌现出了众多榜样，但 20 世纪 60 年代以雷锋和焦裕禄作为杰出代表的榜样，在中国历史上留下了浓重的笔墨，这是因为他们全心全意为人民服务的奉献精神，鞠躬尽瘁、死而后已的高贵品质，教育了广大党员和人民群众。

雷锋生前是解放军沈阳工程兵某部运输连班长。1962 年 8 月在执行任务中不幸殉职，年仅 22 岁。作为服务人民的楷模，他短暂的一生助人无数。1963 年 3 月 2 日《中国青年》第 5、6 期合刊学雷锋专辑出版，首先发表了毛主席"向雷锋同志学习"的题词。毛泽东在写下"向雷锋同志学习"题词后，曾专门向秘书林克解释：学雷锋不是学他哪一两件先进事迹，也不只是学他的某一方面的优点……不但普通干部、群众学雷锋，领导干部要带头学，才能形成好风气。所以只有党员带头学习雷锋，才有说服力，才能更好地教育影响他人，也是最好的教材。党员干部的带头学习雷锋精神重要的是把学雷锋付诸行动，认真改造世界观，把思想真正转变到"完全彻底为人民服务"上来。毛泽东的这番话不仅指出了学雷锋的方法，而且指明了雷锋身上最本质的东西，特别是指出了学雷锋的方向。三天后，也就是 1963 年 3 月 5 日，《人民日报》《解放军报》《光明日报》《中国青年报》等都在头版显著位置刊登了毛主席的手迹。1963 年 3 月 6 日，《解放军报》独家发表了在京的国家领导人刘少奇、周恩来、朱德和邓小平的题词手迹。刘少奇的题词是："学习雷锋同志平凡而伟大的共产主义精神。"周恩来的题词是："向雷锋同志学习，憎爱分明的阶级立场，言行一致的革命精神，公而忘私的共产主义风格，奋不顾身的无产阶级斗志。"朱德的题词是："学习雷锋，做毛主席的好战士。"邓小平的题词是："谁愿当一个真正的共产主义者，就应该向雷锋同志的品德和风格学习。"

众多中央领导同志的题词，呼应并强化了毛泽东题词的声势，宛如众星捧月，为学习雷锋活动的广泛开展起到了巨大的推动作用，到 1966 年，在 3 年多时间里，各级党政军机关非常重视学雷锋活动，纷纷制定具体规划和行动措施；组织各种纪念会、报告会、动员会、经验交流会；发表相关文章，举办展览、演出；开展专题党、团日活动。

同时我国各行各业都涌现出了一大批先进典型，"全国各条战线上都涌现出成千上万雷锋式的先进人物，一种奋发图强、积极向上的精神在全社会迅速形成"①。比如，大寨党支部书记陈永贵和"红旗渠"等典型，在工业战线上，"铁人"王进喜和铁人精神，他们无私奉献、勤勤恳恳、任劳任怨，把自己的毕生精力都献给了社会主义事业和祖国与人民，这些榜样所体现的精神成为鼓舞着全党全身心地投入社会主义建设的重要精神支柱，在党员的带头学习下，全国掀起了学习伟大的共产主义精神的潮流。

"吾党悼焦君，模范孰能逾？"这是董必武代主席所写《学焦裕禄同志》五言长诗中对于焦裕禄作为人民的好公仆、干部学习榜样的颂扬。从1962年到1964年在内涝、风沙、盐碱"三害"肆虐的兰考一年多的时间里，焦裕禄身先士卒，以身作则，跑遍全县149个大队中的120个生产队，跋涉5000多里，查清了全县84个风口，1600个沙丘和大小河流。

心里装着全县的干部群众，唯独没有自己的焦裕禄，在肝区痛得直不起腰、骑不了车的情况下仍然坚持工作、下乡，最后因积劳成疾，于1964年5月14日，被肝癌夺去了生命，他用42岁的生命，诠释了一个伟大的共产主义战士对党对人民的无限忠诚。

1964年11月，中共河南省委号召全省干部学习焦裕禄同志忠心耿耿地为党为人民工作的革命精神。1966年2月7日，新华社和《人民日报》发表了由穆青、冯健和周原所写的一篇全面介绍焦裕禄感人事迹的长篇通讯《县委书记的榜样——焦裕禄》，这篇通讯再经中央人民广播电台第一次打破常规，占用新闻节目的时间，用1小时20分钟全文播出。电台播音员那充满深情浑厚的声音，震动了中国亿万群众，感动了中国的广大干部。《人民日报》不仅刊登这篇通讯，并发表社论《向毛泽东同志的

---

① 张雷声、李玉峰：《中华人民共和国思想理论教育史》，高等教育出版社2005年版，第89页。

好学生——焦裕禄同志学习》，号召广大党员、干部学习他不为名、不为利、不怕苦、不怕死、一心为革命、一心为人民、完全彻底地为人民服务的革命精神。随后全国各种报刊先后刊登了数十篇文章通讯。

2月9日、11日，解放军总政治部、全国总工会、共青团中央先后发出向焦裕禄学习的通知。与此同时，各中央局、省、市、县委也号召向焦裕禄学习，全党掀起学习焦裕禄亲民爱民、艰苦奋斗、科学求实、迎难而上、无私奉献的精神。1966年9月15日，毛主席亲切接见焦裕禄的二女儿焦守云，并合影留念。同年10月1日，毛主席又接见了焦裕禄的大儿子焦国庆。周恩来总理也接见了焦裕禄的大女儿焦守凤。

任何事物的存在都具有它的时代性，马克思曾说过："时间实际上是人的积极存在，它不仅是人的生命的尺度，而且是人的发展的空间。"①所以作为一个时代缩影的榜样，其重要特点是具有鲜明的时代性，它反映时代的精神追求和发展方向。借助于榜样的力量，广大干部群众精神振作，凝聚了在困难时期里人们共同的理想追求，推动了当时社会主流精神观念的弘扬和发展。

1956年到1966年中国共产党通过调查、读书、向榜样学习，使得党的理论素养得以提升，出现了为国家社会主义建设无私奉献的良好的精神风貌。从理论素养上来说，这一时期的学习加深了党对什么是社会主义、如何建设社会主义的认识，不但对"左"倾错误及其严重性有了更清醒的估计，而且对社会主义建设的规律也有了许多更深刻的认识；从精神风貌上来说，向英雄模范学习的教育运动，使广大党员、干部的精神面貌日新月异，为了经济建设，他们发扬了革命加拼命的精神。

当然，这一时期的学习也不可避免地存在着一些历史局限性。一是学习的效果上具有一定的"左"的历史痕迹。无论是调查研究、还是读书学习，很大程度上是在坚持"三面红旗"的前提下对一些具体错误进行纠正，所以对于这阶段的学习的指导思想未能摆脱"左"的错误束缚。如尽

---

① 《马克思恩格斯全集》第47卷，人民出版社1979年版，第532页。

管不少调查材料实际上已证明"大跃进"和人民公社的错误，可是在分析和对待这些材料以及在读书活动中，许多人都小心翼翼地绕开这些关键问题。不少干部已认识到人民公社的"政社合一"是产生"命令风""瞎指挥风"的根源，但为了维护人民公社体制，后来形成的中央文件仍然把包产到户当作"单干风"加以批判。二是运动式的学习方式忽视党员的主体地位。在社会主义道路探索阶段，中国共产党的学习关乎社会主义建设本领的提升，所以学习不仅包含党员对于社会主义建设基本理论素养和精神支柱的培育，也要有满足党员个性需求的学习，这就需要采取灵活的学习方式，以提高党员学习的主动性。这一阶段的学习主要是依靠一般的号召或者运动式的学习，党员实际上是作为教育对象、管理对象、提高对象、被要求发挥作用的对象即党内客体而存在的，忽视了党员的主体地位，这使党员尤其是非领导干部的普通党员很难找到和认同自己的主体地位。这样的学习虽然在一定的时期能够产生一定的创造力，但是却无法产生真正持久的创造性。

第十章 艰难曲折中的学习

"文化大革命"持续十年，使党、国家和各族人民遭受到严重挫折。作为政治运动的"文化大革命"与"文化大革命"历史时期是有区别的。政治运动导致教条主义盛行，读书学习流于形式。这一时期，理论学习和一些业务知识的学习也没有停止，各项工作在艰难中仍然取得了重要进展。

一、谁是学习的主体

学习，面临的首要的问题，就是"谁是学习的主体"。在"文化大革命"之前党的历次学习中，所有的学习基本都是由党内开始。党内的干部学习理论之后，作出正确的决策，领导国家走向正确的道路。然而，学习可以学成"修正主义""资本主义"，也可以学成社会主义、共产主义。当中央的领导之间产生分歧时，对于学习主体的分歧也随之产生。

随着与苏联"修正主义"的斗争，毛泽东对中国出现修正主义的忧虑日渐增长，并逐渐准备开始解决。他从文艺领域入手。一批优秀的文艺作品在"左"倾思想指导下，遭到了批判。"左"倾之风一起，便会很快地席卷每一个它不想去和没想去的角落。于是，错误开始扩展到哲学、经济学、历史学等，社会科学领域接受了一场反对"修正主义"的社会主义教育运动。毛泽东在 1965 年 12 月 15 日至 1966 年 1 月 14 日的北京工作会议上，主持讨论并制定了《农村社会主义教育运动中目前提出的一些问题》(即"二十三条")。"二十三条"虽然包含着对"四清"中"左"的现象的纠正，却从根本上发展了"左"倾错误理论。思想文化领域错误的批判日趋扩大，引起了中央书记处的注意。在"左"与纠"左"的角力中，邓小平站在纠"左"的一边。他批评说：现在有人不敢写文章了，新华社每天只收到两篇稿子。戏台上只演兵，只演打仗什么的。然而，在"左"倾错误思想的大环境中，进行这样的纠正并没有起到作用。

极不正常的政治环境，使中国共产党学习的历程遭到了严重的中断。

究竟是让领导人学习之后教育群众、带领群众，还是让群众自己学习？这是一个问题。

毛泽东认为，只有发动起群众，才能给"修正主义"造成足够强大的社会压力。他开始发动群众推翻传统的学习方式。此时，《人民日报》已经被时任中央文革小组组长的陈伯达接管。1966年6月1日的社论《横扫一切牛鬼蛇神》，公开号召群众起来"横扫盘踞在思想文化阵地上的大量牛鬼蛇神……把所谓的资产阶级的专家、学者、权威、祖师爷打得落花流水"，"彻底破除几千年来一切剥削阶级造成的毒害人民的旧思想、旧文化、旧风俗、旧习惯"。这是在推翻旧的学习权威，同时也是一种隐性的领导权争夺。6月2日，《人民日报》又刊载了已按毛泽东批示，在新华社全文播发的聂元梓的大字报，并污蔑北京大学是"反党反社会主义的顽固堡垒"，并直接攻击北京大学党委是"假共产党""修正主义的党"，号召"把他们打倒，把他们的黑帮、黑组织、黑纪律彻底摧毁"[1]。

紧接着，改组后的北京市委就派工作组进驻北京大学，代行党委职权。

短短几天，大中学校的学生，就起来以"造修正主义反"的名义，对党委、党支部进行批判，甚至对校领导和老师展开武斗。红卫兵就像干柴被"造反"的烈火点燃，一发不可收拾。学习的主体，领导学习的力量，在这样的暴风骤雨中发生了猛烈的变化。

---

① 《中国共产党历史》第2卷，中共党史出版社2011年版，第764页。

1966 年 10 月，中央工作会议在北京召开。一份报告这样表述路线分歧："毛主席的革命路线，是让群众自己教育自己、自己解放自己的路线"；错误路线则是"反对让群众自己教育自己、自己解放自己"；并指出"两条路线的斗争还在继续，而且还会经过多次的反复"①。报告人还是陈伯达。

教育，就是学习科学的理论，武装自己；解放，便是掌握权力，实践自己的理论，达到自己的目标。

林彪作了报告，他说："一个是群众路线，一个是反群众路线，这就是我们党内两条路线的尖锐的对立"，并点名批评了刘少奇、邓小平对学生运动执行了一条"压制群众，反对革命的路线"②。

也有不同的声音。"不要党的领导，一天到晚老是群众自己解放自己，自己教育自己，自己搞革命，这是什么东西？这是形而上学！"③这是谭震林的观点。

群众是否能够自己很好地教育自己？又是否能够正确地解放自己？实在是一个有待探讨的问题。

问题虽未有答案，权力的斗争却已有了结果。在造反派刚刚起势时主持中央工作的刘少奇、邓小平被迫按照毛泽东《炮打司令部——我的一张大字报》的口径作出书面检查，对所犯"错误路线"承担了责任。在"文化大革命"的"第一回合"中，"让群众自己教育自己，自己解放自己"占了上风。

毛泽东对于形势的判断是：整个无产阶级"文化大革命"，"形势大好，不是小好"，"整个形势比任何时候都好"，"形势大好的重要标志是人民群众充分发动起来了"。"教育革命首先必须有工人阶级领导，必须有工人群众参加。"④

然而，当时的群众很难很好地自己教育自己，因为人们的温饱问题

①　《中国共产党历史》第 2 卷，中共党史出版社 2011 年版，第 773 页。
②　同上书，第 774 页。
③　同上书，第 788 页。
④　同上书，第 794 页。

还未完全解决。群众也无法正确地解放自己，群众解放自己的结果便是鱼龙混杂的造反派们为了自己各不相同的目的，打着反对"资本主义道路的当权派"和"资产阶级反动路线"的旗号，在无政府主义的状态下残酷地斗争。

后果是严重的。

在批判资产阶级反动路线的高潮中，从中央到地方的各级党委几乎全被冲垮，领导部门陷于瘫痪、半瘫痪，党和团的基层组织停止活动。"左"倾错误影响下出现的学习主体和学习领导权的争论，必然导致思想的混乱。

二、学习内容的"精挑细选"

学习是认识世界的过程，主体和客体是两个必不可少的内容。客体就是学习的内容，学习的内容在很大程度上决定着学习的结论和质量。

其实，倘若学习的主体真的能够充分地做到毛泽东所说的"让群众自己教育自己，让群众自己解放自己"的"革命的"路线的话，那么应该是这样的状态：群众阅读各种各样的书籍，有的读中国文学，有的读西方文学；有的读《资治通鉴》，有的读《荷马史诗》；有的读《国富论》，有的读《资本论》；有的读计划经济，有的读自由市场……群众阅读的内容不能说百花齐放，百家争鸣，起码也是多种多样，各自分说。大家将在不同观点的争论和碰撞中获得真理，在大辩论的氛围里探究谁才是真正的社会主义。

然而，事实却并非如此。中央文革小组的成员们深知在当时的环境下，只有背靠马克思列宁主义、毛泽东思想的大树才好乘自己夺权之凉。早在1959年军委的扩大会议上，林彪就曾别出心裁地宣扬过："我们学习马克思列宁主义怎样学呢？我向同志们提议，主要是学习毛泽东同志的著作，这是学习马列主义的捷径。毛泽东同志全面地、创造性地发展了马克思列宁主义，综合了前人的成果，加上了新的内容。"①这已经明确地将马列主义经典局限于了毛泽东的著作。

《解放军报》从 1961 年 5 月 1 日起，每天根据版面内容，在报眼刊登毛主席语录。《毛主席语录》的再版也是一个标志。"林副统帅"亲自为再版的《毛主席语录》撰写了前言，指出："毛泽东思想是全党、全军和全国一切工作的思想指针。"他认为，毛泽东思想是反对帝国主义、修正主义和教条主义的强大武器，并提出了"毛泽东思想为广大群众所掌握，就会变成无穷无尽的力量，变成威力无比的精神原子弹"。1966 年 12 月 19 日解放军报的社论《句句熟读，句句照办》，更是很直白地告诉我们"毛主席的话，水平最高，威信最大，句句是真理，一句顶一万句"。"《毛主席语录》，一定要句句熟读，多写多学多用。毛主席的话，一定要句句都听，句句照办。"②这样的定位与描述，对毛主席的崇拜真的达到了"相信毛主席要信到迷信，服从毛主席要服从到盲从"的境界。

在当时，普通群众很难有条件接触到许多经典的著作，能看到的都是一些大批量出版的"教材"。因此，很难有人在读到一句话的同时去思考这句话出自哪篇文章，出自怎样的一个上下文语境，作者又是在怎样的一种情况下说出这句话的。这些问题对于理解一句话的真正含义有着十分重要的作用。而这就导致了断章取义的现象十分严重，群众学习如盲人摸象，很难有全面而客观的认识。此外，由于许多的经典著作中的话，只是对事实的一个客观陈述，本身不带有倾向性，而后人的解释赋予语句不同的价值倾向。因此，当编教材的人将经典话语作为前提引用时，读者看到前提对了，便不愿意也没有能力更多地考虑逻辑合理性的问题。这些问题都直接造成了极具片面性和倾向性的结果。这就导致对马克思主义教条式的理解。马克思主义的先驱论证了资本主义必然为社会主义所取代的趋势，但是，他们并没有对未来的社会主义社会描绘出

---

① 　王海光：《折戟沉沙温都尔汗》，九州出版社 2012 年版，第 14 页。
② 　《解放军报》，1966 年 12 月 19 日。

具体的建设蓝图。许多具体的内容还需要后人继续根据自己国家所处的阶段和不同的国情进行探索，否则，单凭教条化的理解和脱离实际的设想，是很难解决国家发展问题的。

正是这样材料上方向明确的精挑细选和引用上别有用心的断章取义，让群众在不知不觉的"自己教育自己"的过程中，走向了偏执和极端甚至非理性。

在追求真理的过程中，学习方法是否科学起着至关重要的作用。正确的方法，可以把有限的学习材料充分利用，事半功倍；而不正确的学习方法，则无疑会走向歧途。

"文化大革命"时期，党内的民主集中制原则遭到严重的破坏，导致林彪集团和江青集团两个集团的势力在扩大。在"文化大革命"前期，他们作为拥护毛主席的造反派，有共同的"修正主义"敌人，因此相互需要，相互勾结和支持。没有林彪的支持，江青不可能有那么大的能量；没有江青的捧场和沟通，林彪也难于扮演"副统帅""紧跟""照办"的角色。[1]

1970年8月13日下午，康生召集宪法工作小组会议，宪法讨论稿的序言提到"毛泽东思想天才地、创造性地、全面地发展了马克思列宁主义"[2]。张春桥对此表示反对，他认为毛泽东曾在接待外宾时，两次以讽刺的口吻说赫鲁晓夫苏共二十大的决议是"创造性地发挥了马克思列宁主义"，如果说毛泽东思想也是创造性地，便有讽刺的感觉。对此，林彪集团的吴法宪当时就给予激烈的反驳。他说："要防止有人利用毛主席的伟大谦虚贬低毛泽东思想。"[3]

为了证明自己的观点，林彪集团还布置陈伯达收集马克思主义经典作家有关"天才"的语录。

1970年8月23日，林彪在九届二中全会上，未经请示发言，并刻意重申了"毛泽东同志是当代最伟大的马克思列宁主义者。毛泽东同志天才

---

① 《中国共产党历史》第2卷，中共党史出版社2011年版，第835页。

② 同上书，第836页。

③ 同上书，第837页。

地、创造性地、全面地继承、捍卫和发展了马克思列宁主义"①。次日，在讨论林彪讲话的分组会上，林彪集团统一口径，用马克思主义经典有关"天才"的语录，四面出击。陈伯达、叶群、吴法宪、李作鹏、邱会作等人，分别在中南、西南和西北组作的发言，迷惑了许多与会者。在大组发言中，张春桥被点名，甚至江青也被不点名地批评了。

8月31日，毛泽东写了《我的一点意见》，在批评陈伯达的同时，指出"我是说主要地不是由于人的天才，而是由于人们的社会实践"，"是英雄创造历史，还是奴隶创造历史，人的知识（才能也属于知识范畴）是先天就有的，还是后天才有的，是唯心论的先验论，还是唯物论的反映论，我们只能站在马列主义立场上，而绝不能跟陈伯达的谣言和诡辩混在一起"。他强调"不要上号称懂得马克思，而实际上根本不懂马克思那样一些人的当"②。

9月6日下午的九届二中全会闭幕式上，毛泽东又就党的教育路线、高级干部的学习、党内外团结等问题讲了话，他要求大家读几本哲学书。以此号召，中央又在11月6日发出了《关于高级干部学习问题的通知》，要求大家学习《共产党宣言》《哥达纲领批判》《实践论》《矛盾论》《人的正确思想是从哪里来的》等马克思、恩格斯、列宁和毛泽东的书。尽管此时大多数的基层干部和群众对于运动的背景并不知晓，但是大规模的学哲学、批先验论和路线教育运动还是开始了。

这次学习，是"文化大革命"中仅有的高级干部的集体学习，无论是学习的主体还是学习的客体都是十分正确的。随之开展的"批陈整风"直接打击了林彪集团的力量和气焰，林彪反革命集团不久被粉碎。

1970年年底到1971年上半年，大规模的学哲学、批先验论和路线教育运动，在客观上，对于当时"左"的纠正，起到了一些作用。

---

① 《中国共产党历史》第2卷，中共党史出版社2011年版，第838页。
② 《中华人民共和国春秋实录》，中国人民大学出版社1992年版，第920—921页。

三、概念的模糊与氛围的缺失

只有正确的理论学习，才能正确地指导实践。理论是否正确，则需要有一个验证的标准。求证的方式应从两个方面，一个是经过实践的检验，另一个是经过逻辑的检验。二者缺一不可。然而，"文化大革命"中的学习，无论是得出的结论还是概念和前提，却都在政治目的和阶级斗争的裹挟下，有意忽略检验的过程，甚至直接践踏实践——这一检验真理的唯一标准。结果，学习成为了盲目的，实践成为了没有底线的。

概念的准确是研究的基础，没有对概念清晰的界定，研究便没有什么针对性和实际意义可言。毛泽东认为，"文化大革命"中最主要的被批判目标是党内的"修正主义"和"走资产阶级道路的当权派"。然而，"修正主义"的含义却非常模糊，没有一个客观的标准，使得在大范围的批判和打击的过程中，把许多不属于修正主义的东西，甚至是马克思主义和社会主义原则的东西，都当成了修正主义来批判。党和政府的文件，也没有提出过判断什么是"走资派"的具体标准。毛泽东在他的一些具体言论中，提到过一些他主观认定的"走资派"的特征。"走资派，搞物质刺激，利润挂帅，奖金挂帅，搞了管、卡、扣、罚。""一部分党员不想先进了，有些人后退了，反对革命了，为什么呢？作了大官了，要保护大官们的利益。他们有了好房子，有汽车，薪水高，还有服务员，比资本家厉害。"这便是毛泽东对于走资派的一些描述。然而，这样的概念，只是对现象的有限阐释，没有提出概括性的特点，无法涵盖全部现象，因此依然没有具体的程度和可作衡量的标准。当概念成为了错误的基础，错误便可以以人的意志无限地延伸下去。因此，"文化大革命"中，党和国家，以至企事业单位的各级领导干部，绝大多数都曾经被打成了"走资派"，或是"犯了走资派错误"。更重要的是，往往是那些有独立思考和学习能力，有自己见地，敢于承担工作责任的干部受到了较为严厉的批判；相反，往往是那些为了讨好上级，只搞斗争，不做实事的干部，则很少受到影响。①

　　对"右派"的界定同样是模糊的。1966 年 8 月党的八届十一中全会通过的《中国共产党中央委员会关于无产阶级文化大革命的决定》(简称"十六条")指出:"党的领导要善于发现左派,发展和壮大左派队伍,坚决依靠革命的左派……彻底孤立最反动的右派,争取中间派。"然而,同"五一六通知"一样,"十六条"并没有对"右派"这个长期存在于中国政治生活中的词语进行解释,没有提出明确的判别标准,让"左派""右派"的定义十分混乱。这样的条件下,即使学习的内容是正确的,也无法在实践中得到很好的结果。这样的例子可谓比比皆是。"三支两军"的中心是支左,即支持地方的"革命左派"。然而,没有确定的定义和依据标准使得解放军指战员们没有办法加以判断,使支左运动陷入矛盾之中。

　　可见,基本概念不弄清楚,就像大楼没有坚实的地基,构建在这地基之上的理论,无论是无产阶级专政下继续革命的理论,还是无产阶级专政理论,都只能是理论的空中花园,很难进行正确而进步的实践。批判没有明确的目标,构建就没有足够的依据。

　　1969 年 4 月,中国共产党第九次全国代表大会在北京举行。毛泽东在会前就为大会定了调子,希望九大"开成一个团结的大会,胜利的大会,大会以后,可以在全国取得更大的胜利"②。简单的一句话却传递出了一个重要的内容:毛泽东不希望这次大会产生大的分歧。

　　一个社会是否有着良好的自由讨论的环境,直接决定着学习的效果。理论知识,必须在不断的交流和碰撞中才能产生真理的火花,观点的交锋是理性决策的前提。然而,"文化大革命"时期的中国,民主集中制遭到了严重破坏,根本没有自由讨论的氛围。在这样的政治环境下,一方面,人们不敢提出反对和质疑,因为那很可能意味着不容分说的被批判和打倒;另一方面,对于伟大领袖毛主席的信任又让人们坚信跟着毛主

①　席宣、金春明:《文化大革命简史》,中共党史出版社 2006 年版。
②　《中国共产党历史》第 2 卷,中共党史出版社 2011 年版,第 806 页。

席就不会错误。批判能力的缺失与盲目信任的膨胀，导致严重的个人崇拜，广大党员和群众的学习也只是简单地重复"语录"和空洞的文件条文。

"团结的、胜利的"九大通过了旨在为"文化大革命"作理论和历史论证的政治报告。在肯定"文化大革命"的所谓成绩和经验的基础上，提出把"上层建筑领域中社会主义革命进行到底"的任务。毛泽东把这一理论定名为"无产阶级专政下继续革命的理论"，并概括为包括：必须用马列主义对立统一规律来观察社会主义社会；社会主义和资本主义两条路线斗争长期存在，并存在着资本主义复辟的危险；要在上层建筑各个文化领域中对资产阶级全面专政等六条基本论点。"无产阶级专政下继续革命的理论"也被九大报告称之为照耀着社会主义革命和社会主义航向的"光芒万丈的灯塔"，是对"马克思列宁主义的理论和实践的一个伟大的新贡献"，并由此得出发动"文化大革命""是完全必要的，是非常及时的"结论。①

的确，理论的意义确实如报告所称，是革命和建设的"灯塔"。这一方面体现了正确理论指导实践的重大作用，同时也意味着错误理论对实践的重大误导性。全会报告层层传达的过程，就是一步步说服群众、掌握群众的过程。尽管它违背了马列主义毛泽东思想的基本原理和实事求是的精髓，尽管它脱离甚至歪曲了社会主义改造完成后中国的实际，尽管他未必那么"彻底"，但它依旧推行了下去。

之后党章的修改体现了这一理论，只字不提发展生产力，不提现代化建设，并取消了对党员权利的规定；新一届中央委员的选举也体现了这一理论，林彪、江青等"文化大革命"鼓吹者的亲信成批地进入中央委员会，像错误理论一步步地挤掉八大的正确论断一样，把真正德才兼备的老干部挤出了中央决策层。九大以后开展的学习贯彻活动也没有多少积极效果。

---

① 《中国共产党历史》第 2 卷，中共党史出版社 2011 年版，第 808 页。

四、治理整顿中的学习

接踵而至的错误和政治运动一起把党和国家不断推到崩溃的边缘。问题越来越凸显，中央内部的正义势力不断地进行着反抗和斗争。1975年年初，周恩来身患重病，难以坚持继续工作，毛泽东挑选的接班人都难以承担国家领导的重任，国家的工作需要有人来主持。毛泽东认为，邓小平"政治思想强"，"人才难得"，在群众中有较高的威望。因此决定重新启用邓小平出来主持国家的工作。邓小平上任后力挽狂澜，在艰难的环境中开始了全面的整顿。他从铁路交通入手，打通运输命脉，使得全国20个铁路局的运输状况大为好转，在铁路的基础上，他又整顿了钢铁、石油、煤炭等诸多工业。同时，以"肿、散、骄、奢、惰"为重点的军队整顿同时展开。此外，工业、农业、文艺、科技等方面的调整也纷纷展开，成果十分显著。1975年也是"文化大革命"十年中经济发展最好的一年。

然而，在特殊的历史条件下实施这样的全面整顿，曲折和困难也是难以避免的。首当其冲的，便是对于与"以阶级斗争为纲"的"左"倾指导思想的矛盾。尽管邓小平主持中央工作，但是，他仍旧不能直接否定"左"的路线。邓小平是很有政治智慧的，他试图避开这一矛盾。唯一的办法就是在不否定"以阶级斗争为纲"的同时，最大限度地在经济领域进行调整和整顿，加强经济建设。毛泽东曾有三项指示：关于学习无产阶级专政理论的指示、关于"还是安定团结为好"的指示和关于"把国民经济搞上去"的指示。邓小平以此为依据，提出了以"三项指示为纲"，试图用这种方式，削弱"以阶级斗争为纲"在国家治理上的统治力，并在"三项指示为纲"的旗帜下，实行走"以经济发展为纲"的道路。学习错误的理论指导错误的实践，造成了严重的后果。想解"学习错误理论"之铃，还需系"学习正确理论"之人。这个人就是邓小平。

除了在实践上步步为营的整顿，邓小平也注重思想理论上的纠"左"，在他的努力下，1975年2月10日中央发出的《转批1975年国民经济计划的通知》中，首次引用了毛泽东关于"把国民经济搞上去"的话。3月5日，除夕，中央召开的全国省、市、自治区与主管工业的书记会议上，邓小平因为表示了对一些方面的不满出乎意料地未与大家握手，并在发言中开宗明义地说："现在有一个大局，全党要多讲。"这就是"把我国建设成为具有现代农业、现代工业、现代国防和现代科学技术的社会主义强国。"①他还批评一些同志革命，不敢抓生产，存在"抓革命保险，抓生产危险"的思想。为了解决长期的"左"的思想对于广大群众的错误影响，他指出，现在学习毛主席关于理论问题的指示，限制资产阶级法权，也要有个物质基础，不然怎么过渡到共产主义？各取所需，是要有丰富的物质基础的嘛。这同"唯生产力论"是两回事。②

3月5日，党中央还发出了1975年第九号文件《关于加强铁路工作的决定》，这份铁路整顿的纲领性文件和此前的讲话，对于纠正此前错误的理论学习有很大的帮助，得到了很大的认同。这一点可以从传达精神的各种座谈会上"到会人数之齐，秩序之好，震动之大，都是几年以来少有"③的情况中略见一斑。

邓小平治理整顿时期对于学习的纠正，使得全国出现了良好的发展势头。仅以铁路为例，到1975年4月底，包括徐州、南昌、昆明、郑州等几个堵塞严重的铁路局的所辖路段全部疏通。全国20个铁路局中有19个超额完成计划。全国铁路日装车平均达到53700多车，比2月份多10000余车。在铁路运输好转的推动下，钢铁、财经、国防科技等部门都展开了相继的整顿，扭转了这些部门的混乱状况，进一步明确了整顿的指导思想，站在反对派性、克服无政府主义思潮一边的干部和群众，开始大胆地抓业务和生产，解放了思想，整顿的措施自然也随之丰富。

---

① 《中国共产党历史》第2卷，中共党史出版社2011年版，第921页。
② 《邓小平年谱（1975—1977）》上，中央文献出版社2004年版，第25页。
③ 《中国共产党历史》第2卷，中共党史出版社2011年版，第922页。

全国治理整顿的成效十分显著。

对于"文化大革命"，毛泽东依旧坚持着自己的态度——不允许任何人持怀疑或反对"文化大革命"的态度。他不断地努力在理论上深化着自己的看法。他在谈到无产阶级专政的理论问题时说："列宁为什么说对资产阶级专政，要写文章，要告诉春桥、文元把列宁著作中好几处提到这个问题的找出来，印大字本送我，大家先读，然后写文章。这个问题不搞清楚，就会变修正主义。要使全国都知道。"

这样的态度，就给邓小平的全面整顿画出了很多不可逾越的理论边界，使得整顿举步维艰，如履薄冰。学习和探索，是永无止境的。真理，从是对事物本质认识的角度讲，固然具有其绝对性。但是真理可以不断地发展，真理需要不断地被检验，从这个角度来看，真理也具有相对性。在学习和工作中，如果首先认定某个道理就是不可推翻、不可置疑的，并以此为边界，可能会大大限制自己思维自由的空间，阻碍实践的前进。因此，政策可以有原则，但是对理论的学习和探究是不应该有界限的。只有在自由的理论空间中，才能够发现最能符合实践的真理。

任何时候，理论都不该脱离实践。在分析国情的时候，应当建立在准确了解本国客观国情、所处阶段以及国际环境的基础上进行判断。在这样的判断之后，如果要作出决策，制定路线，也应当是在理性分析本国的国家能力、国家潜力和制约因素的基础上，制定出符合国情的路线，这样才能让国家在正确的道路上按部就班一步一个脚印地前行。

以阶级斗争为纲的路线，在分析国情时，夸大了国内问题的严重性，在制定路线时，片面强调了政治斗争的重要性。因此，这是一个脱离了现实实践土壤的理论。

新一轮"学习"又开始了。1975 年 2 月 9 日，《人民日报》发表《学好无产阶级专政的理论》的社论，文中要求"各级党委要遵照毛主席的指示，认真抓好无产阶级专政理论的学习"。22 日，《人民日报》发表了张春桥和姚文元选编的《马克思、恩格斯、列宁论无产阶级专政》（简称"二十三条"）。文中，继续采取前文所讲的"精挑细选"的方式，断章取义地摘编马恩列的语录，努力使毛泽东的"左"倾论点显得更加有理论依据，从理论上为"文化大革命"的错误进行辩护。邓小平对"文化大革命"中错误比较系统的纠正，就这样遭到"四人帮"的反对，毛泽东也无法容忍。最终，1975 年 11 月，一场"批邓、反击右倾翻案风"的运动忽然到来了。

事实再一次证明，只有经过实践的检验，理论才是真理，才具有学习的价值。一旦走回教条主义的错误，脱离实践的检验，又会走入错误。任何经验、经典论断，其实践，都有其局限性和相对性，学习时只有结合了现实的情况，才能发挥真正的作用。不会背叛真理的，只有客观的社会实践。

"文化大革命"中的学习误入歧途，留下深刻教训。

学习的领导权一定要掌握在真正为国为民的人手里。"文化大革命"期间，学习的领导权成为了夺权的重要手段，每一次学习都是斗争的手段，这使得许许多多的学习，并不具有真正意义上学习的意义。学习还是需要领导的，只有用科学的方式领导群众在学习中理解科学的理念，走上科学的道路，才能让学习真正达到追求真理、指导实践的作用。

学习的内容要广泛客观。内容作为学习的客体直接决定着学习者收获的东西。"文化大革命"时期，在本来就十分狭窄的范围内，进行别有用心的收集整理和断章取义的组装拼凑，那么学习的结果一定是偏颇的观点不断形成，最终走上错误的道路。

学习的方法一定要科学。科学的方法是科学实践的必要条件。学习应该自由思考，理性分析，大胆假设，小心求证，不放弃任何一个可能，不轻信任何一个结论。对每一个假设和前提进行证明，对每一个理论的逻辑进行严谨的推演。只有这样才是科学的方法。如果在学习之前，心中先存有一个既定的结论，那么就很难摆脱不断自我证明的思维循环，无法自拔。

从宏观上讲，学习需要一个充分言论自由的大环境。每个人学到的知识都受自己主观的影响，每个人对事物的认识，也都因自己的知识构成和个人经历的不同而不同。因此，每个人的观点都难免会存在一定的片面性和主观性。倘若坚持一个人的观点，就有可能在实践中犯主观主义、经验主义的错误。学习到的理论，应该在相互的碰撞和与他人的讨论中，得到不断的完善。观点的交流，可以让彼此获得对方的长处；思维的交锋，可以让对方指出自己的问题所在，并进行思考，是否应该或值得继续坚持。更重要的是探讨中，实践的结论可以得到交换，以促进对真理的追求。

第十一章　重新学习带来思想解放

"文化大革命"结束后，中国面临着向哪里去的重大选择。在抵制"两个凡是"的过程中，以真理标准问题大讨论为标志的学习教育活动达到了高潮，取得了成效。在中央工作会议上，邓小平提出"重新学习"的伟大号召，把解放思想推向深入。十一届三中全会的召开实现了党和国家工作重心的转移，改革开放起步良好，教育、科学迎来春天。学习研究党史的氛围日渐浓厚。重新学习与思想解放实现良性互动。

一、批判"两个凡是"，促进思想解放

1976 年 10 月，随着粉碎"四人帮"和"文化大革命"的结束，我国的社会、经济和政治领域出现了一些崭新的局面。同时，如何在短期内彻底消除"文化大革命"造成的政治思想上的混乱，如何处理一些重大的历史遗留问题，也到了非解决不可的时候。这也是关系着中国究竟要向何处去的重大理论和现实问题。这时的中国面临着三种前途：一是按照"无产阶级专政下继续革命的理论"走下去；二是回到"文化大革命"前的 50 年代；三是走出一条新的道路。前两条道路不会或很难使中国走向富强。要改变中国，实现中华民族的伟大复兴，需要另辟蹊径，开辟新的道路。思想是行动的先导。走新路首先需要思想的解放、迷信的破除和观念的更新。中国共产党人究竟怎样才能打破旧的思想束缚，开辟一条新的发展道路，思想战线上的斗争还是比较激烈的。

1. 抑制"两个凡是"的斗争

1977年2月7日，《人民日报》《红旗》杂志和《解放军报》发表社论《学好文件抓住纲》。这篇社论指出："凡是毛主席作出的决策，我们都坚决维护，凡是毛主席的指示，我们都始终不渝地遵循。"这就是著名的"两个凡是"。

"两个凡是"是对毛泽东生前的决策和指示拒绝作任何分析，在理论上违背了马克思主义基本原理和实事求是的思想路线，在实践上为新形势下坚持真理、修正错误设置了障碍。

"两个凡是"一提出，迅速引起轩然大波，并遭到挑战和抵制。这时的邓小平，虽然还没有恢复工作，但他从未停止过对我们党和国家前途命运的思考和探索。他敏锐地看到，"两个凡是"将要给党和国家带来不小的危害。只有推倒"两个凡是"的错误方针，彻底揭露其唯心主义、形而上学的本质，重新确立正确的指导思想，我们的党和国家才能从过去的阴影中走出来。

1977年3月，邓小平对专程来看望他的中央办公厅的两位负责人汪东兴、李鑫说："'两个凡是'不行。按照'两个凡是'，就说不通为我平反的问题，也说不通肯定一九七六年广大群众在天安门广场的活动'合乎情理'的问题。"①

为了从理论上批评"两个凡是"，1977年4月10日，邓小平在给以华国锋、叶剑英为首的党中央写的信中提出："我们必须世世代代地用准确的完整的毛泽东思想来指导我们全党、全军和全国人民，把党和社会主义事业，把国际共产主义运动的事业，胜利地推向前进。"②这封信措辞巧妙，寓意深刻，既体现了要高举毛泽东思想伟大旗帜的坚定性，又委婉地蕴含了毛泽东思想的"准确"和"完整"的科学性。

1977年5月24日，邓小平在同王震、邓力群谈话时再次指出，"两

---

① 《邓小平文选》第2卷，人民出版社1994年版，第38页。
② 中共中央文献研究室编：《邓小平年谱(1975—1997)》上，中央文献出版社2004年版，第157页。

个凡是"不符合马克思主义。

邓小平认为，把毛泽东在一个条件下讲的原理用来解决其他条件下的问题是不行的。毛泽东认为自己有时也会讲错话，也会犯错误。一个干工作的人不犯错误是不可能的，包括马恩列斯，否则为什么他们写过的东西要反复修改呢？所以，马克思、恩格斯、列宁、斯大林还有毛泽东，他们从来都没有说过"凡是"。

1977 年 7 月 21 日，已经恢复了中共中央副主席、中共中央军委副主席、国务院副总理、中国人民解放军总参谋长职务的邓小平，在中共十届三中全会上再次强调要完整准确地理解毛泽东思想，旗帜鲜明地同"两个凡是"抗争。面对什么是"准确的完整的毛泽东思想"的疑问，邓小平进一步深入地作了阐述和说明："我说要用准确的完整的毛泽东思想作指导的意思是，要对毛泽东思想有一个完整的准确的认识，要善于学习、掌握和运用毛泽东思想的体系来指导我们各项工作。只有这样，才不至于割裂、歪曲毛泽东思想，损害毛泽东思想。……所以我们不能够只从个别词句来理解毛泽东思想，而必须从毛泽东思想的整个体系去获得正确的理解"，"毛泽东思想不是在个别的方面，而是在许多领域发展了马克思列宁主义。毛泽东思想是个体系，是发展了的马克思主义"①。

在大会的闭幕词中，邓小平提倡大家恢复和发扬毛泽东的实事求是、群众路线、批评和自我批评、谦虚谨慎、戒骄戒躁、艰苦奋斗的优良传统和作风，恢复和发扬民主集中制的优良传统和作风。

1978 年 9 月，邓小平在东北视察期间，不止一次地批判了"两个凡是"的错误理论。他指出："有一种议论，叫做'两个凡是'，不是很出名吗？凡是毛泽东同志圈阅的文件都不能动，凡是毛泽东同志做过的、说过的都不能动。这是不是叫高举毛泽东思想的旗帜呢？不是！这样搞下去，要损害毛泽东思想。"②

---

① 《邓小平文选》第 2 卷，人民出版社 1994 年版，第 42—43 页。
② 同上书，第 126 页。

在邓小平的抵制和批判下，"两个凡是"的实质和危害逐渐被揭露，党内外广大干部群众在受到教育的同时也纷纷表态反对"两个凡是"。1978年12月13日，在中共中央工作会议的闭幕会上，华国锋说：去年3月中央工作会议关于"凡是毛主席的决策，都必须维护，凡是损害毛主席形象的言论，都必须制止"，这些话讲得绝对了。去年2月7日中央两报一刊《学好文件抓住纲》的社论中，也讲了"凡是毛主席的决策，我们都坚决维护，凡是毛主席的指示，我们都始终不渝地遵循"，这"两个凡是"的提法更加绝对，更为不妥。它在不同程度上束缚了大家的思想，当时对这两句话考虑得不够周全，现在看来，不提"两个凡是"就好了，"责任应该主要由我承担"①。至此，批判"两个凡是"取得初步成效。

2. 真理标准问题的大讨论

邓小平和广大干部群众对"两个凡是"的抗争揭开了解放思想的序幕。但是这并不等于"两个凡是"已经完全退出历史舞台。它仍然是当时有些中央领导人奉为神明的指导方针，仍然有一定的阵地和市场。

实际上，在同"两个凡是"的交锋中，邓小平关于"完整地准确地理解毛泽东思想"的重要论述，归根到底是一个政治问题。也就是说，在判断和鉴别路线是非、思想是非和理论是非的时候，究竟是以领袖的决策、指示、权威和意志作为标准，还是以实践作为标准。这个问题理不清搞不明，党和国家相当于在黑暗中摸索。

关键时刻，一篇文章引起的全国范围内的大讨论为人们厘清了思路。

1978年5月10日，中共中央党校内部刊物《理论动态》刊登了由胡耀邦组织并最后审定的《实践是检验真理的唯一标准》一文，5月11日《光明日报》又以特约评论员的名义予以发表，新华社当天向全国转发了此文。5月12日，《人民日报》和《解放军报》同时转载。这篇文章阐明了检验真理的唯一标准只能是社会实践，而理论与实践的统一是马克思主义的一个最基本的原则，任何理论都要不断接受实践的检验。

---

① 苏台仁：《邓小平生平全记录》下册，中央文献出版社2009年版，第741页。

这篇文章引起了争论。

针对一些人的不理解、不接受和不赞成，6月2日，邓小平在全军政治工作会议上发表重要讲话，他对党内很多同志坚持学习马列主义、毛泽东思想，并能把马列主义的普遍真理同革命实践相结合的做法给予高度赞扬，号召大家要继续发扬。同时，也对一些天天讲毛泽东思想而时常忘记、抛弃甚至反对毛泽东同志的实事求是、一切从实际出发、理论与实践相结合的同志进行了批评。他说："有的人还认为谁要是坚持实事求是，从实际出发，理论和实践相结合，谁就是犯了弥天大罪。他们的观点，实质上是主张只要照抄马克思、列宁、毛泽东同志的原话，照抄照转照搬就行了。要不然，就说这是违反了马列主义、毛泽东思想，违反了中央精神。……马列主义、毛泽东思想的基本原则，我们任何时候都不能违背，这是毫无疑义的。但是，一定要和实际相结合，要分析研究实际情况，解决实际问题。……实事求是，是毛泽东思想的出发点、根本点。这是唯物主义。不然，我们开会就只能讲空话，不能解决任何问题。"①

邓小平等人的有力支持，大大推动了真理标准问题讨论在全国的展开和深入。从1978年9月下旬开始到11月，全国有20个省、市、自治区党委负责人发表谈话，支持真理标准问题讨论。同时，沈阳、兰州、广州、福州、南京、济南、新疆、成都、昆明、武汉、北京、上海等地的部队首长们，也纷纷发表支持真理标准问题大讨论的谈话。到1978年12月底，全国和省级报刊共刊发此方面的讨论文章650多篇，一个以理论界为主力，波及全国各界的真理标准问题大讨论形成热潮，实际上成为全党、全民学习马克思主义基本理论的热潮。

1978年12月13日，在中央工作会议的闭幕会上，华国锋也明确表态：对一些具体问题，要实事求是地、按照实践是检验真理的唯一标准这个原则去解决。现在报上讨论真理标准问题，讨论得很好，思想很活

---

① 《邓小平文选》第2卷，人民出版社1994年版，第114页。

泼，不能说那些文章对着毛主席的，那样人家就不好讲话了。

邓小平在会上发表了《解放思想，实事求是，团结一致向前看》的重要讲话。他指出："目前进行的关于实践是检验真理的唯一标准问题的讨论，实际上也是要不要解放思想的争论。……从争论的情况来看，越看越重要。一个党，一个国家，一个民族，如果一切从本本出发，思想僵化，迷信盛行，那它就不能前进，它的生机就停止了，就要亡党亡国。这是毛泽东同志在整风运动中反复讲过的。只有解放思想，坚持实事求是，一切从实际出发，理论联系实际，我们的社会主义现代化建设才能顺利进行，我们党的马列主义、毛泽东思想的理论也才能顺利发展。从这个意义上说，关于真理标准问题的争论，的确是个思想路线问题，是个政治问题，是个关系到党和国家的前途和命运的问题。"[1]

在邓小平和许多老一辈革命家的支持下，这场大讨论冲破了"两个凡是"的束缚，突破了"两个凡是"的禁区和"左"的思想的桎梏，使"两个凡是"阵地越来越小，形成了自延安整风运动以来的又一次马克思主义的思想解放运动，纠正了人们对马克思主义的教条式理解，极大地推动了人们的思想解放和我国新时期的伟大历史转折。这场关系到党和国家前途和命运问题的争论，"已经比较明确地解决了我们的思想路线问题，重新恢复和发展了毛泽东同志倡导的实事求是、理论联系实际、一切从实际出发的思想路线"[2]，为党重新确立马克思主义的思想路线奠定了理论基础，也为我国步入改革开放的历史新时期作了重要的思想准备。

真理标准问题的大讨论，作为党的历史上一场具有重大政治意义和深远历史意义的马克思主义教育运动和思想解放运动，作为覆盖党内外一次大规模的学习马克思主义基本原理的活动，顺应时代发展潮流、反映党心民心，也极大地提高了党员干部的马克思主义理论素养。

---

① 《邓小平文选》第 2 卷，人民出版社 1994 年版，第 143 页。
② 同上书，第 190 页。

二、"必须再重新进行一次学习"

"文化大革命"结束后的中国百废待兴、百业待举。面对世界上一些国家的突飞猛进，面对科学技术日新月异的发展趋势，面对国内干部群众的殷切期望，面对我们党自身学业的荒废，邓小平深刻地认识到，在这种巨大的反差面前，不改变当前的工作思路和工作状况，党和国家就没有前途、没有希望。而要改变现状，就必须解放思想，就必须重新学习。只有解放思想才能认识到不足，才会激发学习的热情；而只有重新学习，才能进一步促进思想的解放，才能增加前进的信心。

1. 重新学习的总动员

早在 1978 年 9 月 13 日，邓小平在辽宁本溪同辽宁省委、本溪市委领导座谈时就提出，让干部到发达国家看看去，看看人家是怎样搞的。9 月 18 日，邓小平在辽宁鞍山听取市委工作汇报时指出："引进技术改造企业，第一要学会，第二要提高创新。""我们要以世界先进的科学技术成果作为我们发展的起点。"①

1978 年 10 月 10 日，邓小平在会见德意志联邦共和国新闻代表团时发表讲话。他认为，夜郎自大，故步自封，关起门来搞建设是不行的。因为同发达国家相比，我们在经济上的差距已经不止十年，可能是二十年、三十年，有的方面甚至超过五十年。他指出："中国在历史上对世界有过贡献，但是长期停滞，发展很慢。现在是我们向世界先进国家学习的时候了。……要实现四个现代化，就要善于学习，大量取得国际上的帮助。要引进国际上的先进技术、先进装备，作为我们发展的起点。"②

1978 年 10 月 11 日，邓小平在中国工会第九次全国代表大会的致辞中指出："我国工人阶级也要虚心学习各国工人阶级的斗争经验，学习他们的先进科学技术，来加快实现我国的四个现代化。"③

---

① 《邓小平文选》第 2 卷，人民出版社 1994 年版，第 129 页。
② 同上书，第 132、133 页。
③ 同上书，第 139 页。

　　1978 年 12 月 13 日，在即将闭幕的中央工作会议上，邓小平作了题为《解放思想，实事求是，团结一致向前看》的讲话。这篇讲话是在"文化大革命"结束以后，中国面临向何处去的重大历史关头，冲破"两个凡是"的禁锢，开辟新时期新道路、开创建设有中国特色社会主义新理论的宣言书。在这篇讲话中，邓小平旗帜鲜明地提出"全党必须再重新进行一次学习"的号召。

　　邓小平指出："实现四个现代化是一场深刻的伟大的革命。在这场伟大的革命中，我们是在不断地解决新的矛盾中前进的。因此，全党同志一定要善于学习，善于重新学习。"①

　　邓小平在运用马克思主义哲学的基本原理对过去的学习进行客观评价的基础上，对全党进行了重新学习的总动员。他认为全国解放胜利的前夕，毛泽东对全党提出重新学习的号召很好，很管用，学习效果不错。我们不仅对管理城市有所认识，而且还学会了根据自己的国情进行经济建设，完成了具有中国特色的社会主义改造。而这些年来，把精力主要用在搞政治运动上了，但政治没搞好，出现曲折，建设也没有学好。所以："现在要搞现代化建设，就更加不懂了。所以全党必须再重新进行一次学习。"②

　　长期以来，在如何认识什么是社会主义、怎样建设社会主义问题上，我们对马克思主义经典作家有关论述的理解犯了教条主义的错误，不重新学习，就不能使思想认识重新回到马克思主义的正确轨道上来。而突破旧的窠臼，实施改革开放，进而建设中国特色社会主义，没有现成的经验可搬。只有通过重新学习，才能获得新知识和新经验。重新学习势在必行。

　　邓小平的倡导和支持拉开了改革开放起步阶段全党学习的序幕，全党又一次掀起了学习热潮。

---

　　①　《邓小平文选》第 2 卷，人民出版社 1994 年版，第 152—153 页。
　　②　同上书，第 153 页。

2. 系统化学习的新起点

1977年12月28日，邓小平在中央军委全体会议上明确指出："对干部的教育训练，要使他们学好马列著作和毛泽东同志的著作，懂得现代战争知识，有好的思想作风，有强的指挥能力和管理能力；还要使他们学点搞工业、农业的知识和必要的现代科学知识，学点历史、地理、外语；有条件的，还要使他们学点专业技术，比如开汽车、开拖拉机，并且懂点原理。"①

邓小平认为，作为一名党员干部，决不能把自己等同于普通群众。相反，越是在历史的重要关头，党员干部越要加强学习、带头学习。只有领导干部带头加强学习，才能有效地加强党性修养，不断提高自身的政治素质和业务素质，才能更好地领导社会主义现代化建设事业。他说："几百个中央委员，几千个中央和地方的高级干部，要带头钻研现代化经济建设。"②不仅要坚持学习，还必须学会学习，善于学习各种知识，包括哲学、历史、经济、科技、管理等，既要学习社会科学，又要学习自然科学。

在邓小平的积极倡导下，广大党员干部认真学理论、学经济、学法律、学科学技术、学经营管理，努力学习一切有利于我国社会主义现代化建设的新思想、新知识、新经验，大胆借鉴人类文明发展的一切有益成果，在理论与实践的联系中深入进行"四化"建设的钻研。

真理标准问题大讨论开始后，全党上下从各方面展开学习。针对一些党员干部在学习什么、如何学习等方面存在着模糊认识，邓小平等党和国家领导人不断为大家厘清思路，指明方向。

针对新形势下党员干部学习什么的问题，1978年12月13日，邓小平在中央工作会议的闭幕会上指出："学习什么？根本的是要学习马列主义、毛泽东思想，要努力把马克思主义的普遍原则同我国实现四个现代

---

① 《邓小平文选》第2卷，人民出版社1994年版，第79页。

② 同上书，第153页。

化的具体实践结合起来。当前大多数干部还要着重抓紧三个方面的学习：一个是学经济学，一个是学科学技术，一个是学管理。"①

实际上，早在 1978 年 4 月的全国教育工作会议上，邓小平就指出："把坚定正确的政治方向放在第一位，这不仅不排斥学习科学文化，相反，政治觉悟越是高，为革命学习科学文化就应该越加自觉，越加刻苦。"②

邓小平提出，只坚持社会主义道路而不掌握真才实学，照样无法实现四个现代化。他说："无论在什么岗位上，都要有一定的专业知识和专业能力，没有的要学，有的要继续学，实在不能学、不愿学的要调整。我们要按照专业的要求组织整个领导班子，充分发挥专业人才的作用，并且领导广大群众，按照专业的要求，去学习和工作。"③

因此，这一阶段在学习内容上，方向性与专业性的结合，政治理论学习与业务知识学习的并重是一个鲜明的特点。社会主义的现代化建设必须把马列主义、毛泽东思想作为党的指导思想和精神支柱，把政治理论学习作为首要任务，重点学好。同时也要按客观经济规律办事，努力学好业务知识，使广大干部又红又专，成为既能把握政治方向，又懂专业、会管理的行家里手。

学习的方式是多种多样的。

首先，"从实践中学，从书本上学，从自己和人家的经验教训中学"④。广大党员干部以甘当小学生的精神，向书本学习，拜人民为师，以能者为师，从实践中学习知识、学习先进、锤炼本领，从经验教训中警示自己，提高认识，避开弯路。

在"从实践中学"方面，除了党员干部带头钻研"四化"建设外，还积极学习国内外先进经验。在学习上，夜郎自大的思想要不得，闭关自守

---

① 《邓小平文选》第 2 卷，人民出版社 1994 年版，第 153 页。
② 同上书，第 104 页。
③ 同上书，第 262 页。
④ 同上书，第 153 页。

的观念要抛弃。在这一阶段，很多党和国家领导人包括华国锋都认为学习就要充分认识到自己的不足，更要以宽广的眼界、宽阔的胸襟充分认识他人、他国、他地区过去和现在的优点和长处。学习要有一份安和之心，有一份静雅之态，要有开放的视野、进取的情怀和包容的心态，要从容、大度、真诚，克服心浮气躁和偏激狂傲。1978年10月和1979年1月，邓小平先后对日本和美国的出访拉开了学习国外先进经验的序幕，随之形成了1978年的第一次出国考察热潮。党和国家领导人频频出访，强化和促进对外交流。地方政府纷纷派出考察团跨出国门、走向世界，不断增强与世界上不同类型国家的联系和交往，向他们学习和借鉴经济建设的成功经验。同时国内的异地考察交流，学习先进地区的活动也有力地促进了学习。1979年7月15日，中共中央、国务院批准在深圳、珠海两市试办出口特区。1980年5月，中共中央、国务院发出41号文件，明确要求"积极稳妥搞好特区建设"，同时将"出口特区"改为"经济特区"。1980年8月26日，在全国人大五届十五次会议上，正式批准了《中华人民共和国广东省经济特区条例》，决定在深圳、珠海和汕头分别设置经济特区。从此，办经济特区有了法律依据，成为国家行为。利用经济特区这个窗口引进资金、技术，学习国外先进经验成为现实，对外开放有了良好的开端。

向书本学是提高理论水平和业务素质的必经之路。这一时期，中共中央文献研究室陆续编辑出版了党的领导人著作，人民出版社重新出版了刘少奇《论共产党员的修养》，为全党政治学习提供了必要教材。同时，大批直接为"四化"建设服务的经济类、科技类著作相继出版，进一步拓宽了书本学习的途径，推动了党员干部学经济、学科技、学管理的热潮。在党的历史上，本本主义是我们的大敌，曾经给党和人民的事业带来巨大的危害。所以新形势下的学习，主要是克服思想的僵化，不能把书本、理论当教条，不要把定义、公式当真理。一切从实际出发，具体情况具体分析，把马克思主义普遍真理同中国的具体实践相结合，坚持实践是检验真理的唯一标准，实现理论与实践的结合、主观与客观的统一。

其次，将领导干部的重点学习与全党普遍学习相结合，进行集中培训和学习。

一是恢复党校，加强培训。1977 年 10 月 5 日，中共中央作出《关于办好各级党校的决定》。10 月 9 日，"文化大革命"期间停办的中共中央党校举行开学典礼。随后全国各级党校相继复校。

1980 年 2 月，中共中央宣传部和组织部联合发文，规定学习目的、学习要求、学习时间、学习内容、学习方法，要求各级党委力争在两到三年内，分批分期把党员干部普遍轮训一遍。借此东风，全国各地的党校、干校逐渐恢复或新建。到 1980 年底，全国共恢复和新建各级党校、干校 5800 多所，党的十二大前后达到 8800 多所，为大规模轮训干部创造了条件。

在 1979 年到 1981 年的三年里，全国受过一个月以上脱产培训的干部达 257 万多人次，县级以上各级领导干部已轮训一半以上。到十二大前，中央党校共轮训、培训党的高中级领导干部、理论干部 17838 名，相当于"文化大革命"前学员总数的 2.6 倍。同时，全国各级干校和行政学院等针对各级干部的培训和教育也得到加强。

二是开展民主大讨论的崭新学习方式。1978 年 5 月后，以真理标准问题大讨论的开启为契机，研究、讨论、争论和后来的"补课"活动逐渐展开，党内外学习气氛愈加活跃，实现了对马克思主义的学习、宣传和普及。这次规模宏大、影响深远的马克思主义学习运动进一步深化了党和人民对马克思主义的认识。

《关于建国以来党的若干历史问题的决议》决定起草后，党内先后进行了四次较大规模的讨论，其中规模最大的一次是对决议草稿进行了长达 20 天的"四千人大讨论"(实际参加人数有 5600 多人)。这些规模空前、形式自由的民主大讨论，实现了学习活动与思想解放的紧密结合，实现了在解放思想中统一思想的组织目标，也成为党的历史上学习方式的最大闪光点。

除此之外，这一阶段还利用典型教育和党的组织生活制度进行了学习教育。通过树立典型，深入挖掘和总结典型经验、典型人物的感人事迹，学习了各行各业的先进人物和众多的先进集体，并以反面典型为警示，提醒人们进行反思。在党组织生活中进行主题教育，不断熏陶培育党员干部。

为了增强学习的针对性和有效性，党特别重视学习制度建设。早在1950年6月，邓小平在中共重庆市委第二次代表会议上就指出："要把学习搞好，认真建立学习制度。要加强对学习的领导。"①

1980年，中组部、中宣部出台了《关于加强干部教育工作的意见》，使得重新学习有规可循。

以此为标志，学习制度的建立和不断完善，对党员干部的学习内容、学习时间、学习方式、学习目标等进行了明确的规定，具有良好的导向和规范作用，强化和推动了学习的领导、组织和管理，引导和规范了学习的理念、风气和方法，使党员干部学有组织、学有方向、学有标准。

学习制度的建立和不断完善，具有良好的教育和激励功能，使得党员干部的学习态度、学习成效等有了评价的依据，奖惩、激励有了客观的标准，巩固和保证了学习的途径、载体和形式，检验和评价了学习成果的转化运用、学习的实际成效。

学习制度的建立和不断完善，也培养和激发了党员干部思学、尚学、勤学的学习动力，把学习中的好做法、好经验巩固下来、坚持下去，形成学习的长效机制。

学习制度的建立和不断完善，推进了学习的日常化、普遍化、正规化、制度化，积极营造了人人皆学、时时能学、处处可学的浓厚氛围，确保党员干部在思想上有新境界，在理念上有新突破，在素质上有新提高。

三、学知识形成热潮

1977年5月24日，邓小平在同中央两位领导人谈话时提出，凭着一

---

① 《邓小平文选》第1卷，人民出版社1994年版，第160页。

张嘴空对空讲是实现不了现代化的，一定要有知识，有人才。离开知识和人才是不行的。他指出："一定要在党内造成一种空气：尊重知识，尊重人才。要反对不尊重知识分子的错误思想。……要重视知识，重视从事脑力劳动的人，要承认这些人是劳动者。"①

1979 年 10 月 19 日，邓小平在政协全国委员会和中共中央统战部为各民主党派全国代表大会举行的招待会上的讲话中，要求各民主党派协同党和政府正视知识分子、专家等人身上存在的问题，正视他们在工作中和生活中的困难，通过调查研究，采取有效措施，逐步加以解决。根据这个讲话精神，1979 年 10 月下旬至 1980 年 1 月底，政协全国委员会分别同各民主党派中央、全国工商联联合举行 24 次知识分子问题座谈会，就如何落实知识分子政策的问题充分交换意见。

在邓小平的推动下，一些冤、假、错案开始平反纠正，一些老右派被摘掉帽子，一些知识分子被落实待遇、恢复名誉，工作和生活问题开始得到逐步解决。知识和人才逐渐得到尊重。

"文化大革命"时期，教育战线极"左"思潮泛滥，教育事业遭到极大破坏。学校停课闹革命，教师要么被冠以"反动学术权威"，要么被扣上"臭老九"的帽子，不是挨批斗就是被下放。教育、科研活动要么被停止，要么被限制。1966 年到 1969 年，高等院校完全停止高考招生，"分数面前人人平等"成了完全破灭的肥皂泡。从 1970 年开始，中国高等院校陆续开始招收政治素质第一的"工农兵大学生"或者"工农兵学员"。招生办法是"群众推荐、领导批准、学校复审相结合"，导致不少品学兼优的学生被拒于大学之外。

"文化大革命"结束以后，教育战线在一段时间内没有大的改观。在 1977 年 6 月的太原高校招生工作会议上，恢复高考的意见遭到否决。邓小平再次复出后主动请缨，亲自抓科技和教育，并"愿意当大家的后勤部长"。1977 年 9 月 19 日，邓小平同教育部负责人谈话时首次提出"拨乱反

① 《邓小平文选》第 2 卷，人民出版社 1994 年版，第 41 页。

正"的口号，并在这个重灾区亲自领导进行拨乱反正。

在此前后，相关部门对教育结构进行了调整，恢复中小学教育秩序，恢复和发展中等职业教育，改变中等教育单一化的状况；重申普及小学；加强了幼儿教育、成人教育和少数民族教育；加强了留学生的工作和研究生的培养工作。

面对僵化的高校招生制度，邓小平决心恢复已经废除了十年的高校招生考试制度。1977年5月24日，邓小平在与王震、邓力群谈话时认为要把最优秀的人才集中到重点中学和大学，必须经过严格的考试才行。

1977年7月29日，邓小平在同方毅和刘西尧谈话时提出："是否废除高中毕业生一定要劳动两年才能上大学的做法？"他还指出：重中之重还是直接招生。总目标是尽快培养一批人出来。现在大学毕业生专业不对口的占50％。科研机构把不对口的收一些回来，办短训班给时间温习辅导。……凡过去处理不当有基础的，放到大学，或直接放到科学院，这批人要成为今年招生入学的重点。总之，不要浪费人才。

1977年8月8日，邓小平在科学与教育座谈会结束时明确要求当年从高中毕业生中直接招考学生，不再搞群众推荐。

1977年9月19日，邓小平在同教育部主要负责同志谈话时指明直接招生的原因在于可以避免学习连续性的中断。他认为一个人在十八到二十岁之间正是学习的最好时期，如果劳动两年以后再考试，原来学过的东西就会丢掉一半。

关于招生条件，邓小平认为招生关键要抓住两条，一是考生本人表现要好，二是必须进行综合考虑，择优录取。他还说："政审，主要看本人的政治表现。政治历史清楚，热爱社会主义，热爱劳动，遵守纪律，决心为革命学习，有这几条，就可以了。"①

经过激烈的争论和斗争，最后决定从1977年冬天开始，恢复"文化大革命"一度中止了的全国高校招生统一考试制度。春雷一声震天响，中

---

① 《邓小平文选》第2卷，人民出版社1994年版，第69页。

国教育迎来了阳光明媚的春天。当年全国共有 570 万名青年纷纷从田间地头、工厂车间、军营哨所等祖国的四面八方走进考场。第二年又实行了高校招生全国统一考试，共有 610 万考生参加了考试。两届共录取 68 万名大学新生。恢复高考改变了整整一代人的命运，更改变了整个社会的价值取向和社会风尚，同时也标志着教育的拨乱反正终于取得突破性的胜利，各项教育工作走上了正轨，对其他领域的拨乱反正，对全国各方面的工作起了示范和推动作用。

1978 年 4 月 22 日，邓小平在全国教育工作会议上发表讲话，提出要提高教育质量和科学文化水平；大力加强革命秩序和革命纪律；教育事业必须同国民经济发展的要求相适应；尊重教师的劳动，提高师资的质量。这个讲话作为党和国家在教育系统拨乱反正和制定新时期教育方针政策的纲领性文献，大大推动了教育工作的全面拨乱反正。

"文化大革命"时期，我国科技界一片萧条，科研机构受到"四人帮"的严重摧残，科技人员遭压制、受迫害，队伍涣散，同国际先进水平相比，我国的科学技术和教育水平整整落后了 20 年，知识断层令人痛心。"同发达国家相比，我们的科学技术和教育整整落后了二十年。科研人员美国有一百二十万，苏联九十万，我们只有二十多万，还包括老弱病残，真正顶用的不很多。"①

1974 年，第二次复出的邓小平试图在全面整顿中解决科学技术方面的问题，特别想从中科院《汇报提纲》入手，抓科技界的拨乱反正，但由于被打倒而受挫。可喜的是布置下去的一些工作取得了一些进展。

特别是 1975 年 7 月，临危受命的胡耀邦来到中国科学院，一边为知识分子鼓劲，一边为他们解决实际困难。8 月 1 日，针对中科院存在的问题，胡耀邦在充分调查研究的基础上，写出了《关于科技工作的几个问题》，又称《汇报提纲》。《汇报提纲》在起草中受到了邓小平的高度重视。他多次参与讨论，并提出了不少重要观点。提纲较为全面地反映了当时

---

① 《邓小平文选》第 2 卷，人民出版社 1994 年版，第 40 页。

科技界的真实情况，并恢复了周恩来 1956 年代表党中央作的《关于知识分子问题的报告》的正确论断，即"知识分子是工人阶级的一部分"。提纲成为科技界整顿的一个纲领性文件。

邓小平认为，这个文件不但对中国科学院有用，并且还对整个科技界、教育界和其他部门也有指导作用。提纲第一次明确提出"科学技术也是生产力"，同时指出科学实验也是一种社会实践，生产斗争是不能替代它的；我们既要搞好应用研究，也要重视和加强理论研究，既要自力更生，也要学习外国长处；提纲还要求认真贯彻"百花齐放，百家争鸣"的方针，加强科技界的学术研究，广泛开展学术交流，鼓励开展学术争鸣和讨论，改变学术气氛不浓和简单地以行政办法处理学术问题的状况。

1977 年 5 月 12 日和 1977 年 5 月 24 日，尚未复职的邓小平分别在同王震、方毅、李昌等人谈话时，专门就科技和教育工作谈了自己的意见。他认为实现现代化的关键在于科学技术要上去，科学技术落后是不行的。只有承认落后，发展科学技术才会有希望。邓小平同时指出，聂荣臻主持制定的科技发展规划，是成功的，今后还是要搞规划。

1977 年 7 月下旬，邓小平接过科技教育工作后所做的第一件事就是召开"科学和教育工作座谈会"，广泛听取大家意见。中科院副院长方毅选定出席人员名单，并提前在中科院范围内召开了一周的座谈会，把每次座谈会的情况及时向邓小平做了汇报。

1977 年 8 月 8 日，"科学和教育工作座谈会"在人民大会堂江苏厅举行。参加会议的有 33 位老中青科学工作者和教育工作者，还有教育部、科学院和国务院政策研究室的负责同志。在听取大家发言后，邓小平作了著名的《关于科学和教育工作的几点意见》的讲话。在这篇讲话中，邓小平大胆地提出了当时很多敏感且无人敢碰的问题。他建议重建国家科委，使其"有一个机构，统一规划、统一调度、统一安排、统一指导协作"我国的科学研究工作。他提出恢复高考，还建议建立科研奖惩制度。

1977 年 10 月 10 日，邓小平在会见美籍科学家邓昌黎时说：我对科学教育想管它 10 年，我是管军队，管科技，一个武一个文。我们希望科教方面的整顿 5 年初见成效，10 年见中效，15 年见到大效。

1977 年 11 月，中央正式确定恢复国家科委。

为了进一步推动科学工作深入发展，尽快把科学技术搞上去，经华国锋提议，1978 年 3 月 18 日至 31 日，中共中央、国务院在北京隆重召开了全国科学大会，6000 多人参加了会议。在开幕式上，中共中央副主席、国务院副总理邓小平发表重要讲话，号召"树雄心，立大志，向科学技术现代化进军"。他那短短几千字的讲话，数次被热情激烈的掌声打断。不少科学家都说，这是他们的第二次解放。

国务院副总理方毅作了有关发展科学技术的规划和措施的报告，大会还表彰了先进集体和先进科技工作者。

中国科学院院长，86 岁的郭沫若带病参加了大会，作了《科学的春天——在全国科学大会闭幕式上的讲话》的书面发言。他用诗一样的语言表达了广大知识分子的心声：这是科学的春天！让我们张开双臂，热烈地拥抱这个春天吧！

这次大会是中国共产党在粉碎"四人帮"之后，国家百废待兴的形势下召开的一次重要会议，也是中国科技发展史上一次具有里程碑意义的盛会。邓小平在这次大会的讲话中明确指出"现代化的关键是科学技术现代化"，"知识分子是工人阶级的一部分"，重申了"科学技术是生产力"这一马克思主义基本观点。从而澄清了长期束缚科学技术发展的重大理论是非问题，打开了长期以来禁锢知识分子的桎梏，迎来了科学的春天。大会通过了《1978—1985 年全国科学技术发展规划纲要（草案）》，这是我国的第三个科学技术发展长远规划。

我国知识分子由此扬眉吐气，科技事业开始逐步走上健康发展的宽广大道。

四、在学习中推进理论创新

马克思主义认识论认为，认识与实践相辅相成，实践决定认识，认识对实践具有能动的反作用。主体的实践活动内在地包含着认识的因素，主体总是在实践中认识，又在认识指导下实践。一种真理性认识，必须经过实践、认识、再实践、再认识的多次反复才能达到。在重新学习中，广大党员干部通过认真学习理论和业务知识，逐渐获得一些真理性认识，取得一些明显的成效；这些认识和成效又对重新学习产生了良好的指导和促进作用。

1. 学习运用市场经济

科学社会主义创立以来，对建立之后如何进行社会主义现代化建设的问题，社会主义国家普遍没有解决好。长期以来，市场经济被认为是资本主义的专利，社会主义只能搞计划经济。"文化大革命"期间，"四人帮"提出宁要社会主义的草不要资本主义的苗，宁要贫穷的社会主义不要富裕的资本主义。市场经济与计划经济的区分更是到了极其荒唐和可笑的地步。一个农户养三只鸭子就是计划经济，就是社会主义；养五只鸭子就是资本主义，要被当成"尾巴"割掉。资本主义是天然的市场经济，社会主义是天然的计划经济，这已经成了一种思维的定式。正是这种僵化的思维模式禁锢着人的思想，阻碍着社会主义的发展。

资本主义＝市场经济，社会主义＝计划经济，这两个公式究竟对不对？实际上，长期以来很多党和国家领导人以及专家学者从来没有停止过对这个问题的思考。粉碎"四人帮"后，人们在解放思想的过程中，在逐渐变得日益浓厚的学习氛围中对此进行了深入的探索。在这方面，邓小平明显地站在了时代的前列。

1979年11月26日，邓小平在会见美国不列颠百科全书出版公司编委会副主席吉布尼和加拿大麦吉尔大学东亚研究所主任林达光时明确指出："说市场经济只存在于资本主义社会，只有资本主义的市场经济，这肯定是不正确的。社会主义为什么不可以搞市场经济，这个不能说是资本主义。我们是计划经济为主，也结合市场经济，但这是社会主义的市场经济。……社会主义也可以搞市场经济。"①

市场经济作为高度发达的商品经济，既是人类社会历史发展的产物，也是人类共同智慧的结晶。它不是资本主义所专有的，本身也不存在姓资姓社的问题，既可以和社会主义相结合，也可以和资本主义相结合。两者之间并不存在根本矛盾，可以相互存在、相互促进。社会主义也可以搞市场经济，社会主义和市场经济不存在根本矛盾，这些问题马克思、恩格斯没有解决，列宁、斯大林没有解决，毛泽东也没有解决，因此，这两个科学的论断作为党的领导层中的最早论述，丰富了马克思主义的科学社会主义理论，具有重大理论意义和实践意义。这也是邓小平领导我们党总结历史经验，探索我国经济体制改革目标模式中的创新性理论，从而实现了社会主义经济理论上的重大突破，奠定了社会主义市场经济体制改革的理论基础。

2. 在总结经验教训中推进政治体制改革

十一届三中全会以后，随着经济体制改革的逐渐深入，政治领域的很多问题对经济体制的改革产生制约，严重阻碍社会生产力的发展。所以改革绝不是经济体制改革的独角戏。

"文化大革命"结束后，党和政府就开始思考政治体制改革的问题。邓小平曾明确指出，民主是解放思想的重要条件。党的工作重心转移后，人们越来越发现我们原来照搬的苏联高度集权的政治体制，不但是酿成"文化大革命"那种惨重灾难的重要原因，也是经济领域改革的大绊脚石。

经过深入的思考和艰辛的探索，邓小平在深刻反省、吸取沉痛教训的基础上，开始对从中华人民共和国成立以来的政治体制层面的历史经验进行总结。1980 年 8 月 18 日，在中央政治局扩大会议上，邓小平作了《党和国家领导制度的改革》的报告。他认为党和国家的现行制度中存在着很多弊端，如官僚主义现象、权力过分集中的现象、家长制现象、干

---

① 《邓小平文选》第 2 卷，人民出版社 1994 年版，第 236 页。

部领导职务终身制现象和形形色色的特权现象等，这些弊端妨碍甚至严重妨碍社会主义优越性的发挥。不认真地进行改革，我们就很难适应现代化建设的迫切需要。

他说："我们过去发生的各种错误，固然与某些领导人的思想、作风有关，但是组织制度、工作制度方面的问题更重要。这些方面的制度好可以使坏人无法任意横行，制度不好可以使好人无法充分做好事，甚至会走向反面。……领导制度、组织制度问题更带有根本性、全局性、稳定性和长期性。"①

他认为全党必须高度重视这种制度问题，因为它关系着党和国家的前途命运和是否改变颜色的问题。只有坚决彻底，有计划、有步骤地改革现行制度中的弊端，才能避免过去出现过的一些严重问题，我们的领导、我们的党和社会主义才会得到人民的信任，我们的事业才会有无限的希望。

在科学地分析了我国党和国家领导制度的历史和现状，深刻地阐明了我国进行党和国家领导制度改革的迫切性和目的后，邓小平还提出了党和国家领导制度改革的基本内容和方法措施：改革权力过分集中于个人或少数人的领导制度，实行民主集中制；改革党政不分，以党代政的制度，建立和实行党政分工制；改革中央高度集权的管理体制，实行中央统一领导下的地方分权的管理制度；改革我国领导制度忽视法制的制度，健全保障人民民主权利的各项制度；改革机构臃肿的领导体制，精简机构；改革不合时宜的组织制度和人事制度，实现干部的革命化、年轻化、知识化、专业化。他还强调指出，改革党和国家领导制度的正确方法是："改革党和国家的领导制度，不是要削弱党的领导，涣散党的纪律，而正是为了坚持和加强党的领导，坚持和加强党的纪律。"②当前，只有"不断地改善党的领导，才能加强党的领导"。坚持和改善党的领导，

---

① 《邓小平文选》第 2 卷，人民出版社 1994 年版，第 333 页。
② 同上书，第 341 页。

乃是我国政治体制改革必须始终坚持的一个基本点。

这篇讲话对我国政治体制改革，特别是作为其关键领域的党和国家领导制度的改革作了系统深入而又精辟明确的论述，丰富和发展了马克思主义的国家学说。作为我国政治体制改革的纲领性文献，它为我国政治体制改革奠定了坚实的理论基础，指明了原则和方向。同时，这篇文章的发表也揭开了政治体制改革的序幕。

3.《关于建国以来党的若干历史问题的决议》的颁布与学习

十一届三中全会后，随着拨乱反正的全面展开和深入进行，解决历史遗留问题提上了党和国家的工作日程。党内外纷纷要求对建国以来党的历史经验进行认真全面的总结。于是，一个敏感、复杂，备受世界和中国关注的问题不可避免地摆在中国共产党的面前。那就是如何科学评价毛泽东和毛泽东思想？

这是一个关系到党和国家前途命运的重大政治问题，是关系到中国举什么旗、走什么路的大是大非问题，既不能感情用事，也不能书生意气。

当时的中国，在对待毛泽东和毛泽东思想方面，存在着两种截然不同的倾向。一种是"左"的"神话论"，即全面继承和肯定毛泽东的一切，包括"文化大革命"及其以前"左"的错误；另一种是右的"丑化论"，即全盘否定毛泽东和毛泽东思想。

如果按照第一种方法进行评价，只能走老路，继续坚持"两个凡是"的错误方针，显然这样做广大党员干部不会答应。如果按照第二种方法进行评价，只能重蹈苏共二十大的覆辙，搞乱人们的思想，甚至丢掉旗帜，亡党亡国。这是一条邪路。

老路不能走，邪路不能蹚。只能走新路：科学评价毛泽东的历史地位，纠正毛泽东的晚年错误。

善于学习历史特别是党的历史，从历史中吸取教训、总结经验、获取智慧是党的优良传统。把学习与总结历史经验相结合作为开展学习活动的重要内容，这也是党的一大优势。

十一届三中全会前后，邓小平支持、领导的真理标准问题的大讨论是对广大党员干部和群众进行的一次广泛的马克思主义理论教育，为党重新确立实事求是的思想路线、实现历史性的转折奠定了思想基础。在此基础上，邓小平领导全党正确认识建国以来所走过的道路，科学总结党在这个时期的历史经验，主持起草了《关于建国以来党的若干历史问题的决议》（简称《历史决议》）。

1980 年 3 月 19 日，邓小平同胡耀邦、胡乔木、邓力群谈话时指出起草决议的总原则："第一，确立毛泽东同志的历史地位，坚持和发展毛泽东思想。这是最核心的一条。不仅今天，而且今后，我们都要高举毛泽东思想的旗帜……第二，对建国三十年来历史上的大事，哪些是正确的，哪些是错误的，要进行实事求是的分析，包括一些负责同志的功过是非，要做出公正的评价……第三，通过这个决议对过去的事情做个基本的总结。还是过去的话，这个总结宜粗不宜细。总结过去是为了引导大家团结一致向前看。……总的要求，或者说总的原则、总的指导思想，就是这么三条。其中最重要、最根本、最关键的，还是第一条。"①

在这三条原则的指导下，起草小组顶着巨大的压力，在原来工作的基础上，又经过从 1980 年 10 月到 1981 年 6 月四轮大规模的讨论以及艰苦细致的思考、学习和探索，终于最终定稿。1981 年 6 月 27 日，党的十一届六中全会一致通过了《关于建国以来党的若干历史问题的决议》。

这个决议对党的历史和毛泽东的一生进行了实事求是的评价，维护了党的形象，维护了毛泽东的形象；这个决议把毛泽东思想同毛泽东同志晚年所犯的错误区分开来，提出维护了毛泽东思想科学体系的地位。这个决议也充分显示了党不畏艰险、勇于探索的精神和应对、处理复杂局势的高超艺术和水平。

---

① 《邓小平文选》第 2 卷，人民出版社 1994 年版，第 291—293 页。

　　《历史决议》的颁布进一步推动了全党学习党史的热潮。邓小平一贯重视党史的教育和学习。1981 年 3 月 26 日，他在同《历史决议》起草小组负责同志谈话时说："也要学点历史。青年人不知道我们的历史，特别是中国革命、中国共产党的历史。"①1981 年 3 月 27 日，邓小平在同解放军总政治部负责同志谈话的时候说："我看应当搞学习运动，认真学习马克思、列宁和毛泽东同志的著作。这个学习必须联系中国革命的历史，这样就能了解党是怎样领导革命的，了解毛泽东同志有哪些功绩，使大家知道中国革命是怎样成功的。《关于建国以来党的若干历史问题的决议》通过以后，要组织大家认真学习，然后要引导大家认真读点书。"②

　　《历史决议》颁布以后，中共中央将学习这个决议作为全党政治学习的中心任务，开展主题性的学习教育活动，认真组织县以上领导干部深入学习，并对广大党员进行了广泛的宣传教育，以统一全党和全国人民的思想，促进社会主义事业健康发展。广大党员干部借此机会努力学习马列原著，学习党的历史文献等，并通过建立论坛、拓展研究、专题讲座和集体学习等方式总结新经验，获得新认识，增加新智慧，不断把学习推向深入，并在学习与实践过程中不断推进着思想的解放、理论的创新。

---

　　①　《邓小平文选》第 2 卷，人民出版社 1994 年版，第 304 页。
　　②　同上书，第 381 页。

第十二章　改革开放全面展开后的学习

党的十二大后，改革开放进入全面展开阶段。面对改革开放的新形势，计划经济时代的本领显然不够用，而建设社会主义现代化没有经验，如何解决这些难题？最好的办法就是学习。20 世纪 80 年代，中国共产党的学习内容日益丰富，从学习马克思主义向学习技术、管理等知识拓展；学习途径日益多样，从学习书本向学习国外、干中学拓展；学习制度化建设得到重视，干部教育和党校工作走上正规化轨道。"学习是前进的基础"，在学习中统一思想，排除"左"和右的干扰，一心一意搞建设；在学习中解放思想，学习新知识，开辟新道路。学习作为一切工作的基础，在党的建设和国家发展中无疑发挥着引领航向的作用。

一、越是改革越是需要学习理论

1981 年，党的十一届六中全会通过了《关于建国以来党的若干历史问题的决议》（以下简称《决议》）。《决议》的通过标志着党在指导思想上拨乱反正的完成。虽然中央层面已经完成思想上的拨乱反正，但就全党而言，在一些党员干部中"左"的思想仍然存在。

在"左"的思想的影响下，一些党员干部中出现了"怕"的思想苗头：农村怕"富"，认为富则修，富就会两极分化，富就是资本主义；工业怕"利"，认为讲利就是"利益挂帅"，就是资本主义；财贸怕"活"，认为统得死死的才叫社会主义，活就是乱；教育怕"智"，长期批"智育第一"，忽视知识，不尊重知识分子；文化怕"放"，"放"就是自由化；广东、福建搞特区，又怕"特"……

"清除'左'的思想影响不同于历史上反对左倾机会主义的斗争，不能采取过去那种斗争的方式，而主要应当靠学习，靠发扬理论联系实际的好学风。""我们许多同志多年来之所以容易受'左'的影响，常常把'左'的东西误认为马列主义，重要的原因就在于理论根基浅，缺乏马列主义基本理论的修养。"①时任广东省委第一书记任仲夷一语中的。

但经历了"文化大革命"后，大家对学习马列主义、毛泽东思想的认识并不一致。

一些党员干部提出这样的疑问：是政策的威力大，还是教育的威力大？意思是说，我们有了对内搞活经济、对外实行开放的政策，有了政治、文化、教育、干部各方面的政策，靠政策去发挥威力就可以了，没有必要强调党员教育工作了。②

一些党员干部认为，马克思主义只是革命的科学，而不是建设的科学，在改革开放新时期，马克思主义的指导意义已经"过时了"。

党员干部的疑问表面上看是"学不学马克思主义，学马克思主义有什么用"的问题，但实质上是要不要坚持马克思主义的问题。这个问题事关改革开放的前进方向。

在改革开放时期，面对繁重的工作任务，学习时间越来越得不到保障，而学习科学技术和业务知识显得更加迫切和紧要，学习马克思主义似乎没有什么实际意义。

邓小平针对这一情况，鲜明地指出："同志们，这是一种误解。马克思主义理论从来不是教条，而是行动的指南……我们现在要建设有中国特色的社会主义，时代和任务不同了，要学习的新知识确实很多，这就更要求我们努力针对新的实际，掌握马克思主义基本理论。"③

①　《清除"左"的影响主要靠学习》，《瞭望》，1981 年第 5 期。
②　《用新党章教育党员》，《人民日报》，1982 年 12 月 18 日。
③　《邓小平文选》第 3 卷，人民出版社 1993 年版，第 146—147 页。

陈云是党内学习马克思主义的积极倡导者。1981 年 3 月 24 日，陈云跟邓小平交谈时，对正在起草的《关于建国以来党的若干历史问题的决议》提了两条意见，其中一条就是中央要提倡学习，主要是学习马克思主义哲学，重点是学习毛泽东同志的哲学著作。他说："学习哲学，可以使人开窍。学好哲学，终身受用。"①

中央领导同志对学习马克思主义的倡议在党内得到了响应。从 1982 年开始，在职干部陆续开始学习马克思主义哲学。这次主要学习毛泽东哲学思想，学习内容包括毛泽东同志的《实践论》《矛盾论》《中国革命战争的战略问题》《抗日游击战争的战略问题》《论持久战》《战争和战略问题》《新民主主义论》《论联合政府》等著作。

为指导和规范全党马克思主义理论教育工作，1984 年 6 月 12 日，中宣部适时作出《关于干部马列主义理论教育正规化的规定》。《关于干部马列主义理论教育正规化的规定》根据各条战线干部的工作性质和文化程度，提出了不同的理论学习要求，大体分为甲、乙、丙三级。

甲级：具有高中以上文化程度的县级以上领导干部及其后备干部，县级以上机关、单位从事政治工作的干部和从事意识形态工作的专业人员，应系统学习马克思主义哲学、政治经济学、科学社会主义和中国革命与建设的基本问题。各门课程的学业程度应达到大学文科公共政治课的水平。

乙级：具有高中以上文化程度的专业技术干部、业务管理和行政管理干部，应学习马克思主义概论、中国革命与建设的基本问题两门课程。课程的学业程度应达到大学理工科公共政治课的水平。

丙级：具有初中文化程度的干部，学习现在高中或中专的政治理论课程（辩证唯物主义常识和政治经济学常识）；其中有些工作多年的干部，一般具有较多工作经验和一定政治思想水平，可自愿报名直接参加甲级或乙级的学习。②

---

① 《陈云文选》第 3 卷，人民出版社 1995 年版，第 362 页。
② 《中宣部作出规定实现干部马列主义理论教育正规化》，《人民日报》，1984 年 6 月 28 日。

思想上的统一是全党步调一致的重要保证，越是改革越是需要学习理论。重新学习马克思主义、毛泽东思想，为统一全党思想打下了坚实的基础。正如邓小平所说："过去我们党无论怎样弱小，无论遇到什么困难，一直有强大的战斗力，因为我们有马克思主义和共产主义的信念。有了共同的理想，也就有了铁的纪律。无论过去、现在和将来，这都是我们的真正优势。"①

改革的实质是在对旧体制进行根本性变革的基础上实现利益格局的调整。在改革过程中，有别于以往的新事物新现象不断涌现，这不可避免地引起了一些人的困惑和争论。客观认识改革实践，不断增进改革共识，这同样需要学习。学习三中全会以来的路线、方针、政策，成为党在新时期开展学习的又一重要内容。

对十一届三中全会以来的路线，绝大多数党员干部都是拥护的，但是也有一些人在认识上存在模糊，思想上存在疑虑。例如，有些同志还没有摆脱传统社会主义建设模式的困扰，对改革开放的实践难以理解和认同；有些同志对当前建设成绩感到高兴的同时，又担心政策会变，回到"左"的路上去；还有些同志借改革之名，散布资产阶级自由化的言论……

在这种情况下，以往零散的中央文献、讲话报道难以满足党员干部的学习需求，他们迫切需要一些能够系统反映中央改革思路的理论书籍。党内外对出版邓小平同志著作的呼声很大。

中央对此事很重视。1981 年 9 月 26 日，胡耀邦在一封建议中央出版邓小平同志文选的人民来信上写道："请力群同志指定人开始编辑和加工，待到有了一个眉目，再请示小平同志并中央常委作决定。"②

经过各方努力，1983 年 7 月 1 日，《邓小平文选（1975—1982）》由人民出版社出版，发行量高达数千万册。

---

①　《邓小平文选》第 3 卷，人民出版社 1993 年版，第 144 页。

②　转引自《邓小平著作是怎样编辑出版的》，中央文献出版社 2010 年版，第 3 页。

据《人民日报》7 月 2 日的报道，发行当天，北京、天津、上海、广州、沈阳、成都、西安、呼和浩特等市的书店门前就排起了等候购买《邓小平文选》的长队，争相购书的场面热烈动人。到下午 6 时止，上述几个城市共接受预订和售出《邓小平文选》200 多万册。美联社报道说，"成千上万心情迫切的人今天挤到北京的大书店购买邓的第一本书。""王府井的大书店里人群拥挤，一些老农民挤到柜台前，开始聚精会神地看起来。"①

《邓小平文选》收录了邓小平从 1975 年 1 月至 1982 年 9 月发表的 47 篇文章，其中 39 篇过去没有公开发表过。这些著作是党在改革开放时期的重要文献，既是中国特色社会主义实践的理论总结，又反过来对进一步改革开放提供理论指导。通过学习，广大读者第一次读到邓小平同志的许多重要论著，不少读者用"豁然开朗""心情舒畅"等词语来表达自己的学习体会。《文献和研究》杂志就收到过这样一封读者来信。信中说，他通过学习小平同志的有关文章，解开了思想疙瘩。学习小平同志的著作，对人们的思想解放，特别是对像他那样有过怀疑和成见的人，有很大的教育作用，是加强团结、促进四化的一个巨大力量。②

从 1983 年 7 月到 12 月，在半年的时间内，"国内报纸杂志先后发表了数百篇文章，许多报纸还开设了专栏、专版，一批学习《邓小平文选》的文章被汇集成册出版，一些专题辅导材料相继问世，以此为基础，研究邓小平著作的队伍开始形成，这其中既有专业理论工作者，党的文献工作者，教学研究人员，也有党和国家的领导人和工农群众"③。

通过学习研究《邓小平文选》，党员干部进一步认识到党的这个伟大转折时期的历史，认识十一届三中全会路线的由来和发展，认识十二大提出的建设有中国特色的社会主义正确道路的主要内容和主要保证，加

---

① 《外国和香港舆论认为〈邓小平文选〉出版意义重大》，《人民日报》，1983 年 7 月 3 日。

② 转引自《邓小平著作是怎样编辑出版的》，中央文献出版社 2010 年版，第 8 页。

③ 同上书，第 229 页。

深了对党的现行政策的理解和认同。全党思想认识和理论水平都大大提高了一步。

二、在开放中学知识学技术

改革开放新时期，发展经济缺乏知识、缺乏技术，干中学便成为一种选择。干中学，不是盲干，更不是唯经验论，强调的是向实践学，向群众学，在实践中及时总结经验，在不断积累经验的基础上加快发展的步伐，是边干边学、以干促学、学以致用的统一。

干中学，首先要打开国门，学习世界上的先进技术和管理经验。"翻开我国历史可以看到，兴盛总是和开放相伴，衰落总是与封闭同在。历史上的兴衰，固然有多种原因，但是，开放则兴，封闭则衰，是不可忽视的历史规律。"①只有了解世界，才能走向世界。不了解世界的发展形势，不掌握科学研究的前沿信息，闭目塞听，关起门来搞建设，实现四个现代化也就无从谈起。

1978 年 10 月 10 日，邓小平在会见德意志联邦共和国新闻代表团时，说了这样一些话，他说："我们过去有一段时间，向先进国家学习先进的科学技术被叫作'崇洋媚外'。现在大家明白了，这是一种蠢话。我们派了不少人出去看看，使更多的人知道世界是什么面貌。关起门来，故步自封，夜郎自大，是发达不起来的。"②中国共产党人在反思中逐渐认识到学习国外的重要性。思想上的包袱一旦卸下，便大步迈出了向国外学习的步伐。

当时学习国外主要有三种途径。

一种是出国考察学习、出国留学。20 世纪 80 年代掀起了出国热。派遣科研、技术人员出国考察学习，回国后传授国外新技术、新知识是成为当时学习国外的时尚。除出国考察学习外，出国留学也日渐兴起。

---

① 王炳林：《从封闭到开放——中国开放的历程》，安徽人民出版社 1998 年版，第 11 页。

② 《邓小平文选》第 2 卷，人民出版社 1994 年版，第 132 页。

1978 年至 1990 年，我国公派各国深造人员达 6 万余人，自费留学者 2 万余人。① 而 1950 年至 1977 年，我国共派出留学人员 11915 人。② 截至 1989 年，已有 33000 人完成学业归国。③ 他们学成归国后，在不同岗位上发挥了重要的作用，不少人已成为四化建设的骨干。例如，国家教委直属的 36 所高等院校的校院长中，就有 17 人是近几年留学回国后走上学校领导岗位的。④

一种是引进国外先进技术和设备。以北京市和天津市为例。20 世纪 80 年代，北京市从日、美、意、德、瑞典等 30 多个国家和地区引进技术。通过引进技术、改造现有企业新增固定资产 100 亿元，相当于中华人民共和国成立后头 30 年固定资产的总和。⑤ 天津市经过 10 年大规模技术改造，引进国外先进技术验收投产的有 869 项，工业技术水平向前推进 15 个年头，工业总产值比 10 年前增长 1.3 倍，一批老企业面貌发生重大变化。⑥

一种是引进国外智力。引进国外人才是促进本国科技、经济和社会发展的有效措施。苏联在 1932 年仅重工业部门就聘请外国专家 6800 多人。经济和技术发达的美国，从 1952 年到 1975 年期间，就引进各种人才达 20 多万人。可以说，在引进国外技术、学习管理知识的同时，积极地有计划有步骤地引进国外人才，特别是引进国外的华侨华裔人才，将大大有利于我国的社会主义现代化建设。

1983 年 7 月 8 日，邓小平在同万里、姚依林、方毅、宋平谈话时指出："要利用外国智力，请一些外国人来参加我们的重点建设以及各方面

---

① 《改革开放架起与各国交流合作的桥梁》，《人民日报》，1990 年 7 月 6 日。

② 《出国留学是造就人才的重要渠道》，《人民日报》，1985 年 7 月 7 日。

③ 《改革开放架起与各国交流合作的桥梁》，《人民日报》，1990 年 7 月 6 日。

④ 《李铁映谈改革开放政策的一个重要组成部分》，《人民日报》，1988 年 10 月 8 日。

⑤ 《北京市技术引进硕果累累》，《人民日报》，1991 年 1 月 7 日。

⑥ 《引进先进技术设备加快技术进步　天津十年完成技术改造七千项　一批老企业面貌发生重大变化》，《人民日报》，1990 年 2 月 21 日。

的建设。对这个问题，我们认识不足，决心不大。"①

根据邓小平的谈话精神，8月24日和9月3日，中共中央、国务院相继作出《关于引进外国智力以利四化建设的决定》和《关于加强利用外资工作的指示》。9月7日，中共中央决定，成立中央引进外国智力以利四化建设工作领导小组，姚依林任组长。

1984年应聘在华的技术和管理专家达300人，1985年发展到1102人；1985年派往国外进修培训的工商企业人员达3200人。后来，"国务院聘请新加坡前第一副总理吴庆瑞博士和香港著名企业家包玉刚担任沿海开发经济顾问"②。

最大限度地发挥出技术和设备的效用，调动科研人员、一线生产者的积极性，管理很关键。

邓小平多次强调学习管理的重要性，他说："我们要学会用经济方法管理经济。自己不懂就要向懂行的人学习，向外国的先进管理方法学习。不仅新引进的企业要按人家的先进方法去办，原有企业的改造也要采用先进的方法。"③

1983年7月26日，国务院批准国家经委《关于对全国国营工交、商业企业的经理和厂长举行统考的报告》，成立了由国家经委、中央组织部等部门参加的经济管理干部考试指导委员会，制定了《关于对企业经理、厂矿长进行国家统考的实施方案》。

考试内容包括十一届三中全会以来我国社会主义经济建设的基本方针和政策、工业企业管理基本知识两大块。其中工业企业管理基本知识涉及企业管理原理与组织、经营决策与计划、企业生产管理、企业财务

---

① 《邓小平文选》第3卷，人民出版社1993年版，第32页。
② 李岚清：《突围——国门初开的岁月》，中央文献出版社2008年版，第361—362页。
③ 《邓小平文选》第2卷，人民出版社1994年版，第150页。

管理、企业的信息和管理等知识。①

全国厂长经理统考历时 5 年，组织了八批考试，涵盖 8.9 万多个企业的 20.4 万名厂长经理。通过以考促学的方式，开阔了视野，更新了观念，有效地提高了企业领导干部的管理水平。

干中学，还要向先行先试的地区和部门学。1978 年 12 月 13 日，邓小平在中央工作会议上就提出了这种学习设想。他说："我认为要允许一部分地区、一部分企业、一部分工人农民，由于辛勤努力成绩大而收入先多一些，生活先好起来。一部分人生活先好起来，就必然产生极大的示范力量，影响左邻右舍，带动其他地区、其他单位的人们向他们学习。"②

考察学习和挂职学习是学习先进地区和部门经验的主要方式。随着东部地区的快速发展，到广东、福建等地学习考察的活动越来越多。尤其是深圳特区这边风景独好，更是吸引了全国各地前来取经。各地考察人员通过参加学习班、经验交流会、考察团走进特区、了解特区。挂职学习形式多样，既有省内之间开展挂职学习，如山东省、广东省；也有省际之间开展挂职学习，如宁夏与浙江、广西与山东、陕西与江苏、河南与山东、湖北与广东等。通过挂职，学习了当地的管理经验和领导艺术，促进了两地的交流合作。

中国共产党在加强学习的同时，带动整个社会学习。随着国门的打开，改革的推进，人们渴望学习新知识，了解新事物。"把'四人帮'耽误的时间夺回来！""为实现四个现代化而努力学习"等口号反映了当时人们的学习劲头。在公园里、在公共汽车上、在火车上，都不难找到人们读书的身影。20 世纪 80 年代全国形成了读书学习的热潮。

---

① 《国营企业经理、厂（矿）长国家统考复习大纲和学习书目》，《企业管理》，1983 年第 11 期。

② 《邓小平文选》第 2 卷，人民出版社 1994 年版，第 152 页。

三、正规化学习的探索

虽然全党学习之风日渐浓厚，但学习毕竟是个软任务，学与不学，学多与学少，学好与学坏都很难分辨。随着学习活动的深入开展，正规化学习的任务也提上了日程。抓好干部教育与党校工作，是党探索正规化学习的主要工作。

干部是党的事业的骨干，落实改革开放政策，干部是关键。干部队伍素质如何，关系到社会主义事业的成败，关系到党和国家的盛衰兴亡。

党的干部队伍，总体来说是好的，在我国长期的革命和建设事业中，作出了巨大的贡献。但是，搞四个现代化建设，对于中国共产党还是新的课题，许多新东西不懂、不熟，这是当时最大的困难。

从 20 世纪 50 年代后期以来，由于党在指导思想上的失误，培训干部的工作逐渐削弱，刻苦学习专业知识的干部受到压抑，特别是十年内乱期间，干部教育和国民教育都受到严重摧残、破坏，贻误了老、中、青几代人的学习与提高，致使整个干部队伍的理论水平、知识和专业水平很不适应工作的需要。

据 1981 年年底统计，全党干部中有 40％以上只有初中和初中以下文化程度；县级以上领导干部中有 2/3 没有受过中专以上专业训练；甚至在中央和国家机关工作的干部也有很多文化水平在初中以下的。[1]

从干部的思想状况来看，林彪、"四人帮"对干部队伍建设的严重破坏，使一些干部在不少重大问题上是非不清，没有完全从极"左"的思想枷锁中解脱出来，思想僵化、半僵化，妨碍了对新时期党的路线、方针、政策的学习、理解和贯彻执行，使许多人业务荒疏，不能适应四化建设的要求。

从干部的理论水平来看，有些干部理论水平不高，不善于运用马列

---

[1]　中央党史研究室第三研究部：《新时期中国共产党的建设简史》，中共党史出版社 2009 年版，第 23 页。

主义、毛泽东思想的基本原理研究解决四化中遇到的新问题；有些干部对理论学习的重要性认识不足，认为学不学理论关系不大。

从干部的业务能力来看，就科学技术水平和管理社会主义企业的水平来说，除了一部分人有专业知识和实践经验外，大多数干部对搞四个现代化建设，都是要从头学起的。

面对改革开放和社会主义现代化建设的雄伟目标，面对全面提高干部综合素质的艰巨任务，大规模地组织干部重新学习，在学习中增长新的知识、学会新的本领已迫在眉睫。

党的十二大对干部教育工作进行了部署，提出："为了造就社会主义现代化建设的大批专门人才，必须大力加强干部的教育和训练工作。今后使用和提拔干部必须把学历、学习成绩同工作经历、工作成绩一样作为重要依据。"①

十二大党章专门增加了"党的干部"这一章。该章第一条就是关于干部队伍的四化。党章指出，党的干部是党的事业的骨干，是人民的公仆。党按照德才兼备的原则选拔干部，坚持任人唯贤，反对任人唯亲，并且要求努力实现干部队伍的革命化、年轻化、知识化、专业化。

干部队伍"四化"方针分别就党员的思想政治素质、身心素质、文化素质和业务素质提出的要求，是一个统一的整体，为新时期干部教育指明了方向。

为落实干部队伍"四化"方针，提高干部综合素质，党中央首先从中央机关自身抓起。

1982 年 10 月 3 日，中共中央、国务院作出《关于中央党政机关干部教育工作的决定》②，要求今后中央党政机关的所有干部都要分期分批参加轮训，力争在三五年内使干部队伍的政治、业务水平得到明显提高，以适应社会主义现代化建设的需要。

---

① 《十二大以来重要文献选编》上，人民出版社 1986 年版，第 52 页。
② 同上书，第 101 页。

《关于中央党政机关干部教育工作的决定》明确规定以下各项任务和制度。

第一，干部教育应纳入国民教育计划。培训干部要有长远规划和年度计划。教育行政部门和各业务部门要把干部教育工作列入自己的事业计划和管理系统。

第二，今后，中央党政机关的所有干部，都要分批分期参加轮训，一般要做到每三年离职学习半年，成为一种制度。按期离职学习，既是每个干部的义务，也是应有的权利。

第三，把干部培训和干部任用结合起来。今后使用和提拔干部必须把学历、学习成绩同工作经历、工作成绩一样作为重要依据。

第四，干部离职学习期间，工资福利和其他待遇，包括工资调级，同在工作岗位上的干部一样对待，由原工作单位负责解决。

第五，对具有大专以上程度，但缺乏基层工作经验的年轻干部，要有计划地安排他们到第一线去取得实际工作的经验。

随着中央机关干部教育工作的展开，全国干部教育培训工作也提上日程。1983年10月5日，中央组织部印发《全国干部培训规划要点》，对1983—1990年干部培训工作作出规划。

《全国干部培训规划要点》就政治理论、专业知识、文化知识三方面教育提出具体要求：（1）在政治理论方面。全体干部都必须学习马克思主义理论和党的路线、方针、政策。（2）在专业知识方面。各行各业的干部都必须努力学习专业知识，包括本职工作的理论知识和技能，以及与工作密切相关的现代管理知识等。各级领导干部还要学习科学的领导方法和工作方法，提高组织管理能力。（3）在文化知识方面。只有高小文化程度的干部，主要是学习语文、历史、地理、数学等初中文化知识；已具有初中文化程度的干部，可以学习中专课程，也可以学习高中文化课程。

《全国干部培训规划要点》还提出实现党校教育正规化，加强干部院校的建设，扩大高等院校和中等专业学校招收干部学员的名额，大力推广分散办学、集中指导、统一考核相结合的社会化办学经验，办好干部文化补习学校，建立一支有足够数量、专业齐全、具有较高水平的教师队伍等措施。

1984年12月29日，中共中央批转《关于加强干部培训工作的报告》，成立中央干部教育工作领导小组。邓力群任组长，袁宝华、杜润生、王照华、曾德林任副组长。中央干部教育工作领导小组的成立为加强干部培训工作提供了组织保障。

党校是干部教育的主阵地，抓好党校工作是实现干部教育正规化的基础。为研究新形势下全国党校的改革问题，1983年2月22日至3月2日，中共中央委托中组部、中宣部和中央党校，在北京召开第二次全国党校工作会议。

会议召开前夕，成立了由中组部、中宣部、中央党校以及国家计委、经委、劳动人事部、财政部、教育部和总政治部负责同志参加的会议领导小组，负责筹划会议的各项事宜。

会议筹备期间，中央党校校长王震同志曾两次带领一些同志到广东、湖北、湖南等省作调查。领导小组还派人到福建、上海、江苏等地调查并广泛地征求了各有关部门的意见。会前，各省、市、自治区委党校送来了四十余份关于如何实现党校教育正规化的设想。这些都为开好这次会议创造了条件。

第二次全国党校工作会议提出，以马克思列宁主义、毛泽东思想的基本理论，党的方针、政策和必要的现代科学知识、业务知识，来武装党的干部，为党培训具有共产主义思想觉悟、党性强、作风好，又有现代化建设知识的各级党政领导骨干，这是新时期的新形势交给各级党校的基本任务。为了完成这个任务，各级党校必须根据党中央的决定，尽快从短期轮训干部为主转向正规化培训干部为主。

从短期轮训干部为主转向正规化培训为主，这在党校历史上是一个重大转折。

会议召开后不久，中共中央下发《关于实现党校教育正规化的决定》。"自该《决定》发布至1985年11月两年间，中央和各级地方党委普遍重视并加强了对党校工作的领导，采取了一系列措施加强党校工作，逐步实现党校教育正规化、制度化，各级党校的正规化建设有了明显的进展。"①

党的十二大以来，随着贯彻执行中共中央、国务院《关于中央党政机关干部教育工作的决定》和中共中央《关于实现党校教育正规化的决定》，"党的干部培训工作已发展到大规模、正规化培训干部的新阶段，无论在培训干部的数字和效果、培训阵地的建设和新形式的采用方面，还是在培训队伍的扩大和提高方面，都超过了以往"②。

经过几年来的不断探索，逐步完善，我国的干部教育已初步形成了适合于我国干部教育特点的新格局。

——在教育类型方面，干部岗位职务培训、干部大中专学历教育和知识更新补缺教育同时并存，互为补充。

——在教育规格方面，干部大中专学历教育已规定并实行了全科制、专科制和单科制三种规格。

——在教育形式方面，以短期脱产轮训和在职业余学习为主，辅之以有计划、有组织的少量干部长期脱产培训。

——在教育渠道方面，采取分散与集中相结合的社会化培训方式，在加强党校、干部学校建设的同时，开辟了多种办学渠道。

据中组部统计，1982 年到 1987 年，通过县以上党校、管理干部学院、干部学校培训各级各类干部 734 万多人次，其中获得大专学历的干部有 115.3 万多人，取得中专学历的有 62.2 万多人，取得高中学历的干部有 56 万多人。

经过大规模开展干部教育工作，我国干部队伍文化程度偏低的状况有了改善。全国干部队伍中具有大专以上文化程度的比例已由 1980 年的

---

① 中共中央组织部干部教育局：《干部教育工作学习读本》，党建读物出版社 2012 年版，第 43 页。

② 《全国干部培训工作座谈会强调立足当前放眼未来 加强干部培训工作提高干部队伍素质》，《人民日报》，1983 年 12 月 26 日。

18%上升到 1987 年的 25.2%，中专、高中文化程度比例由 1980 年的 42%上升到 1987 年的 47.6%，初中和初中以下文化程度比例由 1980 年的 40%下降到 1987 年的 27.2%。①

四、整党中的系统学习

党的十一届三中全会以来，中国共产党妥善处理了历史上遗留下来的许多重大问题，系统地总结了中华人民共和国成立以来的历史经验，进行了机构改革和调整各级领导班子的工作，加强了社会主义民主和法制的建设，号召全党重新学习马克思主义、毛泽东思想，党的作风和党的组织得到了初步整顿。

但是，几年来党在紧张地进行一系列工作和斗争的过程中，还来不及针对党在思想、作风、组织各方面存在的许多问题进行全面、系统的整顿。对党员的教育还进行得不普遍、不充分。"文化大革命"已经结束多年，但十年内乱的流毒还没有完全肃清。在开放国门、全面改革的新的历史条件下，资本主义腐朽思想和封建主义残余思想的影响和侵蚀也有所增加，党为抵制、克服这种侵蚀而进行的工作和斗争还不够有力。

表现在思想上，有些党员对拨乱反正的伟大意义缺乏认识，还没有站到马克思主义路线的立场上来；有些党员对社会主义制度的基本原则和优越性、共产主义的光明前途认识模糊，思想混乱；有些党员对违反马克思主义和社会主义的思想熟视无睹，有的甚至公然传播这些错误思想。

表现在作风上，有些党员和党员干部精神不振，个人主义严重，甚至恶性膨胀，为谋求个人和小团体的利益，不惜采取各种手段损害国家和人民的利益，走上犯罪道路。

表现在组织上，有些党员和党员干部组织观念淡薄，纪律松弛，无

---

① 《我国五年培训干部逾七百万人次 干部队伍文化程度偏低状况得到改善》，《人民日报》，1988 年 6 月 16 日。

所作为，不起先锋模范作用；有些党组织软弱涣散，甚至处于瘫痪状态，丧失战斗堡垒作用。

在党内，"三种人"即追随林彪、江青反革命集团造反起家的人，帮派思想严重的人，打砸抢分子，还没有完全清理。

党风问题是关系执政党生死存亡的问题。这些情况表明，加强党的建设，提高全党的思想政治水平，揭露和解决党内存在的思想、作风和组织严重不纯的问题，实现党风的根本好转，已经势在必行。

党的十二大提出要分期分批对党的作风和党的组织进行一次全面整顿。会后，全党做了充分的整党准备。1983 年 10 月召开的十二届二中全会专门讨论了整党问题，邓小平和陈云在二中全会上都发表了重要讲话。邓小平要求全党要下决心，整党不能走过场。全会通过了《中共中央关于整党的决定》，选举产生中央整党工作指导委员会（简称"中指委"），胡耀邦任主任，万里、余秋里、薄一波（常务）、胡启立、王鹤寿任副主任，王震、杨尚昆、胡乔木、习仲勋、宋任穷为顾问。

《中共中央关于整党的决定》共分为九部分：（1）整党的必要性和紧迫性；（2）整党任务；（3）对党员和党员领导干部的要求；（4）整党的步骤和基本方法；（5）组织处理和党员登记；（6）必须防止走过场；（7）整党工作的领导；（8）巩固和发展整党的成果；（9）各级党组织要坚决地、创造性地执行本决定。

这次整党的任务是统一思想，整顿作风，加强纪律，纯洁组织。

统一思想，就是进一步实现全党思想上政治上的高度一致，纠正一切违反四项基本原则、违反十一届三中全会以来党的路线的"左"的和右的错误倾向。

整顿作风，就是发扬全心全意为人民服务的革命精神，纠正各种利用职权谋取私利的行为，反对对党对人民不负责任的官僚主义。

加强纪律，就是坚持民主集中制的组织原则，反对无组织无纪律的家长制、派性、无政府主义、自由主义，改变党组织的软弱涣散状况。

纯洁组织，就是按照党章规定，把坚持反对党、危害党的分子清理出来，开除党。清理"三种人"，是纯洁组织的关键问题。

整党的基本方法是：在认真学习文件、提高思想认识的基础上，开展批评和自我批评，分清是非，纠正错误，纯洁组织。

把学习作为整党的基本方法，一是借鉴了延安时期整风学习的经验做法，二是由当时的矛盾性质决定的。当时犯有错误的党员和党员干部，多数是属于思想认识问题，而学习是解决思想认识问题的有效途径。通过学习教育，可以提高广大党员的思想觉悟，从而为解决党内矛盾创造必要的条件。因此，这次整党也称为"整党学习"。

整党的步骤是：从中央到基层组织，自上而下、分期分批地整顿。每个单位党组织的整顿，也自上而下，先领导班子、领导干部，后党员群众。

当时，全党共有 4000 万党员，其中有 900 多万干部，有近 250 万个基层和基层以上的党组织。整党学习从 1983 年 11 月开始，到 1987 年 5 月基本结束，历时三年半，分三期整顿完毕。第一期从 1983 年 11 月至 1985 年初，主要在中央、国家机关各部委和各省、区、市一级单位以及解放军各大单位进行，参加这期整党的党员共计 101 万人。第二期从 1985 年年初至 1985 年年底，主要在地、县两级单位以及相当于这两级的厂矿企业、大专院校、科研单位进行，参加这两级整党的党员计 1002 万多人。第三期从 1986 年年初至 1987 年上半年，主要是农村和区、乡、村进行，参加这期整党的党员人数约计 2800 万人。

1983 年 10 月 21 日，中指委召开第一次会议，决定发出第一号通知，公布《党员必读》目录，并要求所有有阅读能力的党员都要自费购买。《党员必读》包括 8 篇重要文献，即：《中共中央关于整党的决定》、邓小平的《实现四个现代化必须坚持四项基本原则》《关于党内政治生活的若干准则》《关于建国以来党的若干历史问题的决议》《邓小平同志在中国共产党第十二次全国代表大会上的开幕词》胡耀邦的《全面开创社会主义现代化建设的新局面》《中国共产党章程》《中华人民共和国宪法》。

11 月 4 日，中指委召开第二次全体会议，讨论通过了整党学习中

《十一届三中全会以来重要文献简编》和《毛泽东同志论党的作风和党的组织》两书的目录。《十一届三中全会以来重要文献简编》目录包括中共中央政治局常委各同志的讲话十八篇，中共中央文件七篇。《毛泽东同志论党的作风和党的组织》目录包括《反对本本主义》《关心群众生活，注意工作方法》《干部问题》《反对自由主义》等23篇。这次会议提出，整党的中心任务是学习文件。学习文件的方法是边学边议。

整党学习开展以来，各地党组织结合自身实际陆续开始学习活动。

人民解放军总政治部主任余秋里在传达贯彻党的十二届二中全会精神的总政党委扩大会议上指出，系统地学好整党文件，是搞好整党的首要问题。他说："这次整党，对绝大多数党员来说，是重新学习、教育提高的问题，是通过思想教育增强党性、克服各种非无产阶级思想的问题。""整党要不走过场，首先在学习上不能走过场。"[1]

中直机关各部门把组织好对文件的学习作为整党的开始，认真制订学习计划，并且采取了一些具体措施来保证党员学好文件。如中央统战部于10月下旬召开部务会议，对机关的学习提出七点意见；共青团中央书记处从10月24日起举办系统司局级以上党员学习班，以保证领导干部首先学好整党文件。[2]

中国社会科学院院、所两级党员通过学习认识到，这次整党并不是过去"运动"又来了，也绝不是"整人"和"挨整"。大家认为，要整好党就要统一思想，要统一思想就要清除精神污染，决心努力学习马列主义、毛泽东思想，提高党性和马克思主义原则性，在思想理论战线起到共产主义战士的作用。[3]

北京市许多机关、单位在学习整党文件时，边学边整边改，选择在

---

[1]　《余秋里在总政党委扩大会上指出整党首先要在学文件上下功夫》，《人民日报》，1983年11月4日。

[2]　《中直机关各部门确保整党学习不走过场》，《人民日报》，1983年11月4日。

[3]　《中国社会科学院院、所两级党员干部学习二中全会文件》，《人民日报》，1983年11月10日。

群众中影响恶劣的典型事件作为突破口，狠刹不正之风，鼓舞了广大党员和群众对整好党的信心，促使广大党员自觉带着整党中需要解决的问题，学习整党文件，领会精神实质。①

上海市工业党委、市经济委员会一手抓整党学习，一手抓生产。市纺织局党委在抓好自身学习的同时，专门抽出时间，讨论如何安排好基层单位的整党学习和如何抓好年内生产的问题。几位局长、副局长白天坚持参加半天学习，晚上约见各处、室、公司以及一些大厂的同志研究生产问题。化工局党委不但抓好自身的学习，而且根据整党文件列出思考题，编成学习纲要，印发给各单位。与此同时，该局还订出年内增收节支的860多条措施，节支总额可达6000多万元。②

安徽马鞍山市委坚持边学边议边整边改，采取四项措施搞好整党学习。一是首先抓好党员干部特别是各级领导干部的学习。全市处级以上党员干部，由市委党校分期分批，集中轮训；科级党员干部由各大企业和各部委办分口轮训；一般党员干部由各县级党委自己组织轮训。二是分批进行党员轮训。三是严格考核，保证质量，防止走过场。四是坚持边学边议边整边改，把整党学习与解决问题相结合。③

农村整党工作也有序展开。福建省福清县渔溪镇党委在整党中，针对部分党员产生"入党无用"和"当干部吃亏"的思想，重点对党员进行全心全意为人民服务的宗旨教育，增强做一个合格共产党员的自觉性和自豪感。④ 浙江临海市农村有1045名党员外出做工、经商，整党通知发出后，按时回村参加整党的有895人，出席率达90%。⑤ 河北省委对石家庄、邯郸、邢台、保定等市、县二十六个乡九十个村农村基层整党情况

---

① 《北京市委边整边改推动整党学习》，《人民日报》，1984年1月2日。

② 《上海市工业党委、市经贸委要求所属工业局做到整党学习和生产两不误》，《人民日报》，1983年11月18日。

③ 《马鞍山市委采取四项措施搞好整党学习》，《人民日报》，1983年11月20日。

④ 《渔溪镇党委加强党的宗旨教育》，《人民日报》，1986年3月29日。

⑤ 《临海、椒江两市农村整党成效显著》，《人民日报》，1986年5月20日。

的抽样调查表明，有90％左右的村搞得不错或比较好，实实在在地解决了一批平时不可能在短短几个月内解决的问题。①

整党学习期间，《中共中央关于整党的决定学习问答》《关于建国以来党的若干历史问题的决议注释本》《新时期农村党员读本》等书籍出版，为整党学习提供了参考资料。《人民日报》开辟"整党学习体会""一得集"专栏，刊登各地党员领导干部的学习体会。

在进行整党学习的同时，社会主义精神文明建设也得到了逐步推进。

1986年9月28日，党的十二届六中全会在北京举行。全会通过了《中共中央关于社会主义精神文明建设指导方针的决议》（以下简称《决议》）②。这是党制定的第一个关于社会主义精神文明建设的纲领性文件。

《决议》对党的建设尤其是党的思想建设提出了新的要求，有关党内学习的内容主要有：

（1）强调马克思主义在精神文明建设中的指导作用。《决议》要求，党员干部尤其是领导干部和从事意识形态工作的干部，要带头认真学习马克思主义。没有认真的学习，坚持和发展就无从谈起。

（2）突出理想信念教育在学习中的重要地位。《决议》阐明了中国特色社会主义共同理想和共产主义最高理想的辩证关系，要求加强理想教育，使党员在学习中逐步深入理解马克思主义世界观和社会发展规律。

（3）明确党组织和党员在精神文明建设中的责任。《决议》指出，各级党组织和广大党员一要加强自身精神文明建设，特别是搞好党风；二要以模范行动和艰苦工作，组织和推动全社会的精神文明建设。

1987年5月26日，中央整党工作指导委员会在京召开整党工作总结会。薄一波作了题为《关于整党的基本总结和进一步加强党的建设》的报告。整党工作正式结束。

通过学习整党文件，提高了党员对党的性质、纲领和任务的认识，

①　《河北一些市县农村整党取得成效》，《人民日报》，1986年6月7日。
②　《十二大以来重要文献选编》下，人民出版社1988年版，第1173页。

提高对党员标准的认识，提高对十一届三中全会以来党的路线、方针和政策的认识。

这次整党没有采取大轰大嗡、大搞"群众运动"的方式，成功地避免了过去政治运动中盛行的一套"左"的做法。总的说来，通过整党学习，全党在思想、作风、纪律、组织四个方面都比整党前有了进步，党内存在的思想、作风、组织严重不纯的状况已经有了改变，积累了一些正确处理党内矛盾和问题的重要经验。据统计，"通过党员登记和组织处理，开除党籍的有 33896 人，不予登记的有 90069 人，缓期登记的有 145456人，受留党察看、撤销党内职务和向党外组织建议撤销党外职务、党内受严重警告、警告等党纪处分的共有 184071 人；另外，对一批有问题的软弱涣散的领导班子也进行了调整，县级以上领导班子有一半左右进行了不同程度的充实"①。

但是，整党工作发展不平衡，有一部分单位没有全面完成整党的四项基本任务，有的甚至走了过场，以致影响了损害了整党工作在群众中的声誉。整党搞得比较好的单位，在党风和其他方面也还遗留了一些问题，需要在今后经常性的党的建设中继续加以解决。

五、集中抓好干部的理论学习

十三大之后，党开始探索靠改革和制度建设加强党的建设的新路，但在实行党政分开、反对资产阶级自由化等方面出现了一些失误和问题。② 党面临着执政和改革开放的双重考验。

改革开放作为一项全新的事业，不可能一帆风顺；作为中国发展的动力，也不可能一改就灵。

邓小平在谈到改革开放时多次提醒全党要注意这个问题。他说："搞改革、搞四化可不简单。我们从来没有自我陶醉，没有认为会一帆风顺。

---

① 薄一波：《整党与党的建设》，中央党史资料出版社 1988 年版，第 333 页。
② 张士义：《实践探索与理论创新》(1976－2011)，人民出版社 2011 年版，第153－155 页。

一定会有来自多方面的干扰，有'左'的干扰，也有右的干扰。"①

然而，担心的事情还是发生了。

在国际大气候和国内小气候的影响下，资产阶级自由化思潮时起时伏，愈演愈烈。随着事态进一步发展，1989 年春夏之交，在北京发展成政治风波。

1989 年 6 月 9 日，邓小平接见首都戒严部队军以上干部时说："这次事件爆发出来，很值得我们思索，促使我们很冷静地考虑一下过去，也考虑一下未来。"②

沉痛的事实促使邓小平陷入了思考。6 月 16 日，邓小平找来江泽民、李鹏、乔石、姚依林、宋平、李瑞环、杨尚昆、万里等中央负责同志谈话。在这次谈话中，邓小平语重心长地说道："常委会的同志要聚精会神地抓党的建设，这个党该抓了，不抓不行了。"③

聚精会神抓党建，成为第三代领导集体的"当务之急"。

根据邓小平的谈话精神，随后召开的党的十三届四中全会把党的建设作为应该特别注意抓好的四件大事之一。全会指出："大力加强党的建设，大力加强民主和法制建设，坚决惩治腐败，切实做好几件人民普遍关心的事情，决不辜负人民对党的期望。"④

这掷地有声的语言，来自中国共产党人的自信，彰显了党抓好自身建设的决心。

四中全会后，以江泽民为核心的党的第三代中央领导集体积极探索党的建设新思路，提出要把思想建设放在党的建设的重要的突出的位置上。当时党内诸多问题急需解决，江泽民为什么从思想建设入手抓党建呢？

这个判断顺应了形势发展的需要。在资产阶级自由化的影响下，党

---

① 《邓小平文选》第 3 卷，人民出版社 1993 年版，第 199 页。
② 同上书，第 304 页。
③ 同上书，第 314 页。
④ 《十三大以来重要文献选编》中，人民出版社 1991 年版，第 545 页。

内存在着淡化党的领导的思想倾向，思想理论建设也出现混乱，改革开放姓"社"姓"资"的问题再次引发争论。党在思想理论上的提高，是党正确领导的前提，党内思想不统一，便难以凝聚力量，改革发展也无从谈起。牵牛要牵牛鼻子，抓好思想建设就抓住了党的建设的关键。

学习是思想建设的关键环节。这期间，江泽民在多个场合反复强调加强学习的重要性，中央和有关部门也根据形势发展制定和发布了一些具体文件。以新的姿态抓学习成为加强党的思想建设的有力抓手。

1. 大力倡导学习，要求全党从思想上高度重视起来

1989 年 7 月 17 日至 21 日，中央召开全国宣传部长会议。会议要求"认真研究和清理资产阶级自由化泛滥过程中反映出来的各种错误观点，深入进行坚持四项基本原则、反对资产阶级自由化的教育，把全党的思想切实统一到党的基本路线上来"①。

1989 年 8 月 18 日至 22 日，中央召开全国组织部长会议。会议明确提出各级党委一定要聚精会神地抓好党的建设。江泽民同志在会上强调："要把被资产阶级自由化搞乱了的思想观点，包括在党的思想理论建设上造成的混乱——纠正过来。"②江泽民同志同时透露中央政治局常委正在准备学习规划，至少要学习哲学和政治经济学，用马克思主义的立场、观点、方法观察问题。

9 月 29 日，江泽民同志在庆祝中华人民共和国成立 40 周年大会上作了重要讲话。这个被誉为"中国共产党第三代领导集体的政治宣言"郑重地表明了第三代领导集体坚持走社会主义道路的决心、建设好社会主义国家的信心。

讲话中，江泽民同志全面阐述了继续走社会主义道路的一系列基本问题。在谈到党的建设问题时，他指出："党在理论上的提高，是党的领导的正确性、科学性的根本保证。鉴于世界和中国的许多新情况、新问

---

① 中央党史研究室第三研究部：《新时期中国共产党的建设简史》，中共党史出版社 2009 年版，第 95 页。

② 《十三大以来重要文献选编》中，人民出版社 1991 年版，第 585 页。

题，鉴于我们党在中国社会主义建设中担负的重大责任和在国际共产主义运动中所处的重要地位，有必要把学习和研究马克思主义基本理论，在马克思主义指导下研究和探讨当代重大的政治、经济、社会理论问题，作为一项紧迫任务，提到全党面前。"①

江泽民同志强调："在党内首先是党的高级干部中，要提倡认真学习和研究马克思列宁主义、毛泽东思想基本理论，特别是学习和研究马克思主义哲学，掌握科学的世界观、方法论。""必须坚决纠正许多领导干部陷入日常事务、放松理论学习、不注意思想政治动态的状况，切切实实地提高全党同志的理论水平和政治敏锐性。"②

1989 年 11 月，江泽民同志在党的十三届五中全会上再次强调要加强理论学习，提高党的工作的科学性。他说："现在有必要特别强调学习和研究马列主义、毛泽东思想的基本理论。……学习和研究马克思主义理论，是提高党的工作的科学性、预见性的根本途径。"③这次讲学习，特别提出要把是否认真学习，是否通过学习和通过工作实践真正提高了自己的马克思主义理论素养，是有没有党性的重要表现，是考察、任用领导干部的一个基本标准。

2. 推进学习制度化建设，用制度管学习，促学习

全国宣传部长会议、全国组织部长会议召开之后，1989 年 8 月 28 日，中央发出了《关于加强党的建设的通知》（以下简称《通知》）。这个《通知》是第三代中央领导集体聚精会神抓党建的一个重要文献。

《通知》把思想建设摆在了突出的位置，提出了"切实搞好思想整顿，加强党的思想教育"的任务：（1）要认真学习党的十三届四中全会精神和邓小平同志的重要讲话，使全党对党的基本路线有一个全面的认识。要突出进行坚持四项基本原则、反对资产阶级自由化的教育；（2）深入进行爱国主义、集体主义、独立自主、自力更生、艰苦奋斗、勤俭建国的教

---

① 《十三大以来重要文献选编》中，人民出版社 1991 年版，第 630 页。
② 同上书，第 630 页。
③ 同上书，第 718—719 页。

育，以及遵守党的纪律、维护党的团结的教育。要把这些教育同社会主义、共产主义思想教育和党的基本知识教育结合起来。

《通知》提出要着重在县（处）级以上党政领导干部中，普遍进行马列主义、毛泽东思想基本理论的教育。凡是新进入领导班子的成员，都要经过相应的党校学习，其他领导成员也要定期轮流到党校学习。从中央政治局委员到各部委和省、自治区、直辖市党委的主要领导同志，都要带头学习，形成制度，坚持下去。

随着学习制度化建设的展开，1989 年 12 月 27 日，中共中央发出《关于建立健全省部级在职领导干部学习制度的通知》。①

《通知》规定如下学习制度：（1）省、自治区、直辖市党委、政府和中央、国家机关各部委的领导干部，每届任期内，须到中央党校进修一次。主要学习马克思主义基本理论、党的基本路线和党内政治生活的基本准则。（2）每年至少拿出半个月时间，选读一些马克思主义理论著作和其他有关书籍，并撰写学习心得，向所在党组织汇报。基本的学习内容和学习篇目，由中央宣传部研究拟定。（3）根据需要委托中央有关部门举办有省部级领导干部参加的专题研究班，研究讨论一个或几个重大问题。（4）今后选拔干部，要把马克思主义基础理论水平作为考虑因素，拟推荐的人选还需选送中央党校进行为期一年的学习。

3. 加强党校工作，为干部理论学习提供保障

1990 年 6 月，全国省、自治区、直辖市党校校长会议在北京召开。12 日，江泽民同志出席座谈会。在会上，江泽民同志批评学习中存在的一些问题，他说："至今仍有少数领导干部对学习马克思主义理论重视不够，兴趣不浓，把它当成可有可无的'软任务'，对组织安排到党校进修学习总是以'工作离不开'等理由推脱。我看把工作好好安排一下，没有谁是绝对离不开的。关键是要提高对学习马克思主义理论必要性和重要性的认识。真正解决了认识问题，全党学习马克思主义理论的空气就会

---

① 《中国共产党党内法规选编（1978—1996）》，法律出版社 2009 年版，第 267 页。

更加浓厚起来，党校轮训、培训的规划也才能落到实处。"①

全国党校校长会之后，中共中央发出《关于加强党校工作的通知》②，提出"努力办好党校，是加强党的建设和干部队伍建设的一项战略性措施"。

《通知》共分为五部分：（1）新形势下党校的基本任务；（2）干部进党校学习要制度化、规范化；（3）坚持理论联系实际，提高教学质量和科研水平；（4）切实搞好党校教师队伍建设；（5）加强对党校工作的领导。

在第二部分，《通知》对干部进党校学习制度化、规范化提出了一系列明确要求：一是各级党委要按照干部成长的规律和领导班子及干部队伍建设的需要，对党员领导干部的轮训和培训作出规划；二是各级党委在考察选拔任用干部时，既要认真考察干部的工作表现和实绩，又要重视考察干部的马克思主义理论水平和党性表现；三是各级党校的轮训和培训对象，要明确分工、上下衔接。办学方式主要是脱产学习，也可函授、面授相结合；四是中央党校根据在职高中级干部、比较年轻优秀的干部、意识形态部门的领导干部分别设置进修班、培训班和理论班。进修班学制为三个月至半年，培训班学制为一年，理论班学制为一年或两年；五是中央党校和省级党校学制两年以上班次的学员，学完必修课程，经考核合格的，可同时享受相当于国民教育相应学历的有关待遇。

4. 根据形势发展，及时开展主题学习教育

20世纪80年代末90年代初，国际形势日益复杂，西方国家加紧和平演变，尼克松在其新作《1999：不战而胜》中直言要把意识形态的渗透作为瓦解社会主义的手段，一些西方政客甚至声称在苏联十月革命一百周年时到红场宣布社会主义彻底失败。在这样的大环境下，加之国内建设和党的建设出现问题，一些社会主义国家政局急剧动荡，相继出现无产阶级政权的颠覆、社会主义制度的瓦解、共产党的垮台，蓬勃发展的

---

① 《十三大以来重要文献选编》中，人民出版社1991年版，第1143页。

② 同上书，第1244页。

国际共产主义运动随之跌入低谷。

这些情况的出现，不可避免地在干部和群众中引起一些困惑和疑虑：社会主义制度究竟有没有优越性和生命力？社会主义的红旗究竟能不能在中国大地上永远飘扬？

为了统一广大党员干部和群众的思想，1990 年 5 月，中共中央宣传部组织编写了《关于社会主义若干问题学习纲要》。

《关于社会主义若干问题学习纲要》从社会主义代替资本主义的必然性、"一个中心，两个基本点"的基本路线、社会主义民主与人民民主专政、坚持党的领导、坚持马克思主义等方面对干部群众的疑惑进行了解答。

随着《关于社会主义若干问题学习纲要》的发布，各地党组织开展了学习讨论活动，对社会主义若干问题进行了深入的学习。各种参考资料、重点难点辅导、学习导读、百题解答、专题讲座等辅导资料也先后出版发行，为学习讨论提供了丰富的材料。

在这期间，《李先念文选》《邓小平文选（1938—1965）》《毛泽东早期文稿》《列宁全集》（第二版）、《毛泽东选集》《中国共产党的七十年》等著作的出版为加强全党的理论学习提供了必要的教材。尤其是在建党七十年之际，《毛泽东选集》第二版公开出版，为深入学习马克思列宁主义、毛泽东思想提供了更完善的版本。

通过理论学习和思想教育，"广大党员特别是领导干部划清了马克思主义与反马克思主义、社会主义与资本主义、无产阶级思想体系与资产阶级思想体系的界限，坚定了共产主义信念，增强了全面坚持党的基本路线的自觉性和抵制各种错误思潮侵蚀的能力，提高了解决建设和改革中各种实际问题的本领"[1]。总之，十三届四中全会以来，党中央根据邓小平同志聚精会神抓党建的意见，采取了一系列重要措施来加强党的建

---

[1]　中央党史研究室第三研究部：《新时期中国共产党的建设简史》，中共党史出版社 2009 年版，第 96 页。

设，"一手硬，一手软"的状况得到明显扭转，党的建设得到明显加强。

　　1992 年初，88 岁高龄的邓小平在视察南方时，说了这么一段意味深长的话："从现在起到下世纪中叶，将是很要紧的时期，我们要埋头苦干。我们肩膀上的担子重，责任大啊！"①潮起海天阔，扬帆正当时。面对日趋激烈的国际竞争，面对稍纵即逝的发展时机，中国共产党人必须抓住机遇，加快发展。发展未有穷期，学习永无止境，在发展市场经济条件下学习学习再学习，实践实践再实践，成为中国共产党适应新形势完成新任务的再次选择。

---

① 《邓小平文选》第 3 卷，人民出版社 1993 年版，第 383 页。

第十三章　市场经济条件下的学习

"一九九二年，又是一个春天"，斗转星移间，改革开放迎来了第十三个春天！

国际国内大气候也在悄然突变：柏林墙的轰然倒塌，克里姆林宫上空苏联国旗的降下……冷战时代宣告结束，新的时代在向世人招手：和平有望，发展在即！

黄浦江畔的呼声，邓小平的南方谈话……单一计划经济即将退出历史舞台，社会主义市场经济已在中国大地扎根、发芽、遍地开花！

巨轮在汪洋大海中劈波斩浪，最终驶向希望的彼岸，不仅要有睿智的船长果断领航，还要有万众一心共奋进。

邓小平，改革开放的总设计师，已为中国的发展指明了前进的方向。此时此刻，虽有"东方风来满眼春"，可是"乱花渐欲迷人眼"。如何突破惯性思维的藩篱，在"不争论"中聚精会神搞建设、一心一意谋发展？如何在社会主义市场经济条件下继承和发展邓小平理论？如何在全党、全社会形成学习并贯彻邓小平理论的思想氛围？如何通过学习来提高广大党员干部的整体素质？……这已成为以江泽民同志为核心的党的第三代中央领导集体亟须解决的时代课题。

一、掀起学习邓小平理论的热潮

一种科学理论的诞生，是有其历史背景和时代条件的。邓小平理论之所以能够出现在当代中国，也是有着深刻原因的。对此，江泽民同志在党的十五大报告中对邓小平理论的形成和发展作了高度精确的概括：邓小平理论"是在和平与发展成为时代主题的历史条件下，在我国改革开放和现代化建设的实践中，在总结我国社会主义胜利和挫折的历史经验并借鉴其他社会主义国家兴衰成败历史经验的基础上，逐步形成和发展起来的"①。

一种科学理论的形成，是有其历史过程的。邓小平理论主要体现在1978年中国共产党十一届三中全会之后邓小平的各种讲话、报告与会议决议之中。中国共产党将该理论的形成分为四个阶段：1978—1982年为基本理论命题提出的阶段，1982—1987年为理论形成基本轮廓的时期，1987—1992年为理论走向成熟、确立体系的时期，1992—1997年成为理论进一步得到丰富和发展的时期。

用邓小平理论进行理论武装，根据邓小平理论完善过程，大致经历了1992年邓小平南方谈话精神武装、《邓小平文选》第三卷学习、党的"十四大"后有关邓小平建设有中国特色的社会主义理论武装、党的"十五大"邓小平理论武装等阶段。这些"阶段"都属于邓小平理论完善阶段的片段，前者是后者的前提和基础，后者是前者的深化和发展。在最后一个阶段，伴随着邓小平理论日臻完善并成为我们党的指导思想，以及我们党干部教育逐渐制度化，邓小平理论成为我们党进行理论武装的核心内容。

1992年，对于中国来说是不同寻常的一年。在这一年的大事记里，有三件大事是应该给予浓墨重彩的，这三件大事紧密联系，环环相扣，深刻地影响着中国社会主义现代化建设事业的全局。

中共党史专家龚育之撰文回忆指出，"记得我们几个人在一篇学习《邓小平文选》第三卷的文章中说过：一篇谈话，1992年初邓小平视察南方的谈话；一个大会，1992年10月党的十四大；一部著作，现在出版

---

① 《江泽民文选》第2卷，人民出版社2006年版，第11页。

的新一卷《邓小平文选》。三件大事，连为一体，已经、正在并且必将对中国局势的发展，对中国社会主义的前途和命运，发生深远的影响。应该说，这不只是几个人的观察和评价，它代表了当时许多人的观察和评价。"①

在中华人民共和国建设史上，这三件大事都必将因其重大意义而彪炳史册，光耀千秋。说到这三件大事，还要从邓小平南方谈话为起点讲起。

20世纪80年代末90年代初，国际局势发生巨大变化，东欧国家的剧变，苏联的解体，长期以来的东西方两极冷战结束了，国际共产主义运动遭遇重大挫折。党和国家的发展处于又一个紧要关头。

世界大变动、大改组的局势变化，对处在改革开放探索期的社会主义中国产生了深刻的影响。一方面，世界出现多极化趋势，西方国家加紧了对原社会主义国家的争夺和渗透，一些发展中国家抓住经济全球化进程加快的时机呈现强劲发展势头，中国尽管挫败了西方国家的"制裁"，但面临的严峻挑战仍然存在。另一方面，这种复杂的形势使相当一部分干部和群众的思想发生困惑。一些人对社会主义前途缺乏信心，一些人对改革开放提出了姓"社"还是姓"资"的疑问，对党的基本路线产生了动摇。

这样，能不能在国内外的各种压力和困难面前，毫不动摇地坚持党的基本路线，把改革开放和社会主义现代化建设继续推向前进，就成为进入20世纪90年代后党必须解决的重大问题。

在此关键时刻，1992年1月18日至2月21日，88岁高龄的邓小平先后视察武昌、深圳、珠海、上海等地，途中，他发表了一系列重要谈话，被称为"南方谈话"。它解决了长期以来困扰人们思想的一系列问题，丰富和发展了邓小平建设有中国特色的社会主义理论，成为一篇马克思

---

① 龚育之：《从南方谈话到十四大、十五大、"七一"讲话》，《中共党史研究》，2002年第2期。

主义的光辉文献，在马克思主义发展史上熠熠生辉。

在视察途中，邓小平强调，党的基本路线要管一百年，动摇不得。改革开放胆子要大一些，敢于试验。判断的标准，应该主要看是否有利于发展社会主义社会的生产力，是否有利于增强社会主义国家的综合国力，是否有利于提高人民的生活水平。计划多一点还是市场多一点，不是社会主义与资本主义的本质区别。社会主义的本质，是解放生产力，发展生产力，消灭剥削，消除两极分化，最终达到共同富裕。社会主义要赢得与资本主义相比较的优势，就必须大胆吸收和借鉴人类社会创造的一切文明成果，包括当今资本主义发达国家的一切反映现代社会化生产规律的先进经营方式和管理方法。中国要警惕右，但主要是防止"左"。要抓住时机，发展自己，关键是发展经济。发展才是硬道理。必须依靠科技和教育，经济发展才能快一点。要坚持两手抓，一手抓改革开放，一手抓打击各种犯罪活动。两只手都要硬。在整个改革开放过程中必须始终坚持四项基本原则，必须反对腐败，廉政建设要作为大事来抓。中国的事情能不能办好，从一定意义上说，关键在人，说到底，关键是我们共产党内部要搞好。社会主义经历一个长过程发展后必然代替资本主义。这是社会历史发展不可逆转的总趋势。一些国家出现严重曲折，社会主义好像被削弱了，但人民经受锻炼，吸取教训，将促使社会主义向着更加健康的方向发展。我们搞社会主义才几十年，还处在初级阶段。巩固和发展社会主义，需要几代人、十几代人，甚至几十代人坚持不懈地努力奋斗。从现在起到下世纪中叶，将是很要紧的时期，我们要埋头苦干。

美国作家罗伯特·库恩在提到 1992 年邓小平视察南方的情景时，这样描述道："一旦中国媒体获准报道小平的南方视察，他的每一步都会引发一场'政治地震'，他的每一句话都成为昭然若揭的真理。几乎每个有关公共事务的报道都会提到邓的'南巡'。"[1]

---

① ［美］罗伯特·劳伦斯·库恩著，谈峥等译：《他改变了中国——江泽民传》，上海译文出版社 2005 年版，第 236 页。

在邓小平南方谈话的指引下，中国的改革开放沿着正确的航向乘风破浪，阔步前行，社会主义现代化建设取得重大成就。这些成就的取得，是中国共产党人用邓小平理论武装头脑、指导实践的伟大成果。邓小平理论是在社会主义现代化建设的伟大实践中不断地得到丰富和发展的。

1992年南方谈话以后，全国掀起学习建设有中国特色社会主义理论的热潮。邓小平南方谈话科学地总结了党的十一届三中全会以来的基本实践和基本经验，从理论上深刻回答了长期困扰和束缚人们思想的许多重大认识问题，是把改革开放和现代化建设推向新阶段的又一个解放思想、实事求是的宣言书。

邓小平南方谈话后，党中央政治局率先开展了学习南方讲话精神活动，中央政治局认为，这篇谈话不仅对当前的改革和发展，对开好党的十四大，具有十分重要的指导作用，而且对整个社会主义现代化建设事业，具有重大而深远的意义。党中央迅速将邓小平的南方谈话传达到全党，国务院也相继作出一系列加快改革开放和经济发展的决定。全党以邓小平南方谈话精神为指导，进一步统一思想，为开好党的十四大作了充分准备。

1992年9月，《中共中央关于加强党的建设，提高党在改革和建设中的战斗力的意见》明确提出了"用建设有中国特色社会主义理论武装全党"的要求。

1992年10月9日，中顾委认真学习了邓小平视察南方的重要谈话。1992年初邓小平视察南方发表重要谈话和三月中央政治局全体会议召开以后，中顾委及时传达了谈话和会议的重要精神，并组织委员们进行了学习和讨论。大家一致赞同和拥护，认为小平同志的谈话对当前形势作了精辟的分析，对改革开放十四年来党的基本实践和基本经验作了科学的总结，对我国社会主义现代化事业的发展具有重大的指导意义。

风正帆顺气象新。农村基层党组织迅速领会邓小平南方谈话精神，并将其迅速转化为生产力。

最先提出"宽裕型小康村"的霞西村的发展与学习邓小平南方谈话关

系密切。20 世纪 80 年代，在泉州湾畔的崇武半岛上，有一个村庄既是远近闻名的全县渔业生产红旗，又是宽裕型小康村旗帜，它就是福建省霞西村。1992 年，由于渔业资源出现衰退，霞西村的生产碰到了很大困难，这时，邓小平南方谈话传来，给霞西村指明了方向。霞西村委会主任曾锦山一开口便不无感慨："谁想到 1992 年渔业资源大衰退！镇党委书记陈新兴和我们多次学邓小平南方谈话，下广州、深圳，调产业结构，上木雕石雕，搞机修运输。要不单一渔业咋奔宽裕小康哩？"如今村里 1100 多个渔业劳力，只剩 8 条船，9/10 劳力进了企业。这 5 年村里崛起了一批企业，霞西工农业总产值由 5 年前的 1800 万元上升到去年的 4.28 亿元，村收入由 12 万元增加到 32 万元，村民年人均收入也由 1020 元升到 7520 元。①

邓小平的南方谈话成为全国改革和发展的"伟大行动指南"，为党的十四大奠定了理论基础。1992 年 10 月 12 日，江泽民同志所作的中共十四大报告以"南方谈话"为指导，采取新的角度概括了新阶段的新认识。报告明确提出建立社会主义市场经济体制。报告第一次把"建设有中国特色的社会主义理论"同邓小平的名字联系在一起，指出十一届三中全会以来，在邓小平建设有中国特色社会主义理论指导下，我们党和人民锐意改革，努力奋斗，整个国家焕发出了勃勃生机，中华大地发生了历史性的伟大变化；提出坚持"用邓小平同志建设有中国特色社会主义的理论武装全党"。报告从社会主义的发展道路、发展阶段、本质、发展动力、社会主义建设的外部条件、政治保证、战略部署、社会主义的领导力量和依靠力量以及祖国统一等九个方面，概括和总结了中国特色社会主义的丰富内涵。

党的十四大以后，把深入学习邓小平南方谈话精神、《邓小平文选》第三卷和邓小平建设有中国特色社会主义理论紧密结合起来，是这一阶

① 《大浪拍岸听新声——闽南建设宽裕型小康村活动剪影》，《人民日报》，1998 年 11 月 26 日。

段党进行理论武装工作的主要做法，效果十分显著。

邓小平南方谈话精神的学习，为党员干部更好地用邓小平建设有中国特色社会主义理论武装头脑提供了思想前提，《邓小平文选》第三卷并修订出版的第一、二卷的学习，更是加深了党员干部对邓小平建设有中国特色社会主义理论的认识和理解。

1993 年 11 月 2 日，《邓小平文选》第三卷出版发行。这一卷文选汇集邓小平从 1982 年 9 月党的十二大到 1992 年春视察南方期间的主要著作共 119 篇。《邓小平文选》第三卷公开出版发行，党中央专门作出了学习这部著作的决定，江泽民同志在学习报告会上发表了重要讲话，号召全党认真组织学习。同日，中共中央在人民大会堂举行学习《邓小平文选》第三卷报告会，并作出《关于学习〈邓小平文选〉第三卷的决定》。

在学习《邓小平文选》第三卷报告会上，江泽民同志指出：邓小平建设有中国特色社会主义的理论第一次比较系统地初步回答了中国这样的经济文化比较落后的国家如何建设社会主义、如何巩固和发展社会主义的一系列基本问题，用新的思想、观点，继承、丰富和发展了毛泽东思想，是马克思主义同中国实际相结合的最新成果，是当代中国的马克思主义。中国共产党成立之初，就郑重地把马克思列宁主义写在自己的旗帜上。经过延安整风和党的七大，又郑重地把马克思列宁主义与中国革命的实践之统一的思想——毛泽东思想写到自己的旗帜上。从十一届三中全会开始，经过十二大、十三大到十四大，我们党又郑重地把邓小平建设有中国特色社会主义的理论写到了自己的旗帜上。这是我们党付出了巨大代价获得的极为珍贵的精神财富，是我们党和人民进行新的历史创造的科学总结，是我们发展社会主义事业的伟大旗帜，是我们民族振兴和发展的强大精神支柱。

《决定》指出，我们学习邓小平同志的著作，要联系当前的形势和任务，紧紧抓住和深入领会解放思想、实事求是的思想路线；紧紧抓住和深入领会关于社会主义本质的科学论断和"一个中心、两个基本点"的基本路线；紧紧抓住和深入领会把握时机发展自己、"分三步走"基本实现现代化的战略任务；紧紧抓住和深入领会一手抓物质文明、一手抓精神文明，一手抓建设、一手抓法制，一手抓改革开放、一手抓惩治腐败等一系列"两手抓，两手都要硬"的基本方针；紧紧抓住和深入领会维护国家的独立和主权、发扬民族自尊心自信心、致力于振兴中华的爱国主义精神。

为了使广大党员干部，特别是主要领导干部掌握《邓小平文选》三卷理论精髓，中央举办了省部级主要领导干部学习《邓小平文选》三卷理论研讨班。从 1993 年 10 月至 1994 年 5 月，中央连续举办了由省部级主要领导干部参加的四期理论研讨班，集中学习《邓小平文选》第三卷。175人参加了脱产学习。此后，中央又举办了省部级主要领导干部精神文明建设等专题研讨班。理论学习方面出现了领导带头学、层层抓落实的喜人景象，极大地促进了以县处级以上领导干部为重点的全党理论学习。

在研讨过程中，来自中国改革开放前沿的广东省省长朱森林谈了他的学习体会，他认为，在《邓小平文选》三卷里，对于争取有一个较快的发展速度，实现三步走的发展战略目标的论述，可以说贯通全书。这不仅是一种主观愿望，而且有其客观的必要性和现实的可能性。就拿广东来说，1979 年到 1992 年，国民生产总值每年平均增长 13.3％，今年可能增长 20％以上，达到亚洲"四小龙"起飞时的水平。"事实证明，争取一个较快的发展速度是完全可能的。"①

深圳特区是在小平同志的亲自倡导下创办的。十多年来的深圳特区的探索实践，实际上是在小平同志建设有中国特色社会主义理论的指引下进行的。

在深圳市局级以上干部《邓小平文选》第三卷读书班动员大会上，时任中共深圳市委副书记的林祖基指出："学好文选第三卷，可以回过头来帮助我们系统地总结特区十二年来所走过的道路，加深对创办经济特区

---

①　翟启运、何平：《一百年不动摇——访中央举办的省部级主要领导干部学习〈邓小平文选〉三卷理论研讨班》，《时代潮》，1994 年第 1 期。

的意义、特区的任务，以及特区未来的发展方向的认识，坚定前进的信心。更重要的是，学好文选第三卷，掌握其精神实质，可以更好地指导深圳当前及其今后的实践。深圳特区要发挥改革的试验场和对外开放的前沿阵地作用，当好建设有中国特色社会主义的排头兵，面临的任务很重，前进过程中会遇到很多新情况、新问题，要解决前进过程中存在的困难和矛盾，必须继续发扬敢闯精神，大胆探索，大胆实践。所有这些都需要以小平同志的理论作指导。因此，学好文选第三卷，对于指导特区当前和今后的工作，推进改革开放和两个文明建设，有着十分重大的意义。《邓小平文选》第三卷的出版发行，是党和国家政治生活中的一件大事，意义重大而深远。市委决定用两个月时间，组织全市局级以上干部分四期（每期两周时间）到市委党校参加《邓小平文选》第三卷的学习，这是我们认真贯彻《中共中央关于学习〈邓小平文选〉第三卷的决定》和省委有关通知精神的一项重大举措，也是把《邓小平文选》第三卷的学习引向深入的一个重要环节。用邓小平同志建设有中国特色的社会主义理论武装头脑，是加强特区党员干部思想理论建设的一项带战略性的任务，所以尽管现在工作很繁忙，市委还是决定开办这四期读书班，说明市委对这件大事是十分重视的，是下了决心的。"

1994年11月2日，又修订再版了《邓小平文选》第一卷和第二卷。三卷《邓小平文选》，集中了邓小平同志的主要著作，为系统地学习邓小平建设有中国特色社会主义理论提供了最好的教材。

编发辅助学习材料辅导学习。为了能使党员干部更好地学习和把握邓小平建设有中国特色社会主义理论的内涵，中央编发了一系列重要的学习辅助材料。1995年5月10日，中共中央发出了关于印发《邓小平同志建设有中国特色社会主义理论学习纲要》的通知。《纲要》提纲挈领，条理清晰，比较全面、准确地反映了《邓小平文选》的思想，有助于更好地理解邓小平建设有中国特色社会主义理论的科学体系，是学习这一理论的重要辅助材料。随着理论学习的深化，为了更好地学习和掌握邓小平建设有中国特色社会主义理论各个重要领域的思想观点，中央宣传部编辑出版了《邓小平论社会主义精神文明建设》和《讲学习讲政治讲正气》两本书，中央财经领导小组办公室、解放军总政治部分别印发了由江泽民同志作序的《邓小平经济理论学习纲要》《邓小平新时期军队建设思想学习纲要》等辅助材料。

设立学术研究机构推动学习。截至 1994 年 5 月，党中央在中央党校、国家教委、中国社科院、解放军国防大学和上海社科院组建五个建设有中国特色社会主义理论研究中心，在中央这一举措的推动下，大多数省区市也相继成立了建设有中国特色社会主义理论研究中心、研究小组或研究会。这标志着邓小平建设有中国特色社会主义理论的研究队伍已经组织起来，为深入、扎实、持久研究这一理论提供了组织保证。1993 年以来，由中宣部等单位联合召开了三次全国邓小平建设有中国特色社会主义理论研讨会和邓小平"和平统一、一国两制"理论与实践座谈会，交流和检阅了全国理论研究的成果，深入探讨了一些重大理论问题，有力地推动了邓小平理论研究的不断深化。

组织理论教育讲师团深化学习。中宣部于 1995 年 8 月、1996 年 10 月连续两年召开省区市委讲师团团长会议。通过学习研讨、交流心得和集体备课，使讲师团在理论武装工作中更加认清形势，明确责任，把握内容，进一步推动了在职干部的理论学习。1996 年 5 月，中宣部、国家教委、团中央联合召开了青年学习邓小平建设有中国特色社会主义理论工作座谈会。会上总结交流了各地组织青年学习邓小平理论的 16 个典型经验，研究部署了青年学习邓小平理论的工作，进一步落实邓小平理论进课堂、进教材、进头脑的工作。

开展主题文章评选促进学习。中宣部持续开展"五个一工程"好文章的组织和评选工作。从 1992 年开始实施，到 1996 年已有五届。综观历年入选的理论文章，不仅数量增加，而且质量明显提高。入选文章在1991 年度有 10 篇；1992 年度有 15 篇；1993 年度有 20 篇；1994 年度有28 篇；1995 年度有 34 篇。这些文章越来越注重用邓小平建设有中国特色社会主义理论回答重大现实问题，主旋律鲜明，题材多样化。通过对

"一篇好文章"的评奖，更好地调动了社会科学工作者的积极性和创造性，推动了精神生产的繁荣。

紧紧抓住十四大提出用邓小平建设有中国特色社会主义理论武装全党的战略任务，坚持学习马列主义、毛泽东思想，中心内容是学习邓小平建设有中国特色社会主义理论。紧紧围绕"什么是社会主义，怎样建设社会主义"这个首要的基本理论问题，把理论学习引向深入，从而使全党和全国人民进一步认清社会主义本质，发扬解放思想、实事求是的精神，掌握在社会主义发展道路、发展阶段、发展动力、发展条件等重要问题上所形成的一系列相互联系的基本观点，努力从科学体系上把握邓小平建设有中国特色社会主义理论。

二、讲学习蔚然成风

深入开展"三讲"集中教育活动，又形成了一个理论学习热潮。

按照党的十五大和 1998 年 6 月 24 日中央《关于在全党深入学习邓小平理论的通知》的要求，中央决定从 1998 年 11 月起，在全国县级以上党政领导班子、领导干部中，集中时间分期分批开展"三讲"教育活动，用整风精神普遍开展了以"讲学习、讲政治、讲正气"为主要内容的党性党风教育。各级领导干部结合工作实际和思想实际，深入学习马克思主义经典著作，开展批评与自我批评，受到了一次深刻的马克思主义教育，推动全党理论学习进一步深入。这是几年来在党员干部中进行"三讲"教育的继续和深化，也是新的历史条件下加强党的自身建设的重要探索。

为什么要在县级以上党政领导班子和领导干部中开展"三讲"教育？

第一，这是当前党面临的形势和任务、机遇和挑战，以及可能的风险和困难的客观要求。从现在起到下个世纪的前 10 年，对于我们党和国家来说，是至关重要的时期。通过深入开展学习教育，把"讲学习、讲政治、讲正气"的要求真正落到实处，全面提高各级领导班子的素质，对于确保党的基本理论、基本路线、基本纲领、基本方针的全面贯彻，确保改革开放和现代化建设的顺利进行，确保跨世纪发展目标的实现和国家的长治久安，都具有十分重要的意义。

第二，这是由领导干部所处的特殊重要地位决定的。我们所从事的建设有中国特色社会主义是前无古人的开创性事业。加强理论学习，不断提高自身的素质特别是理论素质，适应形势发展的要求，才能带领人民群众把建设有中国特色社会主义伟大事业推进到 21 世纪。

第三，这是由目前党的干部队伍的现状决定的。我们党的领导干部队伍总体上是好的，是不断进步的。但是也必须看到，有相当一部分领导干部的思想政治素质还不适应或者不完全适应形势和任务的要求。这种情况表明，领导干部加强理论学习，重视理论指导，提高自身素质特别是思想政治素质，仍然是一个迫切需要解决的重要问题。

第四，这也是党的思想政治建设工作的实际需要。在党的十五大召开之前的两年多时间里，各地党政机关在组织学习邓小平理论时，在领导干部中开展了"三讲"教育，收到了一些效果。但是，党内尤其是领导干部中在党性党风方面存在的一些突出问题还没有得到解决，相当一部分领导干部的思想政治素质还不适应或不完全适应形势和任务的要求。因此，十五大提出：继续在县级以上领导干部中深入进行以讲学习、讲政治、讲正气为主要内容的党性党风教育。

在"三讲"教育实施过程中，地方政府、国有企业、高校等广大党员干部迅速行动起来，掀起了一场轰轰烈烈的党性党风教育活动，收到了很好的教育效果。

广东韶关是全国、全省"三讲"教育市、县、乡三级试点单位。韶关市的党政领导在实践中，形成了"六堂会审"的做法，即由市委书记(副书记)、市长、纪委书记、"三讲"办主任(组织部长)、省督导组组长、市挂点领导和巡视组组长共同审阅县(市、区)党政班子和党政一把手的剖析材料，强化了把关力度，提高了工作效率，保证了剖析材料的质量。据了解，"六堂会审"采取面对面听取意见的做法，审阅者和"三讲"对象直接交流，促使"三讲"对象严于解剖自己，找准问题，搞好整改措施。会审前，仁化县委检查了"基础设施建设太过超前"的问题。在会审中，大家认真分析了仁化县的现状，认为仁化县作为韶关最重要的旅游基地，目前基础建设不是太超前，而是相对落后。该县领导将会审的意见向班子成员进行传达，并组织有关人员进行讨论，认为"六堂会审"点出的问题是正确的，具有发展战略眼光。为此，他们将计划作了新的调整，使之更加符合实际和发展的需要。又如某县有位领导开始没有认真写剖析材料，以为自我剖析没有客观标准，能否过关，主要是看与审阅材料的领导关系好不好。对此，"六堂会审"对他进行了严肃的批评，并深刻地指出其存在的问题，使他受到了深刻教育。会审后，该同志主动召集班子成员征求意见，重新进行自我剖析。"六堂会审"带来了韶关市各级领导班子作风的转变。各级领导班子切实抓住群众关注的热点难点问题及时整改，如翁源县拖欠教师工资 89 万元、农民赊款 450 万元已陆续兑付；一些县（市、区）的"三乱"问题，也有了较好的解决；武江区西河镇马屋村饮用水长期被污染的问题正在得到解决。①

中央关于在全国国有大中型企业领导班子及成员中开展以"讲学习、讲政治、讲正气"为主要内容的学习教育活动的重要指示下发后，各企业党组（党委）认真学习理论，提高思想认识。采取自学与集中讨论相结合的办法，先自学《国有企业"三讲"学习教育活动必读》，然后集中进行专题讨论。学习中，大力弘扬理论联系实际的学风，紧密结合江泽民同志近年来关于国有企业的一系列重要讲话精神，联系党的十五大以来企业改革与发展的实际，认真查找思想上和工作上的差距，总结经验教训，同时采取多种方式广泛征求群众意见。组织得力，措施具体。

为使国有大中型企业"三讲"学习教育活动取得实效，北京市委根据上一年度对企业领导班子年度考核和民主测评的情况，对市属国有大中型企业领导班子存在的主要问题、企业生产经营状况，以及领导班子的思想、组织、作风建设情况进行了综合分析。在分析的基础上，研究制

---

① 《广东韶关："三讲"实行"六堂会审"》，《人民日报·华南新闻》，2000 年 8 月 23 日。

定了《中共北京市委组织部关于在市属国有大中型企业领导班子及成员中开展"三讲"学习教育活动的实施方案》。征求意见广泛。各中管企业采取发放征求意见表、设立意见箱、召开不同层次座谈会、个别谈话等形式，认真征求集团公司老领导、机关各部门负责同志、所属企业党政主要领导以及职工代表和广大职工群众的意见。

中国通用技术集团在召开动员大会前就提前召开了 8 次座谈会，征求了 150 多人的意见，同时找不同层次的 42 名同志进行了个别谈话。中国核工业集团公司于 3 月 20 日至 21 日，分别召开了集团公司顾问、院士、专家、退休局级干部座谈会，集团公司总部部门领导征求意见座谈会和总部处以下职工代表征求意见座谈会。截至 3 月 24 日，各中管企业共发出征求意见表 846 份；召开不同层次座谈会 45 次，有 700 多人参加；个别谈话 366 人次。

21 世纪的竞争，归根到底是人才的竞争。高等学校担负着为社会主义现代化建设培养高素质专门人才的重任，是思想政治工作和意识形态领域的重要阵地。

2000 年 4 月，根据中央的决定，全国 1000 余所普通高等学校在领导班子和领导干部中陆续开展了"三讲"教育。全国已有近一半的高校进行了或者正在进行"三讲"教育。高校领导班子和领导干部坚持"社会主义政治家、教育家"标准，牢牢抓住事关高校全局的根本问题深入剖析，普遍受到了一次马克思主义基本理论和党性党风教育，经受了一次比较严格的党内政治生活的锻炼，思想政治素质有了新的提高。

清华大学党委班子在"三讲"教育中，围绕如何建设一个高素质的、与建设世界一流大学相适应的学校领导班子和如何努力成为"社会主义政治家、教育家"的领导干部两个方面，深入剖析自己存在的问题和不足。高等学校领导班子坚持民主集中制，坚持并完善党委领导下的校长负责制，是体现党对高校领导的制度保证，也是加强党对高校领导的核心问题。

兰州大学在"三讲"教育中认真制订并完善了学校党委的议事规则，

明确规定了党委和行政的分工范围、决策程序和具体要求，形成了职责分明、操作规范的机制，较好地发挥了校党委的领导核心作用。党委（党组）精心组织领导，广泛征求群众意见，坚持开门搞"三讲"。

原属国防科工委所属的北京航空航天大学、哈尔滨工程大学等7所高校，参加动员大会和填写《征求意见表》的群众都在近300人左右，召开座谈会的次数都在10次以上。由于发动群众充分，7所高校发放的《征求意见表》回收率都在98％以上，大部分高校整理的意见都在1000条以上。

深圳市宝安区针对问题边讲边改，"三讲"教育取得了实效。

在"三讲"教育征求意见座谈会上，一些群众和外商反映石岩镇松白公路宝石路口交通设施不完善，经常发生交通事故。区委书记黄志光听说这个情况后，第二天上班前驱车赶到路口实地察看。几天后的早晨在此路口召集公路、交警等部门开现场会，当场制定路口改造方案。半个月后，路口按计划改造完毕。针对群众提出的民主集中制不健全问题，该区进一步完善了民主议事、民主生活会、干部谈话、重大问题请示报告等制度。在最近召开的区委二届三次全会上通过了区委常委会议事规则。如今，区里凡重大决策，都由区几套班子主要领导集体调研，广泛征求各方面意见后才拍板。宝城黄金地段有一块7.6万平方米的地块，区委召开常委会集体讨论后，根据市场情况，决定以拍卖方式出让土地使用权，这块底价1.8亿元的土地最后以3.24亿元成交。对投资额较大的宝安大道建设问题，区委区政府先后10多次到福永、西乡、沙井、松岗等镇调查研究，问计于民。针对群众提出的人事制度方面存在的问题，区里加大改革力度，对处级干部的提拔使用实行"公示制"，从今年7月1日起，全区科级干部全部实行竞争上岗。"三讲"教育，促进了宝安区经济的快速发展。今年上半年，该区实现国内生产总值107.8亿元，比去年同期增长14.7％。①

---

① 《人民日报》，2000年8月31日。

一座 84 米长的新建大桥，结束了河北省涞水县玉斗村"雨季成孤岛，百姓出行难"的历史。这是保定市县级领导干部开门搞"三讲"、真情办实事的一幕动人场景。

2000 年 6 月初，保定市县级"三讲"教育开始后，保定市委把组织动员县级领导干部深入基层，住村入户为群众办实事，作为扎实推进"三讲"教育的重要环节，精心部署开展了"听百姓言、知百姓事、帮百姓富、解百姓忧、暖百姓心"的活动，县级领导干部广泛响应，从偏远山村农民的炕头上，到白洋淀渔民的小院里，到处可见领导干部的身影。据统计，7 月份以来，该市所辖 25 个县、市、区住村入户的县级领导干部超过 700 名，深入 2216 个村庄，亲身体察群众的疾苦，激发了为群众排忧解难的强烈责任感。他们深入农村，不仅较好地解决了群众吃水、行路、修房、用电、子女上学等生活生产上的诸多实际困难，还与群众一道，共同谋划发展思路和致富途径。涿州市 38 名县级干部轻车简从，自带行李，先后深入 108 个村，走访群众 1083 户，参加了 95 个村的民主议政日活动，了解群众关心的热点难点问题 213 个，当场解决 105 个，为群众办实事 79 件。清苑县组织副科级以上干部与贫困农民结缘攀亲，实行"1＋1"帮扶；县农业、水利、工商等部门集中力量为农民办实事，解决了一些村户无力解决的问题，深受农民欢迎。①

在"三讲"过程中，各地都对不称职的党员干部进行了不同程度的处理。

浙江省严肃查处在"三讲"教育中群众反映强烈的违纪和不称职干部，全省共有 67 名县处级以上领导干部受到不同程度的处理。其中，降职 35 人，免职 6 人，立案查处 26 人；另有 46 人受到诫勉。"三讲"教育后，浙江省还有 200 名县处级以上干部接受了诫勉谈话。其中经历了金融大案后的宁波市有 63 人，湖州市 27 人，省级机关 25 人。接受谈话的干部主要是在"三讲"中群众反映的某些方面问题较多、但尚不足予以纪律处

---

① 《人民日报》，2000 年 9 月 8 日。

分的同志。由组织、纪检等部门找他们开诚布公地谈话，点明问题，提出整改和努力的方向，对干部震动较大。①

中共山西省大同市委在"三讲"教育和"回头看"中，领导班子和成员的满意率均在95％以上。但他们没有满足于"票够了、关过了"，而是扎扎实实搞整改，一个一个地解决"三讲"教育中群众反映较强的突出问题。他们首先严格对干部的管理。严肃处理了12名领导干部公款出国旅游、8人在经济实体兼职的问题；将公安系统500余名不符合条件的协勤警和联防队员彻底清退；收回了领导干部违规使用的通讯、交通工具；一些单位的"小金库"已被打网式清理；公款吃喝、大操大办等不正之风被新闻媒体曝光，已得到明显遏制。今年1—6月，全市查处涉及县处级以上干部和万元以上的大要案82件，有156人受到党纪、政纪处分。对其中的8个典型案例作了公开处理，为国家挽回经济损失1283.94万元。为巩固"三讲"成果，市委书记靳善忠、市长孙辅智等领导眼睛向下看，脚步往下走，多次深入到全市11个县（区）、近百个乡村和60多个企事业单位实行"三同"。解决了180多个乡村中农民的10多项不合理负担问题；出台优惠政策，帮助企业恢复生产，开辟门路，使2万余名下岗职工重新就业；严格完善了制止向企业乱伸手、乱收费、乱摊派的规定，共取缔了16项"三乱"细目，解除了企业后顾之忧，还了企业自主权。②

北京市委"三讲"办罗广玉、洪振帅总结"三讲"教育经验，撰写了"三讲"教育"七字歌"，有利于更好地推进"三讲"教育的开展。

> 中央文件十七号，全国上下都知道。
>
> 新形势下抓党建，既是探索又创造。
>
> 处级以上都要搞，组织部门来协调。
>
> 领导重视是前提，落实责任不可少。
>
> 认真自学作准备，必读篇目先学到。

---

① 《人民日报》，2000年11月17日。
② 《人民日报》，2000年9月5日。

思想发动第一步，精神状态必须好。

集中数日精心学，理论基础打得牢。

难得这样好机会，白天不够夜里找。

联系实际学理论，才能入心又入脑。

坚持开门搞"三讲"，发动群众帮领导。

开通热线设信箱，广发征求意见表。

真心诚意靠群众，态度端正顾虑消。

群众参与真积极，提出意见百余条。

反馈意见不修饰，原汁原味如实告。

虚心接受不埋怨，群众意见作良药。

知错就改下决心，边整边改动手早。

自我剖析有侧重，突出问题重点找。

思想深处多发掘，理论高度深思考。

这一环节是关键，狠下功夫来确保。

反反复复改又改，达到标准才定稿。

不辞劳苦巡视组，按着要求细对照。

认真帮助和指导，经常深夜才睡觉。

开展批评继续查，测评通过也不骄。

交流思想广又深，真心话儿往外掏。

发言提纲早准备，批评内容先定调。

主要领导带了头，既重言传又身教。

大家纷纷陈直言，思想灰尘彻底扫。

相互批评重质量，讲究方式不扣帽。

开完民主生活会，脸红心跳把汗冒。

坚持原则不客气，优良传统回来了。

学习工作两不误，统筹安排作依靠。

讲与不讲不一样，上下呈现新面貌。

鼓足干劲抓工作，紧张忙碌队不掉。

环境治理变化大，遍地鲜花和绿草。

城市建设日日新，满怀信心再申奥。

举世瞩目大庆典，更是传来大捷报。

工作成绩接踵来，认真"三讲"不骄傲。

边整边改办实事，群众称赞有成效。

科学决策定措施，落实制度不动摇。

召开情况通报会，要让群众也知晓。

加强督促和检查，绝对不能留死角。

认真总结和归纳，所有经验都是宝。

立足长远抓党建，坚定实现大目标。①

在"三讲"教育中央巡视组长检查组长座谈会上，中央党建工作领导小组副组长、中央"三讲"教育联系会议负责人张全景指出，回顾两年来集中开展的"三讲"教育工作，必须站在实践"三个代表"要求、贯彻落实十五届五中全会精神的高度，来进行理性思考，进一步提高实践"三个代表"的自觉性和坚定性，按照"三个代表"的要求全面加强党的自身建设，迎接新世纪。张全景强调，要巩固和扩大"三讲"教育成果，首先要把对"三个代表"重要思想的学习，深入扎实地推向前进。对共产党人来说，"三讲"是长期的，要结合新的形势和社会实践，经常讲，反复讲。县（市）"三讲"教育要在适当时候开展"回头看"活动，看哪些问题解决了，有什么经验；哪些问题没有解决，或出现了什么新问题，是什么原因，抓紧解决。②

2000年11月30日，中共中央办公厅施行《关于在农村开展"三个代表"重要思想学习教育活动的意见》（以下简称《意见》），中央决定，用两年左右的时间，在全国县（市）部门、乡镇、村领导班子和基层干部中，有计划、有步骤地开展"三个代表"重要思想学习教育活动。

---

① 《人民日报》，2000年3月28日。
② 《人民日报》，2000年11月5日。

在农村开展"三个代表"重要思想学习教育活动，是实现党的十五届五中全会确定的发展目标，加快农村发展的需要；是巩固和扩大县（市）"三讲"教育成果，解决当前农村存在的突出问题的需要；是在农村基层组织连续六年集中整顿和建设的基础上，进一步提高农村基层干部素质和基层组织建设水平的需要；同时，也是推动全党深入贯彻党要管党、从严治党的方针，推进党的建设新的伟大工程的需要。这次学习教育活动要把握以下原则：(1)坚持学习教育与推动农村工作相结合。(2)坚持正面教育、自我教育为主。(3)坚持从实际出发，分类指导。(4)坚持上下结合，综合治理，标本兼治。学习教育活动要达到的基本要求：(1)推动农村经济发展，增加农民收入要有新进展。(2)减轻农民负担要切实见到成效。(3)基层干部思想作风和工作作风要有明显改进。(4)精神文明建设和民主法制建设要进一步加强。乡镇和县（市）部门学习教育活动，大体可分三个阶段：(1)学习培训。(2)对照检查。(3)整改提高。开展学习教育活动务必注重实效，坚持标准，确保质量，克服形式主义，防止走过场。要加强对学习教育活动的宣传，总结推广典型经验，形成良好的舆论氛围。《意见》下发后，全国各地迅速行动起来，掀起了农村学习"三个代表"重要思想教育活动的新高潮。

全国31个省、自治区和直辖市党委都成立了"三个代表"重要思想学习教育活动联席会议（领导小组），21名省区市党委书记担任组长，21名党委常委、组织部长担任联席会议办公室主任。各地普遍落实了领导责任制，建立了省、市、县三级党政领导干部联系点制度，还选派一部分身体好、热心农村工作的干部组成督查组，对学习教育活动进行具体指导。

安徽省抽调1万名干部组成2527个督查指导组，集中培训后分赴各地检查，推动了学习教育活动的深入开展。为了把中央的要求与本地实际结合起来，各地积极组织干部深入农村调查研究，制定实施方案。全国已有30个省区市制定了学习教育实施方案，27个省区市在此基础上相继召开会议进行部署。各地纷纷采取措施，下力气抓好县（市、区）委书记、省区市级督查指导组、各市（地、州）学习教育活动办公室负责人三个层次的培训，推动学习教育活动的开展。同时，各地还注意突出重点，大力解决主要问题。

新疆在开展学习教育活动中，把维护祖国统一、加强民族团结作为学习教育活动的重要内容，把解决农村基层干部政治坚定和思想工作作风方面存在的突出问题作为重点，增强了学习教育的针对性、现实性和实效性。在学习教育活动中，各级领导干部带头深入基层，广泛征求群众意见，解决热点难点问题，推动了农村各项工作的开展。

时任浙江省委书记张德江自带铺盖，来到浙西贫困山区，住在村民家中，了解当前农村工作中迫切需要解决的问题。宁夏回族自治区贺兰县、海南省屯昌县针对乡镇干部"走读"严重的问题，在学习教育活动中制定了驻乡镇工作制度、公车管理制度和违纪行为查处制度等若干规定，有效地促进了农村基层干部作风的转变。

新疆吉木萨尔县乡干部带着被褥，深入农家，实践"三个代表"重要思想，为各族农牧民群众办了许多实事。过去，泉子街镇老党员、老干部、老模范的待遇没有落实，生活困难，一些"三老"人员对干部失去信任。"三个代表"活动开展后，这种情况被深入农家的干部发现，及时和镇党委领导协调，很快拿出解决方案：对70岁以上的农村老党员、老模范、老干部，镇党委统一免去义务工、劳动积累工和夏粮定购任务；镇党委每年组织为农村"三老"人员定期免费检查身体，镇团委组织青年志愿者服务队每年为"三老"人员打扫卫生两次；"三老"人员去世后，镇政府优先划给墓地，解决丧葬费500元；每年春耕和秋收，镇直机关单位干部与"三老"人员同吃、同住、同劳动。现在农村"三老"人员说：党和政府没有忘记我们这些老人！县委书记张凤山到泉子街农民家中指导工作，晚上吃农家饭，睡土炕。他把一个村庄的农民集中到一起上课。当地农民说，这么多年，第一次见到县委书记给我们上劳动生产课。他了解到这里的农民种小麦收入很低，就请来县里的农技人员给农民讲经济作物的种植，开辟新的致富门路。台镇东地和老湾两个片区6000多人数月没电，晚上漆黑一片。农民们怨声载道，盼电心切。张凤山得知后，连夜了解情况，第二天便和电业局领导带队，一起检查线路，不到10天就使电路畅通。村民们欣喜若狂，聚集到文化室又唱又跳。

"机关干部作风浮飘，深入基层少"，这是河北省宁晋县"三讲"教育期间，群众提意见最多的问题之一。县委"一班人"针对群众意见，经过研究决定，选派党政机关干部到基层去，到农村去，到群众中去，以实际行动实践"三个代表"的要求。从去年7月以来，选派356名县直、乡镇机关干部，由32名县级干部带队，自带炊具和被褥，组成92个工作队，进驻92个村，开展了"进百村、入百户、解百难"活动，受到群众的欢迎。县委书记李忠文在驻毕家庄村期间，早晨5点多钟起床，与农民一起深入田间地头。藏庄村是个养鸡专业村，但因不通公路，遇上雨天，人进不去出不来，群众对此意见很大。县建设局驻村工作队以解决行路难为切入点，积极开展工作并带头捐款。在他们的带动下，本村在外工作人员及30位个体工商户也纷纷慷慨解囊，修路资金很快得到解决，藏庄群众盼了多年的愿望变成了现实。11月1日，藏庄群众敲锣打鼓将一面绣有"三百活动好，村民齐称道"的锦旗送到县委、县政府。宁晋县的"三百"活动靠为群众办好事、办实事赢得了民心。截至目前，驻村工作队已实际投入资金100万元，为进驻村办好事2380件。①

7月1日，安徽凤阳县小岗村一片静悄悄。这里家家户户都在回响着同一个声音，江总书记那雄浑昂扬的声音激荡在小岗人的心头。村委会主任严宏昌上午收看了一遍不过瘾，晚上又看了一遍。晚上正放到一半的时候，村里有线电视转播站因为机器过热要关机，住在隔壁的严宏昌三步并作两步跑过来挡住："别忙关，让我看完江总书记讲话！"作为当年大包干的带头人之一，严宏昌说，小岗村过去敢为人先，今天也不能落在人后。村里打算组织一个由全体村民参加的"三个代表"讨论会，好好学习江总书记的讲话，为小岗筹划未来之路。在另一个院落，刚刚听

① 《人民日报》，2001年1月15日。

完江总书记讲话的另一位大包干带头人严俊昌满怀感情地向记者回忆起"大包干"那段难忘的岁月："对照小岗的发展历程，只要党员干部认真实践了'三个代表'的精神，全心全意为人民服务，村里的发展就快。"在村口的葡萄园里，记者找到了带领小岗人搞种植结构调整的小岗新一辈严德友。这位 31 岁的年轻人当过小岗村的支书，后又到另一个镇任镇党委副书记，现在自愿放弃官职回乡摆弄葡萄园。为什么会做出这样让常人难以理解的选择？严德友说："我是想起到一个示范带动作用，要通过结构调整增加收入。20 多年前，我们的父辈解决了吃饭问题，20 多年后，我们这一辈应该解决小岗的大发展问题，小岗应该始终挺立改革的潮头！"在小岗，我听到了同一个声音，这是小岗锐意改革的强烈呼声，是"三个代表"的隆隆实践声。①

　　在全党全国人民深入学习江泽民同志"七一"重要讲话的时候，中共中央文献研究室编辑出版了江泽民《论"三个代表"》一书。这一著作系统论述了"三个代表"重要思想的科学内涵和精神实质，全面反映了"三个代表"重要思想从提出到逐步深化的发展过程，贯穿着解放思想、实事求是的思想路线，体现着马克思主义与时俱进的创新精神，是学习、宣传、实践"三个代表"重要思想的重要教材。中共中央组织部、中央宣传部、中央文献研究室联合在京举行座谈会，学习江泽民《论"三个代表"》这一重要著作。与会者认为，这一著作的出版，对于进一步深入学习、宣传和实践"三个代表"的重要思想，把全党思想统一到"七一"讲话精神上来，把全国人民力量凝聚到做好各项工作上来，具有重要而深远的意义。大家强调，我们要以江泽民同志《论"三个代表"》出版为重要契机，认真组织好这一著作的学习与宣传，引导和帮助广大干部群众系统学习、准确理解"三个代表"重要思想的科学内涵和精神实质，把学习宣传贯彻江泽民同志"七一"重要讲话不断引向深入，把学习宣传贯彻"三个代表"重要

① 《经济日报》，2001 年 7 月 5 日。

思想推向一个新的高潮。①

在学习实践"三个代表"过程中，涌现了很多先进典型人物，他们的先进事迹感染了很多人，带动了很多人。在他们中间，有全身心献身教育事业、清正廉洁、克己奉公、无私奉献、鞠躬尽瘁死而后已，被人们誉为"焦裕禄式的教育局长"的湖南郴州桂县原教育局局长胡昭程；有对党忠诚，干一行，爱一行，乐于助人，甘于奉献，几次见义勇为斗歹徒，十年如一日资助失学儿童和照顾孤寡老人，被驻地人民誉为不走的"兵儿子"的广州军区模范实践"三个代表"的雷锋式先进战士易新群；有信念坚定，始终爱党、信党、跟党走、业务精湛，二十年如一日，兢兢业业工作，无微不至地为病人服务，被海内外患者誉为"爱心天使"，不受西方价值观念和生活方式的诱惑，不为"金山、银山"所动，表现出了共产党员的政治本色和浩然正气的全军卫生战线标兵杨丽；有全心全意爱兵为兵，直至为保护士兵献出了 29 岁的年轻生命，用行动实践了自己"爱兵超出自己生命"的诺言，用青春年华向党和人民交了一份闪耀着"三讲"精神和"三个代表"光辉思想的优秀答卷的济南军区某旅炮营二连的官兵一直在怀念他们的原指导员姜升立；有始终把最广大人民根本利益放在心头，带领群众苦干实干，把贫穷的官店带入了全省百强乡镇的行列，被中组部授予"优秀党务工作者"称号的湖北省恩施土家族苗族自治州建始县官店镇党委书记刘银昌；有坚定信念、赤诚奉献、艰苦创业、一心为民的新时期农村共产党员的楷模，"三个代表"的忠实实践者陕西省铜川市印台区红土镇惠家沟村原党支部书记郭秀明。

三、系统化的干部教育培训

不断健全完善理论学习制度。理论学习纳入经常化、规范化轨道，学习制度逐步健全。中央对理论学习制度建设多次提出明确要求。中组部、中宣部制定了《关于加强和改进党委（党组）中心组学习的意见》《关于

---

① 《人民日报》，2001 年 8 月 16 日。

建立县级以上党政领导干部理论学习考核制度的若干意见》。各级党委把学习制度建设摆到突出位置，常抓不懈，逐步建立健全领导干部带头学习制度、理论学习领导责任制、中心组学习制度、干部脱产培训制度、学习考核制度、党校培训轮训制度、领导干部读书研讨制度、学习情况通报交流制度和考核制度等。通过制度建设，把外在约束与内在动力结合起来，"学与不学一个样，学得好与不好一个样"的状况有所改变。1994 年 6 月 28 日，在全国干部理论教育讲师团第五次工作会议上，中宣部副部长刘云山同志对干部理论教育的抓手作了总结和概括，他指出："我们的干部理论教育任务，是靠三个抓来完成的，今后也是这样，即：一个班，即领导干部理论研讨班；一个组，即党委学习中心组；一个团，即干部理论教育讲师团……把理论学习和工作实践结合起来，相互促进，相互推动。"①理论学习以党委学习中心组、讲师团、理论研讨班和经验交流会为"抓手"，形成了党委领导班子集体学习制度等，对推进理论武装工作发挥了重要作用。

领导干部带头学习制度。理论武装工作得到各级党委的高度重视，良好的学习风气开始形成。各级党委把理论学习列入"一把手工程"，普遍建立党委主要领导亲自抓、分管领导具体抓、职能部门协助抓的领导机制，初步形成了一级抓一级、一级带一级、齐抓共管的工作格局。各级领导干部以身作则，带头学习，为理论武装工作的深入开展提供了有力保证。为了把用科学理论武装全党的战略任务落到实处，江泽民等中央领导同志不仅多次发表了重要讲话，指明了方向，及时地对理论工作提出任务和要求，而且亲自抓这项总揽全局的根本性任务，适时地采取了一系列重大措施，确保这项任务得以落实。这是这段时期全党理论学习能够蓬勃兴起、持续推进的最强大的动力。理论武装工作取得今天这样的主动局面，除了中央高度重视这个决定性因素之外，对于各地各部

---

① 《充分发挥讲师团的作用，把建设有中国特色社会主义理论的学习深入、持久、扎实地开展下去——中宣部副部长刘云山同志在全国干部理论教育讲师团第五次工作会议上的讲话摘要》，《理论学习》，1994 年第 8 期。

门来说，主要就是党委重视，自觉地同以江泽民同志为核心的党中央保持高度一致，一把手带头，一级抓一级，层层推进。领导抓，抓领导，领导干部率先垂范，以身作则，进而带领干部群众学习理论，确保理论学习顺利进行，这就是理论学习越来越好的关键因素。

中央决定举办的省部级主要领导干部理论研讨班，从 1993 年 10 月 4 日到 1994 年 5 月 31 日，已经按照计划办完了四期。先后参加学习的省部级主要领导干部、解放军各大单位主要领导干部和一部分在宣传理论战线担任领导工作的同志共 175 人，其中中央委员、候补中央委员 121 人。办第一期、第三期时，江泽民同志都与研讨班学员一起进行了座谈。第一期结束、第二期开班时，学员们还听了江泽民同志关于认真学习《邓小平文选》第三卷的动员报告。①

1994 年 5 月 31 日，江泽民同志在第四期省部级主要领导干部学习《邓小平文选》第三卷理论研讨班结业会上强调指出，我们的改革正在全面深化，建立社会主义市场经济体制的各项工作正在迅速展开，这是深入学习邓小平同志建设有中国特色社会主义理论，提高运用理论武器正确把握大局、妥善解决实际问题的能力的好时机。领导干部越忙，越要带头坚持学习。要带着现实问题学理论，用理论指导解决现实问题，努力在全党造成浓厚的学习理论的空气，造成浓厚的研究解决实际问题的空气。

1995 年 6 月，中组部和中宣部联合召开了省部级党委（党组）中心组理论学习经验交流会。这是建立党委中心组以来第一次全国范围的学习经验交流会，对于形成党委领导班子集体学习的制度、领导干部读书研讨的制度和学习情况通报交流制度，促进全党理论学习的深入发展，起到了推动作用。

为深入学习领会十五大精神，培训宣讲、宣传骨干，中共中央宣传部于 1997 年 10 月 16 日至 21 日在京举办了全国讲师团团长学习十五大

---

① 《人民日报》，1994 年 6 月 1 日。

精神研讨班。中共中央政治局委员、书记处书记、中宣部部长丁关根参加会议并讲话。他指出，讲师团是在党委领导下帮助在职干部学习理论的重要力量，要面向基层，联系实际，深入浅出地宣讲邓小平理论、十五大精神和党的路线方针政策。各地要切实为讲师团的工作创造有利条件，更好地发挥讲师团的作用。参加研讨班的有全国各省、自治区、直辖市的讲师团团长，中央主要新闻单位理论宣传部门负责人。

党校是在党委领导下，按照社会主义现代化事业的要求教育训练干部的学校。它是培训各级领导干部，培养理论骨干，学习和研究马列主义、毛泽东思想、邓小平同志建设有中国特色社会主义理论的重要阵地，也是干部增强党性锻炼的熔炉。这就是党校的地位和应尽的职责。紧密结合改革开放和社会主义现代化建设的实践，用邓小平同志建设有中国特色社会主义理论武装领导干部，培养理论骨干，开展理论研究和宣传，是新形势下党校的根本任务，也是党中央对党校工作的基本要求。在当前和今后一个时期，各级党校都要适应深化改革，加快建立社会主义市场经济体制，促进国民经济持续、快速、健康发展，保持社会稳定，推动社会全面进步的需要，突出抓好《邓小平文选》第三卷的学习，以此带动党校教学、科研和其他各项工作的不断进步。邓小平同志视察南方发表重要谈话和党的十四大以来，各级党校积极探索新形势下做好党校工作的新路子，以教学为中心的各项改革迈出了新的步伐。在教学活动中，认真贯彻"学马列要精，要管用"的原则，加强建设有中国特色社会主义理论的教学和研究，增加了社会主义市场经济知识和其他新知识的内容。把学习掌握建设有中国特色社会主义理论，同学习贯彻《中共中央关于建立社会主义市场经济体制若干问题的决定》结合起来，取得了明显的效果，积累了新的经验，带动了各地各部门领导干部的学习。

不断改进学习形式和教育方法，理论的说服力、战斗力不断增强。理论学习适应形势发展，与研究、宣传紧密结合，同时在方法和载体上也不断创新。"三讲"集中教育、"七一"集中宣讲等新形式，着力于针对性、实效性，着力于说充分、说清楚，创造了党的理论教育的成功经验。报刊、广播电视和互联网等现代传媒发挥了巨大作用，特别是《使命》《光荣行》《走进新时代》等一批优秀电视理论宣传片，大大增强了理论的吸引力和感染力。各地运用专题研讨班、社科论坛、竞赛、辅导等方式，开展生动活泼的学习活动，激发了广大党员干部学习的积极性。

印发经典著作和辅导材料，系统推动学习。除了发行《邓小平文选》第三卷外，还在重新修订、增补的基础上，出版发行《邓小平文选》第一卷和第二卷。把第一、二卷文选的学习与第三卷的学习联系起来，结合起来，有利于党员干部历史地、全面地掌握邓小平同志的思想理论观点及其发展过程。编发辅导材料促进学习。中宣部主持编写了《邓小平同志建设有中国特色社会主义理论学习纲要》，有助于帮助广大干部、特别是县以上领导干部从总体上全面把握邓小平建设有中国特色社会主义理论的科学体系及其一系列重要观点。1995年5月10日，中共中央发出了关于印发《邓小平同志建设有中国特色社会主义理论学习纲要》的通知，要求广大党员干部要以《纲要》为重要辅导材料学好理论。随着理论学习的深化，为了更好地学习和掌握邓小平建设有中国特色社会主义理论各个领域的重要思想观点，中央财经领导小组办公室、解放军总政治部分别印发了由江泽民同志作序的《邓小平经济理论学习纲要》《邓小平新时期军队建设思想学习纲要》等辅助材料，中宣部编辑出版了《邓小平论社会主义精神文明建设》和《讲学习讲政治讲正气》等书，这些专门性辅助材料的编发，推动着教育学习活动走向深入。

讲师团这支队伍，根据中央1982年38号文件的有关要求陆续重建以来，已经十多年了。十多年来，由于讲师团的教学具有灵活机动、形式多样、联系中心工作紧密、覆盖面宽和学习周期短、效果好的特点，被人们喻为干部理论教育战线上的轻骑兵和没有围墙的干部大学。

中宣部和各地宣传部门在理论武装工作中发挥了重要的推动作用。十四大以来，按照中央的统一部署，努力探索新形势下做好理论工作的思路和方法，逐渐形成了新时期理论工作科学化、规范化、制度化的新路数。理论学习以党委学习中心组、讲师团、理论研讨班和经验交流会为"抓手",形成了党委领导班子集体学习制度、党校培训轮训制度、领导干部读书研讨制度、学习情况通报交流制度和考核制度等,对推进理论武装工作发挥了重要作用。理论宣传以中央和省级党报、党刊、电台、电视台为主要阵地,以有关理论宣传课题为"抓手",建立联席会议制度等,形成合力,唱响了主旋律。理论研究以理论研究基地、"五个一工程"中的优秀文章、理论研讨会为"抓手",形成了一支可观的理论研究队伍,涌现出一批质量较高的理论成果。这些"抓手"之间相互联系,构成一个运转灵活的工作链条,把"以科学的理论武装人"的任务真正落实下来,努力为全党全国工作大局服务。

立足于建设有中国特色社会主义的伟大实践,重在建设,学以致用。十四大以来理论武装工作之所以发挥重大作用,就是因为认真贯彻理论联系实际的原则,在指导实践上下功夫,"以当代中国社会主义改革开放和现代化建设实际问题为中心,以我们正在做的事情为中心,着眼于马克思主义理论的运用,着眼于提高对实际问题的理论思考,着眼于新的实践和新的发展"。五年来,我们在理论学习中,围绕建设有中国特色社会主义这一主题,以《邓小平文选》为中心内容,紧扣改革和建设不同时期的任务,把学习邓小平理论与学习江泽民同志的重要讲话、党中央的重大决策结合起来,把学习邓小平理论与研究经济社会发展战略结合起来,把学习邓小平理论与树立科学的世界观、人生观、价值观结合起来,努力用这一理论来指导、解决改革开放和现代化建设的实际问题。同时,对改革实践中出现的不同认识和理论研究中产生的不同观点,坚持正面引导,不搞争论,排除干扰,克服噪音,保持了理论工作积极、健康、向上的发展态势。理论学习的过程,变成提高认识、改进工作、促进社会主义现代化建设深入发展的过程,充分显示出邓小平理论在改造主客观世界中的巨大作用。

理论工作思路清晰,管理科学,真抓实干。十四大以来,中宣部和各地宣传部门按照中央的统一部署,努力探索新形势下做好理论工作的思路和方法，逐渐形成了新时期理论工作科学化、规范化、制度化的新路数。

五年来，理论武装工作不断加强和改进，形成了以党委中心组学习为龙头，以县处级以上领导干部为重点，脱产学习、中心组学习与在职自学相结合，广大党员干部踊跃参加理论学习的良好态势，表现出以下特点：理论武装围绕党的工作大局，与党的事业发展相互配合，相互促进。这是五年来的一个鲜明特点。各级党委把学习理论同学习中央指示精神、贯彻中央重大决策结合起来，同学习各种新知识结合起来，在深度和广度上不断拓展，增强了贯彻执行党的基本路线和各项方针政策的自觉性、坚定性。

党中央领导同志高度重视理论武装工作。把理论武装工作摆在什么位置，这是决定其规模和成效的重要因素。以江泽民同志为核心的党中央高瞻远瞩，确立以邓小平建设有中国特色社会主义理论为根本指针，更加突出地把"以科学的理论武装人"摆在首要地位，作为最重要的任务。

第十四章　学习活动的理论升华

当历史车轮驶入 21 世纪时，中国进入了全面建设小康社会、加快推进社会主义现代化建设的新阶段。

此时的世界，迷雾重重，危机不断。世界社会主义遭到严重挫折，世界多极化和经济全球化的趋势继续在曲折中发展。霸权主义和强权政治出现新特点，地区热点问题局势严峻，大国关系虽明显改善，但矛盾依然存在……

审视中国，发展中也存在一些新的矛盾和问题。收入差距问题、城乡差别问题，改善民生和维护社会稳定任务依然艰巨。新时代、新形势，新问题，更趋复杂的国际国内环境，充满迷雾、险滩、激流，考验着领航中国巨轮的领导者。

找准方位，才能把握航向；沉着清醒，方能坚定前行。如何通过学习拓展能力，迎接挑战，规避风险；把握机遇，谋求发展，成为中国共产党不得不思考的重大课题。

一、学习型党组织的提出

2001 年 5 月，在上海亚太经合组织人力资源能力建设高峰会议上，江泽民同志代表中国首次提出，21 世纪的中国要致力于"构筑终身教育体系，创建学习型社会"，把"人力资源能力建设""放在社会经济发展的突出位置"，强调"学习是提高人的能力的基本途径"①。这是中国党和国家领导人第一次对联合国提出的建设学习型社会这个号召的一个回应，同时也是对中国发展新思路的一个表述。对此，曾庆红指出，要"贯彻江泽民总书记的重要指示，创建学习型政党"。2002 年 8 月 14 日，《人民日报》发表了题为《建设学习型政党》的评论员文章，阐述了建设学习型政党的重大意义。提出"创建学习型社会，最重要的是要把我们党建设成学习型政党，充分发挥党组织在创建学习型社会中的示范作用，发挥党员在培养具有终身学习能力的社会成员中的表率作用"。

2002 年 9 月，江泽民同志在北京师范大学成立 100 周年的纪念大会上再次呼吁："推动教育体系的创新，逐步形成适应终身学习需要的学习型社会，满足人民群众多样化的学习需求。"②

2002 年 11 月，党的十六大召开，提出要抓住 21 世纪头 20 年这个重要战略机遇期，全面建设小康社会。全面小康社会的目标之一就是要"形成全民学习、终身学习的学习型社会，促进人的全面发展"③。十六届三中全会再次强调了"构建现代国民教育体系和终身教育体系，建设学习型社会"④。十六届五中全会提出："坚持教育优先发展，全面实施素质教育，普及和巩固义务教育，大力发展职业教育，提高高等教育质量，深化教育体制改革，加快教育结构调整，促进各级各类教育协调发展，建设学习型社会。"⑤

2004 年 9 月 19 日，党的十六届四中全会通过的《中共中央关于加强党的执政能力建设的决定》提出，要"重点抓好领导干部的理论和业务学习，带动全党的学习，努力建设学习型政党"。这是我们党的历史上首次

---

① 江泽民：《加强人力资源能力建设共促亚太地区发展繁荣》，《人民日报》，2001 年 5 月 16 日。

② 《江泽民文选》第 3 卷，人民出版社 2006 年版，第 500 页。

③ 《十六大以来重要文献选编》上，中央文献出版社 2005 年版，第 15 页。

④ 同上书，第 477 页。

⑤ 《中共十六届五中全会在京举行》，《人民日报》，2005 年 10 月 12 日。

以党中央全会决定的方式提出建设学习型政党，具有重大而深远的意义。2007 年党的十七大报告明确提出建设学习型政党的要求，指出"要按照建设学习型政党的要求，紧密结合改革开放和现代化建设的生动实践，深入学习马克思列宁主义、毛泽东思想、邓小平理论和'三个代表'重要思想，在全党开展深入学习实践科学发展观活动，坚持用发展着的马克思主义指导客观世界和主观世界的改造，进一步把握共产党执政规律、社会主义建设规律、人类社会发展规律，提高运用科学理论分析和解决实际问题能力"①。

建设学习型党组织，是中国共产党基于对党的建设的深邃思考和对时代脉搏的准确把握而提出来的。

第一，建设学习型政党是形势发展变化对党和国家的新要求。

就国际形势来讲，新世纪新阶段，国际格局发生了新的深刻变化。和平与发展仍是当今时代主题，但国际战略竞争和矛盾也在发展，呈现出总体和平与局部战争、共谋发展和限制异己相并存的特点，科技进步日新月异，以科技为先导的综合国力竞争日趋激烈。各种文化相互激荡交融，敌对势力对我国实行西化、分化的图谋并没有改变。我国仍然面临着发达国家在经济、科技文化等方面占优势的压力。国际政治经济领域中各种力量产生的深层次的冲击，对中国共产党提出了更高、更多、更强的能力要求。江泽民同志在党的十六大报告中要求各级党委和领导干部必须不断提高五种能力：科学判断形势的能力，驾驭市场经济的能力，应对复杂局面的能力，依法执政的能力，总揽全局的能力。

所有这些新的能力要求是以往的知识结构所不能提供的，要求中国共产党必须紧跟世界发展潮流，重视学习和掌握国际经济、政治、法律、文化、军事等各方面的知识，重视研究国际形势的发展规律，全面认识和把握国际因素对我国的影响，用不断学习、建设学习型政党的要求去认识和适应这种新的变化。新的时代，中国与世界的关系越来越紧密，

① 《十七大以来重要文献选编》上，中央文献出版社 2009 年版，第 38—39 页。

一些中国的问题往往就是世界的问题，一些世界的问题往往也会转变为中国的问题。不深入学习，仔细观察、冷静判断中国发展内外部因素的相互联系、相互作用、相互影响、相互转化，就有可能栽大跟头、吃大亏。从历史上看，在这个问题上"我们吃过这个苦头，我们的老祖宗吃过这个苦头"①。邓小平告诫全党："不要关起门来，我们最大的经验就是不要脱离世界，否则就会信息不灵，睡大觉，而世界技术革命却在蓬勃发展。"②

从国内情况来看，站在新的历史起点上的中国，在取得成就的同时，矛盾和问题也在不断集聚。伴随着社会结构的变动和对外开放的发展，"三农"问题，城乡之间、区域之间、经济与社会之间发展不平衡问题，产业结构调整问题，产能过剩问题，发展方式问题，就业问题，教育、卫生事业不能满足人民需求的问题等，都在困扰着中国社会，都是现实提出的严峻挑战。可以说当今的中国既处在一个前所未有的"黄金发展期"，又正处于改革的攻坚期、发展的关键期、矛盾的凸显期。这些问题和矛盾的解决都需要我们党不断学习、努力创新。但是"面对错综复杂的国际环境和建设有中国特色社会主义的全新事业，不少领导干部的政治理论素养、知识水平、领导水平特别是驾驭社会主义市场经济的能力，不适应形势发展要求的问题日益突出；不少领导班子的专业结构不够合理，缺少懂得现代经济管理、法律、金融、外经外贸的干部"③。

就中国共产党的自身情况而言，队伍在不断发展，新党员的数量在不断增多。这一方面说明我们党的事业兴旺发达、后继有人；另一方面也要看到由于大多数党员是在和平环境中成长起来的，有的人缺乏与人民群众患难与共、休戚相关的切身感受，群众观念不强；有的人精神懈怠、不思进取；有些人缺乏马克思主义理论素养，以致在重大问题上是非不清，在日益复杂的斗争中迷失方向，理想信念动摇；有少数干部甚

---

① 《邓小平文选》第 3 卷，人民出版社 1993 年版，第 90 页。
② 同上书，第 290 页。
③ 《十四大以来重要文献选编》中，人民出版社 1997 年版，第 1083—1084 页。

至利用人民赋予的公权谋取私利，以致腐化堕落，经不起执政考验、改革开放考验、市场经济考验、外部环境考验。这些问题都直接影响着党的先进性和执政成效，迫切要求我们党重新学习，提高素质，转变作风，把党的执政能力推进到一个新的水平。

第二，建设学习型政党是对党的优良传统的继承和发扬。

重视学习、善于学习是我们党的优良传统。中国共产党 100 年的历史，就是一部以学习立党、用学习兴党、靠学习执政的历史。每当革命和建设发展到重大转折时期，全党面临新的形势和任务的时候，更是特别强调学习，而每一次学习运动都会推动党和国家事业的发展。学习已成为中国共产党人化解危机、提高能力、战胜困难、屡试不爽的法宝。1939 年 5 月，在中国抗日战争的关键时期，毛泽东在延安在职干部教育动员大会上提出："要把全党变成一个大学校"，"全党的同志，研究学问，大家都要学到底，都要进这个无期大学"①。中华人民共和国成立前夕，毛泽东号召全党要重新学习。他说："严重的经济建设任务摆在我们面前。我们熟习的东西有些快要闲起来了，我们不熟习的东西正在强迫我们去做。这就是困难。""我们必须克服困难，我们必须学会自己不懂的东西。我们必须向一切内行的人们（不管什么人）学经济工作。"②改革开放一开始，邓小平再次提出学习问题，尖锐地指出："这些年来，应当承认学得不好。主要的精力放到政治运动上去了，建设的本领没有学好，建设没有上去，政治也发生了严重的曲折。现在要搞现代化建设，就更加不懂了。所以全党必须再重新进行一次学习。"③面对世纪之交中国特色社会主义事业的新发展，江泽民同志指出："我们不懂得、不熟悉、不精通的东西还很多，或者过去懂得的、熟悉的东西，随着科学技术的迅猛发展和知识的迅速更新，又变成不懂得、不熟悉了。所以唯一的办法，

---

① 《毛泽东文集》第 2 卷，人民出版社 1993 年版，第 185 页。
② 《毛泽东选集》第 4 卷，人民出版社 1991 年版，第 1480、1481 页。
③ 《邓小平文选》第 2 卷，人民出版社 1994 年版，第 153 页。

就是加强学习。"①

党的十六大以来，党中央坚持把学习放在更加突出的位置。胡锦涛同志指出："我们党要团结带领全国各族人民抓住机遇、迎接挑战，与时俱进、开拓创新，实现全面建设小康社会的宏伟目标，不断开创中国特色社会主义事业新局面，必须坚持把学习作为全党一项十分重要的任务，不断加强，不断推进，努力使全党的马克思主义理论水平和科学文化水平不断有新的提高。"他警示全党："现在社会各方面的发展日新月异，人民群众的实践创造丰富多彩，不坚持学习、不刻苦学习，势必会落伍，势必难以胜任我们所肩负的重大职责。"②党的十六届四中全会提出建设学习型政党的要求，无疑是继承和弘扬了我们党重视学习、重视干部教育培训的优良传统和政治优势，体现了我们党一脉相承而又与时俱进的干部队伍和领导班子建设思想。

第三，建设学习型政党是对学习型组织理论的借鉴和超越。

中国共产党不仅是一个善于总结历史经验的党，也是一个善于吸收借鉴国内外先进经验的政党。

早在 20 世纪 60 年代，法国教育家保罗·郎格郎就提出了终身教育的概念及学习型社会的基本内涵。他认为，教育并非终止于儿童期和青年期，它应伴随人的一生而持续地进行。这个思想很快受到国际社会的极大关注。1965 年，联合国教科文组织在巴黎召开的一次会议上通过了保罗·郎格郎提出的"终身教育"提案。1968 年，美国芝加哥大学校长赫钦斯在《学习化社会》一书中正式提出了"学习化社会"的概念。1972 年联合国教科文组织在《学会生存》的报告中对"学习化社会"作了进一步阐释：未来的教育必须成为一个协调的整体，在这个整体内，社会的一切部门都从结构上统一起来。这种教育将是普遍的和继续的。在未来社会，终身教育已经不是为了变换职业和谋生的需要，而将成为人们生活的一部

---

① 《十三大以来重要文献选编》下，人民出版社 1993 年版，第 2085 页。

② 《加强领导干部学习提高执政兴国本领》，《人民日报》，2002 年 12 月 27 日。

分，成为提高生活质量的重要手段。联合国教科文组织提出了"人类要向着学习化社会前进"的要求。许多国家纷纷行动起来，先后提出由学历社会向学习化社会过渡的战略，并予以立法。1972 年法国通过了《终身教育法》。1976 年美国通过了《终身学习法》。

1990 年，美国学者彼得·圣吉出版了《第五项修炼——学习型组织的艺术与实务》一书，明确提出了学习型组织的概念和理论。该书这样描述学习型组织："在这里，人们不断扩张自己的能力，去创造他们所真正期望的结果；在这里，人们可以培养新的扩张性的思维方式；在这里，人们可以释放出他们郁结已久的激情；在这里，人们可以不断学习与任何人在一起学习。"该书介绍了创造"学习型组织"所需要的五项新技术，即五项修炼。第一项是自我超越，即个人成长的学习修炼。第二项是改善心智模式，就是否定和抛弃自己旧有的心智模式，形成科学的心态。第三项是建立共同愿景，就是建立大家共同愿望的景象。第四项是团队学习。团队学习的作用是发挥团体智慧，使学习转化为现实生产力。第五项是系统思考。系统思考是五项修炼中最主要的一项修炼。系统是由相互联系、相互作用的若干要素结合而成的、具有特定功能的有机整体。系统思考的基本要求有三条：要整体思考，应防止分割思考；要动态思考，应防止静态思考；要本质思考，应防止表面思考。通过以上修炼办法，可提供组织与整体运作的"群体智力"，提高组织的竞争力。

二、从建设学习型社会到建设学习型政党

1. 创建学习型社会

"学习型组织"理论的提出和发展，是人类对学习这项活动认识的重大超越。从词源学上看，西方"学习"一词的原意是"小道"或"犁沟"的意思，就是通过沿着一条小径或领域追寻足迹而获取经验增加能力。在中文里"学习"一词源自《礼记·月令》，"季夏之月，鹰乃学习"。学，摹仿；习，飞翔，原意就是指小鸟依照父母的样子频频飞起，反复锻炼以掌握飞翔的技能。由此可见，无论中外，"学习"一词长期以来强调的是一种

单向、被动地接受来自外部的某些知识或理论的活动。而"学习型组织"理论中的"学习"一词超越了这样的传统观念，强调"学习"是一种互动性、整体性和持续性的活动，是人类适应外部变化，与外部环境形成一种适应和协调的关系的活动。中国共产党以宽广的视阈、敏锐的眼光紧跟世界发展的进步潮流。2002年党的十六大根据中国的实际，提出了建设学习型社会的目标和思路，并使之成为党和政府的施政理念。我国创新"学习型社会"的实践活动，给社会带来了深刻的变化。

第一，各类学习型组织不断涌现。学习型组织是建立学习型社会的基础。学习型社会是由无数学习型组织构成的，所有学习型组织的总和，构成了学习型社会的整体。2003年，我国公布的第一个《中国教育与人力资源问题报告》，明确了我国"学习型社会的基本框架：构建以学习型教育机构、学习型企业、学习型社区为主体，体现终身教育理念的现代国民教育体系"①，为全民将学习进行到底，"形成世界上最大的学习型社会"，提供了相应的理论指导。许多大专院校增设了学习型理论的课程甚至学习型理论专业，许多企事业单位广泛开展创建学习型党组织、企业、科室、班组、家庭等团队和学习型团员、党员、职工等个人的探索和实践。据不完全统计，我国已有近50个城市宣布创建学习型城市，在北京、上海、大连等城市开展了"学习型城市""学习型机关"活动。在更多企业如上海宝钢、安徽江淮汽车、山东莱钢等开展了"学习型企业"活动。一个创建学习型组织的活动即将在我国广泛传播并生根开花。

2008年1月全国学习型社会年会在山东莱钢召开，《第五项修炼》作者、美国国际组织学习协会（SOL）创始人和主席彼得·圣吉先生应邀参加。山东莱钢公司、上海复旦光华公司、上海"东方讲坛"办公室、天津东丽区、北京景山街道、安徽国税局等单位分别介绍了创建学习型组织、学习型城区、学习型城市的经验。彼得·圣吉发表了一个小时的演讲，

---

① 中国教育与人力资源问题报告课题组：《从人口大国迈向人力资源强国——中国教育与人力资源问题报告》，《中国教育报》，2003年2月14日。

他阐述了学习型组织理论的基本理念，包括把世界上的事物都看作系统的世界观，把组织看作生命的组织观，以及反对把人仅仅视为资源的用人观，并且结合案例讲解了系统思考的方法。彼得·圣吉在演讲中还认为，莱钢创建学习型组织的方式值得关注和学习。莱钢在创建过程中，没有套用和推行统一的模式，没有搞运动，鼓励创新和探索，重在激活员工潜力，给基层组织和员工提供很大的创造空间，因此出现了多样化的学习型组织生态。尤其是莱钢的"黑蚂蚁团队""姜立松班"，其做法借鉴了"五项修炼"，又没有固守这一洋模式，令员工学习力、创造力大大增强。

第二，终身教育体系初步构筑。学习型组织理论的一个核心内容是全过程教育，即教育终身化。这个终身教育体系包括学前的婴幼儿和儿童教育；适龄的初、中、高等学历教育；成人的学历教育、学历后继续教育以及各种培训教育。党的十六届三中全会重申"构建现代国民教育体系和终身教育体系，建设学习型社会"。2007 年 10 月，党的第十七届代表大会上又一次强调要"使国民教育体系更加完善，终身教育体系基本形成"，要"使全体人民学有所教"。

几年来，我们构建终身教育体系方面取得了很大的成就，为建设学习型党组织和学习型社会奠定了基础。早在 2000 年我们如期实现了"基本普及九年义务教育"和"基本扫除青壮年文盲"的目标。到 2007 年，小学适龄儿童的净入学率达到 99.49％，初中阶段毛入学率达到 98％，"两基"人口覆盖率达到 99％，青壮年文盲率下降到 3.58％以下，高中阶段毛入学率达到 66％。高等教育得到较大发展，2007 年，普通和成人的各级高等教育总规模超过 2700 万，毛入学率达到 23％，开始进入高等教育大众化阶段。在发展高等教育的同时，大力促进大学进一步开放，采取函授、夜大等形式为所有的学习者提供了包括成人学历教育、继续教育和其他非正规教育、非正式教育在内的多种多样可选择的学习机会，到 2007 年，广播电视大学累计获取学历的毕业生 559 万人，各种非学历教育的结业生 1857 万人。网络教育学院的创办实现了面向社会公众开放大学教育资源，使学习者通过网络获得学习的机会。职业教育得到发展，2007年，含成人在内的中等职业教育招生数占高中阶段教育招生总数比例达到48.3％，含成人在内的高等职业教育招生数占高等教育阶段教育招生总数比例达到53.6％。建立了自学考试制度，从2001年到2007年，获得本专科学历的人数达489.7万。这是将学习者个人自学、社会助学和国家考试相结合的一种新的教育形式，不受年龄、职业、地域、时间等的限制，能满足人们一生各个阶段对知识、技能和兴趣爱好的需求，是实施终身教育的一项重要的途径。老年教育应该是一个人终身学习的最后阶段，随着社会人口老龄化发展，老年教育应运而生并得到迅速发展，各地相继建立了老年大学和老年学校。到2006年，全国共有老年大学和老年学校约两万六千多所，在校学员约230多万人。老年教育的发展不仅为老年人提供了学习的机会，充实了他们的晚年生活，使他们老有所学、老有所为、老有所乐，也使终身教育体系得到完善。

第三，学习由"谋生"的手段向"乐生"转化。

学习型组织的理论特别强调人生的价值，它"涉及人之所以为人此一意义的核心"。"学习型"的人超越了为谋食而生存的阶段，这样的组织为人营造出一种人人都彼此尊重、人人都能创造、人人都能活出生命意义的环境和氛围。学习型组织理论家彼得·圣吉创立的"五种修炼"，从人性的角度分析每一项都可以看作是人性的锤炼，比如"自我超越"，即人们学会如何扩展个人的能力，伸展"向上的张力"，突破"成长上限"，不断实现心中的梦想，并且塑造出一种组织环境，鼓励所有的成员自我发展，实现自己选择的目标和愿景。在一个学习型社会中，终身学习的理念将使人不再把自己局限在既定的模式内，能够不断地适应变化，自我超越，这就逐渐地实现了人的全面发展。

2. 通过学习型政党的建设带动学习型社会的建设

党员干部带头，历来是贯彻落实党的路线方针政策的重要工作方法，是我们党开展工作的一条重要经验。早在党的七大上，毛泽东作了以《愚公移山》为题的大会闭幕词，他深刻而又生动地指出，在宣传大会路线的时候，"首先要使先锋队觉悟，下定决心，不怕牺牲，排除万难，去争取胜利"。只有党这个"先锋队""觉悟"，才能"感动上帝"即让人民群众"觉悟"，让人民群众心甘情愿和我们一起奋斗，去争取胜利。走在新时代的中国共产党，清醒地认识到，要带领人民群众创建学习型社会，须先将自身建设成一个学习型政党。

2002 年 11 月召开的党的十六大把"建设学习型社会"，作为全面建设小康社会的重要目标。党中央指出，"形成学习型社会，很大程度上要靠建设学习型政党来引导、来推动"①。2004 年，党的十六届四中全会在《中共中央关于加强党的执政能力建设的决定》中第一次以党的中央全会决定的方式提出"努力建设学习型政党的要求"，并强调"重点抓好领导干部的理论和业务学习，带动全党的学习"。

党的十六大后，以胡锦涛同志为总书记的党中央首先身体力行，为全党全社会做出了学习表率。

2002 年 12 月 5 日至 6 日，胡锦涛同志率领中央书记处一行来到了革命圣地西柏坡学习考察，开始了新一届中央领导集体的向实践学习、向基层学习、向群众学习之路。胡锦涛、吴邦国、温家宝、贾庆林、李长春、习近平、李克强、贺国强等中央领导同志上百次深入基层考察调研，从重旱灾区到欠发达地区，从东海之滨到茫茫戈壁，从企业、村庄到社区、学校，到处都留下了他们的足迹。他们就经济和社会发展的重大问题，拜人民为师，问政于民、问需于民、问计于民。

2002 年 12 月 26 日，新一届中央政治局举行第一次集体学习。胡锦涛同志指出：为了适应党和国家事业发展的需要，为了更好地承担起党和人民所赋予的重任，我们必须进一步加强学习；除了自学以外，还要进行集体学习，这要作为一项制度长期坚持。从 2002 年十六大以来到十七大召开前的 5 年间，中央政治局共举办了 44 次集体学习，平均 40 天左右就集体学习一次。这 5 年，尽管治国理政事务繁忙，中共中央政治

---

① 《十六大以来重要文献选编》上，中央文献出版社 2005 年版，第 262 页。

局集体学习坚持不辍。5 年间，有 89 位专家学者相继走进中南海怀仁堂，就经济、政治、法律、文化、科技、历史、国际问题、社会、军事、党建等方面的重大问题进行专题讲解。在中南海怀仁堂，中共中央政治局集体学习每次都由胡锦涛同志主持，中共中央政治局成员围坐在椭圆形的桌子旁，先是专家学者面对面地就某一重大问题进行讲解，接着是交流讨论，最后是胡锦涛同志作总结讲话。政治局的 44 次集体学习，每次都是按照这样的议程有序地进行。据参加讲座的专家介绍，每次集体学习，胡锦涛总书记和中央政治局各位领导同志都认真聆听讲课，不时记下笔记，就一些问题同专家学者讨论，气氛十分热烈。

五年多来的实践，无论是向实践学习还是向专家、书本学习，见证了中国共产党建设学习型社会和学习型政党的决心。特别是中央政治局集体学习制度，确实在全党全社会发挥了加强学习身先垂范的示范意义，向全社会传达了中国共产党人建设学习型政党的理念和决心，从而带动了学习型社会的创建。

学习型政党建设对学习型社会建设的带动体现在以下三个方面。

一是从学习内容上带动。加强全党的学习，学什么？在中共中央政治局第一次集体学习时，胡锦涛同志开宗明义对此给予明确回答——领导干部加强学习，首先要学习马克思列宁主义、毛泽东思想和邓小平理论，学习"三个代表"重要思想。学习马克思主义理论，关键是要掌握马克思主义的基本原理，领会马克思主义的精髓和本质，学会运用马克思主义的立场、观点、方法来分析和解决改革开放和现代化建设中的实际问题。同时，要学习经济、政治、文化、法律、科技、管理、历史、军事等方面的知识，并把这些方面的学习同加深领会和灵活运用马克思主义理论紧密结合起来。

中共中央政治局集体学习，认真按照这一要求进行。政治局集体学习的题目，有些是中央高层亲自点题，有些是中央办公厅、中央政策研究室确定一批候选题目上报政治局，从中挑选。这些题目实际上都是事关中国共产党及国家长远发展的重大课题，涉及政治、经济、文化、社会、党建、军事、生态文明等方方面面，从中直接折射出施政思路。

考察政治局集体学习的内容，我们可以看到，从 2002 年 12 月到 2007 年 9 月，在十六届政治局共进行的 44 次集体学习中，18 次是有关世界发展趋势的，超过总数的 40％。其中涉及世界经济形势、世界就业发展趋势、当代科技发展、世界军事变革、世界文化产业、世界格局、世界农业发展、经济全球化、国际能源资源形势、国外城市化发展模式、世界马克思主义研究、世界产业结构调整、国外安全生产制度、国际知识产权保护、世界教育发展趋势、国外医疗卫生体制、世界网络技术发展、国外区域发展，以及世界金融形势等。这表明学会在一个复杂的世界格局中把握自己民族的命运，统筹好国际国内两个大局，是执政党关心的重大问题，意味着中国共产党将会把世界普遍趋势和外国先进理念与中国实际相结合，以推动相关工作的进步，显示出党的高层的国际化视野和开放包容心态。

中共中央政治局的集体学习多次涉及法律。第一次集体学习的内容就是学习宪法；2003 年 9 月，第 8 次中共中央政治局集体学习的内容是：坚持依法治国、建设社会主义政治文明；2004 年 4 月，第 12 次中共中央政治局集体学习的内容是法制建设与完善社会主义市场经济体制；2005 年 12 月，第 27 次中共中央政治局集体学习的内容是行政管理体制改革和完善经济法律制度；2006 年 5 月，第 31 次中共中央政治局集体学习的内容是国际知识产权保护和我国知识产权保护的法律和制度建设；2007 年 3 月，第 40 次中共中央政治局集体学习的内容是关于制定和实施物权法的若干问题。

"这是一个强烈和清晰的信号，表明了党的十六大产生的新一届中央领导集体对坚持依法治国基本方略的高度重视，也是对党的各级领导干部践行社会主义法治理念的一个生动示范，对建设社会主义法治国家、法治政府和法治社会起到了强有力的推动作用。"①红旗出版社副总编辑黄苇町说。

为引领全党全社会的学习，中共中央政治局学习的内容和学习情况都会公之于众。2007年3月红旗出版社出版了《高层讲坛——十六大以来中央政治局集体学习的重大课题》一书，几个月之内就销售一空。而许多为中央政治局讲课的学者，也被国务院部委、地方省市政府邀请前往授课，以帮助更好地领会中央施政思路。

二是从学风和学习方法上带动。加强全党的学习，不仅要解决"学什么"的问题，还要解决"怎样学"的问题。胡锦涛同志在主持中共中央政治局集体学习时强调指出，加强学习，一定要紧密联系党和国家事业的发展要求来进行，一定要紧密联系认识和解决改革和发展中出现的新情况新问题来进行，一定要紧密联系自身世界观和人生观的改造来进行，一定要紧密联系更好地为最广大人民谋利益来进行。这样才能学得生动、学得深入、学得有效。因此，今天学习马克思主义，学习西方的先进文化，一定要克服毛主席一直批评过的"本本主义"，一定要靠我们自己的实践创新、理论创新去解决我们的实际问题。这样解决好从学习方法和学风上带动，学习型政党建设就能够带动学习型社会建设。

三是在形成学习制度上的带动。注重学习制度建设，是我们党始终保持先进性、始终走在时代前列的一条基本经验。将集体学习制度化，是这一届中央领导集体的一大特点，从2002年12月开始的中央政治局集体学习制度一直坚持到今天；中央党校举办的省部级主要领导干部专题研讨班从1999年开始延续至今，成为我们党重要的学习制度；干部学习培训制度不断完善。按照中央有关规定："县处级以上党政领导干部参加脱产培训每年一般不少于110学时，其他党员干部参加脱产培训每年不少于80学时。"2003年，中央作出部署：从2003年起，利用5年时间

---

① 《解读44次集体学习——40天学习一次，5年坚持不辍》，《东方早报》，2007年10月11日。

将全国县处级以上的领导干部普遍培训一遍。每年有组织、有计划地培训省部级干部 500 人左右、地厅级干部 8800 人左右、县处级干部 10 万人左右。中国浦东干部学院、中国井冈山干部学院、中国延安干部学院在此背景下应运而生，这三大国家级干部培训基地系中央直属事业单位，三所学院院长皆由中组部部长贺国强兼任。当前我国处于战略机遇期和矛盾凸显期，贫富差距扩大，社会矛盾尖锐，这都给执政党带来了新的挑战与考验，政治局集体学习以及各级干部的培训和学习制度，不仅加强和带动了全党的学习，也便于党了解各方面情况，改善实际工作。

3. 行之有效的上海经验

学习是我们"前进的基础"。在中央政治局的倡导和带动下，几年来，从中央到地方，从党内到社会，从个人到各种单位都纷纷制订学习培训计划，将学习从议事日程变成行动课程。各地在学习型社会的创建过程中，因地制宜，各具特色，积累了宝贵的经验。其中上海的经验更具代表性。上海是一座有着良好学习传统的城市，1999 年，上海在国内率先提出建设学习型城市。十六大报告提出"建设学习型社会，实现人的全面发展"后，上海建设学习型社会的步伐进一步加快。上海建设学习型社会的成功做法主要有以下三个。

第一，打造学习活动品牌，引导市民积极参与。打造品牌、创新方法、发动全社会共同参与，是上海推进学习型社会建设取得长效的重要方法。进入新世纪，上海继续发挥"振兴中华读书活动"等行之有效的学习品牌，并将其与上海读书节相结合，做到重心下移、面向基层、进入市民家庭，吸引广大市民参与。从 1999 年举办首届读书节到 2005 年上海已连续举办七届，读书节规模越来越大，参与的人数愈来愈多，形式也日益多元化，取得了很好的社会效应。为保持学习活动生命力，上海根据形势发展需要不断创设新的活动。从 2003 年起，上海着力开展"迎世博、学双语"（普通话、英语）等学习品牌，进一步吸引广大市民群众参与。为保证活动的顺利开展，上海专门成立了推广"迎世博、学双语"领导机构，组建了"双语"专家评审组，组织双语辅导培训班，以加强对市民的学习培训。活动一开始就得到市民的积极响应。到 2004 年，上海有9000 余名市民报名参加普通话、英语的首次测评考试。为推进"双语"教育活动在全市的普及，上海在部分大专院校组建"双语"宣传和推广志愿者队伍，以扩大"双语"教育活动在全市的影响。从 2005 年起，"双语"培训活动扩展到全市所有区县和相关行业。成功组织了四次全市双语竞赛和上百次的双语辅导培训，组建了由八所重点高校三百余名大学生参加的双语辅导志愿者队伍，不断扩大"双语"学习的覆盖面和影响力。

"百万家庭网上行"是上海推进学习型社会建设的又一个重要品牌。针对信息化越来越普及的现状以及妇女在家庭中的特殊作用，2003 年 3月，市妇联、市信息委、市文明办和市科协四家单位联合发起了"百万家庭网上行"活动，通过对本市百万社区居民进行信息化知识和应用技能的基础性培训，使他(她)们能够自行操作使用计算机等与日常生活密切相关的信息化设施，提高在信息社会的适应能力和生活质量。计划的提出顺应了上海信息化发展的需求，填补了市民信息化普及中的"盲区"，为上海城市信息化进程奋斗目标作了很好的铺垫，当年就被市政府列入实事项目。为推动活动的顺利开展，在项目启动时，市、区县和街道(乡镇)都成立了"百万家庭网上行"计划推进小组，妇联、信息委、文明办、科协、工会、教委、老龄办和上海电信等单位以及社会方方面面，都加入到"百万家庭网上行"计划中来，进一步壮大了计划推进小组的力量。为推动更多的市民参与这项活动，有关部门对项目实施进行了科学合理的定位，消除市民对信息网络技能的神秘感和学习的恐惧感，编制了简单易学的专门教材《信息技术进我家》，并配备了专职教师和义工进行辅导；灵活安排培训时间，方便市民就近培训；研制了简便的培训考试系统和自学考试系统，以吸引市民网上行。浦东新区、黄浦区等区县为了让培训进入困难群体，制定低保家庭培训费用全免的规定，使"百万家庭网上行"的"阳光"铺洒到不同人群。

"百万家庭学礼仪"系列活动，也是促进学习型社会建设的重要形式。上海是国际大都市，是中国面向世界的一个重要窗口。国际大都市不仅需要掷地有声的硬实力，更要有彬彬有礼的好市民。随着世博会的成功申办，有越来越多的中外宾客前来上海，他们眼里上海人的礼仪水平代表着上海的"面孔"，同时也反映了中国的文明水平。为提高全体市民的礼仪水平，在成功开展"百万家庭网上行"基础上，2006 年初，由市精神文明办、上海世博事务协调局、市妇联、市总工会、团市委等 14 家单位联合提出开展"百万家庭学礼仪"系列活动，号召每个家庭从自身做起，学礼仪讲文明，让礼仪之风吹入上海百万家庭。为使活动得到扎实开展，从 2006 年开始，上海把"百万家庭学礼仪"活动列为市政府实事项目加以推进，除了在全市大中小学、各区县社区学校、职工素质教育基地、市社联"东方讲坛"学习礼仪知识之外，还通过教育电视台和各区县有线电视台、东方网、社区学校网等 13 家网站，以及远程教育网的卫星通道和318 个教学点广为传播。同时积极开展"百万职工学礼仪""百万青少年学礼仪""百万外来建设者学礼仪"等配套活动，以吸引广大市民参与。"百万家庭学礼仪"行动的开展，激发了市民"重道德、学礼仪"的自觉意识，不仅成为精神文明活动的一个重要载体，更被打造成一个全民参与的响亮品牌，树立了上海国际大都市的良好形象。

第二，整合多方资源，构建终身教育平台。建设学习型社会，需要有一个支持个人学习的终身教育平台。为此，上海市整合多方资源，积极构建以社区教育为重点的终身教育平台，以适应上海经济社会发展。20 世纪 90 年代以来，在市委、市政府的大力支持下，社区教育管理网络进一步形成，教育活动内容不断丰富，包括青少年德育教育、科普教育、法制教育、环境保护教育、老人教育、民工教育等诸多方面的内容，对提高市民素质，形成浓厚的学习氛围发挥了很大作用。进入新世纪，上海不断整合资源，成立了东方社区学校服务指导中心协调指导全市社区教育，并尝试以项目管理的形式开展社区教育实验，建立一整套适应居民多样化需求、具有时代气息的新模式和新课程，以进一步促进社区教育的发展。到 2005 年，全市社区学校以"有学习需求的各个社会群体"为对象，总共开设了 500 多种课程，涉及社科类、语言类、科技类、养生保健类、视觉艺术类、手工艺术类等多个类别，总计超过 5.5 万课时，全方位地满足了人们的各种发展需要。注重提高居民技能，探索建立融社工工作、再就业指导和帮困等机制于一体的大社区教育。注重提升市民文明素质，许多社区教育课程涵盖了现代人的基本文明行为，突出家庭伦理道德与社会公德、遵纪守法、培育良好行为规范等内容，使居民的文明素质得到了有效提升。社区教育已经成为提高群众文化素质、构建终身教育体系的坚实平台，成为创建学习型社会的极佳着力点。

除了发展社区教育这一行之有效的方式来构建终身教育体系外，上海还依托现代信息网络技术，提升信息共享和服务能力，为促进学习型社会建设提供重要保障。2003 年开始建设东方社区信息苑，通过运用计算机、网络等高新技术，与东方网互动宣传，发挥公共文化服务体系的整合传播功能，体现了学习型社会建设适应社会进步，努力实现网络化、数字化的追求。为进一步方便市民群众参与学习型社会建设，上海市积极合理布局终身教育网络平台终端，并与社区学院、社区学校、企业培训中心、老年学校、乡镇成人学校、信息苑等终端连接，设立远程教室，建立集体学习和个人学习的终端。到 2006 年，上海远程教育集团已建成终身教育卫星网络平台市级中心站，19 个区县都建立了分站中心，215 个街道（乡镇）建立了卫星接收终端。并建立 12 大类 2700 多个小时的终身教育资源库，每天进行 8 小时教学直播节目，可将 100 多集优质教学视频资源传送到社区。

第三，促进学习活动制度化、规范化、程序化。2006 年 2 月，上海市委、市人民政府下发了《关于推进上海学习型社会建设的指导意见》，提出了到 2010 年初步建成"人人皆学、时时能学、处处可学"的学习型社会框架等目标，并在加强学习型社会建设的指导思想、教育体系、学习载体、学习内容、组织保障、实现目标等方面都作了明确规定。为贯彻《意见》精神，2006 年上海市举办了全市性的"推进上海学习型社会建设学习班"，起草《关于推进上海学习型社会建设的实施方案》，开展了一系列以"学习""读书""创新"等为主题形式多样的学习活动，努力发展学习型组织，倡导和培育创新文化，为广大市民搭建学习平台。2007 年 4 月，上海召开推进学习型社会建设大会。强调推进学习型社会建设要重点抓好发展学习型组织、打造学习活动品牌、整合学习教育资源、创新终身教育的制度建设等工作。会后，上海切实加强领导，为建设学习型社会提供体制保障和政策措施保障；集约整合社会办学资源和办学力量，以社区学院、学校教育活动为基础，积极构建上与开放大学衔接，下与社区学校贯通的覆盖全市、面向市民的市、区县（行业）、街镇三级架构的终身教育系统，成为让市民快乐学习、提高素质的坚实平台；通过深化精神文明创建活动，以创建学习型机关、学习型社区、学习型企事业单位和学习型家庭为重点，逐步纵向延伸、横向扩展，推进学习型组织创建的全覆盖；继续举办"上海读书节""科技节"，开展"百万家庭学礼仪""东方讲坛""创先学习型组织、争做知识型职工""迎世博、学双语""干部在线学习活动"，采取心理健康教育等举措，丰富学习型社会建设内容，激发广大市民学习热情，掀起了建设学习型社会的高潮。截至2007 年年底，上海市已发展了 100 多所成人学校，400 多所社区学校和老年学校，另有 1500 多所由社会力量举办的各类培训机构，基本建立了由市学习型社会建设指导中心，区县、行业层面的社区学院或行业学院，街道、乡镇和企业层面的社区学校和职工学校构成的三级构架的市民终身学习平台，每年有 500 万左右人次在各级各类成人学习与培训机构接受教育和培训，覆盖全市的终身教育服务网已基本建立。①

三、干部学习的新探索

探索党员教育管理工作的新机制，促进广大党员加强学习，发挥先锋模范作用，是加强党的建设的永恒主题。

1. 保持党的先进性教育

根据党的十六大和十六届四中全会精神，为进一步加强党的执政能

---

① 《全力建设"七要""七建"之城》，上海市现代上海研究中心网站，2009 年 5 月 19 日。

力建设，确保党始终走在时代前列，更好地肩负起历史使命，2004 年 11 月 7 日，中央下发了《关于在全党开展以实践"三个代表"重要思想为主要内容的保持共产党员先进性教育活动的意见》，决定从 2005 年 1 月开始，用一年半时间，在全党开展一次保持共产党员先进性教育活动。

在全党加强先进性教育是新时期加强党的建设的重要战略决策，是全党学习的新探索，意义重大。

第一，先进性是马克思主义政党的根本特征，是马克思主义政党的生命所系、力量所在。加强党的执政能力建设、巩固党的执政地位，关键是要保持党的先进性。中国共产党历来高度重视党的先进性建设。以毛泽东、邓小平和江泽民为核心的党的三代中央领导集体，在推进社会主义现代化建设的伟大进程中，围绕着保持党的先进性、加强党的先进性建设进行了艰辛探索，为我们积累了丰富的实践经验，奠定了坚实的理论基础。

第二，党的先进性在改革开放和发展社会主义市场经济的环境下，面临着新的考验。复杂多变的国际国内形势、全面建设小康社会的艰巨任务以及党自身的发展状况，对党的先进性提出了新要求。正如胡锦涛同志所言："党的先进性历来是随着形势和任务的变化而不断丰富和发展的。时代和实践的发展，总是不断给我们党提出新的要求，也给党的先进性赋予新的内涵。"[1]针对 20 世纪 80 年代末 90 年代初以来，世界上一些曾经执政多年的大党、老党先后丧失执政地位的严酷现实，胡锦涛同志深刻指出："一个政党过去先进，不等于现在先进；现在先进，不等于永远先进"，"加强党的先进性建设，是加强和改进党的建设的长期任务和永恒课题"[2]。

第三，党员队伍中存在着与保持党的先进性要求不相适应的问题。一些党员理想信念动摇，党员意识和执政意识淡薄，带领群众前进的能

---

[1] 《十六大以来重要文献选编》中，中央文献出版社 2006 年版，第 615 页。

[2] 同上书，第 616 页。

力不强，难以发挥先锋模范作用。一些党员干部事业心和责任感不强，思想作风不端正，工作作风不扎实，脱离群众的问题比较突出。一些党员领导干部思想理论水平不高，解决复杂矛盾的能力不强，有的甚至以权谋私、腐化堕落。一些党的基层组织凝聚力、战斗力不强，有的甚至软弱涣散、不起作用。这些问题不解决，必将严重影响党的先进性，影响党的工作，损害党和人民的事业，加强党的先进性教育势在必行。

马克思主义政党的先进性首先表现在理论上的先进性，表现在用科学理论武装头脑，指导行动。"三个代表"重要思想集中概括了新的历史条件下党的先进性的丰富内涵，深刻揭示了党的先进性的本质特征，是我们党保持先进性的强大思想武器。贯彻"三个代表"重要思想，核心是保持党的先进性。在新世纪新阶段，广大党员干部保持先进性，关键是要认真学习、深刻理解和掌握"三个代表"重要思想。

胡锦涛同志在新时期保持共产党员先进性专题报告会上，要求全体共产党员在先进性教育活动中首先要加强理论学习，并提出，检验这次教育活动的成效，就是要看用"三个代表"重要思想武装头脑、指导实践、推进工作是否下了真功夫、硬功夫，看掌握这一理论的基本观点、科学体系和精神实质是否有新进步，看运用这一理论研究解决实际问题是否有新提高。

从 2000 年 2 月江泽民同志提出"三个代表"重要思想以来，党中央对学习贯彻"三个代表"重要思想，多次作出了部署，各级党组织认真落实，全党形成了学习贯彻"三个代表"重要思想的热潮，广大党员和干部对"三个代表"重要思想的认识不断深化，学习实践"三个代表"重要思想的自觉性不断增强。2002 年江泽民同志在党的十六大报告中进一步阐述了"三个代表"重要思想的时代背景、实践基础、历史地位、精神实质和指导意义，在全党兴起了又一个学习贯彻"三个代表"重要思想的新高潮。但"三个代表"重要思想不是简单的三句话，而是十三届四中全会以来我们党基本理论、基本路线、基本纲领、基本经验的系统总结，它围绕改革发展稳定、关系内政外交国防、着眼治党治国治军，形成了一系列内在统一、相互贯通的新思想、新观点、新论断，构成了一个完整的科学理论体系。深刻理解和充分掌握这一理论并用于指导实践，这是一个长期的过程，广大党员干部学习实践"三个代表"重要思想，必须长期坚持、常学常新、不断深化。开展先进性教育活动，就是要运用我们党坚持经常性教育同适当集中教育相结合的重要经验，把学习和实践"三个代表"重要思想的活动引向深入，做到真心实意地学、认认真真地学、真下苦功地学、求真务实地学。只有真学，我们才能真懂，才能真正理解。

先进性教育活动一开始，中央就明确提出："要组织和引导广大党员认真学习掌握'三个代表'重要思想，重点学好党章。"十六大通过的新党章立足于国内外形势的发展和党员队伍发生的深刻变化，集中概括了党的先进性，进一步明确提出了新时期保持党员先进性的具体要求。把党章作为这次先进性教育活动的学习重点，就是根据党章的这一特点和党员队伍的实际状况，立足于从最基本的要求入手，有的放矢地引导党员以党章为思想武器，增强党性，提高素质。

学习党章，要学得深、学得好，要在做好"结合"这篇文章上下功夫。中央要求，要把学习党章同学习邓小平理论和"三个代表"重要思想紧密结合起来，同学习党的十六大和十六届三中、四中全会精神紧密结合起来，同学习《保持共产党员先进性教育读本》、同学习胡锦涛同志《在新时期保持共产党员先进性专题报告会上的讲话》结合起来，通过学习党的十六大以来一系列重大决策，加深理解党章在党的指导思想上与时俱进、在加强党的建设上开拓创新的重大意义，增强学习和贯彻党的基本理论、基本纲领、基本路线、基本经验的自觉性和坚定性。

学习的目的全在于应用。学习好"三个代表"重要思想，目的是贯彻好"三个代表"重要思想。一年来，在全党的共同努力下，先进性教育活动在全体党员中分批展开、扎实推进、健康发展，取得了明显成效。

一是广大党员受到一次深刻的马克思主义教育，进一步坚定了理想信念，提高了素质能力，先锋模范作用得到进一步发挥。群众反映，他们身边的党员"日常工作能看得出来，关键时刻能站得出来，生死关头能豁得出来"。

二是基层党组织的创造力、凝聚力、战斗力进一步提高，一些软弱涣散和不够健全的基层党组织得到整顿和加强。先进性教育活动中，各地加大基层党组织建设和整顿力度，创新基层党组织设置形式，新建基层党组织 13 万个，整顿软弱涣散、不起作用的基层党组织 15.6 万个，调整和充实基层党组织负责人 16.5 万名，集中培训基层党组织负责人 291.9 万名。通过开展党组织找流动党员、流动党员找党组织的"双找"活动，实施流动党员"安家工程"，共与 232.9 万名流动党员取得联系。

三是党组织和党员服务群众的行动更加自觉，党员干部的作风进一步改进，党群干群关系进一步密切。在先进性教育活动期间，党员与困难群众结成帮扶对子 1347 万个，走访慰问困难群众 2157 万户，为困难群众捐款捐物价值 138.7 亿元，受到帮助的困难群众达 4059 万人次。通过各级党组织的共同努力，上学难、看病难、住房难、就业难、饮水难、行路难等与群众切身利益密切相关的一些突出问题得到不同程度的解决。

四是各地区各部门按照科学发展观的要求，进一步理清了发展思路，努力解决影响改革发展稳定的一些主要问题，积极促进经济社会又好又快发展。各级领导班子进一步树立正确的政绩观，用科学发展观统领经济社会发展全局。一些与全面落实科学发展观、构建社会主义和谐社会要求不相适应、不相符合的突出问题得到初步解决，促进了经济的发展和社会的安定团结。

五是各级党组织在加强党员经常性教育管理等方面建立了一些务实管用的新制度，建立健全了党员联系群众和服务群众的制度、加强党员队伍和基层党组织建设的制度、加强地方党委和部门党组（党委）思想政治建设的制度等，推动了保持共产党员先进性长效机制建设。

六是各级党组织认真总结先进性教育活动的成功实践和党的先进性

建设的历史经验，深入研究党的先进性建设规律，丰富了党的先进性建设理论。通过深入开展保持共产党员先进性教育活动与党的先进性建设理论研讨，努力丰富对共产党执政规律、社会主义建设规律和人类社会发展规律的熟悉，形成一大批理论研究成果。全国地市以上单位共召开理论研讨会 1039 次，收到论文 59000 多篇。2006 年 5 月上旬召开的全国"保持共产党员先进性教育活动与党的先进性建设"理论研讨会，交流了 103 篇入选论文。

2006 年 6 月 30 日，在保持共产党员先进性教育活动总结大会上，胡锦涛同志高度评价这场中国共产党成立以来党员参加人数最多、规模最大的一次党内马克思主义正面教育、自我教育活动，称"整个先进性教育活动主题鲜明、领导有力、措施得当、工作扎实，实现了预期目标，取得了显著成效"①。

2. 学习实践科学发展观活动

善于总结经验、把握规律，与时俱进，是提高党的执政能力、保持党的先进性的重要途径。

2007 年 10 月，党的十七大召开。胡锦涛同志在十七大报告中回顾了改革开放 29 年来的伟大历史进程，总结了"十个结合"的宝贵经验，把改革开放以来形成的，包括邓小平理论、"三个代表"重要思想以及科学发展观等重大战略思想在内的党的理论创新成果，统一概括为中国特色社会主义理论体系，明确提出了"深入学习贯彻中国特色社会主义理论体系，着力用马克思主义中国化最新成果武装全党"的重大任务。按照十七大的部署，中央决定，从 2008 年 9 月开始，用一年半左右时间，在全党分批开展深入学习实践科学发展观活动。

中共中央对这次学习活动高度重视，学习实践活动有力有序有效开展。

---

① 《十六大以来重要文献选编》下，中央文献出版社 2008 年版，第 527 页。

第一，把强有力的组织领导和工作指导贯穿始终。2008年9月19日，胡锦涛同志在学习实践科学发展观活动动员大会上发表重要讲话，科学分析了世情、国情、党情的新变化，深刻阐明了开展学习实践活动的重大现实意义和紧迫性，并就进一步提高贯彻落实科学发展观的水平和开展好学习实践活动提出了明确要求。他强调，要通过学习实践活动，"进一步把科学发展观转化为推动科学发展的坚强意志、谋划科学发展的正确思路、领导科学发展的实际能力、促进科学发展的政策措施，转化为与人民群众同呼吸、共命运、心连心的真挚情感，转化为增强党性修养、提高思想觉悟的自觉行动"。这篇讲话，是十七大以来全党开展深入学习实践科学发展观活动、努力提高贯彻落实科学发展观水平的一篇重要指导文献。2010年4月6日，胡锦涛同志在全党深入学习实践科学发展观活动总结大会上作了精辟阐述，他指出：深入贯彻落实科学发展观，基础在于用马克思主义中国化最新成果武装广大党员、干部头脑，目的在于推动经济社会又好又快发展，关键在于提高各级领导班子和领导干部领导科学发展能力，根本在于发挥人民主体作用，动力在于创新体制机制。这些重要思想，对全党进一步学习实践科学发展观具有重要指导意义。

第二，把加强理论学习、提高理论素养贯穿始终。全党紧紧抓住理论学习这个根本，集中时间认真学习中央规定的读本。认真学习党的十七大报告，认真学习《毛泽东邓小平江泽民论科学发展》和《科学发展观重要论述摘编》，县处级以上党员领导干部还要认真学习《深入学习实践科学发展观活动领导干部学习文件选编》。紧贴形势任务及时学习胡锦涛同志一系列重要讲话、中央的重要会议和文件精神。领导干部是学习实践活动的重点。中央举办省部级主要领导干部深入学习实践科学发展观专题研讨班，各地区各部门各单位对各级党员领导干部进行集中学习培训并组织全体党员参加学习。组织全体党员围绕科学发展进行解放思想讨论，理论"小讲堂"、学习"口袋书"、趣味"小动漫"等学习方法的创新，激活一池春水，推动全党兴起科学发展观宣传普及的热潮。

第三，把舆论宣传、典型引导贯穿始终。党充分发挥舆论宣传对学习实践活动的推动作用，大力营造全方位、多渠道、立体化的舆论声势和浓厚氛围。几年来各级电台、电视台、平面媒体凭借各自的优势，通过言论、访谈、专题报道等多种方式和手段，对各地学习实践科学发展观的活动进行了跟踪报道，网络媒体利用论坛、视频、在线访谈等技术手段，发挥典型示范作用，为群众参与搭建互动平台。全国集中宣传了任长霞、许振超、王顺友、牛玉儒、张云泉、洪战辉、丁晓兵、陈刚毅等一大批新时期典型人物的先进事迹，运用先进典型特别是群众身边的先进典型开展学习教育，把科学发展观的要求具体化、形象化，更清楚、更直观地告诉大家科学发展观是什么，贯彻落实科学发展观应该做什么、怎么做，这对于加深党员干部群众对科学发展观的理解认识，增强贯彻落实科学发展观的自觉性和坚定性，对于进一步促进党员干部加强党性修养、增强宗旨意识、改进工作作风具有积极作用。

第四，把突出实践特色、扎实解决问题贯穿始终。学习是为了实践，坚持深入基层、深入群众、学用结合、学以致用、用有所成是全党学习实践活动的一个鲜明特点。在学习实践活动中，中央领导亲自挂帅，中共中央政治局常委分别建立各自联系点，到各自实践活动的联系点了解情况、调查研究，指导学习实践活动。联系点的各级党组织认真学习贯彻中央领导同志的重要指示精神，着力转变执政理念，重视民生改善和转变经济发展方式，取得显著成效。

安塞县是中共中央总书记、国家主席、中央军委主席胡锦涛同志深入学习实践科学发展观活动的联系点。2008 年 10 月 29 日至 31 日，胡锦涛同志亲临安塞调研指导学习实践活动。安塞人民备受鼓舞，县委先后召开 15 次常委会、5 次全县党员领导干部大会，深入学习领会胡锦涛同志关于科学发展观的一系列重要论述，深入学习领会胡锦涛同志在安塞时的重要讲话精神，在第一时间传达学习中央关于开展深入学习实践活动的重要精神，把中央的要求转化为推动安塞科学发展的思路，推进学习实践活动的具体措施。安塞坚持把加强学习培训贯穿始终，把深入调查研究贯穿始终，把推动解放思想贯穿始终，把解决突出问题贯穿始终，把吸收群众参与贯穿始终，广大党员特别是党员领导干部进一步加深了对科学发展观的理解，增强了贯彻落实科学发展观的自觉性和坚定性，坚定了推动科学发展的信心和决心，提高了推动科学发展的能力。他们组织开展了"听民声、知民情、问民计"民意调查活动，认真听取广大干部群众关于开展学习实践活动和推动安塞科学发展的意见建议；邀请专家学者就弘扬延安精神与解放思想、推动科学发展、壮大县域经济进行了3场专题辅导培训，安塞电视台对专题辅导进行了现场直播；分6个专题对1200多名党员干部进行了集中培训；组织科级以上干部到安塞县张思德同志牺牲地、南泥湾等革命旧址，接受延安精神再教育；选派381名干部驻村入户，与农民群众同吃、同住、同劳动，面对面宣讲；开展了"我为安塞献一策"活动，召开了乡村干部代表、党代表、人大代表、政协委员等座谈会22次，发放调查问卷2600多份，开通热线电话24部，征求到有价值的意见、建议210条，做到了征求意见党员干部全覆盖、社会各界代表人士全覆盖和经济、社会、党建等领域全覆盖。

广大干部群众普遍感到，这次学习实践活动是全县对科学发展观理论的一次大普及，是在科学发展观指引下的一次思想大解放，是提高广大党员干部科学发展能力的一次大培训，是对安塞科学发展的一次大推动。学习实践活动开展以来，安塞县坚持量力而行、尽力而为的原则，边学边查，边查边改，认真办好群众迫切希望办而有条件办的实事。全县农村最低生活保障标准由725元提高到865元，农村合作医疗大病救助最高限额由1.5万元提高到2万元；全县共落实低保对象5965户共16043人，累计发放保障金351.6万元；千方百计开辟公益性就业岗位，新增城镇就业人员954人；完成了三级油路和12条共75公里农村油路工程，建成了城西休闲公园、环城山体公园和三座跨河大桥，改造了老城区 14 条巷道，建成了高标准的垃圾填埋场和全市县区第一个投入使用的污水处理厂；完成了高级中学建设，启动实施了现代教育信息网络工程，开工建设了县中学学生公寓综合楼和 7 所乡镇中学、中心小学的餐厅等后勤设施改造；实施了县城电视数字化改造工程，启动了 25 个广播电视站改造工程和完成了 10 个广播电视站改造工程；建成了 2 个中心敬老院和 10 个农村社区，还有 2 个中心敬老院开工建设；启动了住房保障工程，加快经济适用住房建设，新开工二期经济适用住房 49000 平方米，廉租房 2820 平方米，完成了 86 户 338 人的农民安居工程。全县经济快速发展、各项事业全面进步、社会和谐稳定、人民群众安居乐业，呈现出欣欣向荣的良好发展局面。①

春潮常伴春风起，在党的坚强领导和推动下，这次学习活动达到执政党预期的效果。

学习实践科学发展观活动也得到了国际社会高度关注和积极评价。

老挝党中央政治局委员、政府常务副总理宋沙瓦，中央政治局委员、国会主席通邢，中央政治局委员、书记处书记、政府副总理兼中纪委书记阿桑访华时表示，科学发展观是马克思主义理论中国化的新成果，中国同志强调以人为本，不仅注重经济和科技发展，同时也注重环境和生态保护，体现了先进的发展理念。古巴亚大研究中心副主任、中国问题专家雷加拉多认为，30 多年来，中共领导人在理论创新方面作出了重要贡献，科学发展观是新形势下中共领导人提出的创新理论，为中国如何建设社会主义奠定了理论基础。社会党国际十分赞赏科学发展观。认为中国党和政府把可持续发展作为国家战略实施，在保持经济快速增长的同时，摆脱了欧美国家高耗能、高消费的工业化模式，探索出了具有中国特色的发展模式，证明经济增长、节能减排和可持续发展是可以同时实现的。美国俄勒冈州议员鲍曼在访华后表示，原来认为中国没有吸取

---

① 《弘扬延安精神推动科学发展建设美好安塞》，《人民日报》，2009 年 3 月 19 日。

西方国家发展中的教训，只是单纯复制美国高污染、高消费的发展模式，来到中国后发现中国共产党和中国政府在科学发展观指导下所做的一系列有益工作，正在使中国走上一条科学发展、和谐发展的独特道路。巴西社会主义党副主席阿马拉尔表示，在中国共产党领导下，中国经济发展取得长足进步，人民生活水平不断提高，无论城市还是农村都呈现出一种欣欣向荣的和谐景象，这是在中国共产党领导下，学习实践科学发展观取得的成果。①

---

① 《人民日报》，2010 年 4 月 9 日。

第十五章 建设马克思主义学习型政党

新世纪新阶段，世情、国情、党情发生的深刻变化，使党的执政面临着新的课题。党要经受住长期执政考验、改革开放考验、市场经济考验、外部环境考验，要成功应对各种风险和挑战，必须进一步加强和改进新形势下党的建设。

在新形势下提高党的建设科学化水平，说到底是要不断把握和自觉运用马克思主义执政党建设规律，关键是要坚持科学理论指导。党的十八大提出了建设马克思主义学习型、服务型、创新型马克思主义执政党的战略目标。建设马克思主义学习型政党，提高全党思想政治水平，是加强和改进新形势下党的建设的一项重大而紧迫的战略任务。

一、建设马克思主义学习型政党的提出

中国共产党领导中国革命、建设和改革的历史，就是一部创造性学习的历史，党的建设历程就是马克思主义学习型政党建设的历程。建设马克思主义学习型政党是党在建设学习型社会和学习型政党的基础上提出的。

2004 年 9 月 19 日，党的十六届四中全会通过的《中共中央关于加强党的执政能力建设的决定》中提出，要"重点抓好领导干部的理论和业务学习，带动全党的学习，努力建设学习型政党"。

2007 年党的十七大报告明确提出建设学习型政党的要求，指出：

"要按照建设学习型政党的要求，紧密结合改革开放和现代化建设的生动实践，深入学习马克思列宁主义、毛泽东思想、邓小平理论和'三个代表'重要思想，在全党开展深入学习实践科学发展观活动，坚持用发展着的马克思主义指导客观世界和主观世界的改造，进一步把握共产党执政规律、社会主义建设规律、人类社会发展规律，提高运用科学理论分析和解决实际问题的能力。"①

2009 年 9 月 18 日，中共十七届四中全会通过了《中共中央关于加强和改进新形势下党的建设若干重大问题的决定》中指出，世界在变化，形势在发展，中国特色社会主义实践在深入，不断学习、善于学习，努力掌握和运用一切科学的新思想、新知识、新经验，是党始终走在时代前列引领中国发展进步的决定性因素。必须按照科学理论武装、具有世界眼光、善于把握规律、富有创新精神的要求，把建设马克思主义学习型政党作为重大而紧迫的战略任务抓紧抓好。

十七届四中全会进一步完善了学习型政党思想。一是首次明确提出"建设马克思主义学习型政党"的概念及其思想，即这个学习型政党是以马克思主义为指导的，而不是以其他思想理论为指导的中国共产党的建设问题。二是强调了学习的重要性，指出，世界在变化，形势在发展，中国特色社会主义实践在深入，不断学习、善于学习，努力掌握和运用一切科学的新思想、新知识、新经验，是党始终走在时代前列引领中国发展进步的决定性因素。三是提出了建设马克思主义学习型政党的基本要求，就是"科学理论武装、具有世界眼光、善于把握规律、富有创新精神"。四是阐明了建设马克思主义学习型政党的主要任务，指出"推进马克思主义中国化、时代化、大众化。坚持把马克思主义作为立党立国的根本指导思想，紧密结合我国国情和时代特征大力推进理论创新，在实践中检验真理、发展真理，用发展着的马克思主义指导新的实践，是建设马克思主义学习型政党的首要任务"；"用中国特色社会主义理论体系

---

① 《十七大以来重要文献选编》上，中央文献出版社 2009 年版，第 38—39 页。

武装全党。组织党员、干部深入学习马克思列宁主义、毛泽东思想、邓小平理论、'三个代表'重要思想以及科学发展观，牢固树立辩证唯物主义和历史唯物主义世界观和方法论，系统掌握中国特色社会主义理论体系";"开展社会主义核心价值体系学习教育。党员、干部模范学习践行社会主义核心价值体系，是建设马克思主义学习型政党的重要任务";"建设学习型党组织。在全党营造崇尚学习的浓厚氛围，积极向书本学习、向实践学习、向群众学习，优化知识结构，提高综合素质，增强创新能力，使各级党组织成为学习型党组织、各级领导班子成为学习型领导班子"①。

建设马克思主义学习型政党的重大命题和重大任务的提出，是中国共产党成立以来在学习型政党建设方面的一个重大进步。它赋予党的学习以更深的内涵，提出了更高的要求，更加强调把学习作为马克思主义学习型政党的重要特征，作为党组织活动的重要内容，作为党员干部的重要标志；更加强调把学习作为整体性要求，作为全党的共同责任，要求全党学习、全员学习；更加强调学习是一个长期过程，要把学习制度化、机制化、规范化。这反映了党在自身建设方面的与时俱进，反映了新形势下党的建设科学化水平的提高和党建工作的创新。②

中国共产党靠学习立党、靠学习执政。纵观党成立 90 多年来的实践，中国共产党关于马克思主义学习型政党建设呈现出诸多鲜明特点：

一是学习的目的在于运用。学习马克思主义理论的目的，在于把马克思主义基本原理和立场观点方法运用于中国实际，不断探索和回答中国革命、建设和改革的重大理论和实践问题，以引导党所领导的事业不断前进。根据各个时期党所面临的形势和任务的需要，刻苦学习，不断进行新的创业，这是中国共产党的一条宝贵经验。党通过不断学习，保

① 《中共中央关于加强和改进新形势下党的建设若干重大问题的决定》，人民出版社 2009 年版，第 10—14 页。
② 丁俊萍：《中国共产党学习型政党建设的历程及其特点》，《中国井冈山干部学院学报》，2012 年第 1 期。

持和发展先进性，不断提升党的领导和执政能力；党组织和党员干部通过不断学习，增强党员意识和党性修养。围绕实现党的历史任务而开展的学习，对于保证党始终走在时代前列、成为全国人民的主心骨和中国特色社会主义事业的领导核心起了重要作用。

二是学习的基本方法是理论联系实际。十七届四中全会要求，"大力弘扬理论联系实际的学风，引导党员、干部把学习理论同研究解决人民最关心最直接最现实的利益问题、本地区本部门改革发展稳定的重大问题、党的建设突出问题结合起来，增强工作的原则性、系统性、预见性、创造性"。建设马克思主义学习型政党，需要学习和掌握的东西很多，而各方面的学习都有个学风问题，坚持理论联系实际，把向书本学习和向实践学习、向群众学习结合起来。毛泽东说："学风问题就是一个非常重要的问题，就是第一个重要的问题。"①江泽民同志也强调，学风问题是一个关系党的兴衰和事业成败的重大政治问题，能不能坚持理论联系实际的马克思主义学风，是一个政党理论上和政治上是否成熟的一个重要标志。建设马克思主义学习型政党，学风问题至关重要。如果没有正确的学风，一切从本本出发、思想僵化、迷信盛行，把学习当作目的而不是手段，那就从根本上不能建成"学习型"政党。作为马克思主义政党，我们需要的是马克思主义学风。因为马克思主义学风是对待马克思主义的态度问题，它的本质是理论联系实际，是个思想方法问题，还是个工作态度和世界观问题，更重要的是党的思想路线问题。建设马克思主义学习型政党，一定要以我国改革开放和现代化建设的实际问题、以我们正在做的事情为中心，着眼于马克思主义理论的运用，着眼于对实际问题的理论思考，着眼于新的实践和新的发展。

三是学习的内容非常丰富，但重点突出。十七届四中全会指出："世界在变化，形势在发展，中国特色社会主义实践在深入，不断学习、善于学习，努力掌握和运用一切科学的新思想、新知识、新经验，是党始

---

① 《毛泽东选集》第 3 卷，人民出版社 1991 年版，第 813 页。

终走在时代前列引领中国发展进步的决定性因素。"建设马克思主义学习型政党的基本要求，就是"科学理论武装、具有世界眼光、善于把握规律、富有创新精神"。这说明建设马克思主义学习型政党要具有世界眼光，立足本国，放眼全球，吸收和借鉴一切先进文明成果为我所用。但同时要注意的是，我们党的学习是有侧重点的。建设马克思主义学习型政党，有一个学习内容的问题。顾名思义，马克思主义学习型政党首先应该学的就是马克思主义的基本理论。学习马克思主义理论，是党的思想理论建设的一项主要任务和主要内容。学习马克思主义，最重要的就是学习辩证唯物主义和历史唯物主义的世界观和方法论，学习马克思主义崇高的社会理想以及关于这一理想的基本原则，学习马克思主义致力于实现最广大人民根本利益的鲜明的政治立场，学习马克思主义关于一切从实际出发，理论联系实际、实事求是、在实践中检验真理和发展真理、不断与时俱进的理论品质。

四是学习的形式多种多样，不断创新。中国共产党在学习实践活动中，创造了丰富多彩的学习形式。从个人主动学习，到各级党组织组织党员干部集体学习；从利用一段时间集中学习，到在日常生活、工作中经常性地学习；从创办各级党校、干部学院，到成立各种学会、研究会等；从举办学习论坛、研讨会、读书会、知识竞赛，到开展调查研究，进行参观考察，召开各类座谈会；从出版图书、发行期刊，到开办学习网站、进行在线学习；从不同时期的整党整风运动，到新时期的"三讲"活动、先进性教育活动、学习实践科学发展观活动和创先争优活动，党内不断开辟新的学习阵地，搭建新的学习平台，创造新的学习形式。党还通过建立学习组织、进行分层分类指导、实行领导带头学习等举措，使党内学习获得多方面的保证。鉴于人类已进入全球化、信息化时代，党内学习开始借助现代科技手段，不断拓展学习空间，提高学习效率。

建设马克思主义学习型政党的重大战略任务提出之后，全党从中央到地方，迅速掀起了学习的热潮。2010 年 2 月 8 日，中共中央办公厅印发了《关于推进学习型党组织建设的意见》。中央有关部门向全党分批推荐学习书目，专家学者解读理论重点和社会热点问题，广大党员干部抓紧读书学习，各种读书学习活动如读书会（班）、主题讲坛、专题讲座、理论研讨、在线学习、晨会夜校等有声有色、如火如荼。十卷本《马克思恩格斯文集》和五卷本《列宁专题文集》《中国共产党历史》（第二卷）等相继问世，一大批反映党的理论和实践以及众多学习研究和宣传马克思主义的理论著作出版，为全党提供了基本的学习资料。为了进一步加强和规范在高校培训干部工作，促进高校更好地为科学发展和干部成长服务，中组部和教育部联合下发了《关于建立和规范高校干部培训基地的意见》，确定北京大学、清华大学、北京师范大学等 13 所高校为首批全国干部培训高校基地，这使全党的学习培训教育有了更多的平台。2010 年 11 月19 日，学习型党组织建设工作座谈会在京召开。2012 年 4 月 7 日，学习型党组织建设理论研讨会在海口召开，刘云山同志出席会议并讲话。一个新的学习热潮正在全党兴起，并由此推进了学习型社会建设。

为推动学习型党组织建设取得实效，中宣部理论局、中组部干部教育局有组织地引导党员干部多读书、读好书，开展向党员干部推荐学习书目工作。重点推荐关于马克思主义理论特别是马克思主义中国化最新成果，关于党的路线方针政策和国家法律法规，关于党的历史，关于现代化建设所需要的经济、政治、文化、科技、社会和国际等各方面知识的书籍。每季度推出一批，每批 5 种左右。目前已推出了 7 批。第一批推荐学习书目，主要是围绕深化党员干部特别是县（处）级以上领导干部对党的基本理论的学习和理解来推出的，具体包括《马克思恩格斯文集》《列宁专题文集》《毛泽东著作专题摘编》《邓小平文选》《江泽民文选》《毛泽东邓小平江泽民论科学发展》《科学发展观重要论述摘编》7 种经典著作。第二批学习推荐书目有助于广大党员干部学习了解推动科学发展、加快转变经济发展方式的内涵和要求，学习了解社会主义法治理念，学习了解我国基本国情，学习了解党领导人民浴血奋斗的历史，进一步增强贯彻落实党的理论和路线方针政策的自觉性坚定性。具体包括《转变经济发展方式研究》《社会主义法治理念读本》《国情备忘录》《苦难辉煌》《解放战争》5种。第三批学习书目充分反映了党领导全国各族人民实现民族独立、人民解放、建立中华人民共和国、开展社会主义建设、实行改革开放、开创中国特色社会主义道路的探索历程和辉煌成就，是党员干部学习党的历史的重要辅助材料。包括：《中国共产党历史（第一卷）》《中国共产党简史》《中国共产党历史二十八讲》《中国共产党新时期简史》《党的历史知识简明读本》《复兴之路》《二十世纪中国史纲》《毛泽东传》8种图书。第四批学习推荐书目旨在促进广大党员干部系统学习党的历史，接受生动具体的党性教育和革命传统教育，更加牢固树立群众观点，自觉贯彻群众路线。包括5种图书：《论党的群众工作——重要论述摘编》《中国共产党历史（第二卷）》《山高水长——回忆父亲聂荣臻》《钱学森故事》《遵义！遵义！》等。第五批学习书目有助于广大党员干部深入学习马克思主义基本观点，深刻认识中国特色社会主义道路、理论体系、制度，正确理解认识当前经济社会发展形势，接受生动具体的革命传统教育，增强党性修养，增强思想道德修养。包括7本图书：《马列主义经典著作选编（党员干部读本）》《马列主义经典著作选编学习导读》《从怎么看到怎么办——理论热点面对面·2011》《孙中山传》《星火燎原全集精选本》《日出东方——中国共产党创建纪实》《中国共产党历史大事记（1921年7月—2011年6月）》。第六批学习书目力求突出党员干部深化对科学发展观精神实质的认识，充分认识党的光辉历史和伟大业绩，增强文化自觉和文化自信，坚定中国特色社会主义理想信念。包括5种图书：《论文化建设——重要论述摘编》《科学发展主题案例》《历史的轨迹：中国共产党为什么能（修订版）》《雷锋》《幸福就这么简单》。第七批学习书目引领强化党员干部深化对党的理论和路线方针政策的认识，深化对历史知识和历史经验的认识，加强党性修养和作风建设，增强民族感情和民族凝聚力，进一步坚定走中国特色社会主义道路的信念信心。包括5本图书：《辩证看 务实办——理论热点面对面·2012》《简明中国历史读本》《中华史纲》《中国道路——马克思主义中国化经典文献回眸》《焦裕禄》。

二、学习教育的持续开展

理论创新每前进一步，理论武装就跟进一步。用科学理论武装党员干部思想，不断提高全党的马克思主义理论水平，是我们党保持先进性和战斗力的基本经验之一。十六大以来，通过一系列全党性的重大主题活动，广大党员干部的精神世界得到了深刻洗礼。

1. 社会主义核心价值体系学习教育

2006 年 10 月 11 日，党的十六届六中全会通过的《中共中央关于构建社会主义和谐社会若干重大问题的决定》指出："建设和谐文化是构建社会主义和谐社会的重要任务。社会主义核心价值体系是建设和谐文化的根本。"提出"马克思主义指导思想，中国特色社会主义共同理想，以爱国主义为核心的民族精神和以改革创新为核心的时代精神，社会主义荣辱观，构成社会主义核心价值体系的基本内容"①。首次提出了"建设社会主义核心价值体系"的概念，明确了社会主义核心价值体系的基本内容，意义重大而深远。这是我们党理论创新的又一重要成果，是加强社会主义和谐文化、和谐社会建设的重大举措，对于我们深化对中国特色社会主义本质的认识，全面推进中国特色社会主义伟大事业，具有重大而深远的意义。

2007 年 10 月 15 日通过的党的十七大报告，明确提出"建设社会主义核心价值体系，增强社会主义意识形态的吸引力和凝聚力"。

2009 年 9 月 18 日通过的党的十七届四中全会明确提出"开展社会主义核心价值体系学习教育"。"党员、干部模范学习践行社会主义核心价值体系，是建设马克思主义学习型政党的重要任务。"②

2011 年 10 月，党的十七届六中全会进一步完善了社会主义核心价值体系。全会向全党和全国人民提出了"推进社会主义核心价值体系建

---

① 《十六大以来重要文献选编》下，中央文献出版社 2008 年版，第 660—661 页。
② 《中共中央关于加强和改进新形势下党的建设若干重大问题的决定》，人民出版社 2009 年版，第 12 页。

设，巩固全党全国各族人民团结奋斗的共同思想道德基础"的重大任务。

社会主义核心价值体系的提出，有着深刻的时代背景和历史根源。它是我们党根据世界格局发生的新变化，国际力量对比出现的新态势，全球思想文化交流交融交锋呈现出的新特点，立足于我国进入经济体制深刻变革、社会结构深刻变动、利益格局深刻调整、思想观念深刻变化的新的发展阶段，同时，认真总结苏东剧变中放弃马克思主义、放弃社会主义共同理想带来的惨痛教训的基础上提出的科学论断。它深刻体现了我们党对"为什么要坚持马克思主义指导地位，而不能搞指导思想多元化"的深刻认识，体现了我们党对如何用中国特色社会主义共同理想凝聚力量，如何用以爱国主义为核心的民族精神和以改革创新为核心的时代精神鼓舞斗志，如何用社会主义荣辱观引领风尚的深刻把握，体现了党的理论自觉性的不断提高和理论创新的不断拓展。总之，社会主义核心价值体系的提出，是科学社会主义的基本原则在中国的创新，是中国共产党在社会主义理论方面的创新。对于实现科学发展、社会和谐，对于提升国家软实力均具有重大而深远的意义。

当代中国正沿着中国特色社会主义道路大踏步前进，建设社会主义核心价值体系的提出，从思想上精神上向世人展现了社会主义中国的鲜明旗帜。

（1）社会主义核心价值体系是社会主义意识形态的本质体现。党的十七大报告指出："社会主义核心价值体系是社会主义意识形态的本质体现。"这一论断深刻揭示了社会主义核心价值体系在社会主义意识形态中的地位和作用。社会主义意识形态是以马克思主义为指导的意识形态，集中反映着社会主义社会的经济、政治生活，反映着社会主义制度的本质要求，体现着最广大人民的根本利益。社会主义核心价值体系集社会主义价值理念之大成，把我们党倡导的基本理论、思想观念和价值取向系统凝练地整合在一起，是社会主义意识形态的核心内容和最重要组成部分，决定着社会主义意识形态的性质和方向。

（2）社会主义核心价值体系是全党全国各族人民团结奋斗的共同思想

基础。我们党历来高度重视共同思想基础的建设。毛泽东指出，党要有"共同语言"，社会主义国家要有"统一意志"。邓小平指出："我们这么大一个国家，怎样才能团结起来、组织起来呢？一靠理想，二靠纪律。组织起来就有力量。"①江泽民同志指出："一个民族、一个国家，如果没有自己的精神支柱，就等于没有灵魂，就会失去凝聚力和生命力。"②胡锦涛同志指出，要增强"民族精神"，巩固"精神支柱"，形成"共同理想信念"。这些重要论断，强调的都是共同思想基础建设。提出建设社会主义核心价值体系，揭示了我们共同思想基础的基本内涵和基本要求，将推动全党全社会进一步形成统一意志，共同团结奋斗。

（3）社会主义核心价值体系是实现科学发展、社会和谐的推动力量。科学发展、社会和谐，是发展中国特色社会主义的基本要求，是贯穿改革开放和社会主义现代化建设的一条主线。实现科学发展、社会和谐，离不开社会主义核心价值体系的支撑与引领。社会主义核心价值体系倡导一切有利于国家富强、社会和谐、人民幸福的思想和精神，一切有利于民族团结、祖国统一、人心凝聚的思想和精神，一切用诚实劳动创造美好生活的思想和精神，提供了经济社会全面发展的思想保证。建设社会主义核心价值体系，有助于人们增强对科学发展、社会和谐的认同，同心同德地推动经济社会又好又快发展；有助于人们焕发积极性、主动性、创造性，始终保持昂扬向上的精神状态；有助于人们培育和谐文化，树立和谐理念，发扬和谐精神，把各方面的智慧和力量凝聚到推动科学发展、促进社会和谐上来。

（4）社会主义核心价值体系是国家文化软实力的核心内容。当今时代，文化越来越成为民族凝聚力和创造力的重要源泉、越来越成为综合国力竞争的重要因素，丰富精神文化生活越来越成为我国人民的热切愿望。我们党科学把握时代发展趋势和文化发展方位，把提高国家文化软

---

① 《邓小平文选》第 3 卷，人民出版社 1993 年版，第 111 页。
② 《十五大以来重要文献选编》上，人民出版社 2000 年版，第 549 页。

实力作为重要发展战略，摆在更加突出的位置。社会主义核心价值体系是国家文化软实力的核心内容，建设社会主义核心价值体系的过程，也是提高国家文化软实力的过程。

社会主义核心价值体系是社会主义意识形态的本质体现和主体内容，是我们党在经济全球化和社会多样化形势下团结带领人民开拓前进的精神旗帜。我们党作为执政党和先锋队，在核心价值体系建设中处于主导地位，发挥着决定性作用。建设马克思主义学习型政党，一个重要任务就是教育引导广大党员干部模范学习践行社会主义核心价值体系，增强贯彻党的基本理论、基本路线、基本纲领、基本经验的自觉性和坚定性，增强走中国特色社会主义道路、为党和人民事业不懈奋斗的自觉性和坚定性。

建设马克思主义学习型政党，自觉学习践行社会主义核心价值体系，要从三方面下功夫：首先要在认知、认同上下功夫，使社会主义核心价值体系转化为党员的精神信仰和基本价值取向。其次在贯穿、融入上下功夫，切实把社会主义核心价值体系体现到党员、干部学习践行的全过程。最后在践行、示范上下功夫，以党员、干部率先垂范推动社会主义核心价值体系建设。

开展社会主义核心价值体系学习教育，要认真总结以往主题学习教育的历史经验，着力解决好普及性、操作性和实效性问题，在融入、贯穿和转化上下功夫，通过卓有成效的教育引导、舆论宣传、文化熏陶、实践养成、制度保障等，使社会主义核心价值体系内化为党员干部的价值观念，外化为党员干部的自觉行动。

（1）突出理想信念教育这个重点。把理想信念教育作为全党学习践行社会主义核心价值体系的重中之重，教育引导党员着力增强贯彻党的基本理论、基本路线、基本纲领、基本经验的自觉性和坚定性，增强走中国特色社会主义道路、为党和人民事业不懈奋斗的自觉性和坚定性，做共产主义远大理想和中国特色社会主义共同理想的坚定信仰者。引导党员、干部增强党的意识、宗旨意识、执政意识、大局意识、责任意识，做到为党分忧、为国尽责、为民奉献。"加强党的意识形态工作和思想政治工作，引导党员、干部增强政治敏锐性和政治鉴别力，筑牢思想防线，自觉划清马克思主义同反马克思主义的界限，社会主义公有制为主体、多种所有制经济共同发展的基本经济制度同私有化和单一公有制的界限，中国特色社会主义民主同西方资本主义民主的界限，社会主义思想文化同封建主义、资本主义腐朽思想文化的界限，坚决抵制各种错误思想影响，始终保持立场坚定、头脑清醒。加强思想道德建设，加强党的优良传统教育，加强中华优秀文化传统教育，引导党员、干部带头弘扬以爱国主义为核心的民族精神和以改革创新为核心的时代精神，自觉践行社会主义荣辱观。"①

（2）建立健全有效的激励约束机制。观念成习惯、规范变行动的过程，是知与行相统一、教育与实践相结合的过程。社会主义核心价值体系要真正成为党员干部的基本遵循，必须贯穿到党的思想建设、组织建设、作风建设、制度建设和反腐倡廉建设的各个领域、各个方面，融入党员干部日常工作学习生活之中。要充分发挥政策规章对党员干部所思所想和行为的导向作用，努力把社会主义核心价值体系体现到路线方针政策中，体现到党的各项规章制度中，体现到各级党的组织生活中。要把社会主义核心价值体系作为党员干部教育培训的重要内容，作为各级党校、行政学院、干部学院的重点课程，作为对党员民主评议、干部考察使用的重要标准，让党员干部在学习实践中感受责任、领悟崇高、体验光荣。要建立健全有效的激励约束机制，搭建弘扬社会主义核心价值体系的平台，形成有利于社会主义核心价值体系建设的浓厚氛围，使符合核心价值体系的行为得到鼓励，违背核心价值体系的行为受到制约。

（3）党员干部率先垂范、以身作则。党员干部的一言一行、一举一动，对其他社会成员有着很强的示范作用，很大程度上影响着人民群众

---

① 《中共中央关于加强和改进新形势下党的建设若干重大问题的决定》，人民出版社 2009 年版，第 12—13 页。

对社会主义核心价值体系的认同。党员干部特别是各级领导干部要带头学习践行社会主义核心价值体系，以身作则、率先垂范，用自己的模范行为高尚人格感召干部群众、引领社会风尚。要自觉用社会主义核心价值体系指导主观世界的改造，加强个人思想品德修养，树立正确的世界观、人生观、价值观，牢固树立马克思主义祖国观、民族观、宗教观，自觉践行社会主义荣辱观，带头弘扬以爱国主义为核心的民族精神和以改革创新为核心的时代精神，培养高尚道德情操和健康生活情趣。要深入开展讲党性、重品行、做表率活动，引导广大党员、干部时刻把党和人民放在心中最高位置，坚持和发扬共产党员的政治本色，始终保持蓬勃朝气、昂扬锐气、浩然正气。

推进社会主义核心价值体系建设主要面临两大任务：一是主动引导，把社会主义核心价值体系融入国民教育和精神文明建设之中；二是及时回应，积极探索用社会主义核心价值体系引领社会思潮的有效途径。

为扎实推进社会主义核心价值体系建设，2008 年 12 月中央宣传部组织编写了《社会主义核心价值体系学习读本》《社会主义核心价值体系辅导读本》，民革中央印发了《学习践行社会主义核心价值体系辅导读本》。全国政协副主席、中央统战部部长杜青林同志在 2009 年年底全国统战部长会议上的讲话中提出在统一战线中深入开展社会主义核心价值体系学习教育。中共中央统战部出台了《关于支持民主党派树立和践行社会主义核心价值体系的意见》的通知。很快，开展社会主义核心价值体系教育成为全党和统一战线工作的一项重要内容。中国关工委明确要求："各级关工委要在青少年中广泛开展社会主义核心价值体系教育，并作为一项长期的工作任务，常抓不懈，切实抓出成效来。"中央国家机关围绕社会主义核心价值体系开展学习教育，举办了杨善洲同志先进事迹报告会，引导党员干部向先进典型人物和身边的榜样学习，把对党的事业的忠诚和为人民服务的宗旨体现到工作中、落实在行动上。在全党的共同努力下，社会主义核心价值体系学习教育活动在全体党员中分批展开、扎实推进、健康发展，取得了明显成效。

　　根据中国社会科学院马克思主义研究学部承担的中国社会科学院重大国情调研课题——"关于社会主义核心价值体系建设情况的调查"。自中国共产党十六届六中全会提出建设社会主义核心价值体系的战略任务以来，全国范围内掀起了学习和践行社会主义核心价值体系的热潮，取得了很大的成绩，主要体现在以下四个方面。

　　第一，马克思主义指导思想作为全党全国人民团结奋斗的共同思想基础，得到了比较普遍的认同。由于中央将以马克思主义为指导作为社会主义核心价值体系的首要内容，以及建设社会主义核心价值体系学习、宣传和践行活动的开展，马克思主义作为全党全国各族人民团结奋斗的共同思想基础，进一步得到了加强和巩固。在调查研究中，61.78％的人认为"马克思主义应该成为指导思想"；广大党员干部和群众充分认识到，在当今世界中，只有马克思主义才是先进文化的代表。在调查研究中，68.48％的人认为"马克思主义是先进文化的代表"；同时，广大党员干部和群众对列宁主义和毛泽东思想仍然保持着较高的认同度，对邓小平理论都能作出正确的认识和评价，也认可中国特色社会主义理论体系是对马列主义和毛泽东思想的继承和发展。特别是以胡锦涛为总书记的新一届党中央提出科学发展观和构建社会主义和谐社会的新理念之后，由于党和政府推出了一系列新举措——解决收入差距扩大、重新构思医疗体制、建设社会主义新农村、重拳打击腐败等，受到广大人民群众的普遍欢迎和拥护。在调查研究中，81.64％的人赞成用科学发展观统领经济社会发展全局。这些都说明马克思主义的指导思想在广大干部群众中得到广泛的认可、巩固和发展。

　　第二，中国特色社会主义共同理想已逐步成为中华民族团结奋斗的精神支柱和精神动力。中国特色社会主义共同理想是在我国改革开放过程中，中国共产党把马克思主义基本原理和我国具体实际相结合，致力于建设中国特色社会主义的伟大实践中逐步确立起来的。这个共同理想就是要在中国共产党领导下，走中国特色社会主义道路，实现中华民族的伟大复兴。调查数据显示，79.92％的人认为"中国特色社会主义是全国各族人民的共同理想"，绝大多数人赞同在中国共产党领导下，走中国特色社会主义道路，实现中华民族的伟大复兴。并且，中国特色社会主义共同理想得到广大干部群众的基本认同。调查数据显示，70.59％的人同意中国特色社会主义是全国各族人民的共同理想。在改革开放的新时期和新的历史条件下，中国特色社会主义共同理想逐步成为中华民族团结奋斗的精神支柱和精神动力。

第三，以爱国主义为核心的民族精神和以改革创新为核心的时代精神已成为全国人民开拓进取、创造崭新业绩的力量源泉。作为社会主义核心价值体系的精髓，以爱国主义为核心的民族精神和以改革创新为核心的时代精神得到了人们的普遍认同，已经成为当代中国人民开拓进取、创造崭新业绩的精神支柱和力量源泉。调查显示，在改革开放的新时期，人们对于以爱国主义为核心的民族精神表示了极大的支持和认同，普遍认为它们应该成为社会主义核心价值体系的精髓，成为当代中国人民的精神支柱。调查数据显示，77.92％的人赞同爱国主义是民族精神的核心；同时，作为社会主义核心价值体系的精髓，改革创新已经成为当今中国的时代精神风尚。要改革就要不断创新，创新是一个民族进步的灵魂，是一个国家兴旺发达的不竭源泉。中国共产党领导中国人民进行改革开放的 30 年，就是不断发扬改革创新精神的 30 年。随着改革开放事业的深入，改革创新精神越来越成为当今中国的时代精神风尚，得到当今中国人民的精神认同。调查数据显示，70.31％的人赞同改革创新是时代精神的核心。最后，调研发现，高学历群体和与文化建设直接相关的职业群体对民族精神和时代精神建设取得的成绩肯定度更高。

第四，社会主义荣辱观得到较为普遍的认同，知荣辱、讲正气、树新风的文明道德风尚正在逐渐形成。自胡锦涛同志提出以"八荣八耻"为主要内容的社会主义荣辱观以来，全国范围内学习和践行社会主义荣辱观活动持续进行，使得我国学习和践行社会主义荣辱观取得了可喜成绩。首先，人们对社会主义荣辱观基本内容的知晓度比较高。以"八荣八耻"为主要内容的社会主义荣辱观教育活动开展以来，社会主义荣辱观教育活动得到了社会各界的广泛关注和高度重视。调查显示，在回答"您知道正在开展的社会主义荣辱观教育活动吗"时，1748 份问卷中，有 545 人选择"很了解"，占调研对象总人数的 31.18％；选择"基本了解"的有 856 人，占调研对象总人数的 48.97％，两项相加，达到 80.15％，这表明大多数人对社会主义荣辱观有较高程度的了解。其次，人们对社会主义荣辱观的深刻内涵有比较准确的认识。调查显示，对于社会主义荣辱观的深刻内涵，广大干部群众也有着比较准确的认识。63.22％的人认为社会主义荣辱观是对马克思主义道德观的继承和发展。再次，人们对社会主义荣辱观重要意义的认同度高。调查显示，86.84％的人认为社会主义荣辱观是我国社会生活的主流价值观念。这说明，以"八荣八耻"为主要内容的社会主义荣辱观已经深入民心，得到广大人民群众的衷心拥护和普遍认同。①

2012 年 11 月，胡锦涛同志在党的十八大报告中提出，倡导富强、民主、文明、和谐，倡导自由、平等、公正、法治，倡导爱国、敬业、诚信、友善，积极培育和践行社会主义核心价值观。三个"倡导"的概括分别从国家、社会、公民三个层面，提出了反映现阶段全国人民"最大公约数"价值追求，一方面为培育和践行社会主义核心价值观提供了基本范畴，另一方面也进一步明确了提炼、概括社会主义核心价值观的基本原则。

2. 创先争优主题活动

先进和优秀是中国共产党的特征和追求。开展创先争优活动与开展保持共产党员先进性教育活动一脉相承，是学习实践科学发展观活动的延续和深化，在更广范围、更深程度上保持和发展了党的先进性、纯洁性，叩响了时代强音。实践证明，这些重大主题活动始终坚持用发展着的马克思主义武装头脑、推动实践、指导工作，不断提高着全党的马克

---

① 程恩富、郑一明、冯颜利等：《近年社会主义核心价值体系建设情况的调查研究报告》，《毛泽东邓小平理论研究》，2011 年第 2 期。

思主义理论水平和解决实际问题的能力。

党的十七大部署以改革创新精神加强和改进党的建设，明确提出要开展两项活动，一是在全党开展深入学习实践科学发展观活动；二是在党的基层组织和党员中深入开展创先争优活动。

2010 年 4 月 6 日，为期一年半时间的全党深入学习实践科学发展观活动总结大会隆重举行。会上，胡锦涛同志和习近平同志在总结学习实践科学发展观活动经验的基础上，都对开展创先争优活动提出了明确要求。中央组织部、中央宣传部随即召开会议，对全国创先争优活动进行动员部署。5 月 7 日，中央创先争优活动领导小组召开会议，对围绕科学发展中心任务、迅速兴起创先争优活动热潮进行研究部署。中共中央办公厅转发《中央组织部、中央宣传部关于在党的基层组织和党员中深入开展创先争优活动的意见》。决定从 2010 年 4 月开始，在全党范围内开展创先争优主题活动。6 月 30 日，深入开展创建先进基层党组织、争当优秀共产党员活动座谈会召开。胡锦涛同志会见与会代表并讲话。同年 7 月 22 日至 24 日，全军党的建设座谈会召开。胡锦涛同志会见座谈会代表时强调，要以创先争优活动为抓手加强基层党组织建设，不断提高军队党的建设科学化水平。

创先争优活动是在我国正处于全面建设小康社会的关键时期和深化改革开放、加快转变经济发展方式的攻坚时期开展的，每年突出一个主题：2010 年重点推动科学发展、促进社会和谐；2011 年重点开展窗口单位和服务行业为民服务创先争优；2012 年重点开展基层组织建设年活动。

创先争优活动，以创建先进基层党组织、争当优秀共产党员为主要内容。先进基层党组织的基本要求是，学习型党组织建设成效明显，出色完成党章规定的基本任务，努力做到"五个好"：一是领导班子好。二是党员队伍好。三是工作机制好。四是工作业绩好。五是群众反映好。优秀共产党员的基本要求是，模范履行党章规定的义务，努力做到"五带头"：一是带头学习提高。二是带头争创佳绩。三是带头服务群众。四是带头遵纪守法。五是带头弘扬正气。从中可以看出，无论是先进基层党组织还是优秀共产党员的基本要求里，都把重视学习、带头学习放在首位，突出理论武装头脑，指导、推动工作实践。

在全党开展创先争优活动是新时期加强党的建设战略决策，是全党学习的新探索，意义重大。

一是开展创先争优活动是抓好学习实践活动整改落实的需要。第三批学习实践活动虽然基本结束，但整改落实任务还没有完成。第一、二批学习实践活动需要长期整改落实的任务，特别是延伸到基层的工作，还要进一步抓好。如果没有扎实有力的措施来推动，向群众作出的承诺就难以全面兑现，学习实践活动的整改落实任务就难以全面完成。二是开展创先争优活动是推动科学发展、促进社会和谐的需要。加快经济发展方式转变是贯彻落实科学发展观的重要目标和战略举措。中央的大政方针已定，各级党委、政府的要求都已经明确，关键要组织动员基层党组织和广大党员带头贯彻落实。三是开展创先争优活动是加强基层党组织建设的需要。在学习实践活动中，各地共新建党组织 6 万多个，整顿软弱涣散基层党组织 5 万多个，进一步扩大了覆盖面，加强了组织建设。组织建设是基础，发挥作用是关键，组织建设的成果要在发挥作用中巩固和提升。四是开展创先争优活动是进一步调动和激发广大党员积极性创造性的需要。学习实践活动激发了广大党员推动科学发展的积极性创造性，要把这种积极性创造性保护好引导好，组织党员在日常工作中发挥先锋模范作用，更好地树立先进形象，需要行之有效的实践载体和动力机制。

从 2010 年 4 月起全党开始深入开展创先争优活动到 2012 年 6 月 28 日全国创先争优表彰大会召开，表彰全国创先争优先进集体和优秀个人，两年多来，各级党组织和广大党员认真贯彻落实中央决策部署，坚持以学习实践科学发展观为主题，以"推动科学发展、促进社会和谐、服务人民群众、加强基层组织"为目标，深入推进创先争优活动，取得了显著成效，受到了干部群众和社会各界的普遍好评。

——推动了科学发展。围绕主题主线创先争优，为应对国际金融危机冲击、保持经济平稳较快发展，完成"十一五"发展目标、实现"十二五"良好开局提供重要保证。国务院国资委推动中央企业做强做优、争创世界一流。教育系统围绕全面落实教育规划纲要创先争优，顺利完成"两基"攻坚任务。文化系统加快公共文化服务体系建设，推动社会主义文化大发展大繁荣。

促进本地区本单位中心工作。天津开展"互看互比互学"活动，推动项目大提速，打造新滨海、建设新天津、实现新跨越。湖北实行"一村一策"，确定发展项目近 3 万个。各地要求党员干部在换届工作中创先争优，确保风清气正。

做好学习实践活动后续工作。四川各级党组织和广大党员当先锋、挑重担、做模范，纳入国家灾后恢复重建总体规划的 2.9 万多个项目基本完工。青海整合资金，落实水、电、路、话"四通工程"等新农村建设实事。据统计，第三批学习实践活动结束时各地尚未完成的整改任务119 万个，在创先争优中已完成 98 万个。

——促进了社会和谐。基层党组织和党员带头参加平安创建活动，带动全国 46 万多个社会组织积极参与。化解矛盾纠纷 1483.3 万件，调处信访积案 111.3 万起。公安系统开展"大接访""大走访"，密切警民关系。

上海建立自我教育、自我管理、自我服务的组团式联系服务群众新机制。浙江开展服务型基层党组织建设，实行网格化管理、组团式服务。吉林建立人民调解、行政调解、司法调解联动机制。新疆生产建设兵团全体党员亮明身份，建设优质服务站，强化维稳戍边功能。

弘扬新风正气、提升文明素养。辽宁 19 万名党员带动群众成立 7300多个"郭明义爱心团队"。贵州 600 多万户农户被评定为"诚信农户"。

——进一步服务人民群众。各级党组织和党员服务群众、改善民生，让人民群众看到创先争优带来的新变化。

深入开展窗口单位和服务行业为民服务。在 50 个中央有关部门、行业主管单位组织指导下，全国 467 万个窗口单位开展"三亮三比三评"活动，争创群众满意窗口、优质服务品牌和优秀服务标兵。铁路、民航、旅游等行业推广上门服务、代办服务、延伸服务、网络服务。广西推行"农事村办"，把窗口前移到农村，把服务下沉到农户。

扎实推动机关干部下基层联系服务群众。中央纪委、中央办公厅、国务院办公厅选派年轻干部参与扶贫、信访等工作。全国人大常委会机关、全国政协机关选派机关干部到贫困地区和重点工程挂职锻炼。中央政策研究室、最高人民法院、最高人民检察院和中央农办组织机关干部利用春节返乡机会开展调研和走访慰问。中央组织部在组织系统部署开展"万名组织部长下基层"活动。中央宣传部在新闻宣传战线广泛开展"走基层、转作风、改文风"活动。

云南推行民情责任区等制度，架起党群干群"连心桥"。中国银行围绕网点转型、金融服务，虚心向服务对象问计问策。西藏 2.1 万名干部自带被褥、单独起灶、集体吃住，驻村开展为期 3 年帮扶工作。陕西组织引导党员干部重温延安精神，以艰苦奋斗、奋发有为的精神状态努力建设富裕生态和谐西部强省。

创先争优活动中，各级党组织和党员与困难群众结成帮扶对子 2097.8 万个，为群众办实事 4962.8 万件，落实帮扶资金 1283.6 亿元。

——加强了基层组织。基础不牢，地动山摇。各地区各部门把加强基层组织作为创先争优重要目标和组织保证，以改革创新精神加强组织体系、骨干队伍、活动载体、工作制度、场所阵地建设，切实解决基层党建工作不落地、作用弱问题。

加强薄弱环节，破解党建难题。各地集中人力、物力、财力为基层党组织办实事，努力解决基层党组织缺经费少场所、流动党员教育管理服务机制不健全、非公有制企业和社会组织党建工作覆盖面不广等问题。中央统战部、全国工商联、工商总局等部门协调配合，结合业务抓好非公有制企业党建工作。

突出工作重点，选优训强支部书记。山东选派 2.6 万名机关干部任村党组织"第一书记"，抓基层、促发展。河南选派 7400 多名机关干部到薄弱村担任党支部负责人。各级组织部门会同有关部门对 240 多万名乡镇(街道)、村(社区)和企事业单位党组织书记分层次进行专题培训。

搞好分类定级，推动晋位升级。山西省长治县实施"晋位提档、支书提能、党员提质、阵地提标、创新提效、榜样提力"党建"六提"工程，党建工作迈上新台阶。宁夏开展"评星定格"，把基层党组织和党员创先争优标准具体化。安徽采取分类整顿、挂牌销号、领导督办等措施，抓好后进村党组织整顿转化。

广大基层党组织和党员在创先争优活动中，先进模范意识明显提高，工作动力明显增强。特别是在服务上海世博会、广州亚运会，抗击青海玉树和云南盈江、彝良地震，甘肃舟曲、岷县特大山洪泥石流灾害以及部分地方发生的洪涝、干旱等重大灾害，推进南水北调等重大工程，组织我国公民安全撤离埃及、利比亚等过程中，广大基层党组织和党员充分发挥战斗堡垒和先锋模范作用，赢得了人民群众赞誉。

创先争优活动中，全国新建党组织 32.8 万个，其中非公有制企业党组织 17.7 万个，社会组织党组织 6.9 万个；新建工会组织 110.8 万个、共青团组织 23.1 万个、妇女组织 9 万个。

——推进创先争优常态化、长效化。有效做法制度化、管用经验长效化。各地区各部门努力推动制度成果的形成，为实现创先争优经常化、普遍化、基层化，保持党的先进性和纯洁性提供制度保障。

中央直属机关工委、中央国家机关工委多次召开经验交流会，推广"三进三同""支部工作法"等创先争优典型经验。中国建设银行总结星级网点管理经验，创建一批"五星级"网点。中央创先争优活动领导小组总结编写创先争优特色做法 100 例，在全国推广。

民政、司法、工业和信息化、人力资源和社会保障、交通运输、商务、海关、质检系统等窗口单位和服务行业，认真总结"为民服务创先争优"经验做法，研究制定"三亮三比三评"长效机制。

各地区各部门边实践边总结边提升，广泛开展共产党员"先进性标准大讨论"和创先争优征文、演讲、研讨活动，不断深化对创先争优内在规律的认识。

2012 年 5 月，全国创先争优理论研讨会在北京召开，形成了一批理论研究成果。据统计，国家图书馆文献库收录公开发表的创先争优理论文章 5100 多篇。

中央创先争优活动领导小组从基层、地方和部门、全国三个层面建立创先争优长效机制。2012 年 5 月，研究制定《关于抓好创先争优长效机制工作的方案》。随即印发《关于各地区各部门各单位建立健全创先争优长效机制的指导意见》，推动创先争优长效机制建设。①

先进源于责任，优秀彰显党性。创先争优活动创造出了令人瞩目的辉煌成绩，但创先争优从来只有"进行时"、没有"完成时"，先进与优秀注定是我们党永不懈怠的崇高追求。

3. 学习雷锋活动的深入开展

党的十七届六中全会提出，深入开展学雷锋活动，采取措施推动学习活动常态化。这是时代的呼唤、人民的心声，也是推进社会主义核心价值体系建设、巩固全党全国各族人民共同思想道德基础的一项重要举措。

雷锋是实践社会主义、共产主义思想道德的楷模，以短暂的一生谱写了无比壮丽的人生诗篇，树起了一座令人景仰的思想道德丰碑，是全国人民学习的光辉榜样。雷锋精神是社会主义核心价值体系的结晶，是中华民族精神的重要内容，哺育和激励了一代又一代人成长。几十年来，在毛泽东、邓小平、江泽民、胡锦涛等中央领导同志亲切关怀和大力倡导下，学雷锋活动在全国各地蓬勃开展，雷锋精神在广大干部群众中广为传扬，涌现出了一大批雷锋式的先进集体和模范人物，产生了广泛而深远的社会影响。雷锋精神体现了中华民族的传统美德，顺应了社会进

---

① 李亚杰、卫敏丽、赵超：《东方潮涌万象新——全党深入开展创先争优活动巡礼》，《人民日报》，2012 年 10 月 15 日。

步的时代潮流，彰显了我们党的先进本色，内涵十分丰富、意蕴十分深刻，是一面永不褪色、永放光芒的旗帜。近半个世纪以来，全国各地兴起了持久不衰、新意迭创的"学雷锋"活动热潮。

在新的历史条件下广泛深入开展学雷锋活动，既是在各种思想文化相互激荡的时代条件下坚持社会主义先进文化前进方向的迫切需要，又顺应了人民群众对加强社会主义思想道德建设的强烈呼唤，是时代的要求、人民的愿望，对于动员和鼓舞广大干部群众以昂扬向上的精神风貌，积极投身中国特色社会主义伟大事业，具有十分重要的意义。

第一，深入开展学雷锋活动，是建设社会主义核心价值体系、巩固全党全国各族人民团结奋斗共同思想道德基础的迫切要求。党的十七届六中全会强调，社会主义核心价值体系是兴国之魂，是社会主义先进文化的精髓，决定着中国特色社会主义发展方向。建设社会主义核心价值体系，在全社会形成统一指导思想、共同理想信念、强大精神力量和基本道德规范，始终是发展中国特色社会主义的一项重大战略任务。雷锋身上体现的坚定理想信念、昂扬精神斗志和高尚道德追求，反映了社会主义核心价值体系的根本要求，是引领全社会思想道德追求的精神灯塔。通过深入开展学雷锋活动，用人们信服的榜样来进行引导，用令人景仰的模范来进行示范，有助于增强社会主义核心价值体系学习教育活动的吸引力和感染力，有助于增强人们对主流价值观念的认同感和践行力，不断夯实社会主义核心价值体系建设的群众基础。

第二，深入开展学雷锋活动，是弘扬中华传统美德和社会主义道德、焕发人们道德建设热情的迫切要求。中华传统美德是优秀传统文化的精华，是中国当代文明的根基，千百年来一直滋润着中华民族共有精神家园，蕴含着社会发展进步的不竭力量。社会主义道德是全党全国各族人民在社会主义革命、建设、改革中所形成的崇高革命气概、优秀精神品质和高尚道德情操的集中体现，是中华传统美德在新的时代条件下的传承和升华，是全面建设小康社会、开创中国特色社会主义事业新局面的强大精神动力。当前，我国思想道德领域主流积极健康向上，但也存在一些突出问题，引起全社会的极大关注，时代和人民呼唤加强道德建设，培育良好社会风尚。雷锋精神凝结着中华民族的优秀品德，闪烁着社会主义道德的耀眼光辉，具有引领人们崇德尚义、向上向善的强大力量。通过深入开展学雷锋活动，大力弘扬雷锋精神，有助于进一步激发人民中间蕴藏的道德热情，焕发人们参与道德建设的积极性，引导人们自觉传承中华传统美德、践行社会主义道德规范。

第三，深入开展学雷锋活动，是推进社会主义精神文明建设、提升社会文明程度的迫切要求。社会主义精神文明是社会主义社会的重要特征。经过长期不懈的努力，我国精神文明建设取得了丰硕成果，为促进经济社会又好又快发展作出了重要贡献。同时要看到，建设社会主义精神文明是一项长期的艰巨任务。当前，我国已进入新的历史发展阶段，在社会主义市场经济深入发展、对外开放不断扩大、社会思想意识更加多元多样多变的新形势下，建设与我国经济社会发展相适应、与物质文明相协调的社会主义精神文明，还需要做大量艰苦细致的工作。雷锋以自己的实际行动，为社会主义精神文明建设提供了宝贵资源。雷锋身上所体现的遵纪守法、诚信为本，刻苦学习、爱岗敬业等思想观念，是与社会主义精神文明建设要求相一致的。通过深入开展学雷锋活动，大力弘扬雷锋精神，有助于动员广大干部群众踊跃投身社会主义精神文明建设，提高公民思想道德素质和社会文明程度，为实现全面建设小康社会宏伟目标凝聚起强大精神力量。

第四，深入开展学雷锋活动，是保持党的先进性和纯洁性、践行全心全意为人民服务宗旨的迫切要求。中国共产党之所以能够不断发展壮大，团结带领全国各族人民夺取革命、建设、改革的重大胜利，赢得人民群众的爱戴和拥护，成为领导中国人民不断开创事业发展新局面的坚强核心，归根结底就在于始终坚持了全心全意为人民服务这个宗旨，始终保持了马克思主义政党的先进性和纯洁性。胡锦涛同志在庆祝中国共产党成立 90 周年大会上的讲话中强调指出，全党必须清醒地看到，在世情、国情、党情发生深刻变化的新形势下，提高党的领导水平和执政水平、提高拒腐防变和抵御风险能力，加强党的执政能力建设和先进性建设，面临许多前所未有的新情况新问题新挑战，执政考验、改革开放考验、市场经济考验、外部环境考验是长期的、复杂的、严峻的，精神懈怠的危险、能力不足的危险、脱离群众的危险、消极腐败的危险，更加尖锐地摆在全党面前。雷锋作为一名普通共产党员，自觉践行全心全意为人民服务的宗旨，时时处处发挥党员的模范带头作用，以实际行动诠释了党的先进性和纯洁性的丰富内涵，彰显了共产党人的精神力量。通过深入开展学雷锋活动，引导广大党员特别是党员领导干部自觉以雷锋为榜样，不断加强党性修养和作风建设，不断增强自我净化、自我完善、自我革新、自我提高的能力，有助于抵制拜金主义、享乐主义、极端个人主义的侵蚀，牢固树立正确的权力观、地位观、利益观和政绩观，坚持立党为公、执政为民，密切党同人民群众的血肉联系，永葆共产党人的政治本色。①

2012年是雷锋逝世50周年，为贯彻落实党的十七届六中全会精神，深入开展学雷锋活动，推动学雷锋活动常态化，大力弘扬雷锋精神，促进社会主义核心价值体系建设，不断提升公民道德素质和社会文明程度，2月9日，中共中央办公厅印发了《关于深入开展学雷锋活动的意见》，指出："大力弘扬雷锋精神，对于激发人们思想道德建设热情，倡导文明新风，匡正道德失范，矫正诚信缺失，提升社会道德水平，引导人们做中华民族传统美德的传承者、社会主义道德规范的实践者、良好社会风尚的创造者；对于弘扬民族精神和时代精神，促进社会主义核心价值体系建设，形成全民族奋发向上的精神力量；对于凝聚干部群众的意志和力量，全面建设小康社会，实现中华民族伟大复兴，具有十分重要的意义。"

为深入贯彻落实党的十七届六中全会精神和《中共中央办公厅关于深

---

① 李长春：《在全国深入开展学雷锋活动座谈会上的讲话》，《人民日报》，2012年3月3日。

入开展学雷锋活动的意见》，团中央印发了《关于在全国青少年中深入开展学雷锋活动的实施意见》，全国妇联积极部署在广大妇女中深入开展学雷锋活动，积极推动学雷锋活动的常态化、机制化。2月28日至29日，中宣部在京举行第九届中国公民道德论坛。刘云山同志出席论坛并讲话，强调要认真贯彻党的十七届六中全会精神，在全社会深入开展学雷锋活动，大力弘扬雷锋精神。3月1日，中宣部、中央文明办在北京召开视讯会议，研究部署"弘扬雷锋精神、开展志愿服务"工作。3月2日，中央精神文明建设指导委员会在北京召开深入开展学雷锋活动座谈会。中共中央政治局常委、中央精神文明建设指导委员会主任李长春出席座谈会并讲话。他强调，要充分认识新形势下深入开展学雷锋活动、弘扬雷锋精神的重大意义，在全社会迅速兴起学雷锋活动的热潮，最大限度地动员和凝聚各方面力量积极参与，使雷锋精神成为激励全党全国各族人民奋力开拓中国特色社会主义事业新局面、实现中华民族伟大复兴的强大精神力量。中央精神文明建设指导委员会授予鞍山钢铁集团职工郭明义"当代雷锋"荣誉称号。

2月28日，北京市下发《关于弘扬北京精神深入开展学雷锋活动的实施意见》。意见列出7大项活动，常态化在全市开展。一是开展雷锋宣传周活动。每年3月初，组织召开学雷锋座谈会，总结交流学雷锋活动经验，部署开展学雷锋活动。组织专家学者研讨会，研讨雷锋精神的时代价值，加强学雷锋活动理论和实践研究，为推进首都精神文明建设提供理论支持。发动市民广泛开展学雷锋大家谈活动，深化对雷锋精神的认识，推介典型经验做法，围绕推动学雷锋活动建言献策。二是开展学雷锋树典型活动。开展"与雷锋精神同行"系列宣传教育实践活动，每年总结推广一批学雷锋活动的先进经验、评选表彰一批先进典型，每两年组织开展首都道德模范、首都精神文明建设奖和文明北京新市民评选表彰活动，充分发挥先进典型的示范引领作用。三是开展"永远的雷锋"志愿行动。将每周六定为"学雷锋志愿活动日"，动员社会各界和广大市民开展形式多样的学雷锋志愿行动。以学雷锋先进典型和道德模范为引领，培育一批学雷锋志愿服务品牌团队，进一步加强各类志愿服务组织建设。动员广大市民群众广泛参与各类道德实践活动，开展扶老助残、帮困解难、应急救助、便民利民的社会志愿服务。四是开展"雷锋精神进校园"活动。学校要把弘扬雷锋精神作为校园文化建设的重要内容，推进学校教育、家庭教育、社会教育、网络教育有效衔接。开展"学道德模范、诵中华经典、做有德之人""践行北京精神，争做文明小使者"主题教育实践活动，发挥老干部、老战士、老专家、老教师、老模范和德艺双馨文化名人的育人作用。五是开展"岗位学雷锋"活动。党政机关要开展"践行雷锋精神、争做人民满意公务员"活动，加强学习型党组织建设，推进党风廉政建设，充分发挥党员先锋模范作用，以执政为民的良好作风为全社会学雷锋作出表率。企业要结合生产经营实际，广泛开展"岗位学雷锋、争做好员工"活动，把雷锋精神转化为企业精神和企业文化。六是坚持以文化人、以文育人。围绕弘扬雷锋精神组织创作一批文艺作品，编辑出版一批优秀读物，制作播出一批影视作品和公益广告片。组织名家创作《首都道德模范系列连环画》，开展"雷锋精神放光芒"曲艺节目进学校、进企业、进社区、进村镇巡演活动。七是建立完善学雷锋活动长效机制。把学雷锋活动常态化纳入到精神文明创建考评之中，推进首都公民道德建设十大工程，开展文明区县、文明村镇、文明单位创建活动，落实农村精神文明建设"十个一"创建工程，推进首都军(警)民共建"五项工程"。

全国各地掀起学雷锋热潮。从首都北京到塞外边疆，从党政机关干部到普通群众，从大学学子到部队官兵，他们正用一个个扎实的实践活动、一个个感人的身边"雷锋"事迹，动员和引导更多的人投身到学雷锋活动中来。

伴随着学习雷锋的热潮，图书出版界近日掀起了一股"雷锋热潮"。据《现代快报》记者施向辉 2012 年 3 月 6 日写的一篇名为《雷锋很红》的文章报道，雷锋题材的出版物成为最近的热点。他走访南京各大书店后了解到，目前出版的与雷锋相关的图书已有 400 多种，而今年一下子就有几十种新书赶在 3 月上市，其中以教育和少儿读物为主，社科类为辅。

在南京市新华书店新街口店记者看到，三联书店出版的《雷锋 1940—1962》，新华出版社出版的《雷锋精神学习读本》以及华文出版社出版的《雷锋全集》作为推荐书目，摆在了书店进门的显眼处。另外，像湖南少年儿童出版社出版的《雷锋日记》，哈尔滨出版社出版的《雷锋的故事（学生文字版）》等 7 种与雷锋相关的少儿类读物，则陈列在了畅销少儿读物处。

三、中央政治局集体学习

2007 年 11 月 27 日下午，十七届中央政治局以《完善中国特色社会主义法律体系和全面落实依法治国基本方略》为题进行了第一次集体学习。到 2012 年，十七届中共中央政治局进行了 33 次集体学习，加之十六届中央政治局进行的 44 次集体学习，胡锦涛同志任中共中央总书记以来，两届中央政治局先后进行了 77 次集体学习，有 140 多位专家学者为中央政治局领导成员讲课。学习专题涵盖经济、政治、法律、文化、社会、国际问题、军事、党建等多个领域的重大问题。这一学习制度的确立在国内外和党内外都产生了巨大的影响，是学习型党组织建设的重要实践。同时也为建设学习型社会做了典型示范和模范带头作用。

1. 为什么学

（1）组织领导干部学习是党的学习的重要内容

通过对不同阶段的学习历程的研究，可以发现中国共产党在对全党学习强调的背景下，更是特别重视领导干部的学习。这也是我们党学习的基本经验之一。党的第一代中央领导集体核心毛泽东早在延安时期就指出："现在中央设了干部教育部，负责领导全党的学习。同志们不仅看看书就算了，而且要有组织地学习。全国各级党部，边区各级政府，各个民众团体，各类学校，都须设立这样的机关，建立这样的制度，来领导并进行学习。"①第二代中央领导集体核心邓小平说过："我希望党中央

---

① 《毛泽东文集》第 2 卷，人民出版社 1993 年版，第 179—180 页。

能作出切实可行的决定，使全党的各级干部，首先是领导干部，在繁忙的工作中，仍然有一定的时间学习，熟悉马克思主义的基本理论，从而加强我们工作中的原则性、系统性、预见性和创造性。"①第三代中央领导集体核心江泽民同志提出："领导干部总要比别的同志更勤于学习和善于学习，知识更多一些，本领更强一些，才能担当起领导的重任。""要教育和提高干部，就必须在干部中首先是各级领导干部中，开展深入持久的学习。"②胡锦涛同志在主持十六届中央政治局第一次集体学习时强调："我们党历来高度重视学习问题，始终把学习作为一项关系党的事业兴旺发达的战略任务来抓。毛泽东同志、邓小平同志、江泽民同志都反复强调全党同志特别是领导干部要坚持和加强学习。"③从几代领导人的谈话中不难看出，党对于学习的重视，首先是从领导干部的学习开始的。

（2）加强领导干部学习是时代变化的必然要求

中国共产党能从幼稚走向成熟，在中国革命和建设的过程中不断发展壮大，正是因为在历史的每个关键时期能够通过学习实践不断地修正错误，作出符合历史发展趋势的正确选择。正如毛泽东所讲的，"情况是在不断地变化，要使自己的思想适应新的情况，就得学习。即使是对于马克思主义已经了解得比较多的人，无产阶级立场比较坚定的人，也还是要再学习，要接受新事物，要研究新问题"④。邓小平也说过："在不断出现的新问题面前，我们党总是要学，我们共产党人总是要学，我们中国人民总是要学。谁也不能安于落后，落后就不能生存。"⑤江泽民同志曾经强调："在改革开放和现代化建设中，新情况新问题层出不穷，我们不熟悉、不了解、不懂得的东西很多。因此，全党同志首先是各级领

---

①　《邓小平文选》第 3 卷，人民出版社 1993 年版，第 147 页。

②　江泽民：《论党的建设》，中央文献出版社 2001 年版，第 180、221 页。

③　胡锦涛：《在十六届中共中央政治局第一次集体学习时的讲话》，《人民日报》，2002 年 12 月 27 日。

④　《毛泽东文集》第 7 卷，人民出版社 1999 年版，第 271 页。

⑤　《邓小平文选》第 2 卷，人民出版社 1994 年版，第 270 页。

导干部一定要加强学习，而且必须有紧迫感，必须提高自觉性。"①胡锦涛同志指出："各级领导干部必须明白，现在社会各个方面的发展日新月异，人民群众的实践创造丰富多彩，不学习、不坚持学习、不刻苦学习，势必会落伍，势必难以胜任我们所肩负的重大职责，要做合格的领导者和管理者，必须大力加强学习，努力用人类社会创造的丰富知识来充实自己。"②

2. 怎样学最有效

(1)弘扬理论联系实际的学风是关键

在党的学习历史上，既出现过以马列经典为"本"的教条主义，也出现过狭隘、主观的经验主义。这样的学习也导致我们党付出了巨大代价，已经被实践证明是错误的。毛泽东指出："马克思主义的'本本'是要学习的，但是必须同我国的实际情况相结合。我们需要'本本'，但是一定要纠正脱离实际情况的本本主义。"③邓小平强调学习马列经典必须和具体实践相结合，"学习什么？根本的是要学习马列主义、毛泽东思想，要努力把马克思主义的普遍原则同我国实现四个现代化的具体实践结合起来"④。江泽民同志提出："在新的历史时期，坚持理论和实践的统一，就是要紧密结合改革和建设的实际，通过理论学习提高自己，更好地进行实践，再在实践中进一步丰富和发展理论。"⑤新时期，胡锦涛同志指出："领导干部加强学习，必须坚持理论联系实际的优良学风。""加强学习，一定要紧密联系党和国家事业的发展要求来进行，一定要紧密联系认识和解决改革和发展中出现的新情况新问题来进行，一定要紧密联系自身世界观和人生观的改造来进行，一定要紧密联系更好地为最广大人

---

① 江泽民：《论党的建设》，中央文献出版社 2001 年版，第 86 页。

② 胡锦涛：《在十六届中共中央政治局第一次集体学习时的讲话》，《人民日报》，2002 年 12 月 27 日。

③ 《毛泽东选集》第 1 卷，人民出版社 1991 年版，第 111—112 页。

④ 《邓小平文选》第 2 卷，人民出版社 1994 年版，第 153 页。

⑤ 《江泽民文选》第 2 卷，人民出版社 2006 年版，第 305 页。

民谋利益来进行。"①

（2）建立长效制度是保障

研究党的学习历史，曾经有过的学习的形式或是运动式的集体学习（延安整风），或是领导干部的自我需要（毛泽东的著书立说），但都未能形成系统长效的机制作为有效的保障，从而也使得学习的影响力相对有限。开始于 1986 年 7 月 3 日，中央领导集体学法活动，被称为政治局集体学习的前身，一共学习了四次四个专题：《对于法的性能和作用的几点认识》《经济建设与法制建设》《外交斗争与国际法》《谈谈中国法制历史经验的借鉴问题》。

十六大之后，新一届中央领导集体很快进行了第一次政治局集体学习。课后，胡锦涛同志发表了一次重要讲话，他指出："中央政治局经过讨论认为，为了适应党和国家事业发展的需要，为了更好地承担起党和人民所赋予的重任，我们必须进一步加强学习。除了自学以外，中央政治局还要进行集体学习。今天这次学习活动，是新一届中央政治局集体学习的第一次，开了个头。这要作为一项制度长期坚持。"②2003 年 2 月 26 日，胡锦涛同志在十六届二中全会上通报工作时说："我们建立了中央政治局集体学习制度，并制定了今年全年的学习计划，基本上每月安排一次。"③至此，政治局集体学习制度确立。从 2002 年 12 月 26 日至 2012 年 5 月 28 日，以胡锦涛同志为总书记的十六、十七届中央政治局先后组织了 77 次学习，平均 45 天组织一次学习。这样的学习频率和对学习的重视程度不光在党的历史上是第一次，环顾世界各国的执政党也是非常少见的。

3. 学什么最重要

相比较最初时断时续的普法专题学习，从集体学习形成制度以来，

---

①　胡锦涛：《在十六届中共中央政治局第一次集体学习时的讲话》，《人民日报》，2002 年 12 月 27 日。

②　同上。

③　《十六大以来重要文献选编》上，中央文献出版社 2005 年版，第 152 页。

两届中央政治局不但学习的次数多，学习的内容也十分广泛。但所学的内容同时又有很强的针对性和现实性。都是围绕党的工作重心，特别是党和国家一段时期的中心工作。以十七届政治局集体学习的内容为例：首要关注的是国家经济发展的问题。从 2007 年 11 月 27 日第十七届中央政治局第一次集体学习始，至 2012 年 5 月 28 日，在所有进行的 33 次集体学习内容中，有 10 次是直接或间接研讨与经济相关的问题。之所以会有这么高的关注度，一个原因是发展问题始终是我们全面建设小康社会的首要工作。胡锦涛同志在省部级主要领导干部专题研讨班开班式上发表的重要讲话指出："以经济建设为中心是兴国之要，发展仍是解决我国所有问题的关键。"①原因二是 2008 年爆发的席卷全球的金融危机对我国的持续影响。胡锦涛同志在中共中央政治局第九次集体学习时强调："在一个时期内，我们将突出面临国际金融危机影响持续加深、全球经济增长明显放缓的压力，突出面临外部需求显著减少、我国传统竞争优势逐步减弱的压力，突出面临国际竞争日趋激烈、投资和贸易保护主义上升的压力，突出面临人口资源环境约束不断增强、转变经济发展方式要求更为迫切的压力。"②

这十次经济专题学习还有一个很明显的特点，就是有关"转变经济发展方式"的学习也非常突出。这其中有从整体宏观布局的角度学习，如《抓紧做好转变经济发展方式　各项工作不断赢得发展新优势开创发展新局面》《紧紧抓住历史机遇切实加大工作力度　推动战略性新兴产业快速健康发展》，也有针对关键行业转变发展方式的具体研究，如《坚定不移走中国特色农业现代化道路　全力保持农业农村经济持续稳定发展》《着力提高我国工业发展质量效益　努力从工业大国向工业强国转变》。之所以这样强调，原因在于加快转变经济发展方式，是关系国民经济全局紧迫而重大的战略任务，是提高我国经济国际竞争力和抗风险能力的根本

---

① 《全党全国各族人民更加紧密地团结起来　沿着中国特色社会主义伟大道路奋勇前进》，《人民日报》，2012 年 7 月 24 日。

② 《人民日报》，2008 年 12 月 1 日。

举措，是实现全面建设小康社会奋斗目标的重要保证。

二是关注党的建设问题。正是由于"新形势下，党所处历史方位和执政条件、党员队伍组成结构都发生了重大变化，来自外部的风险前所未有，党的建设方面特别是党员、干部队伍出现了许多亟待解决的突出问题"①。所以胡锦涛同志反复在不同场合强调党建工作的重要性。同样在集体学习中，党建问题的学习也就成为必然的选择，领导集体学习研讨过的党建专题有：《高度重视积极推进党内民主建设　充分发挥全党积极性主动性创造性》《扎实贯彻党的十七届四中全会精神　努力提高党的建设科学化水平》《充分认识加强党的基层组织建设重大意义　不断提高党的基层组织建设科学化水平》《深刻认识和充分运用党的建设历史经验不断推进新形势下党的先进性建设》。

三是对民生问题的关注。"我们重视解决人民最关心、最直接、最现实的利益问题。"②这一思想在学习中也有着明确的体现：如社会保障问题《世界主要国家社会保障体系和我国社会保障体系建设》、医疗问题《世界医药卫生发展趋势和我国医药卫生体制改革》、教育问题《优先发展教育，建设人力资源强国》、就业问题《实施更加积极的就业政策》。

四是对理论的重视。在对现实问题持续关注的基础上，党对于理论学习的重视始终未变。学习理论对于实践的作用，胡锦涛同志在第一次集体学习中对此给予明确回答——"领导干部加强学习，首先要学习马克思列宁主义、毛泽东思想和邓小平理论，学习'三个代表'重要思想。学习马克思主义理论，关键是要掌握马克思主义的基本原理，领会马克思主义的精髓和本质，学会运用马克思主义的立场、观点、方法来分析和解决改革开放和现代化建设中的实际问题"③。《中国特色社会主义理论体系研究》《正确处理新时期人民内部矛盾问题研究》这些专题的学习，都

①　《全党全国各族人民更加紧密地团结起来　沿着中国特色社会主义伟大道路奋勇前进》，《人民日报》，2012 年 7 月 24 日。

②　《十七大以来重要文献选编》上，中央文献出版社 2009 年版，第 657 页。

③　《人民日报》，2002 年 12 月 27 日。

是党中央对理论问题高度重视的最好诠释。

五是大力推进依法治国。依法治国是发展社会主义市场经济的客观需要，是社会文明进步的重要标志，是建设中国特色社会主义文化的重要条件，是国家长治久安的重要保障。中央政治局的集体学习也是从学法而起的。新一届领导集体第一次学习《完善中国特色社会主义法律体系和全面落实依法治国基本方略》和第二十七次《推进依法行政弘扬社会主义法治精神，充分发挥法律促进经济社会发展作用》，这些都充分体现了中央领导对法治学习一以贯之的强调和重视。

4. 学习的收获如何

（1）是学习型党组织建设中的典范

党的十六大报告提出，"形成全民学习、终身学习的学习型社会，促进人的全面发展"①，在党中央的号召下，全国上下各行各业掀起了一股学习的浪潮。十六届四中全会又进而提出："重点抓好领导干部的理论和业务学习，带动全党的学习，努力建设学习型政党。"②学习型政党的建设，学习型社会的建成，最终的落脚点是每一个党员，每一个群众。以胡锦涛同志为总书记的党中央，以中央政治局集体学习的方式为地方各级领导干部的学习做了一个示范，进而带动领导干部主动学习、广大党员认真学习。为建设学习型党组织营造氛围、形成推力，为建成学习型社会夯实基础。

十六大之后，党中央相继颁发了《干部教育培训工作条例（试行）》《2006—2010 年全国干部教育培训规划》《2009—2013 年全国党员教育培训工作规划》《关于推进学习型党组织建设的意见》《2010—2020 年干部教育培训改革纲要》，进一步完善了对领导干部学习培训的制度保障。

中央党校在十六大期间先后举办了 5 个专题学习研讨型的省部级主要领导干部研讨班，即：学习贯彻"三个代表"重要思想专题研讨班、树

---

① 《十六大以来重要文献选编》上，中央文献出版社 2005 年版，第 15 页。
② 《十六大以来重要文献选编》中，中央文献出版社 2006 年版，第 291 页。

立和落实科学发展观专题研究班、提高构建社会主义和谐社会能力专题研讨班、建设社会主义新农村专题研讨班、学习《江泽民文选》专题研讨班。十七大之后，又举办了四期：深入学习实践科学发展观活动动员专题研讨班、深入贯彻落实科学发展观加快经济发展方式转变专题研讨班、社会管理及其创新专题研讨班、7.23省部级主要领导干部专题研讨班。在浦东、井冈山、延安建立了3个干部学院，与中央党校和地方党校一起成为党政干部培训的主阵地，再结合各部门和系统的干部培训院校和培训中心，依托高等学校进行专业知识培训的培训机构，以及与国外联合办学的机构、远程教育和社会化办学的各种机构，为领导干部搭建了不同层次的学习平台。

国务院、全国人大、全国政协纷纷举办专题讲座、学习讲座。各省、区、市党委和政府，中央国家机关各部委也都普遍建立了常委会集体学习、中心组集体学习的长效制度，广泛、持续、深入地开展了学习实践。在全党开展的深入学习实践科学发展观活动，更是把学习型政党建设的实践推上了高潮。

可以说，中国共产党已经把学习作为党的常态工作范式和党的建设的重要内容。

（2）增强党的执政能力

学习本身不是目的，通过学习，开阔视野、正确判断当前形势，进而提高应对复杂问题的能力，提高党的执政能力才是学习的本意。

首先，提高党的执政能力，必须开阔党的视野。在经济高度全球化的今天，任何一个国家的发展和发展中遇到问题都不可逆转地和世界发生联系，如何把握规律、趋利避害，为本国的发展创造有利条件，是每一个执政党必须面对的课题。在中央政治局的集体学习中，许多学习内容都是从世界的角度看中国，如"在当代世界宗教和加强我国宗教工作""国外政府服务体系建设和我国建设服务型政府""世界主要国家社会保障体系和我国社会保障体系建设""世界经济形势和推动我国经济又好又快发展""世界主要国家财税体制和深化我国财税体制改革""世界医药卫生发展趋势和我国医药卫生体制改革"。针对经济发展，胡锦涛同志指出："我们一定要增强忧患意识和机遇意识，既充分认识世界经济环境急剧变化给我国经济发展提出的新问题新挑战，又充分认识我国经济发展的基本态势和长期向好趋势。"谈到政治管理体制问题，胡锦涛同志指出："要加强对建设服务型政府的实践探索和理论研究，深入分析新情况新问题，及时总结实践经验，认真借鉴国外有益做法，促进服务型政府建设。"①有关生态环境，胡锦涛同志强调，全球气候变化深刻影响人类生存和发展，是各国共同面临的重大挑战。妥善应对气候变化，事关我国经济社会发展全局，事关我国人民根本利益，事关世界各国人民福祉。②

其次，提高党的执政能力，必须对形势有正确的判断。时代主题是对形势的科学判断的结果，是我们党制定执行正确路线方针政策的重要依据。在政治局集体学习的过程中，通过对具体问题的研究进而分析把握当前形势特点，是学习很重要的一个目的。目前，我国正处于改革发展的关键阶段，也正处于工业化、现代化的重要时期。能不能适应国际环境的新变化，适应我国发展的新要求，在转变经济发展方式上取得重大突破，关系到我们能不能牢牢把握发展的主动权，在较长时期内继续保持经济平稳较快发展。③"当前，世界经济形势严峻复杂，国际金融危机尚未见底，我国经济增长下行压力加大。越是困难的时候，越是要坚定信心。要全面分析形势，准确把握和充分运用我国经济发展的有利条件。"④这些论断都是这一学习成果的体现。

最后，提高党的执政能力，必须增强解决复杂问题的能力。社会转型期，各种矛盾和各方面利益错综复杂，正确认识和处理不同的矛盾，善于理顺协调各种利益关系，是对执政党执政能力的考验。能否制定行之有效的政策方针，是体现执政能力高低的重要标志。因而在集体学习

---

① 《人民日报》，2008 年 2 月 24 日。
② 《人民日报》，2010 年 2 月 24 日。
③ 《人民日报》，2008 年 4 月 30 日。
④ 《人民日报》，2009 年 2 月 25 日。

中，这样的内容也有清晰的表述。对农业，"在当前形势下，保持农业农村经济持续稳定发展，对于党和国家工作全局具有更为重大的意义。保增长的基础支撑在农业，扩内需的最大潜力在农村，保民生的重点难点在农民。尤其要抓好以下 3 项工作。一是要大力保障国家粮食安全和主要农产品供给；二是要大力加强农村基础设施建设和社会事业发展，改善农民生活；三是要大力促进农民增收，开拓农村市场。积极谋划促进农民增收的新思路，最大限度拓展农村内部增收空间"①。论及社会保障，胡锦涛同志指出："要加强统筹协调和政策衔接，推进各类社会保障制度整合，抓紧制定实施全国统一的各种社会保险关系转续办法，完善社会保障公共服务管理平台。"②有关教育，胡锦涛同志就做好当前教育改革和发展工作提出 4 点意见。"第一，着力提高人才培养水平；第二，着力深化教育体制改革，加快形成与社会主义市场经济体制和全面建设小康社会目标相适应的教育体制机制；第三，着力推进教育内涵式发展，坚持走以促进公平和提高质量为重点的内涵式发展道路；第四，着力建设高素质教师队伍，增强广大教师教书育人的责任感和使命感。"③

这些措施方案的提出，有的成为日后一些相关政策制定的重要参考，有的已经制定为党的政策方针被贯彻执行，成为关系社会主义建设事业的重要理国之策。

四、建设学习型、服务型、创新型马克思主义执政党

2012 年 11 月召开的党的十八大对全面提高党的建设科学化水平作出了全面部署。胡锦涛同志在党的十八大报告中明确提出："全党要增强紧迫感和责任感，牢牢把握加强党的执政能力建设、先进性和纯洁性建设这条主线，坚持解放思想、改革创新，坚持党要管党、从严治党，全面加强党的思想建设、组织建设、作风建设、反腐倡廉建设、制度建设，

---

① 《人民日报》，2009 年 1 月 25 日。
② 《人民日报》，2009 年 5 月 24 日。
③ 《人民日报》，2011 年 2 月 23 日。

增强自我净化、自我完善、自我革新、自我提高能力，建设学习型、服务型、创新型的马克思主义执政党，确保党始终成为中国特色社会主义事业的坚强领导核心。"①虽然学习型、服务型、创新型都是很熟悉的字眼，但是把"三型"有机整合，上升到执政党建设的高度还是首次。"三型"目标的提出，以全新的视野深化了对共产党执政规律的认识，体现了党加强自身建设的高度自觉，对全面提高党的建设科学化水平具有十分重要的意义。

所谓学习型，不同于传统学习，应具有先进的学习理念、明确的奋斗目标、健全的学习机制、可持续的创新能力，以及良好的社会引领功能。建设学习型执政党的基础是建设各级学习型党组织。这就要求党组织成员要善于进行团队学习，使学习成为党组织的一种内在要求，进而以学习力推动组织的凝聚力和创新力。

服务型执政党和创新型执政党都是第一次提出的新概念。虽然以前没有明确提出"服务型执政党"这个概念，但"服务"始终是党的建设的关键词、高频词。简要地说，服务型执政党就是为人民服务的政党。建设服务型执政党至少包括这四方面的内容：在思想认识上，牢固树立宗旨意识和群众观点；在工作方法上，自觉贯彻党的群众路线；在考核评价上，把群众满意度作为重要依据；在运行机制上，建立起常态化的服务体系。建设服务型执政党集中体现了党的性质和宗旨，体现了科学发展观以人为本的核心立场，对党科学执政、民主执政、依法执政提出了更高的要求，对加强和改进党的作风，密切党群关系，凝聚党心民心具有重要意义。

创新是一个政党永葆生机的源泉。创新型执政党，是始终保持与时俱进的精神状态的党，是不断推进理论创新、实践创新、制度创新的党。长期执政面临的新情况新问题新考验、发展中国特色社会主义面临的新

---

① 胡锦涛：《坚定不移沿着中国特色社会主义道路前进 为全面建成小康社会而奋斗——在中国共产党第十八次全国代表大会上的报告》，人民出版社 2012 年版，第 49—50 页。

形势都对中国共产党提出了新的要求。能否继续推进伟大事业和伟大工程，关键看党能否按照创新型执政党的要求加强党的建设，始终保持党的先进性。回顾党的发展历程，总结党的建设经验，建设创新型执政党，就是不断解放思想、实事求是、与时俱进、求真务实。这四点既是科学发展观的精神实质，又是建设创新型执政党，保持党的先进性的决定性因素。

建设学习型、服务型、创新型的马克思主义执政党，三者各有侧重又相互促进，是一个有机统一的整体，从不同方面深化了对共产党执政规律的认识，统一于全面提高党的建设科学化水平的实践之中。

加强学习是基础工作。在复杂多变的国内国际形势面前，没有一成不变的工作方法，没有普遍适用的发展经验，有效应对风险挑战，破解发展难题，最好的办法就是学习。学习作为基础工作，影响党的建设各方面，无论是对提高服务群众、做好群众工作的能力，还是增强改革创新的意识和水平，都具有普遍性和永久性的意义，在党的建设和国家发展中起着引领航向的作用。

服务群众是根本目的。把服务群众作为根本目的，回答了"学习为了什么、创新为了什么"的问题。中国共产党的最大政治优势是密切联系群众，党执政后的最大危险是脱离群众。密切联系群众是具体的实在的，最主要的内容就是服务群众、做群众工作，实现好、维护好、发展好最广大人民群众根本利益。脱离为人民服务的宗旨，形式再好、内容再丰富的学习也容易流于形式；不围绕群众关心的实际问题进行创新，任何新颖的想法和做法都缺乏实践的土壤。

改革创新是动力源泉。形势是不断发展的，中央反复强调要以改革创新精神全面推进党的建设新的伟大工程。十八大把建设创新型执政党明确提出来，更加突出了改革创新在党建中的地位和作用。随着时代的发展，人们的生活方式、学习方式、交往方式、思维方式等都发生了全方位的变化，一些以往行之有效的学习方法、服务方式不可避免地会失效，探索新形势下学习型、服务型党组织建设的新思路、新举措，离不开创新驱动。翻阅全国基层党建创新案例时，有一个突出感受就是工作有成效的党组织都有强烈的创新的意识。创新意识不强，创新能力不足已成为制约进一步发展的主要因素。

认真贯彻落实十八大精神，建设学习型、服务型、创新型的马克思主义执政党，应该着力做好以下几点：

一是提高思想认识。人的行动是受思想驱使的，思想认识的深度决定工作的高度。各级党组织要发挥好创建示范点的带动引领作用，运用创建活动中涌现出的先进典型、突出成效，教育引导广大党员干部在思想上充分认识到建设学习型、服务型、创新型党组织的重要性、紧迫性，牢固树立党组织全员学习、党员终身学习的理念，自觉地把为人民服务作为行动准则，把创新作为促进事业科学发展的推动力量。通过基层调研、理论阐释、政策解读等方式开展理论研究，进一步明确概念的内涵特征、各部门的职责要求、具体工作要点等内容，为学习型、服务型、创新型党组织建设提供理论支撑，提高创建工作的规范性和有效性。

二是推进制度建设。无论是学习还是服务和创新，有一个共同的特点，都是"软任务"，忙起来都容易放到一边去。要把"软任务"变成"硬约束"，把"搞活动"变成"抓常态"，还得靠制度建设。有了制度，还要认真贯彻执行，坚决按制度办事。如果让制度形同虚设，成为装潢或应付检查的门面，创建工作就难免会成为新的形式主义。建设学习型、服务型、创新型党组织不是一朝一夕的事，机制和制度安排上要有长远规划。

三是强化考核评价。考核评价具有检验、督促、规范和引导创建工作的作用。没有科学的量化标准、明确的工作要求，创建学习型、服务型、创新型党组织就缺少有效抓手。党的十七届四中全会提出建设马克思主义学习型政党以来，各地陆续开展了学习型党组织建设工作，探索并积累了不少好做法、好经验，其中有一条就是根据本地区本部门本单位党组织实际研制考核办法及评价指标体系。研制考核办法和评价指标体系，要突出可操作性，处理好定性指标和定量指标的关系，避免烦琐和形式主义；对相关指标的设定要有一定的拔高，使建设目标要求与党组织实际保持必要的距离，发挥出评价指标体系的引导作用。

第十六章　依靠学习走向未来

党的十八大以来，中国特色社会主义进入新时代。回首过去，初心不改，风雨兼程，中国共产党依靠学习赢得过去；展望未来，矢志不渝，自信自强，中国共产党依靠学习走向未来。

"全党同志一定要善于学习，善于重新学习。"①2013 年 3 月 1 日，习近平总书记在中央党校建校 80 周年庆祝大会暨 2013 年春季学期开学典礼上，向全党同志再次发出"善于学习，善于重新学习"的号召。这既是中国共产党继承和发扬重视学习的优良传统、建设学习型政党的必然要求，又是应对新形势新任务、践行初心使命的现实需要。党的十八大以来，以习近平同志为核心的党中央面对世情、国情、党情的深刻变化，立足于新时代中国特色社会主义的形势和任务，揭开了新时代中国共产党人学习篇章的崭新一页。

一、中央政治局集体学习引领方向

领导机关和领导干部率先垂范、带头学习，是推动党内学习、引领良好学风的关键，这也是百年来中国共产党加强学习的成功经验。进入新时代，在习近平总书记的带领下，中共中央政治局精心组织谋划集体学习，坚持"先学一步"，为全党同志依靠学习增强理想信念、提升治国

① 《习近平谈治国理政》第 1 卷，外文出版社 2018 年版，第 401 页。

理政本领作出了表率。2012 年 11 月 17 日，十八届中央政治局以深入学习贯彻党的十八大精神为主题，开启了新一届中央政治局的集体学习；至 2017 年 9 月 29 日的集体学习，5 年间，十八届中央政治局总共进行了 43 次集体学习。党的十九大以后，十九届中央政治局共进行了 41 次集体学习。从 2022 年 10 月 25 日至 2023 年 10 月 27 日，一年间，二十届中央政治局共进行了 9 次集体学习。新时代十年，中央政治局集体学习内容丰富、形式多样，继承和发展了中央政治局集体学习制度，进一步回答了"为什么学、学什么、怎么学"的问题。

1. 以坚持和发展中国特色社会主义为学习主线

2021 年，中国共产党迎来百年华诞。截至 2021 年年底，习近平总书记主持两届中共中央政治局共进行了 78 次集体学习。这些集体学习的总的特征，就是紧紧围绕坚持和发展中国特色社会主义。历史和实践证明，只有社会主义才能救中国，只有中国特色社会主义才能发展中国，只有坚持和发展中国特色社会主义才能实现中华民族伟大复兴。习近平总书记在主持十八届、十九届中央政治局的第一次集体学习时反复强调，新一届中央领导集体的工作要以坚持和发展中国特色社会主义开局、起步，提出"在新时代坚持和发展中国特色社会主义，要求全党来一个大学习"①。十八届、十九届中央政治局集体学习围绕坚持和发展中国特色社会主义的总体布局、战略布局展开，蕴含了党中央对治国理政的最新思考，将党领导人民进行的伟大社会革命一以贯之地推进下去。

（1）围绕"五位一体"总体布局深入学习

"五位一体"总体布局，解决了中国特色社会主义的目标规划问题，如何让全党尤其是领导干部转变思想观念、用实践落实总体布局，则是需要通过不断的学习教育才能实现的。党的十八大以来，中央政治局集体学习围绕"五位一体"总体布局展开。

---

① 《习近平在中共中央政治局第一次集体学习时强调　切实学懂弄通做实党的十九大精神　努力在新时代开启新征程续写新篇章》，《人民日报》，2017 年 10 月 29 日。

在经济建设方面，十八届中央政治局共进行了7次相关内容的学习，十九届中央政治局共进行了11次相关内容的学习，学习中注重研究实现我国经济高质量发展。如十八届中央政治局第十五次集体学习《使市场在资源配置中起决定性作用和更好发挥政府作用》、第三十八次集体学习《深入推进供给侧结构性改革》，十九届中央政治局第三次集体学习《建设现代化经济体系》、第三十六次集体学习《努力实现碳达峰碳中和目标》，等等。首先，实现经济高质量发展要处理好市场与政府的关系。如何正确认识和对待社会主义国家中市场的作用，这是以往马克思主义经典作家未能解决的问题。中国共产党提出建设社会主义市场经济、使市场在资源配置中起决定性作用，这在马克思主义政治经济学上是一大创举。习近平总书记强调："提出使市场在资源配置中起决定性作用，是我们党对中国特色社会主义建设规律认识的一个新突破，是马克思主义中国化的一个新的成果，标志着社会主义市场经济发展进入了一个新阶段。"①习近平总书记高度重视金融和资本问题，中央政治局专门就维护国家金融安全，完善金融服务、防范金融风险，依法规范引导资本健康发展进行集体学习。其次，实现经济高质量发展要建设现代化经济体系。习近平总书记指出："推动高质量发展，就要建设现代化经济体系，这是我国发展的战略目标。"②而推进供给侧结构性改革是建设现代化经济体系的工作主线，"是当前我国经济发展必须抓紧抓好的一件大事"③。最后，实现经济高质量发展要处理好经济建设和生态文明建设的关系。高质量发展是实现人与自然和谐共生的发展，是满足人民对美好生活需要的发展。习近平总书记强调："各级领导干部要加强对'双碳'基础知识、实现

---

①　《习近平在中共中央政治局第十五次集体学习时强调　正确发挥市场作用和政府作用　推动经济社会持续健康发展》，《人民日报》，2014年5月28日。

②　《习近平谈治国理政》第3卷，外文出版社2020年版，第239页。

③　《习近平在中共中央政治局第三十八次集体学习时强调　把改善供给侧结构作为主攻方向　推动经济朝着更高质量发展》，《人民日报》，2017年1月23日。

路径和工作要求的学习，做到真学、真懂、真会、真用"，"增强各级领导干部推动绿色低碳发展的本领"①。

在政治建设方面，新时代十年，十八届、十九届中央政治局共进行了9次相关内容的学习，学习内容上注重学习研究深化司法体制改革、监察体制改革等问题，强调要把公权力放置于法律的监督之下，推进社会主义法治国家建设。这是基于现实问题作出的安排，体现出中央政治局集体学习的现实关切。习近平总书记尖锐批评指出："一些党政领导干部出于个人利益，打招呼、批条子、递材料，或者以其他明示、暗示方式插手干预个案，甚至让执法司法机关做违反法定职责的事。在中国共产党领导的社会主义国家里，这是绝对不允许的！"②排除领导干部对司法的干扰，以及权力、金钱、人情、关系的干扰，需要建立起制度保障。为此，中央政治局专门进行学习研究，例如，十八届中央政治局第二十一次集体学习《深化司法体制改革、保证司法公正》，十九届中央政治局第十一次集体学习《深化国家监察体制改革》、第三十五次集体学习《建设中国特色社会主义法治体系》，等等。

在文化建设方面，新时代十年，中央政治局集体学习共进行了10次相关内容的学习，突出了对社会主义核心价值观、民族精神、中华优秀传统文化和中华文明等基础性内容的学习。例如，十八届中央政治局第十二次集体学习《提高国家文化软实力研究》、第十三次集体学习《培育和弘扬社会主义核心价值观、弘扬中华传统美德》、第二十九次集体学习《中华民族爱国主义精神的历史形成和发展》，十九届中央政治局第十二次集体学习《全媒体时代和媒体融合发展》、第二十三次集体学习《我国考古最新发现及其意义》、第三十九次集体学习《深化中华文明探源工程》，等等。在集体学习中，习近平总书记强调：提高国家文化软实力，要坚

① 《习近平在中共中央政治局第三十六次集体学习时强调　深入分析推进碳达峰碳中和工作面临的形势任务　扎扎实实把党中央决策部署落到实处》，《人民日报》2022年1月26日。

② 《十八大以来重要文献选编》上，中央文献出版社2014年版，第720—721页。

持走中国特色社会主义文化发展道路，深化文化体制改革，深入开展社会主义核心价值体系学习教育，大力弘扬民族精神和时代精神。① 文化是一个国家、一个民族的灵魂，没有高度的文化自信、没有文化的繁荣昌盛，也就没有中华民族伟大复兴。学习社会主义核心价值观、学习中华传统美德、学习民族精神，这都是在为提升文化软实力、建设社会主义文化强国强基固本。

在社会建设方面，十八届中央政治局共进行了 5 次相关内容的学习，十九届中央政治局共进行了 4 次相关内容的学习。社会和谐稳定是中国特色社会主义的本质属性，没有和谐稳定的社会环境，一切改革发展都无从谈起。习近平总书记强调："公共安全连着千家万户，确保公共安全事关人民群众生命财产安全，事关改革发展稳定大局。"② 健全公共安全体系，维护社会和谐稳定，也是中央政治局集体学习的重要内容。十八届中央政治局第十四次集体学习《切实维护国家安全和社会安定》、第二十三次集体学习《健全公共安全体系》，十九届中央政治局第十九次集体学习《我国应急管理体系和能力建设》、第三十三次集体学习《加强我国生物安全建设》，等等。增进民生福祉、带领人民不断创造美好生活，这是中国共产党立党为公、执政为民的本质表现。十八届中央政治局第十次集体学习《加快推进住房保障体系和供应体系建设》、第二十三次集体学习《我国人口老龄化的形势和对策》，十九届中央政治局第二十八次集体学习《完善覆盖全民的社会保障体系》，都是着眼于更好地满足人民对住有所居、老有所养的美好生活期盼。

在生态文明建设方面，十八届中央政治局进行了 2 次相关内容的集体学习，分别为：第六次集体学习《大力推进生态文明建设》、第四十一次集体学习《推动形成绿色发展方式和生活方式》；十九届中央政治局也

---

① 《习近平在中共中央政治局第十二次集体学习时强调　建设社会主义文化强国　着力提高国家文化软实力》，《人民日报》，2014 年 1 月 1 日。

② 《习近平在中共中央政治局第二十三次集体学习时强调　牢固树立切实落实安全发展理念　确保广大人民群众生命财产安全》，《人民日报》，2015 年 5 月 31 日。

进行了 2 次相关内容的集体学习：第二十九次集体学习《新形势下加强我国生态文明建设》、第三十六次集体学习《努力实现碳达峰碳中和目标》。习近平总书记强调："随着我国经济社会发展不断深入，生态文明建设地位和作用日益凸显。党的十八大把生态文明建设纳入中国特色社会主义事业总体布局，使生态文明建设的战略地位更加明确，有利于把生态文明建设融入经济建设、政治建设、文化建设、社会建设各方面和全过程。这是我们党对社会主义建设规律在实践和认识上不断深化的重要成果。"①建设生态文明，是关系到人民福祉、民族未来的大事。我国经济社会的快速发展和人民生活水平的不断提高，使得人民群众对于生活质量有了更高的要求，对于多年来积累的生态环境问题的反映也越来越强烈。习近平总书记强调："良好生态环境是最公平的公共产品，是最普惠的民生福祉。"②党的十八大以来，中国以前所未有的决心和勇气向破坏生态环境的行为宣战，推进绿色转型、树立绿色理念、构建制度体系，生态文明建设取得显著成效，人民生活环境质量得到明显改善，人民群众的幸福感、获得感大大提升。

（2）重点学习"四个全面"战略布局

党的十八大以来，"四个全面"战略布局融入中央政治局集体学习，实现了党的学习与治国理政的紧密结合，为战略布局的协调推进提供了重要保障。

全面建成小康社会是中央政治局集体学习的重点内容。十八大以来，中央政治局就此进行了多次集体学习：十八届中央政治局第二十二次集体学习《健全城乡发展一体化体制机制》、第三十九次集体学习《我国脱贫攻坚形势和更好实施精准扶贫》，十九届中央政治局第八次集体学习《实

---

① 习近平：《紧紧围绕坚持和发展中国特色社会主义　学习宣传贯彻党的十八大精神——在十八届中共中央政治局第一次集体学习时的讲话》，人民出版社 2012 年版，第 7 页。

② 《习近平在中共中央政治局第六次集体学习时强调　坚持节约资源和保护环境基本国策　努力走向社会主义生态文明新时代》，《人民日报》，2013 年 5 月 25 日。

施乡村振兴战略》。城乡一体化、脱贫攻坚、乡村振兴，这几次集体学习的主题都是围绕农业农村设定的。当前我国发展不平衡不充分的一大体现就是城乡发展的差距。习近平总书记强调，"没有农业农村现代化，就没有整个国家现代化。在现代化进程中，如何处理好工农关系、城乡关系，在一定程度上决定着现代化的成败。"①在集体学习中，中央政治局立足于历史交汇期，注重"决胜全面建成小康社会"与"开启全面建设社会主义现代化国家新征程"的历史衔接，体现出战略眼光和前瞻眼光。在十九届五中全会上，党中央对"四个全面"作出了新概括，提出"全面建设社会主义现代化国家"。这表明中央政治局集体学习与党的施政理念是密切相关的。

全面深化改革在中央政治局集体学习中具有重要地位。自十六届中央政治局集体学习开始，首次集体学习都是学习贯彻党的代表大会精神，从第二次开始按照本届政治局集体学习的安排进行。可见，第二次集体学习的地位是很重要的。十八届中央政治局第二次集体学习以坚定不移推进改革开放为主题，足可见新一代中央领导集体坚定不移深化改革开放的勇气和决心。在集体学习中，习近平总书记总结了改革开放以来的成功经验，提出要"以更大的政治勇气和智慧，不失时机深化重要领域改革，朝着党的十八大指引的改革开放方向奋勇前进"②。"改革"一词贯穿了十八大以来中央政治局集体学习的学习内容。比如，在经济建设方面，学习研究经济体制改革、供给侧结构性改革；在政治建设方面，学习研究国家监察体制改革、司法体制改革；在国防和军队建设方面，学习研究国防和军队改革、军事政策制度改革。改革是当代中国最突

---

① 《习近平在中共中央政治局第八次集体学习时强调　把乡村振兴战略作为新时代"三农"工作总抓手　促进农业全面升级农村全面进步农民全面发展》，《人民日报》，2018 年 9 月 23 日。

② 《习近平在中共中央政治局第二次集体学习时强调　以更大的政治勇气和智慧深化改革　朝着十八大指引的改革开放方向前进》，《人民日报》，2013 年 1 月 2 日。

出的特征，它贯穿了党和人民事业的全局，是全面的、深层次的。这就要求党必须把稳改革的方向，在党内形成共识和决心，决不能走到老路、邪路上去。因此，加强全党同志对此的学习意义重大、不可或缺。

全面依法治国是中央政治局集体学习的重要内容。法律学习始终在中央政治局集体学习中有着重要地位，开始于 1986 年的中央领导集体学法活动被视为政治局集体学习的前身。十八大以来，中央政治局集体学习研究全面依法治国共有 8 次。例如，十八届中央政治局第四次集体学习《全面推进依法治国》，十九届中央政治局第四次集体学习《我国宪法和推进全面依法治国》、第二十次集体学习《切实实施民法典》、第三十五次集体学习《建设中国特色社会主义法治体系》，等等。在集体学习中，习近平总书记强调："推进依法治国，建设法治国家，是实现国家富强、民族振兴、社会进步、人民幸福的必然要求。"①这就道出了集体学习重视法治内容学习的原因。推进依法治国，建设法治国家，领导干部是关键。领导干部应做知法守法的典范，自觉维护法律的权威。中央政治局集体学习以法治为主题，有助于党员领导干部提升法治思维能力、树立规则意识。

全面从严治党在中央政治局集体学习中也有着重要地位。在十八届、十九届中央政治局集体学习中，以党的建设为主题的学习共有 15 次，学习内容涵盖了新时代党的建设的总布局，充分体现出党中央对于新时代党的建设总要求的酝酿与学习。在集体学习中，中央政治局突出重点，从历史和现实两方面着重研究了党的作风建设、反腐败斗争。例如，我国历史上的反腐倡廉、历史上的吏治、加强反腐倡廉法规制度建设、加强改进作风制度建设、深化国家监察体制改革，等等。其实，新时代全面从严治党的推进也是由此切入的。党的作风就是党的形象，关系人心

---

① 《习近平在中共中央政治局第四次集体学习时强调　更加注重发挥宪法重要作用　把实施宪法提高到新的水平》，《人民日报》，2018 年 2 月 26 日。

向背，关系党的生死存亡。党的十八大以来，以习近平同志为核心的党中央狠抓作风建设，坚持不懈地反对腐败，维护了党的先进性和纯洁性，赢得了广大人民群众的拥护和支持。这反映了党的学习与实践的紧密结合，学习是为党的现实需要服务的，反过来实践又为党的学习提供了生动丰富的材料。

（3）加强对统筹发展和安全的学习

营造和平稳定的发展环境。我国对外关系、世界发展形势、国防和军队建设，都是关系到中国特色社会主义外部环境的重要方面。新时代十年间，在对外关系上，中央政治局集体学习有 2 次；在世界发展形势上，中央政治局集体学习有 3 次；在国防和军队建设上，中央政治局集体学习有 8 次。提升全党尤其是领导干部的国际视野、战略思维，科学研判把握世界发展大势，提高领导干部工作和决策的科学性、预见性，这是中国共产党开展学习的重要目的。在集体学习中，习近平总书记分析了当前国际形势，提出要审时度势、抓住机遇，提高我国参与全球治理的能力，推动全球治理体制向着更加公正合理方向发展，为我国发展和世界和平创造更加有利的条件。习近平总书记强调："我们参与全球治理的根本目的，就是服从服务于实现'两个一百年'奋斗目标、实现中华民族伟大复兴的中国梦。"[①]历史充分表明，妥协退让换不来和平稳定的发展环境。新时代坚持和发展中国特色社会主义、实现中华民族伟大复兴，离不开铜墙铁壁般巩固的国防，离不开一支听党指挥、作风优良、能打胜仗的强大人民军队。正如习近平总书记所言："任何外国不要指望我们会拿自己的核心利益做交易，不要指望我们会吞下损害我国主权、安全、发展利益的苦果。"[②]

[①] 《习近平在中共中央政治局第二十七次集体学习时强调 推动全球治理体制更加公正更加合理 为我国发展和世界和平创造有利条件》，《人民日报》，2015 年 10 月 14 日。

[②] 《习近平在中共中央政治局第三次集体学习时强调 更好统筹国内国际两个大局 夯实走和平发展道路的基础》，《人民日报》，2013 年 1 月 30 日。

紧跟时代发展的前沿步伐。十八大以来的中央政治局集体学习，围绕国民经济战略部署，注重对重大科技创新前沿问题的学习把握。例如，互联网、大数据、人工智能、区块链、量子科技等，这些都是重大前沿科技问题，事关我国能否抓住新一轮科技革命和产业变革的发展机遇，需要提前明确规划、力争把握主动。在集体学习中，习近平总书记多次强调，科技创新的最终目的还是要服务于我国经济社会发展和广大人民生活。这是习近平总书记一直思考的一个问题。在 2014 年 6 月两院院士大会上，习近平总书记问到：为什么从清末民初开始，我国科技渐渐落伍了？那是因为当时学习西方科学技术大多是"坐而论道、禁中清谈"①。科学技术创新要坚持以人民为中心，与社会发展相结合，让科技成果更好地造福于人民、服务于社会。这既是科学技术进一步创新发展的动力，也是社会主义国家生产的本质要求。

2. 学精悟透用好马克思主义看家本领

马克思主义作为中国共产党人理想信念的理论基础，是中央政治局集体学习的重要内容。十八大以来，中央政治局围绕马克思主义共进行了 5 次集体学习，涵盖了哲学、政治经济学和科学社会主义三大组成部分，分别为：十八届中央政治局第十一次集体学习《历史唯物主义基本原理和方法论》、第二十次集体学习《辩证唯物主义基本原理和方法论》、第二十八次集体学习《马克思主义政治经济学基本原理和方法论》、第四十三次集体学习《当代世界马克思主义思潮及其影响》，十九届中央政治局第五次集体学习《〈共产党宣言〉及其时代意义》。

(1)学好马克思主义基本理论必修课

学习马克思主义哲学。马克思主义哲学在中国共产党认识事物、分析矛盾，确立科学的思想路线等方面发挥着重要作用。学习马克思主义哲学，要加强对历史唯物主义、辩证唯物主义的学习。在中国共产党的

① 习近平：《在中国科学院第十七次院士大会、中国工程院第十二次院士大会上的讲话》，《人民日报》，2014 年 6 月 10 日。

话语中，马克思主义哲学就是历史唯物主义和辩证唯物主义，这是"被我们党用来指导实践并接受了实践检验的哲学"①。习近平总书记讲道：安排这两次学习，"目的是推动我们对马克思主义哲学有更全面、更完整的了解……接受马克思主义哲学智慧的滋养"②。在集体学习中，习近平总书记阐述了学习马克思主义哲学的具体内容：学习历史唯物主义，要学习和掌握社会基本矛盾分析法、物质生产是社会生活的基础的观点和人民群众是历史创造者的观点；学习辩证唯物主义，要学习掌握世界统一于物质、物质决定意识的原理，事物矛盾运动的基本原理，唯物辩证法的根本方法，认识和实践辩证关系的原理。学习马克思主义哲学，要学习蕴含在其中的思想方法，提升理论思维能力，"努力提高解决我国改革发展基本问题的本领"③。在集体学习中，习近平总书记指出："我们党在中国这样一个有着 13 亿人口的大国执政，面对着十分复杂的国内外环境，肩负着繁重的执政使命，如果缺乏理论思维的有力支撑，是难以战胜各种风险和困难的，也是难以不断前进的。"④

学习马克思主义政治经济学。中国共产党一贯重视对马克思主义政治经济学的学习和运用。早在革命战争年代，中国共产党就结合革命实际，创造性地提出了新民主主义经济纲领，正确指导了中国革命走向成功；新中国成立初期，党加强对经济工作的学习，用铁的事实打破了国内外敌对势力宣称中国共产党只会军事和政治斗争、不会管理经济的谬论；改革开放以来，党创造性地提出社会主义市场经济理

①　田心铭：《论坚持辩证唯物主义世界观和方法论——学习习近平总书记在中共中央政治局第二十次集体学习时的讲话》，《思想理论教育导刊》，2015 年第 4 期。

②　《习近平在中共中央政治局第二十次集体学习时强调　坚持运用辩证唯物主义世界观方法论　提高解决我国改革发展基本问题本领》，《人民日报》，2015 年 1 月 25 日。

③　同上。

④　《习近平在中共中央政治局第十一次集体学习时强调　推动全党学习和掌握历史唯物主义　更好认识规律更加能动地推进工作》，《人民日报》，2013 年 12 月 5 日。

论，丰富和发展了马克思主义政治经济学。中国特色社会主义进入新时代，"面对极其复杂的国内外经济形势和纷繁多样的经济现象，学习马克思主义政治经济学基本原理和方法论，是提高驾驭社会主义市场经济能力、领导我国经济发展能力的必然要求"①。因此，全党需要进一步加强对马克思主义政治经济学的学习，为应对复杂多变的国内外经济形势和经济现象提供理论支撑。十八届中央政治局第二十八次集体学习就马克思主义政治经济学基本原理和方法论展开研究，习近平总书记强调了学习马克思主义政治经济学基本原理和方法论的意义，回顾了我们党对马克思主义政治经济学的创造性发展，总结了当代中国马克思主义政治经济学的理论成果，并对坚持和发展马克思主义政治经济学提出了要求。

学习科学社会主义原理。科学社会主义是马克思恩格斯在批判继承人类优秀文明成果、深入社会实践的基础上创立的科学理论体系，在《共产党宣言》中第一次得到全面阐述。2018 年 4 月 23 日，习近平总书记在主持十九届中央政治局第五次集体学习时强调："《共产党宣言》一经问世，就在实践上推动了世界社会主义发展，深刻改变了人类历史进程。我们党开辟的新民主主义革命道路、社会主义革命道路、社会主义建设道路、中国特色社会主义道路，都是把马克思主义基本原理同中国具体实际相结合的伟大创造。中国共产党是《共产党宣言》精神的忠实传人。"②重温《共产党宣言》、学习科学社会主义原理，就是要感悟马克思主义理论的科学性和革命性，坚定理想信念、坚守精神家园，毫不动摇地坚持和发展中国特色社会主义，继续使科学社会主义在 21 世纪的中国

① 《习近平在中共中央政治局第二十八次集体学习时强调　立足我国国情和我国发展实践　发展当代中国马克思主义政治经济学》，《人民日报》，2015 年 11 月 25 日。

② 《习近平在中共中央政治局第五次集体学习时强调　深刻感悟和把握马克思主义真理力量　谱写新时代中国特色社会主义新篇章》，《人民日报》，2018 年 4 月 24 日。

焕发出强大生机活力。

（2）学习马克思主义要原原本本，学以致用、用以促学

十八大以来，中央政治局集体学习把经典著作、原著原文作为第一教材。加强马克思主义的理论学习，离不开对蕴藏着理论创造者思想真谛的经典原著的研读。在集体学习中，习近平总书记多次强调："领导干部特别是高级干部要带头学习，原原本本学习和研读马克思主义经典著作。"①只有认认真真学习经典原著，才能有所感悟、有所收获。毛泽东说："马列主义的书要经常读。《共产党宣言》，我看了不下一百遍，遇到问题，我就翻阅马克思的《共产党宣言》"②，每次都会有新的启发。十九届中央政治局第五次集体学习时，习近平总书记就和中央政治局的同志们一起重温了《共产党宣言》这部光辉著作，体会《共产党宣言》的真理力量与时代价值。

坚持学以致用、用以促学，把马克思主义的科学原理和科学精神运用到新时代坚持和发展中国特色社会主义的实践中去。学习是手段，发展是方向，运用是目的。马克思主义只有在与现实社会的有机结合中，在解决实际问题的发展过程中，才能体现出自身的强大生命力和战斗力。在集体学习中，习近平总书记多次强调，马克思主义具有与时俱进的理论品格，"要深入学、持久学、刻苦学，带着问题学、联系实际学，把科学思想理论转化为认识世界、改造世界的强大物质力量，以更好坚持和发展中国特色社会主义"③。这既是马克思主义理论自身发展的内在要求，也是中国共产党坚持优良学风的必然选择。党的十八大以来，中国

---

① 《习近平在中共中央政治局第四十三次集体学习时强调　深刻认识马克思主义时代意义和现实意义　继续推进马克思主义中国化时代化大众化》，《人民日报》，2017 年 9 月 30 日。

② 曾志：《谈谈我知道的毛主席》，《缅怀毛泽东》（上），中央文献出版社 2013 年版，第 315 页。

③ 《习近平在中共中央政治局第四十三次集体学习时强调　深刻认识马克思主义时代意义和现实意义　继续推进马克思主义中国化时代化大众化》，《人民日报》，2017 年 9 月 30 日。

特色社会主义不断取得重大成就，这与中国共产党坚持不懈地学习马克思主义、发展马克思主义是分不开的。

3. 历史是最好的教科书

善于学习历史、总结历史、研究历史，注重从历史中汲取经验教训，这是中国共产党的优良传统，也是中国共产党不断发展壮大的成功之道。十八大以来中央政治局的集体学习高度重视历史内容，截至 2021 年年底，在习近平总书记主持的 70 余次集体学习中，以历史问题为学习主题的就有 10 多次，远远超过往届中央政治局学习历史的次数。

（1）借鉴历史经验，汲取历史智慧

中国共产党是一个有着很强的反思精神的马克思主义政党，成立之初就注重总结历史、研究历史，从历史中汲取经验教训。回顾过去，意在前瞻。十八大以来，中央政治局集体学习借鉴于历史、立足于实践、着眼于未来，以当代中国之所需为标准学习研究历史问题。比如，政治方面的有我国历史上的国家治理、法治和德治、吏治、国家制度和法律制度，经济方面的有历史上的丝绸之路和海上丝绸之路，文化方面的有我国历史上的廉政文化、传统美德、爱国主义精神，等等。这些内容都是和诸如国家治理体系和治理能力现代化、"一带一路"倡议、全面从严治党、社会主义核心价值观等重要现实问题相关联的。正如习近平总书记所说："重视吸取历史经验是我们党的一个好传统。历史记述了前人的成功和失败，重视、研究、借鉴历史，了解历史上治乱兴衰规律，可以给我们带来很多了解昨天、把握今天、开创明天的启示。我们进行伟大斗争、建设伟大工程、推进伟大事业、实现伟大梦想，更需要重视、研究、借鉴历史。这对我们丰富头脑、开阔眼界、提高修养、增强本领具有重要意义。"[1]

---

[1] 《习近平在中共中央政治局第十次集体学习时强调　严把标准公正用人拓宽视野激励干部　造就忠诚干净担当的高素质干部队伍》，《人民日报》，2018 年 11 月 27 日。

习近平总书记强调："历史虽然是过去发生的事情，但总会以这样那样的方式出现在当今人们的生活之中。"①历史不是"一马平川望到底"的通途，矛盾的解决推动着历史的前进。这虽然是一个辩证否定的过程，但这并不代表着以往出现过的问题就不会复现。习近平总书记强调："历史的经验值得注意，历史的教训更应引以为戒。"②前人处理问题、解决矛盾的经验教训，对于今人而言仍然有着十分重要的参考价值，都是历史留给当代人的财富。党员领导干部通过学习历史，可以进行历史的回眸，将当前的问题与挑战放到历史的时空中去认知，得到历史经验的启迪，提升工作本领，更好地解决现实问题。

（2）提升历史思维，把握历史规律

中央政治局集体学习以历史问题为主题，更重要的是提升党员干部的历史思维能力，坚定理想信念、增强历史定力、把握历史规律，以历史的眼光看待自己的工作。习近平总书记强调："历史、现实、未来是相通的。"③这就是说，在历史、现实与未来之间有某种事物将它们联系在一起，三者的相互联系体现出一种趋势、一种潮流。人们固然可以从历史中找到他们所想借鉴的东西，但是历史不可能直接提供现成的答案。因为历史不是"分久必合，合久必分"的循环往复，而是一个螺旋式曲折演进的过程。在如今这样一个瞬息万变的时代，许多事情是历史上从未发生过的，历史也就难以给我们提供借鉴。历史事件的发生与解决有其自身的历史背景，应对现实问题也不能脱离时代背景，这也就是

---

① 《习近平在中共中央政治局第十八次集体学习时强调　牢记历史经验历史教训历史警示　为国家治理能力现代化提供有益借鉴》，《人民日报》，2014 年 10 月 14 日。

② 《习近平在中共中央政治局第五次集体学习时强调　积极借鉴我国历史上优秀廉政文化　不断提高拒腐防变和抵御风险能力》，《人民日报》，2013 年 4 月 21 日。

③ 《习近平在中共中央政治局第二次集体学习时强调　以更大的政治勇气和智慧深化改革　朝着十八大指引的改革开放方向前进》，《人民日报》，2013 年 1 月 2 日。

我们所说的具体问题具体分析。正如习近平总书记所说："历史发展有其规律，但人在其中不是完全消极被动的。只要把握住历史发展规律和大势，抓住历史变革时机，顺势而为，奋发有为，我们就能够更好前进。"①

中央政治局对历史问题的集体学习，也是树立正确历史观的过程。习近平总书记在集体学习时的讲话，鲜明地指出了我们应该如何正确对待、学习与研究党史、新中国史和本国传统文化。这不仅仅是一个简单的学术问题，更是一个政治问题，"这是任何国家在实现现代化过程中都必须解决好的问题"②。历史上不乏因未能正确对待历史而亡党亡国的悲惨教训，这就属于习近平总书记在学习中提到的"颠覆性错误"。习近平总书记强调："我们共产党人是坚定的马克思主义者"，"不是历史虚无主义者，也不是文化虚无主义者，不能数典忘祖、妄自菲薄"③。在集体学习中，习近平总书记深刻论述了一系列关于历史研究的原则与方法，例如，"总体研究要深、专题研究要细"，要坚持大历史观认识和把握历史事件，"要坚持用唯物史观来认识和记述历史，把历史结论建立在翔实准确的史料支撑和深入细致的研究分析的基础之上"④。这些原则和方法是新时代党史学习与研究的指导纲领，对于党员干部学习研究历史尤其是党史具有指导意义，有利于党员、干部以科学的方法分析评价党的历史，深化历史认识和时代认知。

4. 坚持多形式开展集体学习

新时代十年的中央政治局集体学习，不仅在学习内容上非常丰富，

---

① 习近平：《在党史学习教育动员大会上的讲话》，《求是》，2021 年第 7 期。

② 《习近平在中共中央政治局第十八次集体学习时强调　牢记历史经验历史教训历史警示　为国家治理能力现代化提供有益借鉴》，《人民日报》，2014 年 10 月 14 日。

③ 同上。

④ 《习近平在中共中央政治局第二十五次集体学习时强调　让历史说话用史实发言　深入开展中国人民抗日战争研究》，《人民日报》，2015 年 8 月 1 日。

涵盖了治国理政的各个方面，而且在学习方式上既坚持了学习的制度化和以往的专家讲授等方式，同时又有所创新，坚持多形式开展集体学习。

（1）形成制度坚持学，结合重要节点学

中央政治局集体学习制度在新时代得到了继承和发展。2020年9月，习近平在教育文化卫生体育领域专家代表座谈会上专门提到："中央政治局每个月也会进行集体学习，了解有什么新鲜事发生了。"①在集体学习的频次上，十八届中央政治局平均42天集体学习一次；受到新冠肺炎疫情影响，十九届中央政治局平均45天集体学习一次。与前两届中央政治局集体学习的频次相比较，十八大以来中央政治局集体学习频次均有所增加。在新冠肺炎疫情得到初步控制后，中央政治局集体学习随即恢复，习近平总书记后来说："知识、科技日新月异。我们如果闭目塞听3个月，恐怕会落后世界一大截。"②

十八届、十九届中央政治局集体学习还注重结合重要时间节点，特意选择相关内容进行专题学习。例如，在中国人民抗日战争暨世界反法西斯战争胜利70周年和建军节前夕，研究学习中国人民抗日战争；在马克思诞辰200周年前夕，集体学习《共产党宣言》；在五四运动100周年前夕，学习五四运动的历史；在建军节前夕，学习加强国防和军队现代化建设。在建党节前夕，十八届中央政治局举行过4次集体学习，十九届中央政治局也连续4年在建党节前夕举行集体学习。在开展"三严三实"专题教育、"不忘初心、牢记使命"主题教育、党史学习教育等党内学习教育期间，中央政治局也就相关内容进行了专门学习。习近平总书记说过："历史，总是在一些特殊的年份给人以汲取智慧、继续前行的力量。"③

---

① 《微镜头·习近平总书记在专家代表座谈会上"让孩子们跑起来"》，《人民日报》，2020年9月24日。

② 同上。

③ 习近平：《开放共创繁荣　创新引领未来——在博鳌亚洲论坛2018年年会开幕式上的主旨演讲》，《人民日报》，2018年4月11日。

这样的一个学习安排，将制度化学习与日常学习内容结合起来，增强了学习的灵活性、实效性。尤其是在特殊的历史节点开展学习，党员领导干部更能走入历史情境，提升历史的共情，进而学习历史、感悟历史，坚定理想信念，增强历史思维能力。

（2）专题讲解为主，自学、讨论、调研相结合

中央政治局集体学习制度创立之初，就有着邀请相关领域专家进行专题讲解开展集体学习的传统。集体学习时，大家围坐在中南海怀仁堂会议室的椭圆形桌子旁，一次集体学习邀请一到两位授课专家，整个学习时间一般在 120 分钟左右，既有讲解，又有讨论和提问，最后由总书记总结发言，再宣布学习结束。① 曾做过主讲人的授课专家们后来回忆说："外界可能认为这样上课是务虚的，事实上是非常实际的。我们都掌握了材料和实例，不是作报告，更不是汇报工作。好比老师们在办公室讨论问题一样，没有什么禁忌。……领导们看问题的角度非常实在……谈的多是热点，讨论非常热烈。"②可见，中央政治局集体学习的氛围相当愉快融洽。中国人民大学教授郭湛曾参与十八届中央政治局第十一次集体学习，他回忆当初上课时的情景："看着大家高度认真和用心的神态，我的感受是，一个学习型政党的中央领导集体就应该是这样的！"

党的十八大以来，中央政治局集体学习更加突出学习的自主性、创新性。截至 2021 年年底的 78 次集体学习，有 6 次都是以中央政治局同志自学形式开展的。在十八届中央政治局第七次集体学习时，习近平总书记讲到："事先，中央政治局的同志进行了自学，特别是学习了《中国共产党历史》第二卷、《中国共产党简史》，做了认真思考和准备。这次就不请专家学者来讲了，我们中央政治局的同志自己谈体会。……我也谈

---

① 潘瑀：《中共中央政治局 10 年 77 次集体学习》，《党史文苑》，2012 年第 16 期。

② 解放：《走进中南海集体学习的大课堂》，《新湘评论》，2013 年第 22 期。

点学习体会，同大家交流。"①十八大以来中央政治局集体学习，还会邀请有关部门负责同志结合工作实际进行讲解，例如，请外交部、中联部、商务部部长讲和平发展道路，请全国人大法工委、最高人民法院、最高人民检察院、司法部等主要负责同志讲全面推进依法治国，请京津冀负责同志讲健全城乡发展一体化，请农业农村部、国务院扶贫办主要负责同志讲乡村振兴战略，等等。这样的学习形式对于促进理论联系实际改进学风有着重要意义。

十八大以来，中央政治局集体学习的"课堂"不只限于中南海。十八届中央政治局的第九次集体学习《实施创新驱动发展战略》，就是在科技创新中心——中关村开展的，在参观了解科技企业、科研单位重要创新成果后进行集体学习讨论。十九届中央政治局第十二次集体学习《全媒体时代和媒体融合发展》，来到"媒体融合发展的第一线"——人民日报社新媒体大厦。在考察学习中，习近平总书记同"侠客岛""学习大国"等工作室采编人员交谈，还连线了前线记者和扶贫驻村第一书记交流脱贫攻坚工作情况。在最后的学习讨论中，大家对于运用信息革命成果、推动媒体融合向纵深发展、做大做强主流舆论等问题进行了研究。十九届中央政治局第三十一次集体学习《用好红色资源、赓续红色血脉》，习近平总书记带领中央政治局同志参观瞻仰了北大红楼、丰泽园毛泽东同志故居，参观结束后回到中南海怀仁堂围绕主题进一步开展学习。习近平总书记强调："北大红楼、丰泽园毛主席故居，这两个地方在党的历史上都具有标志性意义。""这两个地方的历史，生动诠释了中国共产党是怎么来的、中华人民共和国是怎么来的，给我们上了一堂鲜活而又生动的党史课。"②

---

①　习近平：《论中国共产党历史》，中央文献出版社 2021 年版，第 14—15 页。
②　习近平：《用好红色资源　赓续红色血脉　努力创造无愧于历史和人民的新业绩》，《求是》，2021 年第 19 期。

二、党内集中学习教育夯实思想基础

中国共产党自创建以来，各个历史时期都会通过党内学习教育深化学习，这是中国共产党的政治优势，在世界社会主义发展史上是少有的。党的十八大以来，中国共产党先后开展了党的群众路线教育实践活动、"三严三实"专题教育、"两学一做"学习教育、"不忘初心、牢记使命"主题教育和党史学习教育，广大党员干部在学习教育中增长知识、提高认识，为坚守理想信念、砥砺初心使命夯实了思想基础。

1. 党的群众路线教育实践活动

党的群众路线教育实践活动，是党的学习史上首次以群众路线为主题开展的学习实践。从2013年下半年至2014年10月，党的群众路线教育实践活动在全党开展。这既是一次全党关于群众观点、群众路线的大学习、大讨论，又是一次全党践行党的群众路线、改正学风、为人民服务的生动实践。这次教育实践活动突出差异化、实效性，学习与实践相辅相成，抓"四风"、改学风，广大党员、干部深受洗礼，人民群众反映说"得到了实实在在的实惠"。

（1）群众路线是中国共产党的生命线

群众路线是中国共产党的生命线和根本工作路线，在不同历史时期的实践中不断得到丰富和发展。中国共产党在建党初期就提出，党的一切活动都必须深入到广大的群众里面去，共产党员进入工厂车间，与工人同吃同住同劳动，积极向工人宣传马克思主义，启发工人阶级觉悟。"群众路线"的概念首次被明确提出是在1929年《中共中央给红军第四军前委的指示信》中，强调红军的筹款、需用品等工作都要经过群众路线。1934年1月，毛泽东在第二次全国工农兵代表大会上进一步阐明了中国共产党在革命中为了人民群众、依靠人民群众的问题，以及群众路线的工作方法问题。他指出，党的中心任务是"动员广大群众参加革命战争"以取得革命的最终胜利；"革命战争是群众的战争"，只有动员群众、依靠群众才能进行战争，那些真心实意地拥护革命的群众"是真正的铜墙铁壁，什么力量也打不破的，完全打不破的"；而只有真心拥护人民利益的政党才能获得人民的支持，因此"一切群众的实际生活问题都是我们应当注意的问题"；党既要做"革命战争的领导者、组织者"，又要做"群众生活的领导者、组织者"，同时在工作方法上要反对官僚主义和命令主义。① 这标志着党的群众路线初步形成。

抗日战争时期和解放战争时期，中国共产党在坚持群众路线上形成理论自觉，党的群众路线不断走向成熟。在 1943 年 6 月的《关于领导方法的若干问题》一文中，毛泽东探讨了领导和群众相结合的方法，详细阐释了"从群众中来、到群众中去"的内涵。中共七大将"全心全意为人民服务，一刻也不脱离群众，和人民群众的鱼水关系"作为中国共产党区别于其他一切政党的显著标志之一，提出"共产党人的一切言论行动，必须以合乎最广大人民群众的最大利益，为最广大人民群众所拥护为最高标准"②，群众路线被确立为中国共产党的根本组织路线、根本政治路线。党的群众路线最终形成并臻于成熟。

新中国成立后，在历史方位、形势环境和主要任务发生重大变化的条件下，中国共产党继续坚持和发展群众路线。在中共八大上，党的群众路线被写入党章，强调全党同志"必须不断地发扬党的工作中的群众路线的传统"，"党的领导能否保持正确"取决于党是否坚持了群众路线，"党的领导的责任，就是要善于在这个'从群众中来，到群众中去'的无限反复的过程中，使党和群众的认识不断地提高，使党和人民的事业不断地前进"③。但是，中国共产党在坚持群众路线的过程中出现了失误和偏差，在工作中逐渐背离了群众路线，给党和国家的事业造成了严重损失。

改革开放新时期，在建设社会主义市场经济条件下，中国共产党经

---

①　《毛泽东选集》第 1 卷，人民出版社 1991 年版，第 137—140 页。
②　《毛泽东选集》第 3 卷，人民出版社 1991 年版，第 1096 页。
③　《中国共产党章程汇编——从一大到十七大》，中共党史出版社 2007 年版，第 64 页。

受住更加复杂的形势考验，对坚持群众路线问题做出了进一步探索。党的十一届六中全会通过的《关于建国以来党的若干历史问题的决议》将党的群众路线的基本内容概括为："一切为了群众，一切依靠群众，从群众中来，到群众中去。"①1992 年 10 月，党的十四大修改的《中国共产党章程》对群众路线作出明确表述，就是"一切为了群众，一切依靠群众，从群众中来，到群众中去，把党的正确主张变为群众的自觉行动"②。群众路线的优良传统得到恢复和发展。

进入新时代，以习近平同志为核心的党中央针对坚持党的群众观点、群众路线、群众工作方法等方面作出新的阐释，反复强调要时刻不忘"为中国人民谋幸福，为中华民族谋复兴"的初心和使命，"永远把人民对美好生活的向往作为奋斗目标"③。党的群众路线贯彻到了新时代坚持和发展中国特色社会主义伟大实践当中。习近平总书记指出："群众路线是我们党的生命线和根本工作路线，是我们党永葆青春活力和战斗力的重要传家宝。不论过去、现在和将来，我们都要坚持一切为了群众，一切依靠群众，从群众中来，到群众中去，把党的正确主张变为群众的自觉行动，把群众路线贯彻到治国理政全部活动之中。"④

(2)学习是党的群众路线教育实践活动的首要任务

开展教育实践活动，学习是首要任务，学习教育、征求意见是第一环节。党的群众路线从根本上体现着党为了谁、依靠谁、对谁负责的问题。中国共产党视群众路线为生命线，这是建立在唯物史观基础之上的，是由党的性质宗旨决定的。在教育实践活动中，广大党员、干部从学习

---

① 《关于建国以来党的若干历史问题的决议》，中共党史出版社 2013 年版，第107 页。

② 《中国共产党章程汇编——从一大到十七大》，中共党史出版社 2007 年版，第 136 页。

③ 习近平：《决胜全面建成小康社会　夺取新时代中国特色社会主义伟大胜利——在中国共产党第十九次全国代表大会上的报告》，人民出版社 2017 年版，第 1 页。

④ 习近平：《在纪念毛泽东同志诞辰 120 周年座谈会上的讲话》，人民出版社2013 年版，第 17 页。

入手打牢转变作风的思想基础，围绕马克思主义群众观点和群众路线进行了专题学习讨论，积极主动地改造自己的主观世界。

在党的群众路线教育实践活动中，党中央要求积极组织学习，认真学习中国特色社会主义理论体系，学习党章和党的十八大报告，学习习近平总书记一系列重要讲话精神，学习党的群众路线教育实践活动工作会议和中央政治局专门会议精神，研读《论群众路线——重要论述摘编》《党的群众路线教育实践活动学习文件选编》《厉行节约、反对浪费——重要论述摘编》等学习材料。① 按照教育实践活动要求，2013 年 6 月 22 日至 25 日中央政治局召开专门会议，学习了党的历代领导人关于坚持群众路线的重要论述，带头开展教育实践活动。各省区市党委均对常委班子集中学习作了安排。其中，19 个省区市集中学习时间在 4 天以上；11 个省区市集中学习时间为 3 天或计划安排 3 天；不少省区市结合自身实际灵活安排部署，学习教育力求扎实、务实。② 例如，天津市委常委会在集中学习时，观看"为民务实清廉——党风楷模周恩来"展览、《周恩来的四个昼夜》影片等；山东省委常委会在集中学习时，听取"沂蒙母亲和她的儿女们"专题报告，召开支前模范和群众代表座谈会；福建省委常委会在集中学习时，重学古田会议精神和毛泽东同志撰写的《才溪乡调查》等文章，观看"中央苏区群众路线图片展"。习近平总书记强调："回望过往历程，眺望前方征途，我们必须始终赓续红色血脉，用党的奋斗历程和伟大成就鼓舞斗志、指引方向，用党的光荣传统和优良作风坚定信念、凝聚力量，用党的历史经验和实践创造启迪智慧、砥砺品格，继往开来，开拓前进。"③充分运用红色文化资源，结合实际创新学习，有利于提高

---

① 《中央党的群众路线教育实践活动领导小组印发通知　做好第一批教育实践活动　学习教育听取意见环节工作》，《人民日报》，2013 年 7 月 10 日。

② 《一起学习　一起讨论　一起思考　党的群众路线教育实践活动扎实起步（深入开展党的群众路线教育实践活动）》，《人民日报》，2013 年 7 月 26 日。

③ 习近平：《用好红色资源、赓续红色血脉，努力创造无愧于历史和人民的新业绩》，《求是》，2021 年第 19 期。

学习教育的实效性，增强党员干部的人民创造历史、人民是真正英雄的历史唯物主义观点。

（3）聚焦作风建设，解决"四风"问题

学习和实践是相辅相成的两个方面，实践也是一种学习，是更为深层次的学习。党内学习教育是提高党员干部思想认识、改造主观世界的重要途径，更是推动学习成果转化为实际行动、改造客观世界的重要手段。

这次教育实践活动突出问题导向，教育引导党员、干部队伍改进学风。2013年6月18日，习近平总书记在党的群众路线教育实践活动工作会议上列举了"四风"问题的种种表现，针砭时弊，深刻剖析，发人警醒。他提出，全党要"对作风之弊、行为之垢来一次大排查、大检修、大扫除，切实解决人民群众反映强烈的突出问题"①。党的群众路线实践活动顺应群众意愿，把聚焦点放在作风建设上，下大力气解决群众反映强烈的"四风"问题。学风也是党的作风，事关党的形象与权威，学风上的问题也是"四风"问题的表现，是"四风"渗透到学习中的后果。这次教育实践活动，一是解决学习中的形式主义、官僚主义问题。有的党员、干部学习不认真，不主动贴近群众，"学了也是为应付场面，蜻蜓点水，浅尝辄止，不求甚解，无心也无力在实践中认真运用"②。二是解决学习的内生动力问题。有的党员、干部学习动力不强，"拈轻怕重，安于现状，不愿吃苦出力，满足于现有学识和见解，陶醉于已经取得的成绩，不立新目标，缺乏新动力"③。在教育实践活动中，广大党员干部听取群众的意见和建议，找到实际工作中与群众期盼所存在的差距，让群众帮助自身

---

① 《习近平在党的群众路线教育实践活动工作会议上强调　深入扎实开展党的群众路线教育实践活动　为实现党的十八大目标任务提供坚强保证》，《人民日报》，2013年6月19日。

② 习近平：《在"不忘初心、牢记使命"主题教育工作会议上的讲话》，《求是》2019年第13期。

③ 同上。

改进学风。

　　这次教育实践活动坚持学习和实践两手抓，广大党员、干部既在理论上学习党的群众路线，又到实践中践行群众路线的工作方法，提高为群众办实事的本领。群众路线的工作方法是党员、干部开展工作的根本方法，群众工作能力是党员、干部最基础、最核心的能力。党中央特别强调：“学习教育要避免学习资料‘满天飞’，切忌自学变不学、集中学变集中聊，简单以记多少笔记、写多少心得衡量学习效果。”①衡量学习成效不能只看面上的功夫，最根本的是要落实到实际工作中去，让人民群众来评判。以往学习中的形式主义问题，好多都是由于党员、干部偏离了学习的最终目的造成的。党的群众路线教育实践活动，坚持边学边查边改，广大党员干部主动走到基层、接近群众，着力解决群众最关心最直接最现实的利益问题。据统计，有“970多万名在职党员进社区为民服务，300多万干部驻村联户”②，“一大批多年积累的矛盾和问题得到有效化解，一大批信访积案得到切实解决”③。

　　2.“三严三实”专题教育

　　“三严三实”是2014年3月9日习近平总书记在参加十二届全国人大二次会议安徽代表团审议时提出的。他强调，党员领导干部要树立和发扬好的作风，做到“既严以修身、严以用权、严以律己，又谋事要实、创业要实、做人要实”，并且对“三严三实”的内涵作出具体阐述。④ 10月8日，习近平总书记在党的群众路线教育实践活动总结大会上进一步指出，“三严三实”是共产党人最基本的政治品格和做人准则，也是党员、干部

---

　　①　《中央党的群众路线教育实践活动领导小组通知要求　做好第二批教育实践活动学习教育、听取意见工作》，《人民日报》，2014年3月27日。

　　②　赵乐际：《把群众路线深深植根于党员干部的思想和行动》，《求是》，2015年第9期。

　　③　习近平：《在党的群众路线教育实践活动总结大会上的讲话》，《人民日报》，2014年10月9日。

　　④　《习近平李克强张德江刘云山王岐山张高丽分别参加全国人大会议一些代表团审议》，《人民日报》，2014年3月10日。

的修身之本、为政之道、成事之要。① 2015 年 4 月 19 日，中共中央办公厅印发《关于在县处级以上领导干部中开展"三严三实"专题教育方案》，对 2015 年在县处级以上领导干部中开展"三严三实"专题教育作出安排。

（1）在县处级以上领导干部中开展学习

"三严三实"专题教育是中国共产党教育引导领导干部在作风上、实践上树立起"严"和"实"的优良品质的学习实践。从本质上看，"三严三实"就是中国共产党给党员领导干部在作风上、实践上立的规矩。纵观中国共产党的学习史，坚持点面结合开展学习是一条重要经验。中国共产党的学习实践，既推动全党加强学习，又突出领导干部的学习，而且领导干部始终是加强学习的重点群体。典型是最直接、最直观的教材。"三严三实"专题教育注重发挥党员领导干部群体中先进典型的引领作用和反面典型的警示作用，运用正反典型教育党员领导干部。在"三严三实"专题教育中，焦裕禄、杨善洲、谷文昌等一批优秀党员干部形象得到弘扬，成为广大党员干部学习的榜样。同时，"三严三实"专题教育以周永康、薄熙来、徐才厚、令计划、苏荣等严重违纪违法案件为反面教材，教育领导干部严守党的政治纪律和政治规矩，汲取教训、引以为戒，克服"不严不实"问题。②

学习和弘扬焦裕禄精神是一代又一代中国共产党人孜孜以求的政治追求。习近平总书记多次提倡和要求党员领导干部向焦裕禄学习。早在 1990 年 7 月 15 日，时任中共福州市委书记的习近平就专门填了一首词，题为《念奴娇·追思焦裕禄》。

念奴娇·追思焦裕禄

习近平

中夜，读《人民呼唤焦裕禄》一文，是时霁月如银，文思萦系……

魂飞万里，盼归来，此水此山此地。百姓谁不爱好官？把泪焦桐成

---

① 习近平：《在党的群众路线教育实践活动总结大会上的讲话》，《人民日报》，2014 年 10 月 9 日。

② 《中组部发出通知要求　在"三严三实"专题教育中联系反面典型深入开展研讨》，《人民日报》，2015 年 7 月 28 日。

雨。①生也沙丘，死也沙丘，父老生死系。②暮雪朝霜，毋改英雄意气！

依然月明如昔，思君夜夜，肝胆长如洗。路漫漫其修远矣，两袖清风来去。为官一任，造福一方，遂了平生意。绿我涓滴，会它千顷澄碧。

一九九〇·七·十五

注：①焦裕禄当年为了防风固沙，帮助农民摆脱贫困，提倡种植泡桐。如今，兰考泡桐如海，焦裕禄当年亲手栽下的幼桐已长成合抱大树，人们亲切地叫它"焦桐"。

②焦裕禄临终前说："我死后只有一个要求，要求党组织把我运回兰考，埋在沙丘上。活着我没有治好沙丘，死了也要看着你们把沙丘治好！"

2014 年 3 月，习近平总书记重访兰考，在听取兰考县汇报时，他回忆起当年填写的这首词。词中"百姓谁不爱好官？把泪焦桐成雨。生也沙丘，死也沙丘，父老生死系。暮雪朝霜，毋改英雄意气"、"为官一任，造福一方，遂了平生意"的句子，深深表达了习近平对焦裕禄的崇敬之情和他自己爱民为民、责任担当的坚定情怀。2016 年 7 月 1 日，习近平总书记在庆祝中国共产党成立 95 周年大会上，要求全体党员干部"坚守'三严三实'"，"做到心中有党、心中有民、心中有责、心中有戒，把为党和人民事业无私奉献作为人生的最高追求"①。

在专题教育中，党员领导干部学习的另一位先进典型，就是福建东山县县委书记谷文昌。上世纪五六十年代，谷文昌服从组织安排留在东山，与东山群众一道苦干实干 14 年，治理风沙、植树造林，把荒岛变为绿洲；他还带领群众修建水利设施、大力发展生产，昔日风沙肆虐、土地贫瘠的东山实现粮食亩产过千斤，群众称他为"谷满仓"。谷文昌逝世后，每逢清明、春节等尊老敬宗的传统节日，当地群众都要"先祭谷公，后祭祖宗"，以表达对这位好书记的深切怀念与崇高敬意。谷文昌是

---

① 习近平：《在庆祝中国共产党成立 95 周年大会上的讲话》，《人民日报》，2016 年 7 月 2 日。

习近平总书记多次提到、大力弘扬的党员干部楷模。早在 2005 年 1 月 17 日，时任浙江省委书记的习近平就在发表于《浙江日报》"之江新语"专栏的文章《"潜绩"与"显绩"》中写道："福建东山县的县委书记谷文昌之所以一直受到广大干部群众的敬仰，是因为他在任时不追求轰轰烈烈的'显绩'，而是默默无闻地奉献，带领当地干部群众通过十几年的努力，在沿海建成了一道惠及子孙后代的防护林，在老百姓心中树起了一座不朽的丰碑。"①

2015 年 6 月 30 日，在中国共产党成立 94 周年前夕，习近平总书记会见全国优秀县委书记。他强调："焦裕禄、杨善洲、谷文昌等同志是县委书记的好榜样，县委书记要以他们为榜样，始终做到心中有党、心中有民、心中有责、心中有戒，努力成为党和人民信赖的好干部。"②县处级以上领导干部是党执政兴国的骨干力量。"三严三实"专题教育在领导干部中的开展，一方面，提振领导干部自身精神状态、提升个人能力水平，"推动领导干部树立严和实的作风，更好地促进事业发展"③；另一方面，以领导干部为示范，引领带动普通党员加强学习、改进作风，在全党营造起"严"和"实"的良好氛围。

（2）把专题教育融入经常性学习教育之中

"三严三实"专题教育是党的群众路线教育实践活动的延伸拓展。与教育实践活动相同的是，此次专题教育同样把学习教育放在首要位置，要求"深入学习习近平总书记系列重要讲话，学习党章和党的纪律规定"，在学习中解决"不严不实"问题；与教育实践活动不同的是，此次专题教育不是一次活动，"要把专题教育融入经常性学习教育之中"④。这一学

---

① 习近平：《之江新语》，浙江人民出版社 2007 年版，第 108 页。

② 习近平：《在会见全国优秀县委书记时的讲话》，《人民日报》，2015 年 9 月 1 日。

③ 《刘云山在省区市和部分部门单位"三严三实"专题教育工作座谈会上强调 以先进典型为标杆 以反面典型为镜鉴 推动领导干部更好见贤思齐见不贤而自省》，《人民日报》，2015 年 8 月 1 日。

④ 《"三严三实"专题教育工作座谈会在京召开 刘云山出席会议并讲话》，《人民日报》，2015 年 4 月 22 日。

习特征主要体现在："三严三实"专题教育不分批次、不划阶段、不设环节，各级同步进行，县处级以上所有领导干部都要学习"三严三实"。这在中国共产党学习史上是第一次。

在"三严三实"专题教育中，中共中央政治局带头为全党引领示范、作出表率。2015 年 6 月 26 日，十八届中央政治局就加强反腐倡廉法规制度建设进行第二十四次集体学习，习近平总书记在集体学习中对开展"三严三实"专题教育做了要求和部署。9 月 11 日，习近平总书记带领十八届中央政治局就践行"三严三实"进行第二十六次集体学习，总结专题教育的阶段性成果与经验，并就下一阶段的努力方向作出部署。12 月 28 日至 29 日，中央政治局按照"三严三实"专题教育的部署召开专题民主生活会，对照检查带头践行"三严三实"情况，开展批评和自我批评，加强中央政治局自身建设。

"三严三实"专题教育不单是一次专门的教育活动，而是把专题教育融入了日常学习教育之中。各级党组织把"三严三实"融入专题党课、学习研讨、主题党日活动、专题民主生活会和组织生活会等日常性学习，而且党员领导干部带头讲党课，例如，31 省（区、市）委书记结合当地实际开讲"三严三实"专题教育党课。习近平总书记强调："'三严三实'是领导干部天天要面对的要求，要时时铭记、事事坚持、处处上心，随时准备坚持真理、随时准备修正错误，凡是有利于党和人民事业的，就坚决干、加油干、一刻不停歇地干；凡是不利于党和人民事业的，就坚决改、彻底改、一刻不耽误地改。"①在"三严三实"专题教育中，党员群众反映说："花架子少了，干实事多了，心离群众更近了；纪律严了，规矩多了，制度的高压线通上了电；琢磨人少了，琢磨事多了，干事创业的凝聚力增强了。"②

---

① 《习近平在中共中央政治局第二十六次集体学习时强调　时时铭记事事坚持处处上心　以严和实的精神做好各项工作》，《人民日报》，2015 年 9 月 13 日。

② 《严格践行"三严三实"促进经济社会发展——汝阳县"三严三实"专题教育略记》，《洛阳日报》，2015 年 10 月 26 日。

3.“两学一做”学习教育

继党的群众路线教育实践活动、“三严三实”专题教育开展后，2016年2月中共中央办公厅印发《关于在全体党员中开展“学党章党规、学系列讲话，做合格党员”学习教育方案》，决定2016年在全体党员中开展“学党章党规、学系列讲话，做合格党员”学习教育。

（1）学是基础，做是关键

“两学一做”学习教育，学是基础，首先要学的就是《中国共产党章程》。习近平总书记强调：“学习党章是全体党员的基本功，这个功课要经常做。学习党章不仅要原原本本学、反反复复学，做到知其然，而且要联系实际学、深入思考学，做到知其所以然。”①党章作为党的根本大法，集中体现着中国共产党的性质、宗旨和目标，反映着中国共产党人的价值追求。从一大党纲、二大党章，一直到十九大党章，某些表述随着党面临的时代背景、形势任务和历史方位而与时更迭，但是其中所蕴含的中国共产党作为马克思主义无产阶级政党的性质没有变，为中国人民谋幸福、为中华民族谋复兴的初心和使命没有变。因此，无论是对党自身要始终做有信仰、有追求的马克思主义政党而言，还是对领导干部或普通党员要做合格党员来讲，学习贯彻党章都是第一位的。

“两学一做”，还要学习近平总书记系列重要讲话。这是党的十八大以来中国共产党开展的几次党内教育中共性的学习内容。2016年4月5日，《习近平总书记系列重要讲话读本（2016年版）》出版发行，成为“两学一做”学习教育中全党学习习近平总书记系列重要讲话的重要材料。“两学一做”学习教育结合中国共产党成立95周年的重要时间节点，把理论学习与历史学习结合起来，《关于认真组织学习宣传〈中国共产党的九十年〉的通知》要求，把学习党史“同学习贯彻党章党规、深入学习贯彻

---

① 《习近平在安徽调研时强调　全面落实“十三五”规划纲要　加强改革创新开创发展新局面》，《人民日报》，2016年4月28日。

习近平总书记系列重要讲话精神特别是习近平总书记在庆祝中国共产党成立 95 周年大会上的重要讲话精神紧密结合起来"，在学习中加深对党中央治国理政新理念新思想新战略和中国特色社会主义的认识和理解。①

"两学一做"，基础在学，关键在做。习近平总书记强调："学要带着问题学，做要针对问题改，把合格的标尺立起来，把做人做事的底线划出来，把党员的先锋形象树起来，用行动体现信仰信念的力量。"②"两学一做"学习教育开展后，各地党组织结合实际情况，将"学"的成果转化为"做"的过程。围绕打赢脱贫攻坚战，各地党组织调动广大党员干部主动投身到脱贫攻坚中去：选派优秀干部到贫困村担任第一书记、入户了解贫困户所需、结对子进行帮扶……在城市社区，党员领导干部下基层、进社区，主动解决居民群众的烦心事、闹心事。

（2）面向全体党员开展学习

"两学一做"学习教育的突出特点就是重心向下，在全体党员中间开展。这次学习教育，是"面向全体党员深化党内教育的重要实践，是推动党内教育从'关键少数'向广大党员拓展、从集中性教育向经常性教育延伸的重要举措"③。党员和党组织的质量，直接影响着政党的生命力、战斗力。习近平总书记说过："只要每个基层党组织和每个共产党员都有强烈的宗旨意识和责任意识，都能发挥战斗堡垒作用、先锋模范作用，我们党就会很有力量，我们国家就会很有力量，我们人民就会很有力量，党的执政基础就能坚如磐石。"④

----

① 《四部门联合发出通知 认真组织学习宣传〈中国共产党的九十年〉》，《人民日报》，2016 年 7 月 11 日。

② 《习近平对开展"两学一做"学习教育作出重要指示强调 突出问题导向确保取得实际成效 把全面从严治党落实到每一个支部》，《人民日报》，2016 年 4 月 7 日。

③ 《关于在全体党员中开展"学党章党规、学系列讲话，做合格党员"学习教育方案》，《人民日报》，2016 年 2 月 29 日。

④ 《习近平在调研指导河北省党的群众路线教育实践活动时强调 充分调动干部和群众积极性 保证教育实践活动善做善成》，《人民日报》，2013 年 7 月 13 日。

　　发挥基层党组织在学习中的作用。这次学习教育是一次面向全体党员的学习实践，更加注重发挥基层党组织的作用，更加强调和重视党支部的作用，以支部为单位加强学习。据统计，"省级党委（党组）理论学习中心组专题学习研讨普遍在八次以上"，约48万名县处级以上党员领导干部参加了专题学习研讨班的集中轮训，"390多万个党支部开展专题学习四次以上，全国共培训党支部书记等基层党务骨干360多万人次"①。通过学习教育，党员的素质和能力得到整体上的提高，党支部的凝聚力、战斗力大大增强，一批不合格的党支部进行了集中整改。习近平总书记强调："在全党开展'两学一做'学习教育，取得了显著成效。实践证明，'两学一做'学习教育是推进思想建党、组织建党、制度治党的有力抓手，是全面从严治党的基础性工程，要坚持不懈抓下去。"②

　　发挥先进典型的引领示范作用。在"两学一做"学习教育中，学习反映全国"两优一先"典型事迹的专题节目《榜样》是一项重要内容。河北农业大学教授李保国同志就是"两学一做"学习教育中大力弘扬的先进典型。李保国生前是河北农业大学教授，他把实验室从校园搬到了太行山，扎根太行山区30余年，一心想着当地的生态治理，带领山区群众脱贫奔小康。经过多年艰苦创业，李保国带领群众让140万亩荒山披绿，太行山10万农民脱贫致富，被村民誉为"太行山上的新愚公"。2016年4月10日凌晨，常年高强度工作的李保国突发心脏病，经抢救无效不幸离世，享年58岁。习近平总书记称赞"李保国同志35年如一日"奋战一线，"用自己的模范行动彰显了共产党员的优秀品格"，称得上是"新时期共产党人的楷模，知识分子的优秀代表，太行山上的新愚公"。他号召广大党员、干部和教育、科技工作者向李保国同志学习，"自觉为人民服务、为

　　①　欧阳淞：《党的十八大以来五年党内教育述评》，《中共党史研究》，2018年第5期。

　　②　《习近平对推进"两学一做"学习教育常态化制度化作出重要指示强调　抓住"关键少数"　抓实基层支部　保证广大党员以身作则发挥先锋模范作用》，《人民日报》，2017年4月17日。

人民造福，努力做出无愧于时代的业绩"①。

4."不忘初心、牢记使命"主题教育

开展"不忘初心、牢记使命"主题教育，这是党的十九大作出的重要战略安排。2019 年 6 月至 2020 年 1 月，"不忘初心、牢记使命"主题教育自上而下分两批在全党开展。这次主题教育以"守初心、担使命，找差距、抓落实"为总要求，以"理论学习有收获、思想政治受洗礼、干事创业敢担当、为民服务解难题、清正廉洁作表率"为具体目标，"特点鲜明、扎实紧凑，达到了预期目的，取得了重大成果"②。

（1）在理论学习与历史学习中砥砺初心使命

学习习近平新时代中国特色社会主义思想是"不忘初心、牢记使命"主题教育的根本任务。这次主题教育把"理论学习有收获"作为首要目标，"教育引导广大党员干部在原有学习的基础上取得新进步"③。习近平新时代中国特色社会主义思想是十八大以来党和人民进行理论创新取得的重要成果。从本质上来说，十八大至十九大这一时期党开展的一系列学习实践，就是学习习近平新时代中国特色社会主义思想的过程，并且还是推动这一创新理论不断发展的过程。党的十九大将习近平新时代中国特色社会主义思想确立为党的指导思想，实现了党的指导思想的又一次与时俱进。此后，学习习近平新时代中国特色社会主义思想成为全党全国上下一项最为重要的政治任务。这次主题教育学习习近平新时代中国特色社会主义思想有了更加权威的学习材料。十九大后，《习近平新时代中国特色社会主义思想三十讲》《习近平新时代中国特色社会主义思想学习纲要》相继出版发行，为广大党员干部学习的开展提

---

① 《习近平对李保国同志先进事迹作出重要批示强调　自觉为人民服务为人民造福　努力做出无愧于时代的业绩》，《人民日报》，2016 年 6 月 13 日。

② 习近平：《在"不忘初心、牢记使命"主题教育总结大会上的讲话》，《求是》，2020 年第 13 期。

③ 《习近平在"不忘初心、牢记使命"主题教育工作会议上强调　守初心担使命找差距抓落实　确保主题教育取得扎扎实实的成效　李克强栗战书汪洋赵乐际韩正出席　王沪宁讲话》，《人民日报》，2019 年 6 月 1 日。

供了权威教材。① 各地将学习《三十讲》《纲要》与主题教育相结合，"通过广泛的学习宣传阐释工作，推动习近平新时代中国特色社会主义思想进一步深入人心、落地生根"②。在主题教育中，各地广大党员干部深入学习实践，专题集中学、轮训培训学、交流研讨学，强化了理论武装，坚定了理想信念和初心使命，推动工作、解决问题的能力得到进一步增强。

"不忘初心、牢记使命"主题教育，是在中华人民共和国成立70周年、中国共产党全国执政70年的历史节点上开展的，"其特别意义在于，无论我们走得多远，都不能忘记来时的路"③。在这样一个重要时间节点，党中央特别提出，要把"学习党史、新中国史作为主题教育重要内容"，"做到知史爱党、知史爱国，做到常怀忧党之心、为党之责、强党之志"④。此后，习近平总书记又在多个场合提到，党员、干部要学习"党史、新中国史、改革开放史、社会主义发展史"，让初心薪火相传，把使命永担在肩。

（2）继承发扬宝贵经验，巩固深化既有成果

"不忘初心、牢记使命"主题教育从整体上进一步继承发扬十八大以来历次党内学习教育的经验，巩固深化已经取得的成果。这次主题教育是在十八大以来三次党内学习教育已经取得显著成效的基础上进行的，在政治上、思想上和组织上有着更加坚实的保障。在总要求和具体目标上，这次主题教育既包括了广大党员、干部学习践行党的群众路线、坚守中国共产党的人民立场，也教育引导党员、干部以政治责任感和历史使命感干事担当，还有着为民务实、清正廉洁的作风建设要求，以及对

① 《〈习近平新时代中国特色社会主义思想学习纲要〉出版发行》，《人民日报》，2019年6月10日。

② 《学深悟透　知行合一——广大干部群众认真学习〈习近平新时代中国特色社会主义思想学习纲要〉》，《人民日报》，2019年6月26日。

③ 习近平：《在"不忘初心、牢记使命"主题教育工作会议上的讲话》，《求是》，2019年第13期。

④ 《中央"不忘初心、牢记使命"主题教育领导小组印发〈通知〉认真学习党史、新中国史》，《人民日报》，2019年8月1日。

照党章党规、人民期待、典型榜样等找差距，加强政治理论学习，进行理想信念教育。这次主题教育要求在全党开展，同时强调以"县处级以上领导干部为重点"，充分发扬了十八大以来党内教育注重层次，既管全党、又抓"关键少数"的成功经验。

习近平总书记指出："不忘初心、牢记使命不是一阵子的事，而是一辈子的事。"①如何保证党员干部永远不忘初心、牢记使命？靠学习、靠教育，但最根本的还是靠制度。制度带有根本性、全局性、稳定性和长期性，对于全党永葆初心使命具有管根本、管长远的作用。2019 年 10月，党的十九届四中全会提出，要建立不忘初心、牢记使命的制度，"把不忘初心、牢记使命作为加强党的建设的永恒课题和全体党员、干部的终身课题"②。在新时代的征程上，不断总结历史经验，着眼现实需求，真正建立起不忘初心、牢记使命的制度，中国共产党就一定能够以伟大的自我革命引领伟大的社会革命，不断满足人民日益增长的美好生活需要，领导中国人民实现中华民族伟大复兴的中国梦。

5. 党史学习教育

为庆祝中国共产党成立 100 周年，动员全党全国立足党的百年历史新起点、开启全面建设社会主义现代化国家新征程，2021 年 2 月至 12月，党史学习教育面向全体党员、以县处级以上领导干部为重点开展。

（1）学史明理、学史增信、学史崇德、学史力行

2021 年 2 月 20 日，习近平总书记在党史学习教育动员大会上强调：这次学习教育工作"总的来说就是要做到学史明理、学史增信、学史崇德、学史力行，教育引导全党同志学党史、悟思想、办实事、开新局"③。党史学习教育开展期间，习近平总书记在福建、广西、青海、西藏等地考察的过程中，对学史明理、学史增信、学史崇德、学史力行作

① 习近平：《在"不忘初心、牢记使命"主题教育总结大会上的讲话》，《求是》，2020 年第 13 期。

② 《中共十九届四中全会在京举行》，《人民日报》，2019 年 11 月 1 日。

③ 习近平：《在党史学习教育动员大会上的讲话》，《求是》，2021 年第 7 期。

出阐述，阐释了党史学习教育的内涵，提出了党史学习路径与方法。

2021年3月，习近平总书记在福建考察时强调，要在党史学习教育中做到学史明理，明理是增信、崇德、力行的前提。学史明理主要包括：一是领悟中国共产党为什么能、马克思主义为什么行、中国特色社会主义为什么好等道理，弄清楚其中的历史逻辑、理论逻辑、实践逻辑；二是领悟坚持中国共产党领导的历史必然性，坚定对党的领导的自信；三是领悟马克思主义及其中国化创新理论的真理性，增强自觉贯彻落实党的创新理论的坚定性；四是领悟中国特色社会主义道路的正确性，坚定不移走中国特色社会主义这条唯一正确的道路。4月，习近平总书记在广西考察时强调，学史增信，就是要增强信仰、信念、信心，即对马克思主义、共产主义的信仰，对中国特色社会主义的信念和对实现中华民族伟大复兴的信心。6月，习近平总书记在青海考察时强调，在党史学习教育中做到学史崇德，就是要引导广大党员、干部传承红色基因，涵养高尚的道德品质，即对党忠诚的大德、造福人民的公德、严于律己的品德。7月，习近平总书记在西藏考察时强调，学史力行是党史学习教育的落脚点，要把学史明理、学史增信、学史崇德的成果转化为改造主观世界和客观世界的实际行动，在锤炼党性上力行、在为民服务上力行、在推动发展上力行。

党史学习教育开展以来，各级党组织按照学史明理、学史增信、学史崇德、学史力行的要求，精心组织实施、有力有序推进，广大党员、干部积极参与、热情投入。各地区各部门推动党史学习教育不止于了解历史、增加知识，把学习习近平新时代中国特色社会主义思想作为重点，结合当地工作实际阐释学习党的创新理论。例如，浙江省先后推出"八八战略""绿水青山就是金山银山""习近平科学的思维方法在浙江的实践与探索"等系列专题节目，彰显新思想的真理力量、时代价值和实践伟力。高校充分发挥自身优势，设立充实"四史"宣讲团、博士生宣讲团、青年讲师团等，针对不同群体进行党史宣讲。根据中央安排，党史学习教育领导小组派出的25个中央指导组，充分运用巡回指导、随机抽查、调研访谈、巡听旁听等多种方式，推动党史学习教育走深走实。习近平总书记强调："整个党史学习教育求实、务实、扎实，广大党员、干部受到了一次全面深刻的政治教育、思想淬炼、精神洗礼，全党历史自觉、历史自信大大增强，党的创造力、凝聚力、战斗力大大提升，达到了学党史、悟思想、办实事、开新局的目的。"①

（2）弘扬伟大建党精神，赓续中国共产党精神谱系

党史学习教育开展期间，习近平总书记先后在党史学习教育动员大会、庆祝中国共产党成立一百周年大会上提出了"中国共产党人的精神谱系"和"伟大建党精神"，教育引导广大党员干部群众弘扬伟大建党精神，赓续中国共产党精神谱系，把党的宝贵精神财富传承下去。

2021年7月1日，习近平总书记在庆祝中国共产党成立一百周年大会上，首次提出"伟大建党精神"并对其进行了阐释，他指出："一百年前，中国共产党的先驱们创建了中国共产党，形成了坚持真理、坚守理想，践行初心、担当使命，不怕牺牲、英勇斗争，对党忠诚、不负人民的伟大建党精神，这是中国共产党的精神之源。"②在国家蒙辱、人民蒙难、文明蒙尘之际，以陈独秀、李大钊为代表的革命先驱们坚持真理、坚守理想，创建了中国共产党，践行担当起为中国人民谋幸福、为中华民族谋复兴的初心和使命，进行艰苦斗争，付出惨烈牺牲。1927年"四一二"反革命政变发生后，至1928年上半年，全国有两万六千多名共产党员牺牲在国民党反动派的屠刀之下。但是，即使是在这样的白色恐怖的阴霾下，许许多多的共产党人决不背叛党，毅然选择用生命来捍卫自己的信仰和誓言："砍头不要紧，只要主义真。杀了夏明翰，还有后来人！"仍有徐特立、叶剑英、贺龙等坚定的革命者毅然决然地加入了中国

① 《习近平作出重要指示强调　不断巩固拓展党史学习教育成果　团结带领全国各族人民满怀信心奋进新征程建功新时代　王沪宁出席党史学习教育总结会议并讲话》，《人民日报》，2021年12月25日。

② 习近平：《在庆祝中国共产党成立100周年大会上的讲话》，《求是》，2021年第14期。

共产党。

中国共产党弘扬伟大建党精神，在长期奋斗中构建起中国共产党人的精神谱系。2021年2月20日，习近平总书记在党史学习教育动员大会上首次提出了"中国共产党人的精神谱系"，他强调："在一百年的非凡奋斗历程中，一代又一代中国共产党人顽强拼搏、不懈奋斗，涌现了一大批视死如归的革命烈士、一大批顽强奋斗的英雄人物、一大批忘我奉献的先进模范，形成了井冈山精神、长征精神、遵义会议精神、延安精神、西柏坡精神、红岩精神、抗美援朝精神、'两弹一星'精神、特区精神、抗洪精神、抗震救灾精神、抗疫精神等伟大精神，构筑起了中国共产党人的精神谱系。"①党史学习教育期间，2021年9月，在中华人民共和国成立72周年之际，中共中央批准了中央宣传部梳理的第一批纳入中国共产党人精神谱系的伟大精神：建党精神；井冈山精神、苏区精神、长征精神、遵义会议精神、延安精神、抗战精神、红岩精神、西柏坡精神、照金精神、东北抗联精神、南泥湾精神、太行精神（吕梁精神）、大别山精神、沂蒙精神、老区精神、张思德精神；抗美援朝精神、"两弹一星"精神、雷锋精神、焦裕禄精神、大庆精神（铁人精神）、红旗渠精神、北大荒精神、塞罕坝精神、"两路"精神、老西藏精神（孔繁森精神）、西迁精神、王杰精神；改革开放精神、特区精神、抗洪精神、抗击"非典"精神、抗震救灾精神、载人航天精神、劳模精神（劳动精神、工匠精神）、青藏铁路精神、女排精神；脱贫攻坚精神、抗疫精神、"三牛"精神、科学家精神、企业家精神、探月精神、新时代北斗精神、丝路精神。这些伟大精神以伟大建党精神为源头，是对伟大建党精神的丰富和发展，集中彰显了中华民族和中国人民长期以来形成的伟大创造精神、伟大奋斗精神、伟大团结精神、伟大梦想精神。

弘扬伟大建党精神、学习中国共产党人精神谱系成为党史学习教育的重要内容。各地党组织充分利用本地红色资源，教育引导广大党员、

① 习近平：《在党史学习教育动员大会上的讲话》，《求是》，2021年第7期。

干部通过参观学习，铭记奋斗历程，传承革命精神，担当历史使命。北京市围绕建党、抗战、新中国成立三大红色文化主题，讲好红色故事、讲述革命精神，尤其是"光辉伟业　红色序章——北大红楼与中国共产党早期北京革命活动主题展"，党员干部专门到北大红楼参观学习，十九届中央政治局第三十一次集体学习也在此开展。上海市主推中共一大纪念馆，推出"伟大的开端——中国共产党创建历史陈列"展览，着力阐释伟大建党精神。陕西省在抗大旧址、七大旧址、南泥湾等红色地标打造体验式、沉浸式党课，在实地教学中教育引导党员干部用延安精神淬炼初心使命。河北省在西柏坡开展体验式教育，党员干部在参观学习中领悟西柏坡精神，激励走好新的赶考路。

（3）总结学习党的百年奋斗重大成就和历史经验

庆祝中国共产党成立一百周年大会、党的十九届六中全会的召开及《中共中央关于党的百年奋斗重大成就和历史经验的决议》的通过，为党史学习教育增添了更为丰富和更具意义的学习内容，推进学习党史与总结党史相统一。

2021 年 6 月 18 日，中国共产党历史展览馆开馆，习近平总书记带领有关党和国家领导人参观"'不忘初心、牢记使命'中国共产党历史展览"，并重温入党誓词。他说："看这个展览，还要下点功夫。就算走马观花走一走，也得一个多小时。仔细看一看，温故而知新，还是很有启发教育意义的。我们学党史，到这里来学一学，很好。"①党史学习教育开展以来，各级党组织和广大党员干部学习四本指定书目——习近平《论中国共产党历史》《毛泽东、邓小平、江泽民、胡锦涛关于中国共产党历史论述摘编》《习近平新时代中国特色社会主义思想学习问答》《中国共产党简史》，结合习近平总书记在党史学习教育动员大会、庆祝中国共产党成立一百周年大会、党的十九届六中全会上的重要讲话精神，把党的历史学

---

①　《从党的奋斗历史中汲取前进力量——习近平总书记参观"'不忘初心、牢记使命'中国共产党历史展览"、带领党员领导同志重温入党誓词侧记》，《人民日报》，2021 年 6 月 20 日。

习好、总结好，把党的宝贵经验传承好、发扬好。围绕学习习近平总书记重要讲话精神，党史学习教育中央宣讲团举办了系列专题宣讲报告会，各级各类媒体解读讲话提出的新思想新观点新论断，学界深化理论研究阐释，推出一批有深度有影响的研究成果。

2021年11月8日至11日，党的十九届六中全会在北京召开，这次全会的一大历史贡献，就是审议通过了《中共中央关于党的百年奋斗重大成就和历史经验的决议》。习近平总书记强调："全会通过的《决议》，回顾党走过的百年奋斗历程，总结党的百年奋斗重大成就和历史经验，着重阐释党的十八大以来党和国家事业取得的历史性成就、发生的历史性变革，对实现第二个百年奋斗目标提出明确要求，是一篇马克思主义的纲领性文献。"①各级党组织按照习近平总书记的讲话要求，围绕全会精神和《决议》，广泛深入开展宣传宣讲和研究阐释，用全会精神统一思想、凝聚共识、坚定信心、增强斗志。

"两个确立"是党的十八大以来最重要的政治成果。《决议》指出："党确立习近平同志党中央的核心、全党的核心地位，确立习近平新时代中国特色社会主义思想的指导地位，反映了全党全军全国各族人民共同心愿，对新时代党和国家事业发展、对推进中华民族伟大复兴历史进程具有决定性意义。"②这是深刻总结党的百年奋斗、新时代中国特色社会主义伟大实践得出的重要结论，具有其理论逻辑、历史逻辑和现实逻辑。从理论逻辑看，维护党的权威和党的领袖的权威，始终是马克思主义政党的一条基本原则；从历史逻辑看，坚强的领导核心和科学的理论指导是关乎党和国家前途命运、党和人民事业成败的根本性问题；从现实逻辑看，新时代中国特色社会主义取得历史性成就、发生历史性变革，根本在于有以习近平同志为核心的党中央领航掌舵，有习近平新时代中国

---

① 习近平：《以史为鉴、开创未来　埋头苦干、勇毅前行》，《求是》，2022年第1期。

② 《中共中央关于党的百年奋斗重大成就和历史经验的决议》，《人民日报》，2021年11月17日。

特色社会主义思想指引航向。2021 年 11 月 22 日至 12 月 3 日，学习贯彻党的十九届六中全会精神中央宣讲团成员分赴各地区各部门，开展系列宣讲活动。据统计，中央宣讲团在各地和有关系统、部门作报告 44 场，举办各种形式的互动交流活动 30 多场，直接听众 3 万多人，通过电视直播、网络转播等渠道间接收听收看人数达 1500 多万。各级党组织利用主题宣讲、"三会一课"、主题党日活动等进行学习研讨，深刻理解"两个确立"的理论逻辑、历史逻辑和现实逻辑。广泛深入的学习活动，对党员干部深刻领会全会精神和"两个确立"的决定性意义发挥了重要作用。

2021 年 12 月 24 日，党史学习教育总结会议召开。习近平总书记作出指示强调，要认真总结这次党史学习教育的成功经验，建立常态化、长效化制度机制，不断巩固拓展党史学习教育成果。① 2022 年 1 月 11 日，在省部级主要领导干部学习贯彻党的十九届六中全会精神专题研讨班开班式上，习近平总书记指出了建立党史学习教育常态化长效化制度机制、巩固拓展党史学习教育成果的五个"要用好"，即要用好党委（党组）理论学习中心组制度、要用好干部教育培训机制、要用好学校思政课渠道、要用好红色资源、要用好"我为群众办实事"实践活动形成的良好机制。3 月 21 日，中共中央办公厅印发《关于推动党史学习教育常态化长效化的意见》，从历史自信、理论自觉、政治能力、宗旨意识等方面就推动党史学习教育常态化长效化作出要求，推动党史学习教育持续开展下去，不断取得新成效。

6. 学习贯彻习近平新时代中国特色社会主义思想主题教育

学习贯彻习近平新时代中国特色社会主义思想主题教育是在党的二十大召开后全党开展的一次主题教育。党的二十大提出，坚持不懈用习近平新时代中国特色社会主义思想凝心铸魂，明确要求以县处级以上领导干部为重点在全党深入开展主题教育。2023 年 4 月 3 日，学习贯彻

① 《习近平在"不忘初心、牢记使命"主题教育工作会议上强调　守初心担使命找差距抓落实　确保主题教育取得扎扎实实的成效　李克强栗战书汪洋赵乐际韩正出席　王沪宁讲话》，《人民日报》，2019 年 6 月 1 日。

习近平新时代中国特色社会主义思想主题教育工作会议召开，习近平总书记出席会议并发表讲话。这次主题教育提出"学思想、强党性、重实践、建新功"的总要求，根本任务是坚持学思用贯通、知信行统一，把习近平新时代中国特色社会主义思想转化为坚定理想、锤炼党性和指导实践、推动工作的强大力量，具体要达到凝心铸魂筑牢根本、锤炼品格强化忠诚、实干担当促进发展、践行宗旨为民造福、廉洁奉公树立新风的目标。主题教育不划阶段、不分环节，把理论学习、调查研究、推动发展、检视整改贯通起来，有机融合、一体推进。

（1）把学习贯彻习近平新时代中国特色社会主义思想引向深入

党的二十大擘画了新时代新征程的宏伟蓝图，要想开创事业发展新局面，学习贯彻习近平新时代中国特色社会主义思想是根本要求。习近平总书记强调："党的理论创新每前进一步，理论武装就要跟进一步。新时代中国特色社会主义思想历经了 10 年的发展历程，伴随着这一历程，我们也推动全党学习了 10 年，取得了明显成效。但是，理论武装的任务仍然艰巨。这次主题教育确定以学习贯彻新时代中国特色社会主义思想为主题，就是要推动全党特别是领导干部不断把学习贯彻新时代中国特色社会主义思想引向深入。"①

全面系统学习习近平新时代中国特色社会主义思想的主要内容和科学体系。习近平新时代中国特色社会主义思想是当代中国马克思主义、二十一世纪马克思主义，是中华文化和中国精神的时代精华，实现了马克思主义中国化时代化新的飞跃。党的二十大报告明确概括了习近平新时代中国特色社会主义思想的主要内容，包括"十个明确"、"十四个坚持"、"十三个方面成就"。习近平总书记对如何学习习近平新时代中国特色社会主义思想作出方法论的阐述，提出既要全面系统地学习掌握这些主要内容，又要整体把握这一思想的科学体系，做到融会贯通。

①　习近平：《在二十届中央政治局第四次集体学习时的讲话》，《求是》，2023年第 10 期。

把握习近平新时代中国特色社会主义思想的世界观、方法论和贯穿其中的立场观点方法。党的二十大报告提出了继续推进理论创新的科学方法，即必须坚持人民至上、必须坚持自信自立、必须坚持守正创新、必须坚持问题导向、必须坚持系统观念、必须坚持胸怀天下。这"六个必须坚持"，也是新时代中国特色社会主义思想的立场观点方法的重要体现。习近平总书记强调："只有准确把握包括'六个必须坚持'在内的新时代中国特色社会主义思想的立场观点方法，才能更好领会新时代中国特色社会主义思想的精髓要义，才能把思想方法搞对头，认识问题才站得高，分析问题才看得深，开展工作也才能把得准，确保张弛有度、收放自如。"①

坚持读原著学原文悟原理。主题教育开展期间，《习近平新时代中国特色社会主义思想学习纲要（2023 年版）》《习近平新时代中国特色社会主义思想专题摘编》《习近平著作选读》第一卷、第二卷等重要辅助读物出版发行，为全党全社会学习领会习近平新时代中国特色社会主义思想提供了权威材料。各地在精读深学必读选读书目的基础上，结合实际列出特色书目清单，例如河北省增加了《习近平在正定》《让群众过上好日子——习近平正定足迹》，福建省增加了《习近平在福州》等。主题教育开展过程中，各地区各部门通过读书班、研讨会等形式，组织专家授课、集中研讨、实地参访等活动，坚持集中研讨与个人自学相结合、线上与线下相结合，把"学思想"放在首位。

（2）在全党大兴调查研究

大兴调查研究是学习贯彻习近平新时代中国特色社会主义思想主题教育的重要内容。调查研究是谋事之基、成事之道，没有调查就没有发言权，没有调查就没有决策权。在主题教育工作会议上，习近平总书记专门就"深入调查研究"问题作出指导，提出坚持问题导向、改进调研方

① 习近平：《在二十届中央政治局第四次集体学习时的讲话》，《求是》，2023 年第 10 期。

式、善于换位思考、注重调研成果转化运用和统筹安排、合理确定调研时间、地点等要求。① 主题教育开展期间，中共中央办公厅印发《关于在全党大兴调查研究的工作方案》，专门就在全党大兴调查研究作出部署，列出包括贯彻落实党中央决策部署和习近平总书记对本地区本部门本领域工作重要指示批示精神的主要情况和重点问题等 12 个方面的调研内容。在主题教育开展过程中，各地各部门学习"四下基层"方法、"千万工程"经验，以学促干、深入调研，推动为民解忧办实事。例如，全国政协十四届常委会第三次会议专门增加"听取全国政协有关专门委员会关于开展重点调研情况的报告"议程；江苏大兴调查研究之风，重点开展"三进三解"大调研；贵州省级领导干部牵头，对制约该省高质量发展的深层次问题等 9 个选题进行调研解剖。

　　学习推广"四下基层"是第二批主题教育重要抓手。"四下基层"是习近平总书记在福建工作期间大力倡导并身体力行形成的工作方法和工作制度。1988 年 12 月，习近平同志刚到福建宁德工作不久，就在霞浦县主持第一个"地县领导接待群众来访日"，"当面锣对面鼓"地为百姓解决切身的问题。一天时间里，地、县两级领导共接待群众 102 名，受理问题 86 件，其中 12 件当场解决，其余要求在一个月内处理完毕。1989 年1 月，习近平同志提出宁德地区当年要开展三项活动：地县领导到基层去现场办公、各级领导建立群众接待日制度、领导干部同基层单位挂钩联系。后来，习近平同志将这些做法具体化并完整阐述为"宣传党的路线、方针、政策下基层，调查研究下基层，信访接待下基层，现场办公下基层"。"四下基层"蕴含了一切从实际出发、实事求是的思想方法，彰显了人民至上、以人民为中心的价值追求，体现了真抓实干、求真务实的责任担当，对于转变干部作风、密切联系群众，破解工作难题、推动高质量发展，加强党的建设、做好各方面工作等，都具有重要意义。

---

　　①　习近平：《在学习贯彻习近平新时代中国特色社会主义思想主题教育工作会议上的讲话》，《求是》，2023 年第 9 期。

三、广泛学习推动建设学习大国

梦想从学习开始，事业从实践起步。习近平总书记强调："要增强学习本领，在全党营造善于学习、勇于实践的浓厚氛围，建设马克思主义学习型政党，推动建设学习大国。"①

1. 学习宣传贯彻党的十八大、十九大、二十大精神

对党的全国代表大会精神的学习，是新时代中国共产党学习活动的重要内容。在学习十八大、十九大、二十大精神过程中，中央领导集体带头，各级党组织跟进，并且用群众喜闻乐见的方式将党代会精神带到基层，在社区企业、田间地头宣讲大会精神。

（1）中央领导集体先学一步

学习贯彻党的全国代表大会精神，中央领导集体"先学一步，为全党作出示范"②。2012 年 11 月 17 日，党的十八大结束不久，十八届中央政治局第一次集体学习就以深入学习贯彻党的十八大精神为主题开展，习近平总书记说："国内外都在看我们这一届中央领导集体工作会以什么来开局，我们就以深入学习宣传贯彻党的十八大精神来开好局、起好步。"③2017 年 10 月 27 日，十九届中央政治局的第一次集体学习以深入学习贯彻党的十九大精神为主题，习近平总书记强调："学习宣传贯彻党的十九大精神是全党全国当前和今后一个时期的首要政治任务"，要作为大家的"第一堂党课、第一堂政治必修课"，"贯彻落实党的十九大精神，

---

① 习近平：《决胜全面建成小康社会　夺取新时代中国特色社会主义伟大胜利——在中国共产党第十九次全国代表大会上的报告》，人民出版社 2017 年版，第 68 页。

② 《习近平在中共中央政治局第一次集体学习时强调　切实学懂弄通做实党的十九大精神　努力在新时代开启新征程续写新篇章》，《人民日报》，2017 年 10 月 29 日。

③ 《习近平在中共中央政治局第一次集体学习时强调　紧紧围绕坚持和发展中国特色社会主义　深入学习宣传贯彻党的十八大精神》，《人民日报》，2012 年 11 月 19 日。

在新时代坚持和发展中国特色社会主义，要求全党来一个大学习"①。2022 年 10 月 25 日，二十届中共中央政治局就学习贯彻党的二十大精神进行第一次集体学习。习近平总书记就学习宣传贯彻党的二十大精神，提出了在全面学习上下功夫、在全面把握上下功夫和在全面落实上下功夫的要求。

坚持和发展中国特色社会主义，这既是党的十八大、十九大精神的主线，也是这两届中央政治局集体学习的主线。如前所述，中央政治局集体学习作为党内中央领导层进行学习的重要制度安排，学习的内容围绕着"五位一体"总体布局组织谋划，"四个全面"战略布局融入其中，蕴含着对党的十八大、十九大精神的学习。

按照惯例，党中央要举办新进中央委员会的委员、候补委员学习贯彻党代会精神专题研讨班。2012 年 11 月 22 日至 27 日，学习贯彻党的十八大精神研讨班在京举办；2017 年 11 月 1 日至 4 日，学习贯彻党的十九大精神研讨班在京举办，习近平总书记亲自出席开班式并发表讲话；2023 年 2 月 7 日，学习贯彻党的二十大精神研讨班在中央党校(国家行政学院)开班，习近平总书记在开班式上发表重要讲话。

(2) 各级党组织及时跟进

学习宣传贯彻党代会精神作为"首要政治任务"，各级党组织及时跟进，用新思想加强武装。党的十八大闭幕后，中共中央印发《关于认真学习宣传贯彻党的十八大精神的通知》，党的十九大闭幕后，中共中央印发《关于认真学习宣传贯彻党的十九大精神的决定》。从党的十五大开始，党中央都是以"通知"的文体印发学习宣传贯彻大会精神的文件，学习党的十九大精神以"决定"的文体进行印发这是第一次。党的二十大闭幕后，中共中央印发《关于认真学习宣传贯彻二十大精神的决定》，推动学习宣

---

① 《习近平在中共中央政治局第一次集体学习时强调　切实学懂弄通做实党的十九大精神　努力在新时代开启新征程续写新篇章》，《人民日报》，2017 年 10 月 29 日。

传贯彻党的二十大精神走向深入。

全党对党代会精神的学习，既有专题集中学习，又将其融入日常的经常性学习之中。在党内学习教育开展过程中，对党代会报告的学习都是重要内容。学习党代会精神的形式多种多样，包括党委（党组）中心组集体学习，党员干部集中轮训，党代表亲身宣讲，开展读书会、研讨会、座谈会，等等。例如，北京市组织全市区县局级领导干部学习贯彻党的十八大精神集中轮训，将专题报告、分组讨论、班级交流、党代表讲课以及撰写学习体会文章等多种形式相结合，力求学习效果的最优化。在四川阿坝藏族羌族自治州，针对高原地区交通不便、干部较为分散等问题，当地党组织因地制宜，通过电视直播、流动党校和"马背党校"等形式学习十八大精神，累计开展学习培训1300余场次。

（3）党代会精神学习宣传下基层

中国共产党开展学习活动历来强调学习内容、方式方法的层次化、针对性。面对广大人民群众的学习需求，在各级党组织的安排部署下，各部门各单位的党员领导干部行动起来，创新学习宣传形式，将大会精神送下基层，组织群众、贴近群众开展学习，营造起活泼生动的学习氛围。

为学习领会党代会精神，历次党代会结束后不久，党中央都会组织中央宣讲团赴各地进行宣讲。中宣部专门举办研讨班，培训基层宣讲骨干，对基层宣讲工作作出部署安排。而且，党的十九大精神中央宣讲团、党的二十大精神中央宣讲团都赴香港和澳门特别行政区进行了党代会精神宣讲，以宣讲会的形式传达中央最全面、最权威、最深入的党代会精神解读。

党代会结束后，各地方各部门也都组织宣讲队，推动党代会精神下基层。在贵州，针对基层乡镇学习资源相对较少、学习需求更为迫切的实际情况，当地党组织和政府把学习宣讲重心下移，要求"省委常委及其他省领导率先垂范"，"自备宣讲稿，自带干粮，自己琢磨宣讲形式"，宣讲内容上"要深入浅出，用百姓的'土话'"，"与百姓零距离、面对面宣讲，让党的十八大精神传遍黔中大地"。在新疆乌什县，为进一步学习宣传党的十八大精神，全县八乡一镇在农民中召集民间艺人和文艺爱好者，组建乌什县阿恰塔格乡文艺宣传队，推动党的十八大精神深入基层、深入群众。山东省平阴县太和村，农民陈泽松还有一个新身份：村居宣传员。"锣鼓咚咚上台来，老少爷们乐开怀。今天闲事咱不拉，只讲党的十八大……"他们就用这样的方言土语本地腔，运用三句半、表演唱、快板书等表演形式，活跃在乡村的田间地头，为当地农民讲清楚、讲明白大会精神。像陈泽松这样的宣传员，在平阴县有近 400 人。通过强调主体性、富有针对性和生动性的学习宣讲，广大群众学习了党的代表大会精神，了解了党和国家的新政策。同时，这一实践也是党员领导干部加强学习、走近群众、改进学风的过程。

2. 开展"中国梦"学习宣传教育活动

2012 年 11 月 29 日，党的十八大刚刚闭幕，习近平总书记率领中央政治局常委等同志专门参观了《复兴之路》基本陈列。在参观过程中，习近平总书记用"雄关漫道真如铁""人间正道是沧桑"和"长风破浪会有时"这三句诗，生动叙说了中华民族的昨天、今天和明天。他强调："现在，大家都在讨论中国梦，我以为，实现中华民族伟大复兴，就是中华民族近代以来最伟大的梦想。"①这是中国梦这一概念的首次正式提出。"中国梦"学习宣传教育活动随即展开。2013 年 4 月 8 日，中宣部举办深化中国梦宣传教育座谈会，提出要"深化中国梦的宣传教育"，"引导人们坚定理想信念、构筑精神支柱，积极投身实现中国梦的生动实践"②。在"中国梦"学习宣传教育活动中，广大党员和群众以多种形式学习中国近现代史、了解中国梦的历史渊源，参加专题培训和理论宣讲，学习中国梦的深刻内涵。

（1）学习中国近现代史，了解中国梦的历史渊源

提出"中国梦"体现了习近平总书记对中国近代以来历史发展主题、

---

① 《十八大以来重要文献选编》上，中央文献出版社 2014 年版，第 84 页。
② 《刘云山在深化中国梦宣传教育座谈会上强调　推动形成实现中国梦的强大精神力量》，《人民日报》，2013 年 4 月 9 日。

主线的深刻把握，特别是对中国近现代史、中共党史的科学总结和理性思考。自 1840 年开始的中国近代史，是中华民族的屈辱史、苦难史，同时也是中华民族复兴史的开启，即努力实现中国梦的开始。中国梦是从历史中走出来的，它蕴含着在中国共产党的领导下改变命运、持续走向繁荣富强的发展脉络。

只有学习中国近现代史，才能够真正理解中国梦的深刻内涵。在中国梦学习宣传教育活动中，各地开展了多种学习活动，通过读书会、研讨会、学习论坛和讲座等形式，广泛进行中国近现代史、中共党史宣传教育，尤其是参观《复兴之路》基本陈列、"砥砺奋进的五年"大型成就展等展览，帮助党员群众学习中国梦的历史由来、丰富内涵和时代价值。《复兴之路》是国家博物馆开馆之展，全面展示 1840 年鸦片战争以来中国人民为中华民族复兴浴血拼搏的艰辛历程。开展后，广大党员和群众纷纷来到国家博物馆参观《复兴之路》基本陈列，在对中国近现代史的深刻思考中感悟中国梦的深刻内涵。

(2)专题培训、理论宣讲，感悟中国梦的深刻内涵

中国梦学习宣传教育活动内容丰富、形式多样，通过专题培训、理论宣讲等，引导广大党员群众感悟中国梦的深刻内涵。国家富强、民族振兴、人民幸福是中国梦的本质和基本内涵。这三者有着密不可分的关系。近代以来饱受压迫与欺辱的中国人民深知国泰才能民安的道理，只有国家富强、民族独立，才会有家庭、个人的美好生活。与此同时，中国梦归根到底是人民的梦，人民是中国梦的伟大创造者和最终享有者。

习近平总书记在国内外的各种场合，多次围绕中国梦展开论述。在十二届全国人大一次会议上的讲话中，习近平总书记对中国梦作出系统阐释，提出实现中国梦必须走中国道路、弘扬中国精神、凝聚中国力量。① 在出访俄罗斯、非洲国家和出席金砖国家领导人会晤、亚洲博鳌

----

① 习近平：《在第十二届全国人民代表大会第一次会议上的讲话》，《人民日报》，2013 年 3 月 18 日。

论坛等发表的讲话中，习近平总书记又多次对中国梦作出进一步论述。在党的十九大上，习近平总书记指出，实现中华民族伟大复兴是近代以来中华民族最伟大的梦想，实现伟大梦想必须进行伟大斗争、建设伟大工程、推进伟大事业。在党内，中国梦的学习被纳入各级党委（党组）中心组学习计划和党校、行政学院干部培训课程，各级党组织或实地参观、专题研讨，或开展主题党课、民主生活会等，以多种形式进行学习。共青团在广大青少年中开展了"我的中国梦"主题教育实践活动，将家国梦和个人理想紧密结合起来，引导广大青年敢于追梦、勇于圆梦。在基层中，各级党组织还成立宣讲团队走进社区、深入基层，用群众喜欢听、听得懂的语言去宣讲中国梦，制作宣传口号、条幅标语去宣传中国梦。由中共中央党校出版社出版的《中国梦大型宣传组画》把中国梦形象化、具体化、生活化，为人民群众所喜闻乐见。由中央宣传部学习出版社、中央电视台联合拍摄的电视政论片《百年潮·中国梦》，从"百年追梦、中国道路、中国精神、中国力量、筑梦天下"等层面对中国梦进行了系统全面的阐释论述。节目播出后受到社会广泛关注，观众网友感言：这部政论片具有很强的针对性、现实性。通过这部政论片，我知道了中国梦诞生、提出的背景和核心内容，正确认识了中国梦、充分了解了中国梦。据英国相关机构发布的《中国梦的力量与潜力》调查报告显示，有92％的受访中国民众知道中国梦，而且对中国梦充满自信。中国梦已为广大人民群众所深深认同接受，成为激励中华儿女团结一心、携手奋进的精神旗帜。

3. 培育和践行社会主义核心价值观

2012年11月，党的十八大首次提出了以"三个倡导"为基本内容的社会主义核心价值观：倡导富强、民主、文明、和谐，倡导自由、平等、公正、法治，倡导爱国、敬业、诚信、友善。2013年12月，中共中央办公厅下发《关于培育和践行社会主义核心价值观的意见》，对培育和践行社会主义核心价值观的重要意义、实践要求、组织领导等做出安排部署。

（1）社会主义核心价值观的宣传教育

人无精神则不立，国无精神则不强。任何一个国家、一个社会都有着林林总总的价值观念，如果想把社会意志与力量整合起来，需要一套与自身历史文化、经济基础和现实需要相适应的核心价值体系和价值观。

中国共产党注重发挥社会主义核心价值体系和价值观的引领作用。2006 年 10 月，党的十六届六中全会首次提出"建设社会主义核心价值体系"，明确社会主义核心价值体系的基本内容为"马克思主义指导思想，中国特色社会主义共同理想，以爱国主义为核心的民族精神和以改革创新为核心的时代精神，社会主义荣辱观"。2009 年 9 月，党的十七届四中全会提出"开展社会主义核心价值体系学习教育"。面对新时代新要求，党的十八大提出，倡导富强、民主、文明、和谐，倡导自由、平等、公正、法治，倡导爱国、敬业、诚信、友善，积极培育和践行社会主义核心价值观。党的十八大以来，以习近平同志为核心的党中央高度重视培育和践行社会主义核心价值观，发挥社会主义核心价值观的引领作用。2014 年 2 月 24 日，十八届中央政治局就培育和弘扬社会主义核心价值观、弘扬中华传统美德进行了第十三次集体学习。习近平总书记强调：培育和弘扬社会主义核心价值观必须立足中华优秀传统文化，把社会主义核心价值观贯穿于社会生活方方面面，发挥政策导向作用，用法律来推动核心价值观建设。[①]

社会主义核心价值观建设，说到底是对人的思想政治教育。社会主义核心价值观，把涉及国家、社会、公民三个层面的价值要求融为一体，深入回答了我们要建设什么样的国家、建设什么样的社会、培育什么样的公民的重大问题。各级学校把培育和践行社会主义核心价值观融入课堂教学，并充分利用校园文化，通过开学第一课、升旗仪式等开展主题教育实践活动，着力培养担当民族复兴大任的时代新人。先进典型是核

---

① 《习近平在中共中央政治局第十三次集体学习时强调　把培育和弘扬社会主义核心价值观作为凝魂聚气强基固本的基础工程》，《人民日报》，2014 年 2 月 26 日。

心价值观的人格化身，是引领社会主流价值的鲜明旗帜，是最生动、最直观的体现。先进典型就是要告诉人们，什么是真善美，什么是值得称赞与追崇的。在培育和弘扬社会主义核心价值观过程中，各地和各行业的"时代楷模""最美人物"涌现出来：航空英模罗阳，潜心科研、赤子之心报忠国的黄大年，在司法改革中敢啃硬骨头、甘当"燃灯者"的邹碧华……道德楷模，价值标杆，形成鲜明的价值导向。在"北京榜样"的激励下，北京市 3.5 万个党组织、69.2 万名党员到社区报到参加志愿服务，全市注册志愿服务组织 5 万多个，学雷锋志愿服务站（岗）4000 余个。江苏南京的 20 多所高校在"158"（"义务帮"）雷锋服务站建立志愿服务基地，每年 1 万多名大学生到车站开展志愿服务，全国 160 多家车站、480 多趟列车与之建立联动服务机制，学雷锋活动在全国万里铁道线上蓬勃向前。

（2）礼仪制度、纪念庆典是涵养核心价值观的重要载体

社会主义核心价值观是构筑中国精神、中国价值、中国力量的不竭动力。建立和规范礼仪制度，组织和开展纪念庆典活动，已成为培育和弘扬社会主义核心价值观的重要途径。党的十八大以来，党和国家增设了中国人民抗日战争胜利纪念日、南京大屠杀死难者国家公祭日、烈士纪念日、国家宪法日等纪念日，中国农民丰收节、中国人民警察节等节日，以及宪法宣誓制度等仪式。这些纪念日、节日和仪式制度的设立，对于构建共同的价值标准和理想追求、培育和弘扬社会主义核心价值观具有重要作用。例如，增设中国人民抗日战争胜利纪念日、南京大屠杀死难者国家公祭日、烈士纪念日等，就是要告诫人们勿忘苦难辉煌历史，感悟现在人民共和国的来之不易，培养爱国主义精神；增设国家宪法日、宪法宣誓制度等，体现了国家层面对于宪法和法律的尊崇，推动培养法治精神，建设法治政府、法治国家、法治社会。

党的十八大以来，以习近平同志为核心的党中央高度重视挖掘重大节日、纪念日中蕴藏的丰富教育资源，通过举办庄严庄重、内涵丰富的群众性庆祝和纪念活动，传播社会主流价值，增强人们的归属感和认同

感，带动全党全社会进行学习。例如，纪念中国人民抗日战争暨世界反法西斯战争胜利 70 周年、庆祝中国共产党成立 95 周年、庆祝中国人民解放军建军 90 周年、庆祝改革开放 40 周年、纪念五四运动 100 周年、庆祝中华人民共和国成立 70 周年、庆祝中国共产党成立 100 周年，等等。比如，纪念中国共产党第一代领导集体中的毛泽东、周恩来、刘少奇、朱德，第二代领导集体中的邓小平、陈云、胡耀邦，以及其他重要人物马克思、孙中山等。习近平总书记发表重要讲话，回顾人物一生革命历程，总结人物高尚精神品格，号召全党全社会向革命先烈学习。

礼仪制度、纪念庆典在引领学习研究方向、促进学习研究成果、培养良好学习风气和学习氛围等方面发挥了重要作用，引领了党内、社会上和学界学习研究的方向，对于人物品格、革命精神的学习研究成为热点话题，促进论文、专著、纪录片、影视作品等一大批成果出现。

4. 开展"四史"宣传教育

历史是最好的教科书。党的十八大以来，以习近平同志为核心的党中央高度重视历史的学习，多次强调要学习党史、新中国史。2013 年 1 月，习近平总书记在新进中央委员会的委员、候补委员学习贯彻党的十八大精神研讨班上，紧密联系党和国家工作大局、紧密联系干部群众的思想实际，从思想源头和实践历程上，深刻阐明了世界社会主义五百年发展的曲折历史，阐明了中国特色社会主义发展的历史，强调要深入学习社会主义发展史。2019 年 10 月，党的十九届四中全会将"改革开放史"作为推动理想信念教育常态化、制度化的学习内容，和党史、新中国史并列起来。2020 年 1 月，习近平总书记在"不忘初心、牢记使命"主题教育总结大会上发表讲话，在"党史、新中国史、改革开放史"的基础上增加了"社会主义发展史"的学习内容，提出要"学习党史、新中国史、改革开放史、社会主义发展史"。此后，习近平总书记又以回信、讲话等多种方式要求党员群众学习"四史"。2021 年 5 月 25 日，中共中央办公厅印发《关于在全社会开展党史、新中国史、改革开放史、社会主义发展史宣

466

传教育的通知》，对在中国共产党成立 100 周年之际开展"四史"宣传教育作出安排部署。

(1)以学习习近平新时代中国特色社会主义思想为主线

"四史"宣传教育以学习宣传贯彻习近平新时代中国特色社会主义思想为主线，学习领会习近平总书记关于党史、新中国史、改革开放史、社会主义发展史的重要论述，特别是在党史学习教育动员大会、庆祝中国共产党成立 100 周年大会上的重要讲话精神，及时跟进学、前后贯通学、联系实际学。

"四史"宣传教育，注重学习习近平新时代中国特色社会主义思想，在历史学习中提升理论自觉，增强理论自信。纵观历史，中国共产党之所以能够与时俱进地解决新问题，把革命、建设和改革的伟大事业不断推向前进，就是因为既不忘"老祖宗"，又不断讲新话，坚持马克思主义、发展马克思主义。马克思主义是发展的理论，学习理论一定要结合历史进程认真学习马克思主义中国化的理论成果，即毛泽东思想和中国特色社会主义理论体系，特别是学习习近平新时代中国特色社会主义思想。2020 年 1 月，习近平总书记在"不忘初心、牢记使命"主题教育总结大会上提出，要把学习贯彻党的创新理论，同学习党史、新中国史、改革开放史、社会主义发展史结合起来。理论创新发展的历史过程，也就是马克思主义基本原理同中国实际相结合的过程。在学习中通过历史与理论的结合，能够深刻领会理论形成发展的逻辑性与必然性，理解马克思主义为什么"行"，增强理论自信。

"四史"宣传教育，引导党员群众把握习近平新时代中国特色社会主义思想的理论逻辑、历史逻辑、实践逻辑，领会新思想的历史地位和重大意义，不断增进政治认同、思想认同、理论认同、情感认同。只有学习历史，才能更深刻地掌握理论、指导实践。在中国共产党的历史上，马克思主义中国化理论成果的形成和发展都源于中国共产党领导人民革命、建设、改革和复兴的历史，其为全党所认同、确立为党的指导思想也都经过了全党深入总结、学习和研究历史的过程。毛泽东思想在全党

指导地位的最终确立，是以延安时期全党学习党史为基础的。全党通过
学习研究，更加深刻地理解马克思主义基本原理与中国革命实际相结合
的极端重要性，统一了思想认识。在此基础上，党的六届七中全会通过
了《关于若干历史问题的决议》，为党的七大确立毛泽东思想的指导地位
奠定了坚实基础。邓小平理论的形成和发展，党的指导思想的拨乱反正，
也是经历了党的十一届三中、四中、五中、六中全会研究党的历史的过
程，《关于建国以来党的若干历史问题的决议》就是学习研究历史的成果；
习近平新时代中国特色社会主义思想入脑入心、武装全党，这与党的十
八大以来全党深入学习研究党史、新中国史、改革开放史和社会主义发
展史是分不开的。

（2）准确把握"四史"的主题开展宣传教育

"四史"宣传教育中，党史突出了"复兴"这一主题，把党的百年奋斗
史和中华民族复兴史结合起来，深刻阐释了"没有中国共产党，就没有新
中国，就没有中华民族伟大复兴"①的道理。在庆祝中国共产党成立 100
周年大会上，习近平总书记强调："一百年来，中国共产党团结带领中国
人民进行的一切奋斗、一切牺牲、一切创造，归结起来就是一个主题：
实现中华民族伟大复兴。"②这是对中国共产党百年历史主题的高度概括，
彰显了中国共产党人的初心使命。中国共产党何以在近代中国数百政党
中脱颖而出？就是因为中国共产党不是谋一己私利之政党，而是为了人
民和民族利益的党，百年来初心不改，矢志不渝。党领导人民创造的新
民主主义革命、社会主义革命和建设、改革开放和社会主义现代化建设、
新时代中国特色社会主义的伟大成就，在中华民族复兴史上有着重要意
义。这一重要论断，深刻揭示了中国共产党的百年奋斗与中华民族的前
途命运之间的紧密联系，体现出中国共产党人的大历史观。中国共产党
是为了挽救民族危亡而成立的，百年来也是为着人民幸福、民族复兴而

---

①　习近平：《在庆祝中国共产党成立 100 周年大会上的讲话》，《求是》，2021
年第 14 期。

②　同上。

奋斗的。"坚持真理、坚守理想，践行初心、担当使命，不怕牺牲、英勇斗争，对党忠诚、不负人民"的伟大建党精神为历代中国共产党人所传承，历久弥新。在党的百年奋斗历程中，每个历史时期都会涌现出一批英雄模范，成为那个时代的象征，他们赓续着中国共产党人的精神血脉，构建起了中国共产党人的精神谱系。这是实现中华民族伟大复兴的强大精神动力。例如，新民主主义革命时期的李大钊、杨靖宇、董存瑞，社会主义建设时期的雷锋、王进喜、焦裕禄、邓稼先，抗美援朝战争中的杨根思、邱少云、黄继光，改革开放新时期的孔繁森、任长霞，新时代的李保国、黄大年，等等。这些革命先烈、英雄人物和先进模范是中国共产党人不懈奋斗的杰出代表，讲好他们的英雄事迹和感人故事，是学习党史的重要内容，对于激励党员群众朝着实现民族复兴伟业不懈向前有着极其重要的作用。

"四史"宣传教育中，新中国史突出了"发展"的主题，讲好中华民族从站起来、富起来到强起来的历史过程，讲好新中国成立以来取得的伟大成就。新中国史是中华人民共和国的历史。同过去那个积贫积弱、任人宰割的旧中国相区别，新中国史的主题就是加快发展、实现现代化、走向民族复兴。近代以来封建统治者的愚昧封闭、西方列强的入侵压迫，严重阻碍了中国的发展进步，使得中华民族饱受欺凌，一度落后于时代。"落后就要挨打，发展才能自强"，这是中国人民和中华民族从近代以来的历史中汲取的深刻教训。中华人民共和国的成立和发展，真正扭转了近代以来中国落后挨打的局面，重新挽回了民族的尊严与品格，中华民族实现伟大复兴拥有了光明前景。新中国取得的举世瞩目的辉煌成就，为实现中华民族伟大复兴奠定了坚实基础。在加快发展、走向复兴的艰辛探索中，新中国也经历了一些磨难，遭受了一些挫折。但这是探索中的失误、前进中的曲折，中国人民正是在深刻总结教训的基础上推进改革开放，实现了伟大转折，取得了伟大成就。

"四史"宣传教育中，改革开放史突出了"创新"的主题，更好地让干部群众理解改革开放成功的秘诀。创新是改革开放的鲜明特征。解放思想、开拓创新给中国共产党、中华人民共和国和中华民族都带来了巨大变化。没有创新，就没有改革开放；没有创新，改革开放也不可能取得如此辉煌的成就。在党史学习教育动员大会上，习近平指出："我们党的历史，就是一部不断推进马克思主义中国化的历史，就是一部不断推进理论创新、进行理论创造的历史。"①为什么要在理论创新的基础上强调理论创造？这就是要突出理论的原创性。一般来讲，创新包括继承性创新、集成性创新和原始性创新三个层面。我们党在改革开放过程中提出的许多重大理论，例如社会主义市场经济理论，这是前所未有的，是中国共产党的原创。理论创新是先导，带动和引领着制度创新、科技创新、文化创新等各方面的创新。

"四史"宣传教育中，社会主义发展史突出了"信仰"的主题，教育引导党员群众深刻理解社会主义战胜资本主义的历史必然性，更加坚定中国特色社会主义道路自信、理论自信、制度自信、文化自信。在人类社会的发展过程中，"封建社会代替奴隶社会，资本主义代替封建主义，社会主义经历一个长过程发展后必然代替资本主义"②，这是历史发展的必然趋势。但是，这种替代不可能是一蹴而就的，而是一个长期的、曲折的过程。在社会主义发展史上，资本主义与社会主义的斗争是不断发展着的，"从一定意义上说，某种暂时复辟也是难以完全避免的规律性现象"③。历史大势不可逆转。邓小平说得好："一些国家出现严重曲折，社会主义好像被削弱了，但人民经受锻炼，从中吸收教训，将促使社会主义向着更加健康的方向发展。因此，不要惊慌失措，不要认为马克思主义就消失了，没用了，失败了。哪有这回事！"④

学习社会主义发展史可以深化对共产党执政规律的认识。共产党执政规律是共产党作为执政党进行活动的根本遵循。能否正确认识这一规

---

① 习近平：《在党史学习教育动员大会上的讲话》，《求是》，2021年第7期。
② 《邓小平文选》第3卷，人民出版社1993年版，第382页。
③ 同上书，第383页。
④ 同上书，第383页。

律，直接关系到共产党执政地位的安危甚至是政党的生死存亡。苏联共产党创建了世界上第一个社会主义国家，却在执政70余年后一夜之间分崩瓦解。东欧一些共产党执政的国家，政权也改变了颜色。这与它们理想信念动摇、放弃共产党的领导和马克思主义的指导地位，自身组织涣散、脱离群众，丧失了人民群众的信任等原因是分不开的。了解这些国家共产党的历史教训，是深化人们对共产党执政规律认识的题中应有之义。

学习社会主义发展史可以更加深刻认识社会主义建设规律。社会主义建设规律就是共产党人对什么是社会主义、怎样建设社会主义这两个根本性问题的认识。学习社会主义发展史，就是要追本溯源、正本清源、批驳谬论，认识到"中国特色社会主义，是科学社会主义理论逻辑和中国社会发展历史逻辑的辩证统一，是植根于中国大地、反映中国人民意愿、适应中国和时代发展进步要求的科学社会主义"①。认识社会主义建设规律，也要吸取国内外社会主义建设的教训。在社会主义发展史上，诸如苏联和东欧一些社会主义国家，在建设社会主义过程中逐渐形成了高度集中的计划经济体制。这一体制曾在一段时期内发挥了重要作用，但是随着体制趋于僵化，严重阻碍了社会生产力的发展和人民生活的改善。面对经济社会发展的困境，一些国家的共产党未能通过改革突破体制束缚；或是不敢改革，整个领导层"不支持改革，他们担心改革会偏离方向，后来的人会追究他们的责任，甚至要了他们的脑袋"②；或是像戈尔巴乔夫一样，背离社会主义方向乱改革，彻底放弃了党的领导，导致社会主义事业的失败。

学习社会主义发展史可以更好把握人类社会发展规律。人类社会发展规律是历史发展过程中的必然联系，呈现着社会的发展走向与未来趋势。马克思主义唯物史观揭示了人类社会由简单向复杂、从低级向高级

---

① 《十八大以来重要文献选编》上，中央文献出版社2014年版，第118页。

② ［德］默德罗：《我眼中的改革》，马细谱等译，中央编译出版社2012年版，第10页。

的发展规律。人类社会从低级到高级发展，是由生产力和生产关系、经济基础和上层建筑的矛盾运动推动的。这是存在于人类历史发展始终而不可逆转的一般规律。资本主义的最终灭亡和社会主义的最终胜利，虽然是一个相当曲折漫长的历史过程，但这是社会基本矛盾运动规律决定的，是不以人的意识为转移的必然趋势。我们也应看到，社会主义的发展虽然已经有了五百多年的历史，时至今日仍然需要我们去不断深化认识。社会主义的发展必然是一个道阻且长的曲折历史过程。历史与现实反复印证，马克思主义关于资本主义社会基本矛盾的论断、关于人类社会必然从资本主义走向社会主义的观点不仅没有过时，反而随着历史的发展、实践的检验更加凸显出它们的真理性。习近平总书记在集体学习时就曾说过："尽管我们所处的时代同马克思所处的时代相比发生了巨大而深刻的变化，但从世界社会主义 500 年的大视野来看，我们依然处在马克思主义所指明的历史时代。"①

　　学习社会主义发展史，认识马克思主义、中国特色社会主义的发展性，拓宽了学习党史、新中国史和改革开放史的视野。一个政党如同一个人一样，受客观事物、主观能力和时代条件的影响限制，不可能一下子就掌握了解某一事物的全貌与本质，必定是要有着一个在实践中渐进认知的过程，这样才符合认识的规律。我们对于中国特色社会主义的认识亦是如此，"对社会主义这个我们只搞了几十年的东西，我们的认识和把握也还是非常有限的，还需要在实践中不断深化和发展"②。我们学习社会主义发展史的目的不是囿于过去、故步自封，而是学习马克思主义实践性、创新性和发展性的灵魂，把握历史发展的规律，更好地坚持和发展中国特色社会主义。

---

　　①　《习近平在中共中央政治局第四十三次集体学习时强调　深刻认识马克思主义时代意义和现实意义　继续推进马克思主义中国化时代化大众化》，《人民日报》2017 年 9 月 30 日。

　　②　《十八大以来重要文献选编》上，中央文献出版社 2014 年版，第 114 页。

（3）组织各项宣传教育活动

"四史"宣传教育中，各地积极组织宣传教育活动，普及"四史"知识，推动党史学习教育深入群众、深入基层、深入人心。读书学史活动、基层宣讲活动、学习体验活动、致敬革命先烈活动等宣传教育活动，形式多样、内容丰富，吸引了广大人民群众积极参与"四史"学习，引导人们深刻认识中国共产党为国家和民族作出的伟大贡献，感悟中国共产党百年不渝的初心使命，传承革命精神，投身全面建设社会主义现代化国家新征程。"四史"宣传教育中，《中国共产党简史》《中华人民共和国简史》《改革开放简史》《社会主义发展简史》相继正式出版，为党员群众学习"四史"提供了权威材料。

"四史"宣传教育坚持用好红色资源，讲好党的故事、革命的故事、英雄的故事，实地学习体验成为广大党员群众学习"四史"和理论、坚定理想信念、传承党的伟大精神和光荣传统的重要途径。习近平总书记身体力行，为全党同志作示范，他讲道："党的十八大以来，我到地方考察，都要瞻仰对我们党具有重大历史意义的革命圣地、红色旧址、革命历史纪念场所"，"每到一地……灵魂都受到一次震撼，精神都受到一次洗礼。每次都是怀着崇敬之心去，带着许多感悟回。"①党的十八大以来，习近平总书记到过井冈山革命根据地、皖西革命根据地、陕甘宁革命根据地、中央苏区、鄂豫皖苏区，到过上海一大会址、浙江嘉兴南湖、河北西柏坡，到过古田会议会址、遵义会议会址、中共七大会址，到过江西于都中央红军长征集结出发地、宁夏三军会师纪念馆、甘肃中国工农红军西路军纪念馆，等等。习近平总书记每到一地，都会考察调研革命历史纪念场所，对相关历史问题进行论述，推动了党内外对相关问题的学习和研究。

"四史"宣传教育活动，注重内容上融会贯通、逻辑上环环相扣，引

---

① 《习近平在中共中央政治局第三十一次集体学习时强调　用好红色资源赓续红色血脉　努力创造无愧于历史和人民的新业绩》，《人民日报》，2021年6月27日。

导广大人民群众特别是青少年弄清楚中国共产党为什么能、马克思主义为什么行、中国特色社会主义为什么好等基本道理，加深了对党的历史的理解和把握，加深了对党的理论的理解和认识。

回顾百年历史，中国共产党依靠学习不断发展壮大，从一个只有 50多人的政党，发展成为现在这样一个拥有 9800 多万党员的世界第一大党。中国共产党深知：只有不断学习，才能始终成为时代先锋、民族脊梁，始终保持马克思主义执政党地位。正如习近平总书记所说："好学才能上进。中国共产党人依靠学习走到今天，也必然要依靠学习走向未来。我们的干部要上进，我们的党要上进，我们的国家要上进，我们的民族要上进，就必须大兴学习之风，坚持学习、学习、再学习，坚持实践、实践、再实践。"①经过长期持续努力，重视学习、勤于学习、终身学习在全党全社会蔚然成风。

党的二十大描绘了以中国式现代化全面推进中华民族伟大复兴的宏伟蓝图，开启了强国建设和民族复兴伟业新征程，同时也对全党全社会增强学习本领、推进学习事业提出了新要求。忆往昔，中国共产党在学习中奋起成长，取得了新民主主义革命和社会主义革命、建设、改革的伟大胜利；看未来，中华民族伟大复兴的中国梦，也必将在一代代中国共产党人的学习奋斗中成为现实！

---

① 《习近平谈治国理政》第 1 卷，外文出版社 2018 年版，第 407 页。

附：改革开放以来中央政治局集体学习回顾

学习时间	学习内容	主讲人	总书记讲话主题
1986-07-03	对于法的性能和作用的几点认识	中国人民大学孙国华副教授	不仅依靠党的政策办事，还要依照法律办事
1994-12-09	国际商贸法律制度及其关贸总协定	华东政法学院曹建明教授	各级领导干部必须学习和掌握法律知识
1995-01-20	社会主义市场经济法律制度建设问题	中国社会科学院法学研究所王家福研究员	提高领导干部法律素质已成迫切要求
1996-02-08	关于依法治国，建设社会主义法治国家的理论和实践问题	中国社会科学院法学研究所王家福研究员	实行和坚持依法治国，保障国家的长治久安
1996-12-09	国际法在国际关系中的作用	外交学院国际法研究所卢松副教授	领导干部努力提高运用国际法能力
1997-05-06	"一国两制"与香港基本法	中国社会科学院法学研究所吴建璠研究员	依法治港，维护香港基本法权威就是维护国家法制权威
1997-12-23	科技进步与法制建设	北京大学法律系罗玉中教授	大力加强科技法制建设

续表

学习时间	学习内容	主讲人	总书记讲话主题
1998-05-12	金融安全与法制建设	华东政法学院曹建明教授	依法治理金融，保证安全运行
1998-12-14	社会保障与法制建设	中国人民大学法学院龙翼飞教授	十分重视和不断加强社会保障的法制建设
1999-06-11	依法保障和促进农村的改革、发展与稳定	西南政法大学李昌麒教授	大力加强农村法制建设
1999-11-26	依法保障和促进国有企业改革与发展	中国政法大学王卫国教授	依法保障和促进国企改革发展
2000-09-22	西部开发与加快中西部发展的法治保障	中国社会科学院法学研究所夏勇研究员	加强西部大开发的法治保障，是依法治国的重要实践
2001-07-11	运用法律手段保障和促进信息网络健康发展	中国社会科学院法学研究所郑成思研究员	充分运用法律手段，加强信息网络管理
2002-12-26	宪法	中国人民大学许崇德教授、武汉大学周叶中教授	加强领导干部学习，提高执政兴国本领
2003-01-28	世界经济形势和我国经济发展	中国社会科学院余永定研究员、江小涓研究员	注重分析世界经济形势，抓住机遇推动经济发展
2003-03-28	世界就业发展趋势和我国就业政策研究	中国人民大学曾湘泉教授、中国社会科学院蔡昉研究员	实行促进就业的长期战略和政策，齐心协力做好就业和再就业工作
2003-04-28	当代科技发展趋势和我国的科技发展，以及运用科学技术加强非典型肺炎防治工作	中国科学院王恩哥研究员、清华大学薛澜教授、中国疾病预防控制中心曾光研究员	弘扬中华民族精神，运用科学技术力量，万众一心，众志成城，科学防治，战胜非典

续表

学习时间	学习内容	主讲人	总书记讲话主题
2003-05-23	世界新军事变革的发展态势	军事科学院科研指导部钱海皓研究员、军事科学院外国军事研究部傅立群研究员	密切关注世界新军事变革的发展态势，积极关心支持国防和军队现代化建设
2003-07-21	党的思想理论与时俱进的历史考察	中央党史研究室张启华研究员、张树军研究员	大力加强党的思想理论建设，坚持用科学的理论指导实践
2003-08-12	世界文化产业发展状况和我国文化产业发展战略	中国社会科学院新闻研究所张西明研究员、清华大学新闻与传播学院熊澄宇教授	始终坚持先进文化的前进方向，大力发展文化事业和文化产业
2003-09-29	坚持依法治国、建设社会主义政治文明	复旦大学国际关系与公共事务学院林尚立教授、中国社会科学院法学研究所李林研究员	全面贯彻依法治国基本方略，推进社会主义政治文明建设
2003-11-24	15世纪以来世界主要国家发展历史考察	首都师范大学齐世荣教授、南京大学钱乘旦教授	进一步认识把握社会历史发展规律，增强推进改革发展的自觉性主动性
2004-02-23	世界格局和我国的安全环境	外交学院秦亚青教授、中国社会科学院张宇燕研究员	坚持以宽广的眼界观察世界分析形势，提高对外开放条件下做好工作的能力
2004-03-29	当今世界农业发展状况和我国农业发展	中国农业大学程序教授、农业部农村经济研究中心柯炳生教授	牢固树立切实落实科学发展观，始终坚持农业基础地位不动摇

续表

学习时间	学习内容	主讲人	总书记讲话主题
2004-04-26	法制建设与完善社会主义市场经济体制	北京大学吴志攀教授、中国人民大学王利明教授	依法治国，依法执政
2004-05-28	繁荣和发展我国的哲学社会科学	上海财经大学程恩富教授、中国社会科学院李崇富教授	始终坚持马克思主义的指导地位，大力推进哲学社会科学繁荣发展
2004-06-29	加强党的执政能力建设问题	北京大学黄宗良教授、中央党校卢先福教授	认真总结执政能力建设经验，大力加强党的执政理论建设
2004-07-24	坚持国防建设与经济建设协调发展的方针	总装备部科技委员会郭桂蓉教授、国防科工委专家咨询委员会栾恩杰研究员	必须坚定不移地走和平发展的道路，促进国防建设与经济建设协调发展
2004-10-21	我国民族关系史的几个问题	中央民族大学杨圣敏教授、中国社会科学院郝时远研究员	做好新形势下的民族工作，促进各民族共同繁荣进步
2004-12-01	中国社会主义道路探索的历史考察	中央党校陈雪薇教授、刘海涛教授	学习和运用建设社会主义的成功经验，坚持好发展好中国特色社会主义道路
2004-12-27	面向 2020 年的中国科技发展战略	中国科学院孙鸿烈研究员、同济大学万钢教授	充分发挥科技进步和创新的巨大作用，更好地推进我国社会主义现代化建设

续表

学习时间	学习内容	主讲人	总书记讲话主题
2005-01-24	新时期保持共产党员先进性研究	中央党史研究室李忠杰教授、全国党建研究会王庭大研究员	加强党的先进性建设，提高党的执政能力，不断实现好发展好最广大人民群众根本利益
2005-02-21	努力构建社会主义和谐社会	中国社会科学院社会学研究所李培林研究员、景天魁研究员	加强调查和研究着力提高工作本领，把和谐社会建设各项工作落到实处
2005-04-15	关于我国经济社会发展战略的若干问题	国务院发展研究中心刘世锦研究员、国家发展和改革委员会宏观经济研究院陈东琪研究员	把科学发展观贯穿于发展全过程，切实提高发展质量增强发展后劲
2005-05-31	经济全球化趋势与当前国际贸易发展的新特点	中国人民大学黄卫平教授、中国社会科学院裴长洪研究员	始终坚持对外开放的基本国策，全面提高我国对外开放的水平
2005-06-27	国际能源资源形势和我国能源资源战略	国土资源部地质调查局张洪涛研究员、国家发展和改革委员会宏观经济研究院周大地研究员	全面做好能源资源工作，优先抓好节约能源资源
2005-08-26	世界反法西斯战争的回顾与思考	军事科学院战争理论和战略研究部研究员江英、军事科学院世界军事研究部研究员罗援	深刻汲取中国人民抗日战争胜利的历史经验，万众一心实现全面建设小康社会的宏伟目标

续表

学习时间	学习内容	主讲人	总书记讲话主题
2005-09-29	国外城市化发展模式和中国特色的城镇化道路	同济大学唐子来教授、北京大学周一星教授	坚持走中国特色的城镇化道路，推动我国城镇化健康有序发展
2005-11-25	世界马克思主义研究与我国马克思主义理论研究和建设工程	黑龙江大学衣俊卿教授、中国社会科学院李景源研究员	坚持马克思主义理论同中国实际相结合，为全面建设小康社会提供科学理论指导
2005-12-20	行政管理体制改革和完善经济法律制度	中国政法大学法学院马怀德教授、中国人民大学法学院史际春教授	积极稳妥推进行政管理体制改革，加快转变政府职能提高行政效率
2006-01-25	关于建设社会主义新农村	农业部农业贸易促进中心钱克明研究员、中国社会科学院农村发展研究所张晓山研究员	使建设社会主义新农村成为惠及广大农民的民心工程
2006-02-21	世界产业结构调整的趋势和我国加快转变经济增长方式的战略抉择	国务院发展研究中心卢中原研究员、国家发展和改革委员会宏观经济研究院王一鸣研究员	加快转变经济增长方式，推动经济又好又快发展
2006-03-27	国外安全生产的制度措施和加强我国安全生产的制度建设	清华大学公共安全研究中心范维澄教授、中国安全生产科学研究院刘铁民研究员	坚持以人为本关注安全关爱生命，切实把安全生产工作抓细抓实抓好

续表

学习时间	学习内容	主讲人	总书记讲话主题
2006-05-26	国际知识产权保护和我国知识产权保护的法律和制度建设	中国社会科学院法学所郑成思研究员、中南财经政法大学知识产权研究中心吴汉东教授	切实加强我国知识产权制度建设，为建设创新型国家提供有力支撑
2006-06-29	坚持科学执政、民主执政、依法执政	中央党校党建教研部张志明教授、政法教研部卓泽渊教授	扎实加强执政能力建设和先进性建设
2006-07-25	红军长征胜利的回顾和思考	军事科学院军事历史研究所陈力研究员、科研指导部黄星研究员	学习中国革命史，发扬光大党的传统
2006-08-29	世界教育发展趋势和深化我国教育体制改革	浙江师范大学徐辉教授、教育部教育发展研究中心张力研究员	努力办好让人民群众满意的教育
2006-10-23	国外医疗卫生体制和我国医疗卫生事业发展	北京大学中国经济研究中心李玲教授、中华医学会刘俊教授	建设覆盖城乡居民的基本卫生保健制度
2006-11-30	我国社会主义基层民主政治建设研究	华中师范大学徐勇教授、国务院发展研究中心赵树凯研究员	提高社会主义基层民主政治建设水平，保证基层人民群众直接行使民主权利
2006-12-25	关于我国建设资源节约型社会	国务院发展研究中心产业经济研究部部长冯飞研究员、国家发展和改革委员会宏观经济研究院能源研究所韩文科研究员	把节约能源资源放在更加突出的战略位置

续表

学习时间	学习内容	主讲人	总书记讲话主题
2007-01-23	世界网络技术发展和我国网络文化建设与管理	中央外宣办网络宣传局李伍峰、信息产业部电信研究院曹淑敏教授级高级工程师	以创新的精神加强网络文化建设和管理
2007-02-15	国外区域发展情况和促进我国区域协调发展	国务院发展研究中心李善同研究员、中国科学院地理科学与资源研究所樊杰研究员	把区域协调发展摆在更加重要位置
2007-03-23	关于制定和实施《物权法》的若干问题	中国社会科学院法学研究所梁慧星研究员、中国人民大学法学院王利明教授	认真学习全面实施《物权法》，开创社会主义法治国家新局面
2007-04-23	我国农业标准化和食品安全问题研究	中国农业大学食品科学与营养工程学院罗云波教授、中国农业科学研究院质量标准与检测技术研究所叶志华研究员	以对人民群众高度负责的精神，做好农业标准化和食品安全工作
2007-07-26	南昌起义和井冈山革命根据地的建立	军事科学院齐德学研究员、黄迎旭研究员	弘扬崇高革命精神和优良革命传统，沿着中国特色社会主义道路奋勇前进
2007-08-28	世界金融形势和深化我国金融体制改革	国务院发展研究中心巴曙松研究员、中国银行业监督管理委员会李伏安高级经济师	充分认识金融工作重要性，推动金融业健康发展

学习时间	学习内容	主讲人	总书记讲话主题
2007-09-28	扩大对外开放和维护国家经济安全	上海对外贸易学院王新奎教授、国务院发展研究中心隆国强研究员	坚定不移地实行对外开放的基本国策
2007-11-27	完善中国特色社会主义法律体系和全面落实依法治国基本方略	中国政法大学徐显明教授、中国社会科学院信春鹰研究员	切实抓好全面落实依法治国基本方略各项工作，为推动科学发展促进社会和谐提供有力法制保障
2007-12-18	当代世界宗教和加强我国宗教工作	中国社会科学院卓新平研究员、中央民族大学牟钟鉴教授	贯彻党的宗教工作方针，做好新形势下宗教工作
2008-01-29	实现全面建设小康社会奋斗目标的新要求和推动经济社会又好又快发展	中国社会科学院经济研究所刘树成研究员、国家发展和改革委员会宏观经济研究院马晓河研究员	切实贯彻全面建设小康社会奋斗目标新要求
2008-02-23	国外政府服务体系建设和我国建设服务型政府	国家行政学院薄贵利教授、中国行政管理学会高小平研究员	扎实推进服务型政府建设，提高为人民服务能力和水平
2008-04-28	我国加快转变经济发展方式研究	中国社会科学院世界经济与政治研究所李向阳研究员、国家发展和改革委员会宏观经济研究院罗云毅研究员	抓紧做好转变经济发展方式各项工作，不断赢得发展新优势开创发展新局面

续表

学习时间	学习内容	主讲人	总书记讲话主题
2008-06-27	全球气候变化和我国加强应对气候变化能力建设	中国气象局国家气候中心罗勇研究员、清华大学低碳能源实验室何建坤教授	坚定不移走可持续发展道路，加强应对气候变化能力建设
2008-07-26	现代奥林匹克运动和办好北京奥运会	国家体育总局于再清、北京奥运会组委会王伟	更加深入细致地做好各项筹办工作，切实举办一届有特色高水平奥运会
2008-09-28	中国特色社会主义理论体系研究	中央党校严书翰教授、中国人民大学秦宣教授	认真学习贯彻中国特色社会主义理论体系，高举中国特色社会主义伟大旗帜不动摇
2008-11-29	关于推动我国科学发展问题研究	中国社会科学院宋泓研究员、国家发展和改革委员会宏观经济研究院张燕生研究员	把保持经济平稳较快发展作为首要任务
2008-12-26	关于深化改革开放问题研究	中央党史研究室章百家研究员、中央党校杨秋宝教授	深入持久地进行改革开放宣传教育，继续把改革开放伟大事业推向前进
2009-01-23	中国特色农业现代化道路研究	中国农业大学何秀荣教授、国务院发展研究中心韩俊研究员	坚定不移走中国特色农业现代化道路，全力保持农业农村经济持续稳定发展
2009-02-23	世界经济形势和推动我国经济又好又快发展	国务院发展研究中心赵晋平研究员、国家发展和改革委员会宏观经济研究院毕吉耀研究员	审时度势，科学决策，周密部署，扎实工作，实现保持经济平稳较快发展首要任务

续表

学习时间	学习内容	主讲人	总书记讲话主题
2009-05-22	世界主要国家社会保障体系和我国社会保障体系建设	中国社会科学院周弘研究员、中国劳动保障科学研究院何平研究员	加快推进社会保障体系建设，实现社会保障事业可持续发展
2009-06-29	积极推进党内民主建设	中国人民大学李景治教授、中央组织部党建研究所高永中研究员	高度重视积极推进党内民主建设，充分发挥全党积极性主动性创造性
2009-07-24	中国特色军民融合式发展路子研究	中国人民解放军国防大学战略教研部金一南教授、国防大学经济研究中心姜鲁鸣教授	走出中国特色军民融合式发展路子，推动国防建设和经济建设良性互动
2009-09-09	中华人民共和国成立以来对社会主义现代化的认识和实践	中央党史研究室第二研究部郑谦研究员、国务院发展研究中心发展战略和区域经济研究部张军扩研究员	继续探索把握社会主义现代化规律，更好地把社会主义现代化推向前进
2009-11-27	贯彻落实党的十七届四中全会精神，努力提高党的建设科学化水平	国防大学军队建设与军队政治工作教研部齐彪教授、中央组织部党建研究所张守华研究员	扎实贯彻党的十七届四中全会精神，努力提高党的建设科学化水平
2010-01-08	世界主要国家财税体制和深化我国财税体制改革	中国社会科学院财政与贸易经济研究所高培勇教授、财政部财政科学研究所贾康研究员	构建有利于科学发展的财税体制，积极推动科学发展促进社会和谐

学习时间	学习内容	主讲人	总书记讲话主题
2010-02-22	关于实现 2020 年我国控制温室气体排放行动目标	中国社会科学院城市发展与环境研究所潘家华研究员、国家发展和改革委员会能源研究所徐华清研究员	统一思想明确任务坚定信念扎实工作，进一步做好应对气候变化各项工作
2010-05-28	世界医药卫生发展趋势和我国医药卫生体制改革	卫生部统计信息中心饶克勤研究员、国务院发展研究中心社会发展研究部葛延风研究员	建立健全覆盖城乡居民的基本医疗卫生制度，为群众提供安全有效方便价廉医疗卫生服务
2010-06-21	加强党的基层组织建设	国防大学军队建设与军队政治工作教研部吴杰明教授、中央组织部党建研究所高永中研究员	充分认识加强党的基层组织建设重大意义，不断提高党的基层组织建设科学化水平
2010-07-23	深化我国文化体制改革	上海社会科学院文学研究所蒯大申研究员、中央宣传部全国宣传干部学院李伟教授	顺应时代要求深化文化体制改革，推动社会主义文化大发展大繁荣
2010-09-29	正确处理新时期人民内部矛盾	中国社会科学院财政与贸易经济研究所高培勇教授、政治学研究所房宁研究员	扎实做好正确处理人民内部矛盾工作，为经济社会发展创造良好社会环境
2010-12-03	从上海世博会看世界发展的新趋势新理念	上海市社会科学院黄仁伟研究员、同济大学公共管理系诸大建教授	总结和弘扬上海世博会经验和精神，为科学发展和社会和谐增加新优势

学习时间	学习内容	主讲人	总书记讲话主题
2010-12-28	在新的历史起点上推动我国经济社会又好又快发展	国家发展和改革委员会宏观经济研究院王一鸣研究员、中国社会科学院人口与劳动经济研究所蔡昉研究员	抓住主题，把握主线，统筹兼顾，改革创新，把党的十七届五中全会精神贯彻落实好
2011-02-21	优先发展教育、建设人力资源强国	中国教育学会谈松华研究员、中央教育科学研究所袁振国教授	全面落实《国家教育改革和发展规划纲要》，努力开创我国教育事业科学发展新局面
2011-03-28	推进依法行政和弘扬社会主义法治精神	国家行政学院胡建森教授、中央党校卓泽渊教授	推进依法行政，弘扬社会主义法治精神
2011-04-26	世界人口发展和全面做好新形势下我国人口工作	中国人民大学社会与人口学院翟振武教授、国家人口计生委中国人口老龄化与经济社会发展研究中心于学军研究员	加强任务落实，不断开创人口工作新局面
2011-05-30	培育发展战略性新兴产业研究	清华大学公共管理学院薛澜教授、国务院发展研究中心产业经济研究部冯飞研究员	推动战略性新兴产业快速健康发展
2011-06-28	中国共产党保持和发展党的先进性研究	中央党史研究室曲青山教授、中国人民大学马克思主义学院杨凤城教授	认识和运用历史经验，不断推进新形势下党的先进性建设

续表

学习时间	学习内容	主讲人	总书记讲话主题
2011-08-23	完善我国土地管理制度问题研究	国务院发展研究中心农村经济研究部刘守英研究员、北京大学城市与环境学院林坚副教授	珍惜每一寸土地，促进发展与土地利用相协调
2012-02-20	实施更加积极的就业政策	人口资源和社会保障部劳动科学研究所莫荣研究员、中国社会科学院人口与劳动经济研究所蔡昉研究员	实施更加积极的就业政策，努力实现社会就业更加充分
2012-05-28	坚持走中国特色新型工业化道路和推进经济结构战略性调整	中国电子信息产业发展研究院罗文研究员、中国社会科学院工业经济研究所金碚研究员	着力提高我国工业发展质量效益，努力从工业大国向工业强国转变
2012-11-17	深入学习贯彻党的十八大精神	习近平主持学习并发表讲话，李克强、张德江、俞正声、刘云山、王岐山、张高丽就深刻领会和贯彻落实党的十八大精神谈体会	紧紧围绕坚持和发展中国特色社会主义，深入学习宣传贯彻党的十八大精神
2012-12-31	坚定不移推进改革开放	中央党史研究室李向前研究员、国家发展改革委宏观经济研究院王一鸣研究员	以更大的政治勇气和智慧深化改革
2013-01-28	坚定不移走和平发展道路	外交部部长杨洁篪、中共中央对外联络部部长王家瑞、商务部部长陈德铭	更好统筹国内国际两个大局，夯实走和平发展道路的基础

续表

学习时间	学习内容	主讲人	总书记讲话主题
2013-02-23	全面推进依法治国	全国人大常委会法工委主任李适时、最高人民法院副院长沈德咏、最高人民检察院副检察长胡泽君、司法部部长吴爱英、国务院法制办主任宋大涵	依法治国依法执政依法行政共同推进，法治国家法治政府法治社会一体建设
2013-04-19	我国历史上的反腐倡廉	中国社会科学院历史研究所卜宪群研究员、政治学研究所房宁研究员	积极借鉴我国历史上优秀廉政文化，不断提高拒腐防变和抵御风险能力
2013-05-24	大力推进生态文明建设	清华大学环境科学与工程研究院教授、中国工程院院士郝吉明，中国环境科学研究院研究员、中国工程院院士孟伟	坚持节约资源和保护环境基本国策，努力走向社会主义生态文明新时代
2013-06-25	中国特色社会主义理论和实践	中共中央政治局各位同志事先学习中国共产党历史。马凯、刘奇葆、范长龙、孟建柱、赵乐际、胡春华集体学习中作重点发言。大家听取发言后就有关问题进行讨论	在对历史的深入思考中更好走向未来，交出发展中国特色社会主义合格答卷
2013-07-30	建设海洋强国研究	中国海洋石油总公司副总工程师、中国工程院院士曾恒一，国家海洋局海洋发展战略研究院高之国	进一步关心海洋认识海洋经略海洋，推动海洋强国建设不断取得新成就

续表

学习时间	学习内容	主讲人	总书记讲话主题
2013-09-30	实施创新驱动发展战略	在北京中关村采取调研、讲解、讨论相结合的形式进行学习	敏锐把握世界科技创新发展趋势，切实把创新驱动发展战略实施好
2013-10-29	加快推进住房保障体系和供应体系建设	清华大学土木水利学院刘洪玉教授、住房和城乡建设部政策研究中心秦虹研究员	加快推进住房保障和供应体系建设，不断实现全体人民住有所居的目标
2013-12-03	历史唯物主义基本原理和方法论	中国人民大学郭湛教授、中央党校韩庆祥教授	推动全党学习和掌握历史唯物主义，更好认识规律更加能动地推进工作
2013-12-30	提高国家文化软实力研究	武汉大学沈壮海教授、全国宣传干部学院黄志坚教授	建设社会主义文化强国，着力提高国家文化软实力
2014-02-24	培育和弘扬社会主义核心价值观、弘扬中华传统美德	中宣部思想政治工作研究所戴木才教授	把培育和弘扬社会主义核心价值观作为凝魂聚气强基固本的基础工程
2014-04-25	切实维护国家安全和社会安定	中央政法委汪永清	切实维护国家安全和社会安定，为实现奋斗目标营造良好社会环境
2014-05-26	使市场在资源配置中起决定性作用和更好发挥政府作用	本次集体学习由中央政治局同志自学并交流工作体会，孙春兰、汪洋、韩正作了重点发言	正确发挥市场作用和政府作用，推动经济社会持续健康发展

续表

学习时间	学习内容	主讲人	总书记讲话主题
2014-06-30	加强改进作风制度建设	本次集体学习由有关负责同志介绍全党以及本地区本部门开展党的群众路线教育实践活动、推动作风建设的情况	坚持从严治党落实管党治党责任，把作风建设要求融入党的制度建设
2014-08-29	世界军事发展新趋势和推进我军军事创新	国防大学战略教研部肖天亮教授	准确把握世界军事发展新趋势，与时俱进大力推进军事创新
2014-10-13	我国历史上的国家治理	中国社会科学院历史研究所卜宪群研究员	牢记历史经验历史教训历史警示，为国家治理能力现代化提供有益借鉴
2014-12-05	加快自由贸易区建设	商务部国际贸易经济合作研究院李光辉研究员	加快实施自由贸易区战略，加快构建开放型经济新体制
2015-01-23	辩证唯物主义基本原理和方法论	吉林大学孙正聿教授	坚持运用辩证唯物主义世界观方法论提高解决我国改革发展基本问题本领
2015-03-24	深化司法体制改革、保证司法公正	吉林省社会科学院黄文艺教授	以提高司法公信力为根本尺度，坚定不移深化司法体制改革
2015-04-30	健全城乡发展一体化体制机制	有关负责人谈了近年来北京、天津、河北在健全城乡发展一体化体制机制方面所做工作	健全城乡发展一体化体制机制，让广大农民共享改革发展成果

续表

学习时间	学习内容	主讲人	总书记讲话主题
2015-05-29	健全公共安全体系	有关负责人结合本部门工作谈了公共安全面临的形势、存在的问题和下一步工作打算	牢固树立切实落实安全发展理念，确保广大人民群众生命财产安全
2015-06-26	加强反腐倡廉法规制度建设	中央纪委宣传部部长肖培	加强反腐倡廉法规制度建设，让法规制度的力量充分释放
2015-07-30	中国人民抗日战争的回顾和思考	军事科学院军事历史和百科研究部部长曲爱国	让历史说话用史实发言，深入开展中国人民抗日战争研究
2015-09-11	践行"三严三实"	本次集体学习由中央政治局同志自学并交流体会，马凯、王沪宁、许其亮、李建国、赵乐际就这个问题作了重点发言	时时铭记，事事坚持处处上心，以严和实的精神做好各项工作
2015-10-12	全球治理格局和全球治理体制	外交学院秦亚青教授	推动全球治理体制更加公正更加合理，为我国发展和世界和平创造有利条件
2015-11-23	马克思主义政治经济学基本原理和方法论	教育部社会科学委员会顾海良教授	立足我国国情和我国发展实践，发展当代中国马克思主义政治经济学
2015-12-30	中华民族爱国主义精神的历史形成和发展	清华大学陈来教授	大力弘扬伟大爱国主义精神，为实现中国梦提供精神支柱

续表

学习时间	学习内容	主讲人	总书记讲话主题
2016-01-29	"十三五"时期我国经济社会发展的战略重点	本次集体学习由中央政治局同志自学并交流工作体会,刘延东、李源潮、汪洋、张春贤、韩正作了重点发言	准确把握和抓好我国发展战略重点,扎实把"十三五"发展蓝图变为现实
2016-04-29	历史上的丝绸之路和海上丝绸之路	中国社会科学院边疆研究所研究员李国强	借鉴历史经验创新合作理念,让"一带一路"建设推动各国共同发展
2016-05-27	我国人口老龄化的形势和对策	有关负责人就我国人口老龄化形势、加强和改进老龄工作、促进老龄事业发展谈了意见和建议	党委领导政府主导社会参与全民行动,推动老龄事业全面协调可持续发展
2016-06-28	严肃党内政治生活、净化党内政治生态	中共中央组织部高选民	严肃党内政治生活净化党内政治生态,为全面从严治党打下重要政治基础
2016-07-26	深化国防和军队改革	中央军委深化国防和军队改革领导小组专家咨询组副组长蔡红硕	坚持党在新形势下的强军目标,努力建设巩固国防和强大军队
2016-09-27	二十国集团领导人峰会和全球治理体系变革	外交学院高飞教授	加强合作推动全球治理体系变革,共同促进人类和平与发展崇高事业
2016-10-09	实施网络强国战略	清华大学微电子与纳电子学系主任、微电子学研究所所长魏少军教授	加快推进网络信息技术自主创新,朝着建设网络强国目标不懈努力

续表

学习时间	学习内容	主讲人	总书记讲话主题
2016-12-09	我国历史上的法治和德治	中国政法大学法律史学研究院院长朱勇教授	坚持依法治国和以德治国相结合，推进国家治理体系和治理能力现代化
2017-01-22	深入推进供给侧结构性改革	国家发展改革委宏观经济研究院陈东琪研究员	把改善供给侧结构作为主攻方向，推动经济朝着更高质量方向发展
2017-02-21	我国脱贫攻坚形势和更好实施精准扶贫	有关负责人结合本部门本地区实际谈了脱贫攻坚面临的形势、存在的问题和下一步工作打算	更好推进精准扶贫精准脱贫，确保如期实现脱贫攻坚目标
2017-04-25	维护国家金融安全	有关负责人结合各自业务领域和工作实际介绍情况	金融活经济活金融稳经济稳，做好金融工作维护金融安全
2017-05-26	推动形成绿色发展方式和生活方式	有关负责人结合本部门工作实际谈了对推进生态文明建设、推动绿色发展、加强环境保护等方面的体会和意见	推动形成绿色发展方式和生活方式，为人民群众创造良好生产生活环境
2017-07-24	推进军队规模结构和力量编成改革，重塑中国特色现代军事力量体系	中央军委深化国防和军队改革领导小组专家咨询组副组长蔡红硕	军队全力以赴全党全国大力支持，推动国防和军队改革向纵深发展

续表

学习时间	学习内容	主讲人	总书记讲话主题
2017-09-29	当代世界马克思主义思潮及其影响	中国社会科学院信息情报研究院姜辉研究员	深刻认识马克思主义的时代意义和现实意义，继续推进马克思主义中国化时代化大众化
2017-10-27	深入学习贯彻党的十九大精神	习近平主持学习并发表讲话，李克强、栗战书、汪洋、王沪宁、赵乐际、韩正就深刻领会和贯彻落实党的十九大精神谈了体会	切实学懂弄通做实党的十九大精神，努力在新时代开启新征程续写新篇章
2017-12-08	实施国家大数据战略	北京理工大学副校长、中国科学院院士梅宏	审时度势精心谋划超前布局力争主动，实施国家大数据战略加快建设数字中国
2018-01-30	建设现代化经济体系	本次集体学习由中央政治局同志自学并交流体会，刘鹤、孙春兰、李希、李强、李鸿忠、陈全国、陈敏尔、胡春华、蔡奇作了重点发言	深刻认识建设现代化经济体系重要性，推动我国经济发展焕发新活力迈上新台阶
2018-02-24	我国宪法和推进全面依法治国	中国社会科学院学部委员、研究员李林	更加注重发挥宪法重要作用，把实施宪法提高到新的水平
2018-04-23	《共产党宣言》及其时代意义	中央编译局研究员王学东	深刻感悟和把握马克思主义的真理力量，谱写新时代中国特色社会主义新篇章

续表

学习时间	学习内容	主讲人	总书记讲话主题
2018-06-29	加强党的政治建设	中央组织部臧安民	把党的政治建设作为党的根本性建设，为党不断从胜利走向胜利提供重要保证
2018-07-31	全面停止军队有偿服务	军队全面停止有偿服务工作领导小组办公室专职副主任胡晓华	坚定决心意志增强工作合力，坚决做好全面停止军队有偿服务工作
2018-09-21	实施乡村振兴战略	有关负责人结合本部门工作实际谈了对实施乡村振兴战略的体会和意见	把乡村振兴战略作为新时代"三农"工作总抓手，促进农业全面升级农村全面进步农民全面发展
2018-10-31	人工智能发展现状和趋势	北京大学教授、中国工程院院士高文	加强领导做好规划明确任务夯实基础，推动我国新一代人工智能健康发展
2018-11-26	中国历史上的吏治	中国社会科学院历史所研究员卜宪群	严把标准公正用人拓宽视野激励干部，造就忠诚干净担当的高素质干部队伍
2018-12-13	深化国家监察体制改革	中央纪委国家监委法规室主任马森述	持续深化国家监察体制改革，推进反腐败工作法治化规范化
2019-01-25	全媒体时代和媒体融合发展	在人民日报社新媒体大厦采取调研、讲解、讨论相结合的形式进行	推动媒体融合向纵深发展，巩固全党全国人民共同思想基础

续表

学习时间	学习内容	主讲人	总书记讲话主题
2019-02-22	完善金融服务、防范金融风险	丝路基金有限责任公司党委书记、董事长谢多	深化金融供给侧结构性改革，增强金融服务实体经济能力
2019-04-19	五四运动的历史意义和时代价值	中央团校特聘教授、中国青少年研究中心研究员李玉琦	加强对五四运动和五四精神的研究，激励广大青年为民族复兴不懈奋斗
2019-06-24	牢记初心使命，推进自我革命	中央党史和文献研究院研究员孙业礼	全党必须始终不忘初心牢记使命，在新时代把党的自我革命推向深入
2019-07-30	推进军事政策制度改革	军事科学院研究员谭亚东	凝心聚力实施改革强军战略，把新时代强军事业不断推向前进
2019-09-24	中华人民共和国国家制度和法律制度的形成和发展	全国人大常委会委员、宪法和法律委员会委员于志刚	继续沿着党和人民开辟的正确道路前进，不断推进国家治理体系和治理能力现代化
2019-10-24	区块链技术发展现状和趋势	浙江大学教授、中国工程院院士陈纯	把区块链作为核心技术自主创新重要突破口，加快推动区块链技术和产业创新发展
2019-11-29	我国应急管理体系和能力建设	清华大学教授薛澜	充分发挥我国应急管理体系特色和优势，积极推进我国应急管理体系和能力现代化

续表

学习时间	学习内容	主讲人	总书记讲话主题
2020-05-29	切实实施民法典	全国人大常委会法制工作委员会民法室主任、中国法学会行政法学研究会副会长黄薇	充分认识颁布实施民法典重大意义，依法更好保障人民合法权益
2020-06-29	深入学习领会和贯彻落实新时代党的组织路线	中央组织部秘书长胡金旗	贯彻落实好新时代党的组织路线，不断把党建设得更加坚强有力
2020-07-30	加强国防和军队现代化建设	军事科学院研究员陈荣弟	统一思想坚定信心鼓足干劲抓紧工作，奋力推进国防和军队现代化建设
2020-09-28	我国考古最新发现及其意义	中国社会科学院考古研究所所长、中华文明探源工程和"考古中国"重大项目专家陈星灿	建设中国特色中国风格中国气派的考古学，更好认识源远流长博大精深的中华文明
2020-10-16	量子科技研究和应用前景	清华大学副校长、中国科学院院士薛其坤	深刻认识推进量子科技发展重大意义，加强量子科技发展战略谋划和系统布局
2020-11-30	加强我国知识产权保护	北京大学法学院教授、北京大学国际知识产权研究中心主任易继明	全面加强知识产权保护工作，激发创新活力推动构建新发展格局
2020-12-11	切实做好国家安全工作	中国现代国际关系研究院院长袁鹏	坚持系统思维构建大安全格局，为建设社会主义现代化国家提供坚强保障

学习时间	学习内容	主讲人	总书记讲话主题
2021-01-28	做好"十四五"时期我国发展开好局、起好步的重点工作	本次集体学习由中央政治局同志自学并交流工作体会，刘鹤、孙春兰、胡春华、蔡奇同志结合分管领域和地方的工作作了发言，大家进行了交流	完整准确全面贯彻新发展理念，确保"十四五"时期我国发展开好局起好步
2021-02-26	完善覆盖全民的社会保障体系	中国社会保险学会会长胡晓义	完善覆盖全民的社会保障体系，促进社会保障事业高质量发展可持续发展
2021-04-30	新形势下加强我国生态文明建设	生态环境部环境规划院院长王金南	保持生态文明建设战略定力，努力建设人与自然和谐共生的现代化
2021-05-31	加强我国国际传播能力建设	复旦大学张维为	加强和改进国际传播工作，展示真实立体全面的中国
2021-06-25	用好红色资源、赓续红色血脉	本次集体学习采取参观和讨论相结合的形式进行，参观瞻仰了北大红楼、丰泽园毛泽东同志故居，参观结束后，习近平等回到中南海怀仁堂，围绕主题进一步开展学习	用好红色资源，赓续红色血脉，努力创造无愧于历史和人民的新业绩
2021-07-30	坚持党对人民军队绝对领导、奋力实现建军一百年奋斗目标	国防大学教授肖天亮	坚定决心意志，埋头苦干实干，确保如期实现建军一百年奋斗目标

续表

学习时间	学习内容	主讲人	总书记讲话主题
2021-09-29	加强我国生物安全建设	中国工程院院士、中国农科院副院长吴孔明	加强国家生物安全风险防控和治理体系建设，提高国家生物安全治理能力
2021-10-18	推动我国数字经济健康发展	中国科学院院士、南京大学校长吕建	把握数字经济发展趋势和规律，推动我国数字经济健康发展
2021-12-06	建设中国特色社会主义法治体系	中国法学会副会长徐显明	坚定不移走中国特色社会主义法治道路，更好推进中国特色社会主义法治体系建设
2022-01-24	努力实现碳达峰碳中和目标	本次集体学习由中央政治局同志自学并交流工作体会，刘鹤、李强、李鸿忠、胡春华结合分管领域和地方的工作作发言，大家进行了交流	深入分析推进碳达峰碳中和工作面临的形势任务，扎扎实实把党中央决策部署落到实处
2022-02-25	中国人权发展道路	中国人权研究会秘书长鲁广锦	坚定不移走中国人权发展道路，更好推动我国人权事业发展
2022-04-29	依法规范和引导我国资本健康发展	中国人民大学副校长、教授刘元春	依法规范和引导我国资本健康发展，发挥资本作为重要生产要素的积极作用

学习时间	学习内容	主讲人	总书记讲话主题
2022-05-27	深化中华文明探源工程	中国社科院历史学部主任、研究员王巍	把中国文明历史研究引向深入，推动增强历史自觉坚定文化自信
2022-06-17	一体推进不敢腐、不能腐、不想腐	中央纪委国家监委案件监督管理室主任刘美频	提高一体推进"三不腐"能力和水平，全面打赢反腐败斗争攻坚战持久战
2022-07-28	深入实施新时代人才强军战略	军事科学院军队政治工作研究院院长沈志华	深入实施新时代人才强军战略，更好发挥人才对强军事业的引领和支撑作用
2022-10-25	学习贯彻党的二十大精神	李强、赵乐际、王沪宁、蔡奇、丁薛祥、李希就深刻领会和贯彻落实党的二十大精神谈了体会	全面学习把握落实党的二十大精神，奋力夺取全面建设社会主义现代化国家新胜利
2023-01-31	加快构建新发展格局	中央政治局同志自学并交流工作体会，尹力、刘国中、何立峰、张国清、陈吉宁、黄坤明同志结合分管领域和地方的工作作了发言，大家进行了交流	加快构建新发展格局，增强发展的安全性主动权
2023-02-21	加强基础研究	北京大学校长、中科院院士龚旗煌	切实加强基础研究，夯实科技自立自强根基

续表

学习时间	学习内容	主讲人	总书记讲话主题
2023-03-30	学习贯彻习近平新时代中国特色社会主义思想	中央政治局委员刘国中、李干杰、李书磊、何卫东、陈敏尔等5位同志结合自身思想和工作实际，交流了学习贯彻习近平新时代中国特色社会主义思想的认识和体会	把学习贯彻新时代中国特色社会主义思想不断引向深入
2023-05-29	建设教育强国	清华大学党委书记、中国科学院院士邱勇	加快建设教育强国，为中华民族伟大复兴提供有力支撑
2023-06-30	开辟马克思主义中国化时代化新境界	中央党校（国家行政学院）副校（院）长李文堂	不断深化对党的理论创新的规律性认识，在新时代新征程上取得更为丰硕的理论创新成果
2023-07-24	全面加强军事治理	军事科学院军事法制研究院院长赵东斌	全面加强军事治理，以高水平治理推动我军高质量发展
2023-09-27	世界贸易组织规则与世界贸易组织改革	商务部研究院院长、研究员顾学明	积极参与世界贸易组织改革，提高驾驭高水平对外开放能力
2023-10-27	铸牢中华民族共同体意识	中国社会科学院民族学与人类学研究所所长王延中	铸牢中华民族共同体意识，推进新时代党的民族工作高质量发展

　　据《人民日报》报道、《法制讲座走进中南海》（邹瑜，《百年潮》2009年第4期）、《十六大以来中央政治局历次学习回顾》（《学习时报》2012年8月13日、20日、27日）整理。

后　记

　　中国共产党历来重视学习、善于学习，通过学习提高本领、适应变化、掌握主动，开创事业发展新局面。本书采用纪实的叙事方法，全景展现中国共产党百年学习历史，把讲道理与讲故事有机结合，注重学术性与可读性的有机统一，以期对中国共产党的学习历程和基本经验有更生动的呈现和更深刻的领悟。

　　本书是北京师范大学中共党史党建研究院和雨花台红色文化研究院长期研究的成果。王炳林负责撰写工作，参加撰写的还有：湛风涛、汉超、张立梅、李雪铭、李正一、于昆、徐启东、吴小妮、王佩连、方建、刘奎。王炳林修改定稿，方建、刘奎整理了附录的相关资料。

　　由于水平所限，不足之处在所难免，敬请读者批评指正。

王炳林

2023 年 11 月 10 日

图书在版编目(CIP)数据

中国共产党百年学习史 / 王炳林等著. —北京：北京师范大学出版社，2024.3(2025.7 重印)
ISBN 978-7-303-29859-4

Ⅰ.①中… Ⅱ.①王… Ⅲ.①中国共产党—党的建设—党史 Ⅳ.①D26

中国国家版本馆 CIP 数据核字(2024)第 052117 号

营　销　中　心　电　话　010-58805385
北 京 师 范 大 学 出 版 社
主题出版与重大项目策划部

出版发行：北京师范大学出版社　www.bnupg.com
　　　　　北京市西城区新街口外大街 12-3 号
　　　　　邮政编码：100088
印　　刷：北京盛通印刷股份有限公司
经　　销：全国新华书店
开　　本：730 mm×980 mm　1/16
印　　张：31.75
字　　数：470 千字
版　　次：2024 年 3 月第 1 版
印　　次：2025 年 7 月第 6 次印刷
定　　价：118.00 元

策划编辑：张雅哲　祁传华　　责任编辑：张雅哲　祁传华
美术编辑：王齐云　　　　　　装帧设计：王齐云
责任校对：陈　民　　　　　　责任印制：赵　龙